섭리사관의 입장에서 본

한국 교회의 역사

| 김인수 지음 |

쿰란출판사

머리말

역사 공부는 쉬운 일이 아니다. 역사를 기록하는 일은 더욱 쉬운 일이 아니다. 따라서 역사를 공부하는 사람도, 좋은 역사책도 흔치 않다. 역사를 잘 모르는 민족은 역사의 교훈을 모르기 때문에 역사 속에 일어난 비극을 되풀이하는 법이다.

그동안 한국교회 역사에 관한 책들이 적지 않게 나왔다. 그중에는 지나치게 학구적이고 난해한 것들도 있다. 이런 책은 학자나 전문가에게는 더없이 귀중한 안내서이나 일반 대중이 읽기는 어려워서 널리 읽히지 못한다. 일부는 지나치게 편향된 시각으로 역사를 해석해 균형을 잃고 있다.

필자가 장로회신학대학교에서 여러 해 동안 '한국교회사'를 강의하면서 교과서를 속히 내야겠다는 생각으로 서둘러 낸 것이 이 책의 초판이다. 이 책은 신학교 교과서용으로 썼지만, 쉽게 기술하여 교회학교 교사, 일반 평신도도 가볍게 읽을 수 있도록 하였다. 또한 한국교회사를 처음 읽고 공부하려는 분들도 염두에 두고 썼다.

앞서 필자가 저술한 상·하권의 《한국기독교회의 역사》도 있으니, 한국교회사 내용을 더 자세히 알기 원하는 이들에게는 이 책을 권한다. 본서는 한국교회사를 간략히 이해하려는 이들을 위해 썼음을 밝혀 둔다. 따라서 각주도 일일이 붙이지 않고 중요한 것에만 붙였다.

사가(史家)는 역사를 기술할 때 사관(史觀)을 갖고 쓴다. 한국교회사에도 몇 가지 대표적 사관이 있다. 먼저, 한국교회사의 태두라 할 수 있는 전 연세대학교 총장 백락준 박사의 선교사관(宣敎史觀)이다. 그리고 연세대학교 신과대학 민경배 교수가 민족의 입장에서 쓴 민족사관(民族史觀)은 그 관점이 뚜렷하다. 1970년대에 유행하던 민중이란 단어를 가지고 민중의 입장에서 역사를 써야 한다며 나타난 소위 민중사관(民衆史觀)도 있다. 다른 하나는 한국사와 한국교회사의 연결을 시도하려는, 일반대학에서 한국사를 강의하는 크리스천 교수들이 시도한 것을 들 수 있다. 이들은 한국사 쪽의 사료(史料)와 교회사 쪽 사료를 융합하여, 역사를 써야 한다는 소위 실증주의(實證主義) 입장을 취한다. 후자 두 가지는 아직 뚜렷한 사관으로 정립되지 못한 것 같다. 이런 입장이 분명해지려면, 앞으로 더 많은 노력과 시간이 소요돼야 할 것 같다.

원론적으로 말해, 교회 역사는 구속사관(救贖史觀) 내지 섭리사관(攝理史觀)으로 써야 한다. 세상 역사는 여러 사관에 의해 쓰일 수 있다. 그러나 교회 역사는 하나님의 인류 구원을 위한 섭리와 구속의 사역을 조명하며 통전(通典)적으로 써야 한다는 것이 필자의 입장이다. 따라서 섭리사관의 입장에서 쓴 교회사만이 가장 보편타당하게 쓰였다고 여겨진다. 필자는 섭리사관의 입장에 서 있고, 이 책도 그 입장에서 썼음을 밝혀 둔다.

  초판은 처음 나온 책이어서 오류가 적지 않았다. 그러므로 개정판은 이런 오류를 바로잡고, 책의 구성도 대폭 바꾸었다. 내용도 좀 더 충실히 보충하려 노력했다. 졸저가 한국교회사를 탐구하려는 분들에게 작지만 보탬이 된다면 이를 보람으로 여기겠다.

2016년 가을
미국 나성에서 김인수

차례

■ 머리말 … 2

 제1편 로마 가톨릭교회의 한국 선교

| 제1장 | 가톨릭 선교 이전 기독교와의 접촉 가능성 | 14 |

    1. 경교(景敎)의 동양 선교 … 14
    2. 경교(景敎)의 한국 선교 가능성 … 16
    3. 고려시대 기독교와 접촉 가능성 … 18

| 제2장 | 선교 이전 가톨릭교회와의 접촉 | 21 |

    1. 임진왜란과 천주교회 … 21
    2. 조선에 첫 발을 디딘 가톨릭 성직자-세스페데스(Gregorio de Cespedes) … 23
    3. 중국에서 소현(昭顯)세자의 천주교 접촉 … 26
    4. 유학자들의 서학(西學) 접촉 … 28

| 제3장 | 한국 천주교회의 창시 | 31 |

    1. 이승훈(李承薰)의 영세 … 31
    2. 초기 천주교 태동과 가(假)성직 시대 … 33
    3. 초기 천주교회의 배교자(背敎者)들 … 34

제4장 수난 속에 생존하는 천주교회 　　　　　　　　　　　　36

    1. 신해교난(辛亥敎難:1791)-무군무부(無君無父)의 종교로 오인된 천주교회 36
    2. 신유교난(辛酉敎難: 1801)-최초의 성직자 주문모(周文謨) 신부의 순교 39
    3. 기해교난(己亥敎難: 1839-1841) 　　　　　　　　　　　　　　　　42
    4. 병오교난(丙午敎難: 1846) 　　　　　　　　　　　　　　　　　　 44
    5. 병인교난(丙寅敎難: 1866-1871) 　　　　　　　　　　　　　　　　46

제5장 가톨릭교회의 선교 전략과 독립 교구의 설정 　　　　　　　　　51

    1. 황사영(黃嗣永) 백서(帛書) 사건-선교 방법론의 문제 　　　　　　　52
    2. 남연군(南延君) 묘소 도굴 사건 　　　　　　　　　　　　　　　　55
    3. 정하상(丁夏祥)의 상재상서(上宰相書)-최초의 호교문(護敎文)　　　57
    4. 천주교회의 문서 사업-한글 보급의 공헌 　　　　　　　　　　　　59

제2편 개신교의 전래와 수용

제1장 선교사 이전 개신교와의 접촉 　　　　　　　　　　　　　　　64

    1. 조선에 처음 온 개신교인들 　　　　　　　　　　　　　　　　　　64
    2. 조선에 처음 온 개신교 성직자들-선교의 문을 두드린 사람들 　　　67
    3. 외지(外地)에서 입교(入敎)한 한국인 　　　　　　　　　　　　　　73
    4. 선교사 내한(來韓)을 위한 정지 작업 　　　　　　　　　　　　　　80

제2장 각 교파 선교부의 내한 　　　　　　　　　　　　　　　　　　87

    1. 미국 북장로교회 　　　　　　　　　　　　　　　　　　　　　　　88
    2. 호주 빅토리아장로교회 　　　　　　　　　　　　　　　　　　　　95
    3. 성공회 　　　　　　　　　　　　　　　　　　　　　　　　　　　97

4. 미국 남장로교회　　　　　　　　　　　　　　　　98

　　5. 미국 남감리교회　　　　　　　　　　　　　　　　99

　　6. 캐나다 장로교회-맥켄지의 순교　　　　　　　　100

　　7. 엘라 딩(Ella Thing) 선교단-침례교회의 선교　　102

　　8. 러시아정교회(The Russian Orthodox Church)　　103

　　9. 구세군(救世軍, The Salvation Army)　　　　　　104

　　10. 초기 선교사 순교자들　　　　　　　　　　　　105

제3장　선교사들의 선교 활동　　　　　　　　　　　111

　　1. 의료선교　　　　　　　　　　　　　　　　　　111

　　2. 교육사업　　　　　　　　　　　　　　　　　　113

　　3. 전도 사역　　　　　　　　　　　　　　　　　　117

　　4. 성서 번역　　　　　　　　　　　　　　　　　　121

　　5. 문서 사업과 찬송가의 출판　　　　　　　　　　122

제4장　선교 정책과 교회의 성장　　　　　　　　　　126

　　1. 네비어스(Nevius) 선교 정책 채택　　　　　　　126

　　2. 교역자 교육 문제　　　　　　　　　　　　　　133

　　3. 초기 한국교회 급성장의 원인　　　　　　　　　135

제5장　초기 기독교 형성과 수난　　　　　　　　　　141

　　1. 기독교 신앙을 수용하는 형태　　　　　　　　　141

　　2. 초기 기독교가 당한 수난들　　　　　　　　　　145

제6장　1907년 대부흥운동과 교회연합운동　　　　　151

　　1. 대부흥운동　　　　　　　　　　　　　　　　　152

　　2. 100만 명 구령운동(救靈運動)　　　　　　　　　164

　　3. 교회 일치를 위한 노력　　　　　　　　　　　　167

| 제7장 교회의 애국과 사회 개혁 활동 | 170 |

1. 교회의 애국 활동 … 170
2. 교회의 사회 개혁 활동 … 175

 제3편 일제 치하의 교회

| 제1장 교회의 항일(抗日) 활동 | 186 |

1. 교회와 항일의 문제 … 186
2. 신앙운동을 통한 항일-나라를 위한 기도회 … 189
3. 시위와 무장투쟁을 통한 항일 … 191
4. 경제적 항일 … 194

| 제2장 교회의 조직과 일제의 박해 | 202 |

1. 한국교회의 조직 … 202
2. 교회의 수난 … 212

| 제3장 한국교회와 3·1독립운동 | 224 |

1. 운동의 기원 … 224
2. 진행 과정 … 227
3. 교회의 피해 … 233
4. 결과 … 235

| 제4장 1920~1930년대의 교회 상황 | 240 |

1. 길선주(吉善宙) 목사의 사경회 … 241

2. 김익두(金益斗) 목사의 이적 집회 — 242

3. 이용도(李龍道) 목사의 신비주의 — 245

4. 사이비 접신파(接神派)들 — 250

5. 황국주(黃國柱)의 혼음(混淫) 교리 — 251

6. 김교신(金敎臣)의 무교회(無敎會)주의 — 253

7. 최태용(崔泰瑢)의 복음교회 — 257

8. 적극신앙단(積極信仰團) — 259

제5장 사회적 변화에 따른 교회의 대응 — 263

1. 공산주의 사상의 대두 — 263

2. 공산당에 의한 교회의 피해-이데올로기 비극의 서막 — 265

3. 교회의 농촌 문제 대처 — 268

4. 사회계몽운동-절제운동 — 271

5. 신학적 갈등-교회 분열의 조짐들 — 276

제6장 일본 군국주의 통치하의 교회의 시련 — 283

1. 황국신민화 정책 — 284

2. 기독교 학교에 대한 억압 — 285

3. 교회 지도자들의 굴복 — 288

4. 굴절된 교회의 모습-장로교회의 굴복 — 291

5. 신사참배 거부운동 — 295

제7장 교회의 마지막 변절 — 308

1. 교회의 친일 행각 — 308

2. 교회의 병합 및 통합 — 312

3. 기독교 지도자들의 친일 행각 — 313

4. 평양신학교와 조선신학교의 설립 — 315

제4편 해방 후의 한국교회

제1장 해방 후의 북한 교회	320
1. 교회의 재건운동	320
2. 조선기독교도연맹(朝鮮基督敎徒聯盟)의 출현	324
3. 신학교 문제	327
4. 교회의 와해(瓦解)	329

제2장 남한에서의 교회 재건	332
1. 남부대회의 와해	332
2. 장로교회의 재건	333
3. 감리교회의 재건	336
4. 성결교회의 재건	337
5. 침례교회(동아기독교회)의 재건	338
6. 구세군의 재건	339
7. 고려신학교의 설립	340
8. 장로회 경남노회와 고려파의 분립	343
9. 장로회신학교와 총회신학교의 설립	345
10. 조선신학교와 기독교장로회의 분립	347

제3장 한국전쟁과 교회의 수난	350
1. 전쟁 발발의 배경	350
2. 교회의 피해와 순교자들	352
3. 손양원 목사의 순교	355
4. 교회의 대처	356

제4장 1950년대 이단운동의 발흥 — 360

1. 나운몽(羅雲夢)의 용문산 기도원 — 361
2. 박태선(朴泰善)의 전도관 — 363
3. 문선명(文鮮明)의 세계기독교통일신령협회(통일교회) — 366

제5장 장로교회의 계속된 분열—통합(統合)과 합동(合同)측의 분열 — 370

1. 분열의 도화선-3천만 환 사기사건 — 371
2. 경기노회 총대 사건 — 373
3. 에큐메니컬운동에 대한 신학적 대립 — 376
4. 장로회신학교와 총회신학교의 분립 — 380
5. 통합을 위한 노력 — 381
6. NAE측과 고려파의 합동, 그리고 또 분열 — 383
7. 합동측 주류와 비주류의 분열, 성경장로교회 — 384

제6장 1960년대 이후 교회와 신학의 변화 — 388

1. 토착화(土着化) 논쟁 — 388
2. 민중신학(民衆神學) 논쟁 — 390
3. 도시 산업선교 — 392
4. 1967년도 신앙고백과 신학 논쟁 — 394
5. 일본교회의 한국교회에 대한 사과 — 395
6. 복음화운동-삼천만을 그리스도에게로 — 397
7. 일치를 찾아가는 교회들 — 398
8. 교회의 급속한 성장 — 405
9. 유신정권에 대한 저항 — 411
10. 한국교회의 여성운동 — 413
11. 선교 제1세기의 결산 — 418
12. 종교다원주의 논란 — 422

제7장 새로운 세기에 들어서서–통일을 위한 전진   **425**

  1. 남북 교류의 시작   **425**
  2. 평화통일 논의의 시작   **427**
  3. 평양에 첫 예배당 건립-봉수교회   **428**
  4. 남북교회 대표 회동-스위스 글리옹에서   **430**
  5. 통일을 위한 범종단협의체 구성   **432**

- 결론 … **435**
- 참고 문헌 … **438**
- 찾아보기 … **448**

제1편

로마 가톨릭교회의 한국 선교

제1장

가톨릭 선교 이전 기독교와의 접촉 가능성

1. 경교(景敎)의 동양 선교

한국에 기독교가 언제 처음 들어왔느냐의 문제는 학자들 간에 시각 차이가 크다. 특히 경교가 한국에 들어왔다면, 이는 한국 기독교의 시작이므로 중요한 일임에 틀림없다.

먼저 경교에 대해 간단히 다루기로 한다. 경교란 주후 431년에 베소에서 열린 전교회회의[1]에서 이단으로 정죄된 기독교 일파다. 당시 교회는 마리아를 '하나님의 어머니'(Theotokos)로 인정하고 있었다. 그런데 동로마제국 수도 콘스탄티노플 주교 네스토리우스는 마리아를 '그리스도의 어머니'(Christotokos)라 주장하기 시작했다.

---

[1] 전교회(全敎會)회의란 동방교회(희랍 정교회)와 서방교회(로마 가톨릭교회)가 다 같이 모이는 교회 회의를 말하는데, 이 회의를 가리켜 Ecumenical Council이라고 한다.

평소 네스토리우스를 시기하던 알렉산드리아 감독 시릴은 네스토리우스의 주장의 부당성을 주장하며 문제를 제기했다. 이 문제로 논쟁이 크게 일자 에베소에서 전교회회의가 소집되었고, 네스토리우스는 이단으로 정죄돼 추방됐다.[2]

네스토리우스는 이집트의 한 수도원으로 추방돼 유폐 생활을 하다 세상을 떠났다. 그러나 그의 제자들은 각지에 흩어져 수도원을 세우고 수도사를 양성했다. 그들 일부가 페르시아(현재의 이란)에 수도원을 세우고 수도사들을 양성해 선교사를 사방으로 보냈는데 그중 한 무리가 인도를 지나 중국에 도착했다. 알로펜(Alopen: Abraham)을 단장으로 한 네스토리우스파 선교사가 중국에 도착한 것은 주후 635년, 당나라 태종 9년이다. 알로펜 일행은 '전혀 기대하지 않았던 섭리로'[3] 당 태종의 따뜻한 환영을 받았고 선교 허락도 받았다. 638년에는 토지도 하사받고 국비로 파사사(波斯寺)를 건립하는 한편, 경전도 번역해 선교에 박차를 가했다.

당나라에서는 이 서역에서 온 색다른 종교를 페르시아에서 왔다고 해서 파사교라 불렀다. 후에 이 종교의 진원지가 로마라는 것을 알고 로마라는 한자를 넣어 대진교(大秦敎)라 부르기도 했다. 또 이들이 빛에 대한 이야기를 자주 하는 말을 듣고 '광명의 종교'란 의미로 '경교'(景敎) 또는 '대진경교'로도 불렀다. 경교는 태종 이후 여러 왕들의 호혜에 힘입어, 세력이 상당히 확장됐고 선교도 활발하게 진행했다. 경교는 당나라에서 약 200여 년간 황실의 보호와 백성의 호응 속에 그 영역을 넓혀 나갔다.

그러나 경교도 그 명맥을 유지하기 어려운 상황에 봉착하게 됐

---

2) 네스토리우스 논쟁에 대한 자세한 내용은 S.H. Moffett, *A History of Christianity in Asia*, 김인수 역, 『아시아 기독교회사』 제1권, 281쪽 이하를 참조할 것.
3) 위의 책, 464쪽. 景敎의 中國 傳來에 대해서는 이 책 제15장을 참조할 것.

다. 그 이유는 당나라 무종이 등극하면서 외래 종교에 대한 탄압을 시작했기 때문이다. 무종은 도교 신자로 자국 내에 외래 종교가 지나치게 번창하는 것을 못마땅하게 여겼다. 드디어 845년 외래 종교 척결을 선포했는데, 이것은 주로 불교를 겨냥한 것이었다. 나라 경제가 어려운데 불교 사원들은 많은 농토와 재산을 소유했고, 승려들은 노동도 하지 않고 부유한 생활을 하는 것에 대한 제재 조치였다.[4] 이 칙령은 불교에 한하지 않고 다른 외래 종교에도 적용되면서 경교도 피해 갈 수 없는 탄압의 대상이 됐다. 따라서 경교는 당나라에서 더 이상 존속할 수 없게 돼 자연히 소멸되는 운명을 맞았다.

2. 경교(景敎)의 한국 선교 가능성

경교가 당나라에서 활발하게 전파되고 있을 때는 신라가 삼국을 통일하던 시기다(A.D. 66). 신라가 삼국을 통일할 때 당나라의 도움을 받아 나·당 연합군이 고구려와 백제를 멸망시키고 삼국을 통일한 일은 역사적 사실이다. 당시 신라는 당나라와 여러 면에서 많은 교류를 하고 있었다. 특히 신라의 국교였던 불교 발전을 위해 그 당시에 많은 승려가 당나라에 유학해 불교 교리를 배우고 돌아오는 일이 흔했다. 뿐만 아니라 상인들도 자주 왕래하며 교역도 상당량 이루어졌다. 그러니 신라와 당나라 간의 잦은 교류 과정에서 자연히 당나라에서 널리 유행했던 경교가 신라에 유입되었을 것이라는 추측이 가능하다.

---

4) 당시 폐쇄된 불교 사원이 4,600개소, 환속된 불승이 26만 5천 명이었다. 이장식, 『아시아 고대기독교사』 (기독교문사, 1993), 230쪽.

경교의 신라 유입 가능성에 대해 언급한 외국 학자도 있다. 그는 영국인 여류 고고학자 고든이다. 고든은 기독교의 동양 전래 및 기독교와 불교 교류에 대한 연구에 전념했으며, 한국에도 수년간 머물며 경교의 한국 전래 가능성을 연구한 후 그 가능성을 나름대로 설명했다.[5] 고든은 경주의 불국사 경내에 있는 관음보살상, 나한상 등에서 경교의 흔적을 볼 수 있다고 말했다. 또한 통일신라 시대 능이나 묘 앞에 세운 무인상 등에서도 경교의 흔적을 볼 수 있다고 주장했다.

고든은 자기 연구를 기념하기 위해 금강산 장안사 앞에 '대진경교중국유행비'(大秦景教中國流行碑) 모조비를 세우기도 했다. 고든의 이 같은 주장은 한국교회사를 연구하는 몇 학자들에 의해 수용됐다.[6] 그중 가장 적극적 입장을 취한 이는 한국교회사 개척자인 숭실대학교 김양선 목사다. 그는 경교의 한국 전래 가능성을 뒷받침하는 증거로 1956년 불국사 경내에서 발견된 돌 십자가, 성모 마리아를 닮았다는 관음상, 또한 전남 해남 대흥사에 소장되어 있다는 동(銅)십자가 등을 제시했다.[7]

그러나 이런 사증(史證)들은 개연성을 보여줄 뿐, 확정적 사료는 될 수 없다. 따라서 이런 가능성에도 불구하고 경교의 한국 전래는 확실한 사료가 나오기까지 그 개연성만 추측할 수 있을 뿐, 단정적으로 말할 수 없다. 따라서 경교의 한국 전래는 지금으로서는 '낭만적인 하나의 화제'[8]로 남겨 둘 수밖에 없다.

---

5) E. A. Gordon, *Christianity and the Mahayana* (Tokyo: Maruzen, 1921) 참조.
6) 이런 주장을 하는 이들은 金良善, 吳允台, 金光洙, 李章植 등이다.
7) 金良善, 『간추린 한국교회사』(대한예수교장로회 총회교육부, 1962), 8쪽. 이 돌 십자가는 현재 숭실대학교 기독교 박물관에 보관되어 있다. 그러나 이 돌 십자가의 진위에 대한 학계의 결론은 나온 바 없다.
8) 閔庚培, 『韓國基督教會史』新改訂版 (延世大學校 出版部, 1993), 29쪽.

3. 고려 시대 기독교와 접촉 가능성

중국에서 몽골의 칭기즈칸은 송나라를 멸망시키고 원이란 국호를 정한 후, 그 호전적 기세로 서쪽을 공략하기 시작했다. 페르시아를 위시해 폴란드까지 점령하면서 거침없이 서유럽으로 진격해 들어갔다. 이런 몽골의 침략에 대해 한편 우려하면서 한편 기쁘게 생각하는 곳이 있었으니 그곳은 로마 교황청이었다.

7세기 중엽에 일어난 이슬람은 그 세력이 점점 비대해져 초기 교회의 5대 교구 중 예루살렘, 안디옥, 알렉산드리아 세 곳을 자기들의 손아귀에 넣어 버렸다. 성지를 순례하는 기독교도를 습격하고 약탈하는 모슬렘을 척결하고, 무엇보다 성도 예루살렘을 이교도 손에서 탈환하자는 결의가 교황청을 비롯한 유럽 제국에서 굳어져 갔다. 이 일을 실현하기 위해 교황 우르반 2세는 십자군을 제안했다. 십자군은 약 200년간, 전후 8차에 걸친 진격에도 불구하고 성지 탈환은 결국 실패로 끝나고 말았다. 반면 이슬람 세력은 그 기운이 점점 드세져 갔다.

몽골이 서침(西侵)을 계속하는 것을 본 교황청은 수세기 동안 교회의 숙적인 이슬람이 차지한 지역을 점령하고, 무슬림들의 서침을 제어해 줄 것을 기대했다. 교황청은, 만일 이들과 손을 잡는다면 이슬람 세력을 척결할 수 있을 뿐 아니라, 이들 이방족에게 복음을 전할 수 있는 기회를 가질 수 있다고 기대하였다.

1245년 교황 인노센트 4세는 몽골에 화친을 위한 사절단을 파견했다. 단장 카르피니 수도사는 사절단을 이끌고 1245년 4월, 리용을 출발해 이듬해 7월 몽골 수도 카라코룸에 도착했다.[9] 그들은 이

---

9) 더 자세한 내용은 Kenneth S. Latourette, *A History of the Expansion of Christianity*,

곳에 도착해서 정종의 대관식에 참석했고, 교황 친서도 전달했다. 그들은 정종의 답신을 갖고 1247년 가을 다시 유럽으로 귀환했다.

이처럼 로마 가톨릭교회의 정식 대표가 원나라를 다녀간 후 한동안 로마교회와 원나라와의 우호 관계가 유지됐다. 그런데 이 과정 중, 우리와 깊은 관련이 있는 사건이 하나 있었다. 그것은 교황청의 두 번째 사절로 몽골에 온 프란시스칸 수도사 루브룩(William de Rubruck)의 한국 소개다. 프랑스 왕 루이 9세는 성지 탈환을 목적으로 제6차 십자군을 일으켜 성지로 진격하던 중 키프로스에 머무르고 있었다. 루이는 몽골의 장군 바투의 부하 장군 중 사르타크가 경교 신자라는 말을 듣게 된다. 루이는 만일 사르타크의 호의를 얻을 수만 있다면 몽골 선교가 가능하다 판단했다. 그때 그는 키프로스에 머물고 있던 루브룩을 볼가 강가에 진치고 있던 사르타크에게 파견했다. 루브룩은 사르타크를 만난 후 그가 경교 신자가 아님을 간파하고 실망했다. 그러나 루브룩은 몽골 선교를 하려면 황제의 재가가 필요하다는 사실을 깨닫고 몽골 수도 카라코룸에 가기로 결심했다. 그는 천신만고 끝에 1253년 1월 카라코룸에 도착해 정종을 만났다. 정종은 루브룩을 접견하고 친절을 베풀었으며, 겨울이 지난 뒤에 귀국하라고 권면했다. 루브룩은 정종을 여러 차례 만나 전도했으나 그를 가톨릭 신자로 만드는 데는 실패하고, 1253년 7월 귀국했다.[10]

그러나 루브룩은 몽골을 다녀가면서 한국과 관계되는 특별한 일 한 가지를 남겼다. 그것은 그가 한국을 서구 세계에 소개한 일

---

vol. II (New York: Harper and Brothers, 1978), pp. 280 이하 참조.

10) W. W. Rockhill, *The Journey of William of Rubruck to the Eastern Part of the World, 1253~1255* (London: The Hekluyt Society, 1900), pp. 21~26. K.S.Latourette, *A History of the Expansion of Christianity*, vol. II, p. 333.

이다. 루브룩은 압록강변까지 다녀갔는데 그가 쓴 여행기에 강 건너에 까울레(Caulei: 중국어로 고려)라는 나라가 있다고 적었다. 이 까울레라는 말이 그의 여행기를 통해 유럽에 알려졌고, 후에 '코리아'(Corea: Korea)로 불리게 된다. 따라서 루브룩은 한국이 '코리아'라 불리게 한 당사자고, 한국을 서구 세계에 처음으로 소개한 사람으로 기록된다. 중국에서 본격적으로 가톨릭 선교가 이루어지기까지는 약 200년의 긴 세월을 더 기다려야만 했다.

제2장

선교 이전
가톨릭교회와의 접촉

1. 임진왜란과 천주교회

한국에 가톨릭교회 선교가 이루어지기 전, 가톨릭 성직자 한 사람이 한국을 다녀간 일이 있다. 이것은 우리 역사상 가장 비극적 전쟁 중 하나인 임진왜란 때 일이다. 1517년 마틴 루터가 교회 개혁의 봉화를 든 이후, 개신교 세력은 요원의 불길처럼 거침없이 퍼져 나갔다. 개신교 세력은 중세 천 년 동안 권세를 휘두르던 교황청에 급제동을 걸었고, 부패한 로마교회는 몹시 당황하며 자체적으로 개혁운동을 시작했다. 그중 가장 강력하게 로마교회를 지지하고 일어난 단체가 예수회(Society of Jesus)다. 1534년, 스페인 사람 이그나티우스 로욜라에 의해 창설된 이 수도회는 교황에 대한 절대 복종과 강력한 선교의 사명을 띠고 창단됐다.

이 수도회 7인 창설자 중 한 사람이 프란시스 사비에르다. 그는 포르투갈 왕의 후원을 얻어 1541년 인도 고아 지방에 도착했다. 그는 고아에서 8년간 선교해 많은 성과를 거두고, 다음 목적지인 일본을 향해 떠났다. 1549년 구주 지방에 도착해 3년간 선교하면서 일본에 가톨릭교회 터전을 확고히 다졌다.[11]

사비에르가 일본에서 시작한 가톨릭 선교는 당시 일본 통치자 직전신장의 관대한 종교 정책으로 크게 확장됐다. 직전신장은 가톨릭교회 선교를 위해 신학교 부지를 하사하기도 했다. 그가 가톨릭에 대해 이런 호혜 정책을 편 것은 자국 내에 팽대해 있던 불교의 정치·사회적 영향력을 제어하기 위해서였다. 직전신장의 후계자인 풍신수길 역시 가톨릭에 관용 정책을 폈고, 선교 활동을 보장해 주었다. 그가 임진왜란을 일으키기 전, 대판에 있던 예수회 신부들을 만난 일이 있었다. 그는 자기가 명나라와 조선을 점령하려는데, 그렇게 되면 그곳에 가톨릭 성당을 건립하고 백성을 신자로 만들겠다고 역설했다.[12] 따라서 그가 가톨릭에 호의를 갖고 있었던 것으로 추론할 수 있다.

풍신수길이 임진왜란을 일으켰을 때 그의 장군 중 하나인 소서행장은 아우구스티노란 영세명을 가진 독실한 가톨릭 신자였다. 그의 휘하 병졸들 중 가톨릭 신자들이 많이 있었다는 사실은 여러 사료를 통해 입증된다. 한 기록에 의하면 임진왜란 당시 부산에 상륙한 일본군 중 약 10%가 가톨릭 신자였고, 특히 소서행장 휘하 군인들 대부분이 가톨릭 신자라고 주장하는 사람도 있다.[13] 이런 주

---

11) 당시 신자는 약 30만에 달했다. Charles Dallet, *The History of the Catholic Church in Korea*, trans. Charles Messener (New Haven, 1952), 安應烈, 崔奭祐 譯注 『韓國天主敎敎會史』, 上권, (분도출판사, 1979~80), 279쪽 각주 1 참조.
12) R. Storry, *A History of Modern Japan* (New York: Penguin Books, 1961), p. 47.
13) F. Blinkley, *A History of the Japanese People* (London: The Encyclopedia Britanica Press, 1915), p. 509.

장이 과장된 것이라 해도 임진왜란 당시 조선에 침략군으로 온 일본군 중 상당수 가톨릭 신자가 있었다는 사실을 미루어 짐작할 수 있다.

2. 조선에 첫 발을 디딘 가톨릭 성직자
  -세스페데스(Gregorio de Cespedes)

임진왜란은 우리 역사에 엄청난 상흔을 남긴 처참한 전쟁이다. 7년에 걸친 대전란 속에 우리 민족이 겪은 참상은 이루 말로 표현할 길이 없다. 함석헌 선생은 그의 명저『성서적 입장에서 본 조선 역사』에서 이때 참상의 한 단면을 다음 같이 서술했다. "취포(醉飽)한 한 명병(明兵)이 노상에서 구토하매 사람들이 서로 달려들어 다투어 주워 먹고, 약한 자는 그것도 못 얻어먹고 호곡했다."[14] 이 한 문장에 당시 우리 조상이 겪었던 모든 고난이 함축돼 있다. 이런 상황에서 소서행장 휘하 가톨릭 장병을 위해 종군 신부 한 사람이 조선에 왔는데, 그가 세스페데스다. 세스페데스 신부는 4천 년 우리 역사에 맨 처음 이 땅을 밟은 기독교 성직자다. 그는 일본 예수회 교구장 고메즈의 명을 받고 조선에 왔다.

세스페데스는 1551년 스페인 마드리드에서 출생해 18세에 예수회에 가입했다. 그는 인도 고아에서 선교 사역을 하던 중, 1575년 신부 서품을 받았다. 그 후 그는 일본으로 선교지를 옮겨 활발한 사역을 해 100여 명에게 영세를 베풀었다. 그는 고위층과도 사교의

---

14) 咸錫憲,『聖書的 立場에서 본 朝鮮 歷史』(서울: 新生館, 1961), 162~63쪽. 이 책은 후에『뜻으로 본 한국 역사』로 개명돼 출판됐다.

범위를 넓혔는데, 그중 소서행장도 있었다. 그는 1585년 대판에 있는 신학교 교장으로 임명돼, 그곳에서 신부 후보생들을 교육하는 일을 담당했다. 세스페데스가 조선에 나간 가톨릭 군인을 위한 종군 신부로 명을 받게 된 것은 그의 뛰어난 어학 실력 때문이지만 소서행장과의 친분도 크게 작용했다. 그가 일본인 전도회장이며 젊은 수사 불간(不干)과 함께 조선에 입국한 때는 1593년 12월이다.[15] 세스페데스는 종군 신부의 일상 사역인 미사 집전, 고해성사, 그리고 임종 직전 병사로부터 마지막 고해를 듣는 종부(終傅)성사를 베푸는 일 등을 수행했다.

우리 관심은 그가 조선 사람에게 전교를 했느냐다. 그러나 세스페데스가 조선 사람에게 전도했다는 기록은 어느 곳에서도 찾아볼 수 없다. 왜냐하면 그가 머문 곳은 일본군 진영이고, 진영 근처에는 조선 사람들이 있을 리 없었다. 또한 그는 조선말을 구사할 수 없었고, 그의 내한 목적이 전도도 아니었다. 점령군 깃발을 들고 들어와 온갖 야만적 악행을 자행했던 침략군과 더불어 들어온 서양인의 전도를 받을 한국인은 아무도 없었을 것이다.

세스페데스가 한국에 얼마 동안 머물다 갔는지 남아 있는 사료가 없어 정확하게 알 길은 없다. 아마 몇 개월 머물다 불교 신자 장군들의 불만 때문에 일본으로 돌아간 듯하다. 그러나 그가 몇 개월 머물다 간 경남 웅천(곰내: 현재 창원) 지방은 한국 개신교의 위대한 순교자 주기철 목사의 고향이다. 점령군과 함께 처음 한국에 온 가톨릭 성직자의 자취가 남아 있는 그곳이 일제 강점기 신앙의 절개를 지키며 투쟁하다 순교로 생을 마감한 주기철 목사의 출생지

---

15) 정확한 연대와 날짜에 대해 학자들 간에 이론이 있으나, 대체로 임진왜란이 일어난 다음해로 보는 견해가 많다. W. E. Griffis, *Corea, The Hermit Nation*, p. 234. 그러나 달레는 1594년 초로 보았다. 달레,『韓國天主敎會史』上, 281쪽.

라는 사실은 역사의 아이러니다. 기독교 성직자로 최초로 한국 땅을 밟은 세스페데스는 한국에서 이렇다 할 흔적을 남기지 못했다. 그러나 일본에 돌아간 후, 포로로 잡혀 온 한국인들을 위해 희생적 사역을 수행했다. 일제는 전쟁 비용을 충당할 목적으로 많은 한국 사람을 강제로 일본으로 끌고 갔다. 이들은 잔인무도한 포르투갈 노예 상인들에게 팔렸는데, 세스페데스는 이런 비인간적인 만행을 종식시키려 다방면으로 노력을 경주했다. 그러나 별무효과였다. 그는 한국인 포로들을 위해 한국어 교리서를 번역하고 교리를 가르쳐 신앙으로 유도했고, 이국땅에서 망향의 한을 달래는 포로에게 영혼의 안식을 제공했다.[16] 이국땅에서 가톨릭 신앙을 받아들인 한국인 신자 중, 덕천가강이 기독교 박멸 정책을 시행할 때 순교의 영광을 안는 일도 있었다. 한 기록에 의하면 유배·투옥된 사람이 25명, 순교한 이가 21명에 이른다. 순교자 중 9명은 교황 피우스 9세가 1867년 7월, 일본인 순교자 205명을 순교복자로 시복(諡福)[17] 할 때 거기 포함됐다.[18]

임진왜란 때, 우리 민족이 겪었던 엄청난 재난은 후기 조선 왕조가 쇄국정책을 취하게 한 단초를 제공했다. 가톨릭교회의 끊임없는 전교 시도는 필연적으로 한국 전통 문화와 충돌하며 끝없는 순교의 선혈로 초기 가톨릭교회사를 쓰는 고통을 안겨 준다. 따라서 일본을 통한 로마교회의 전교 가능성은 멀어졌고, 모든 문물이 그

---

16) 위의 책, 283쪽.
17) 선종(善終)한 가톨릭교인 중 거룩한 삶을 살아 공적인 공경을 받을만하다고 인정되는 이에게 로마 교황청이 복자 칭호를 허가하는 것으로, 성인(聖人)으로 추대되기 전 단계이다. 시복되기 위해서는 한 가지 이상의 기적을 행해야 한다. 두 가지 이상의 기적을 인정받으면 시성(諡聖)을 통해 성인 반열에 오를 수 있다.
18) C. H. Robinson, *History of Christian Missions* (Edinburgh: T.&T.Clark, 1915), p. 248. 震檀學會, 「韓國史」 近世後篇, 498쪽.

랬던 것같이 결국 기독교 전래도 중국을 통해 이루어지는 것이 훨씬 더 용이했다. 다음에서 중국을 통해 전래되는 천주교회의 모습을 훑어보기로 한다.

3. 중국에서 소현(昭顯)세자의 천주교 접촉

우리 민족은 중국과 일본, 그리고 러시아라는 세 강대국 사이에 끼어 영일 없는 세월을 보내야만 했다. 숙명처럼 고난을 짊어지고 살아야 했던 우리 민족은 임진왜란이란 미증유의 대전란 세대 후 다시 북으로부터 침략을 받았다. 만주 여진족은 그 세력이 강성해지며 중국의 중심 세력으로 부상하더니, 1636년 국호를 청이라 칭하고 중원의 왕자로 군림했다. 이들은 새 나라를 세운 여세를 몰아, 왜란의 상처가 채 아물지 않아 국력을 제대로 추스르지 못하고 있던 조선에 10만 대병을 이끌고 와서 무자비하게도 짓밟았다. 급한 나머지 강화도까지 피난 가지 못하고 남한산성으로 피한 인조는 45일 만인 1637년 정월에 끝내 백기를 들고 나와 씻을 수 없는 수치를 당했다. 삼전도(서울 송파)에서 오랜 세월 동안 오랑캐라 천시하던 청 태종 앞에 무릎 꿇고 절하기 3번, 그리고 저들의 항복 예식인 이마를 땅에 9번 대는 예로 조선이 청나라의 종자가 되는 천추에 길이 남을 수치스러운 역사를 남겼다.[19]

청 태종은 귀로에 세자 소현과 화친을 반대했던 중신들을 볼모로 끌고 가는 만행도 자행했으니, 이때가 1637년 정월이다. 청은

---

19) 震檀學會, 『韓國史』最近世篇 (서울: 乙酉文化社, 1962), 16쪽. 柳洪烈, 『韓國天主教會史』增補版, 上 (서울: 가톨릭出版社, 1962), 41쪽. 邊太燮, 『韓國史通論』(三英社, 1986), 324쪽.

무너져 가는 명나라를 완전 멸망시키고, 1644년, 수도 북경을 점령한 후 중국의 마지막 제국인 청나라로 출범했다. 그동안 만주 심양의 심양관에 머물던 세자 소현도 북경으로 이송됐는데, 여기서 소현세자는 천주교회와 접촉한다.

당시 북경에는 천주교 신부 몇이 있었는데, 북경 교구 주교 독일인 예수회 신부 아담 샬(Adam Schall)도 있었다. 샬은 볼모로 잡혀 온 소현에 접근하였고, 자연스럽게 교류가 이루어졌다. 전통적으로 '위에서 아래로'(from top to bottom)의 선교 전략을 쓰는 가톨릭 신부의 눈에, 앞으로 조선 왕이 될 세자가 관심에서 벗어날 수 없었다. 볼모로 잡혀 와 살벌한 만주 벌판에서 8년이란 긴 세월을 고통 속에 보낸 세자는 북경에 들어오자마자 서양 신부들로부터 선진된 서양 문명을 접하게 된다. 학구적인 세자는 호기심을 가졌을 뿐 아니라 난생 처음 대하는 서양 사람에 관심과 흥미를 느끼지 않을 수 없었다. 마침 샬의 숙소가 세자 거처와 근접해 있었으므로 세자는 친절하게 다가오는 신부에게 관심을 가졌고, 샬의 남성당에도 자주 출입했다. 샬은 세자가 관심 갖는 서양 과학서적과 천문, 지리, 역서 등을 보여 주며 설명을 해주는 한편, 천주교 교리서도 주며 일독을 권했다. 따라서 세자는 서구의 여러 과학서와 더불어 천주교 교의에도 자연히 접하게 됐다.

세자가 본국으로 귀환할 때가 되자, 샬은 세자에게 여러 서양 서적과 천주교 교리서, 그리고 천주상을 주며 소지하고 귀국하도록 권면했다. 그러나 세자는 서양 서적은 받았지만, 교리서와 천주상은 다음과 같은 말로 정중히 거절했다. "서양의 종교 서적과 천주상을 우리나라에 가져가고 싶은 생각이 태산 같지만, 우리나라에는 아직 천주교를 아는 사람이 없기 때문에 혹시 잘못하여 천주상을 더럽힐까 두려운 바입니다. 그러므로 천주상은 다시 돌려보냅니다."[20)]

세자는 긴 볼모 생활과 험난한 귀로의 피로가 누적돼 귀국 후 두 달 남짓 지나 열병을 앓다 세상을 떠났다.[21)] 그러므로 소현세자가 볼모지에서 접했던 가톨릭 신앙도 이 땅에 제대로 전해지지 못한 채 사라지고 말았다.

4. 유학자들의 서학(西學) 접촉

조선 왕조에서 학문이란 유학의 한계를 넘지 못했다. 공·맹 사상이 이 세상에서 가장 훌륭한 학문이며, 그 이상 어떤 학문도 존재할 수 없다고 여긴 것이 당시 학자들의 대체적 견해였다. 조선 유학은 그 본디 정신과 달리 공허한 논쟁에 빠져 파당을 형성했고, 이 파당은 국력을 소진시켜, 결국 일본과 중국으로부터 참혹한 재난을 당하는 비극의 단초를 제공했다.

여러 국가적 재난을 경과하면서 일부 유학자는 자성하며 국가의 힘을 기르는 방도를 찾기 시작했다. 이들은 재래 공·맹 사상으로는 이 목적을 달성할 수 없다 판단하고 새로운 학문과 새로운 정신을 찾아 나섰다. 이런 새로운 학문과 정신은 중국이 아니면, 서구의 그것에서 찾을 수밖에 없었다. 그들은 당시 기독교 선교사와 함께 들어온 서구의 기술 문명에 접하는 길 외에 다른 방도가 없다는 결론에 이르게 됐다.

당시 조선은 매년 중국에 사절단을 여러 차례 보냈다.[22)] 이때 많

---

20) 소현세자가 보낸 편지 내용은 柳洪烈, 『韓國天主敎會史』 上卷, 44쪽 참조.
21) 위의 책, 46쪽. 부왕 인조와 사이가 안 좋았던 소현이 독살됐다는 설도 있다.
22) 사절단은 聖節使, 元旦使, 冬至使, 千秋使 등이고, 이때 正使, 副使, 書壯官, 上通

은 학자들이 사절단과 동행했고, 이들은 중국에서 학문적 호기심으로 자연히 서양 선교사와 교류를 갖게 됐다. 학자들은 선교사로부터 앞선 새로운 학문과 기술을 접하고 학습하는 기회를 얻었다.

이들 중 서구의 문물을 처음으로 조선에 들여온 사람은 정두원이다. 그는 북경에 가던 중 등주에서 이탈리아 출신 예수회 신부 로드리케즈를 만나 홍이포 제작 방법과 천문, 역학, 지리에 관한 서적을 다수 받아 왔다. 특히 그는 홍이포를 국내에 반입해 인조와 백관이 임석한 곳에서 시험 발사해 내외를 놀라게 했으며, 서양 무기의 위력을 체득하게 했다. 이때 천주교 서적도 일부 반입됐으나 반포되지 못하고 궁궐 창고에 사장되고 말았다.

1720년(숙종 46년), 사절단으로 북경에 갔던 이이명 남성당에서 독일인 신부 패글러를 만나 천문과 역학을 배웠다. 1766년(영조 42년)에는 홍대용이 역시 남성당에서 신부들을 만나 천문, 역학에 대한 지도를 받았을 뿐 아니라 서학에 대한 토의를 하고 돌아왔다. 그러나 이들의 관심은 어디까지나 서구 과학에 한정되었고 천주교 교리나 종교에는 흥미가 없었다.[23]

그런데 서구 과학과 학문을 탐구하던 학자들 중 천주교에 관심을 갖는 이들이 나타났다. 이들은 주로 기호지방 남인 계열 학자인 권철신, 권일신, 정약용, 정약전, 이가환, 이벽, 이승훈 등이다. 이들 중 권철신, 정약전, 이벽 등은 서학 교리서를 읽고 연구한 후, 실천하기 시작했다. 그들은 1777년(정조 원년) 겨울, 서울 동쪽인 지금

使 등 약 300 내지 500명으로 구성된 인원이 중국까지 왕래했다. 위의 책, 49쪽.
23) 이들 학자는 李漵, 李光, 柳夢寅, 許筠 등이다. 李能和, 『朝鮮基督敎 及 外交史』 上編 (朝鮮基督敎 昌文社, 1928), 23~24쪽 참조. 震檀學會, 『韓國史』 近世後期篇, 134~35쪽을 참조할 것. 일반적으로 서양 과학 문명은 받아들이면서 종교는 받아들이지 않은 태도를, 한국에서는 東道西器論, 중국에서는 中體西用, 일본에서는 華魂洋才論이라 한다.

양주군 마현의 양수리 근처에 있는 앵자산에 위치한 천진암, 주어사 등지로 옮겨 다니며 강학회를 열었다. 그들은 천주교 교리를 연구하고, 교리서에 규정된 대로 주일을 준수하여 노동을 하지 않았다. 아침, 저녁으로 기도를 드리며, 육식을 금하는 날을 정하는 등 계율을 준수했다.

따라서 한국 천주교회는 학자들의 학구적 호기심에서 비롯된 교회라는 특성을 갖는다. 그 학자들이 관직에 등용되거나 축출되는 과정에서 필연적으로 정치 상황과 연결될 수밖에 없는 성격을 띠게 되어 앞날이 순탄치 않을 것임을 예시했다.

제3장
한국 천주교회의 창시

1. 이승훈(李承薰)의 영세

한국 천주교회는 그 시작을 이승훈의 영세로 잡는다. 왜냐하면 이것이 한국인이 최초로 영세를 받은 사건이기 때문이다. 영세는 하나님과 사람들 앞에서 공적으로 신앙을 고백하는 일이며, 천주교 7성례의 시작이다. 따라서 이승훈의 영세는 한국 천주교회사에 가장 뜻 깊은 사건 중 하나이며, 한국에 기독교가 시작된 시발점이기도 하다.

이승훈은 1756년(영조 32년) 강원도 평창에서 태어났다. 어릴 때부터 재주가 널리 알려졌고, 25세 때 진사 시험에 합격한 그는 경기도 평택 지방 현감을 지냈다. 그는 정약용의 매제이고 이벽과는 사돈 관계다. 이들은 남인에 속한 학자이고, 서학에 심취해 있던 진

보적 인사들이다.[24]

이 무렵 이승훈의 부친 이동욱이 1783년(정조 7년) 중국 동지사 겸 사은사 황인점의 서장관으로 북경에 가게 됐다. 이때를 기해 이미 서학을 연구하던 사람들이 이승훈을 동지사 일행에 딸려 보내, 중국에서 서학 서적을 구해 오는 계획을 수립했다. 그들이 이전 학자들과 달리 서양 학문보다 천주교 교리에 더 관심과 열정을 보이고 있음을 알 수 있다.

북경에 도착한 이승훈은 그곳 천주교 신부들과 교제하며 서양 여러 학문을 연구하는 한편, 천주교 교리 강습도 받았다. 이승훈은 교리 강습을 통해 진리를 깨닫고 귀국할 무렵인 1784년 2월, 공개적으로 신앙을 고백했다. 이승훈의 신앙고백을 받은 그라몽 신부는 북성당에서 영세를 베풀었다. 그의 영세명은 '베드로' 즉 '바위'였는데, 한국교회의 초석이 되라는 의미다. 이로써 이승훈은 한국인 최초 수세자란 영예를 얻었을 뿐 아니라 한국 천주교회 출범의 돛을 올려 대장정의 첫발을 내딛게 됐는데, 그때가 27세였다.[25]

이승훈은 다음달에 교리서, 십자가상, 성화, 묵주 등 천주교 관계 물품을 갖고 귀국해 기다리던 서학파의 환영을 받았다. 한국 천주교회는 선교사가 입국해 전교한 결과로 신자가 생기는 일반적 형태와는 달리, 국외에서 신부를 찾아가 신앙을 고백하고 영세를 받는 구도(求道)의 전형을 보여 준다. 한국의 천주교회는 그렇게 시작됐다. 이승훈이 영세 받던 1784년은 한국 개신교 첫 선교사 알렌이 입국한 1884년에서 정확히 100년 전으로, 개신교보다 1세기 앞선 교회로 출발했다.

---

24) 柳洪烈,『韓國天主敎會史』上, 81쪽.
25) 달레,『韓國天主敎會史』上, 306쪽.

2. 초기 천주교 태동과 가(假)성직 시대

이승훈이 갖고 온 교리서들을 인수한 이벽은 열심히 탐독한 끝에 기독교 진리를 깊이 깨달았다. 그는 신앙을 고백하고 이승훈에게서 영세를 받고 영세명을 요한이라 했다. 물론 신부가 아닌 이승훈이 영세를 줄 수 없지만 당시 천주교에 대한 교리나 규칙을 잘 알지 못해 일어난 과도기적 현상이다. 이벽은 새 진리를 전해야 한다는 불타는 사명감으로 권철신에게 전도해 그를 개심시켰고, 그 아우 권일신도 신자로 만들었다. 뿐만 아니라 초기 가톨릭 선교 역사에 업적을 크게 남긴 정약전, 약종, 약용 삼형제를 개심시켜 이승훈에게 영세를 받게 했다. 이들은 1785년 봄부터 서울 명동에 있는 중인(中人) 김범우의 집에 모여 미사도 드리고 교리 강습도 했다. 이들은 이벽을 신부로 삼아 이 같은 일을 수행했다. 또한 견진성사와 고해성사도 이행했다. 그러나 머지않아 그들은 이 같은 처사가 잘못된 일이라는 것을 깨닫게 된다.

1789년에 이르러 여러 교리서를 연구한 결과, 서품 받지 않은 평신도가 성례를 집례하는 것은 잘못이라는 사실을 깨달았다. 이에 저들은 이런 일을 더 자세히 파악하기 위해 윤유일을 북경으로 보냈다. 그가 북경에서 한국교회 형편을 보고하자, 그곳 신부들은 놀라움과 감격으로 그의 보고를 받았다. 이 일에 대해서 달레는 "아무 신부도 일찍이 예수 그리스도의 이름을 전파한 일이 없는 나라에서 와서, 그 나라에 신앙이 얼마나 기묘하게 보급되었는지를 설명해 준 이 천주교인의 존재는 선교사들과 특히 구베아 주교에게 가장 즐거운 광경이었다"[26]고 기록했다. 윤유일은 구베아 주교의 친서를

---
26) 위의 책, 327쪽

휴대하고 귀국했다. 친서에 서품을 받지 않은 사람이 성례를 집행하는 것은 불법이므로 절대 해서는 안 된다고 못 박았다. 이에 따라 이벽 등은 더 이상 성례를 집행하지 않았고, 신부 파견을 북경에 요청하기로 했다. 그러나 이 일은 그렇게 쉽게 이루어지지 못했다.

3. 초기 천주교회의 배교자(背敎者)들

한국에 뿌리내리기 시작한 천주교회는 그 시작부터 모진 폭풍에 휘말리기 시작했다. 아직 확실한 교리도 모르고, 지도해 줄 성직자도 없는 상황에서 뿌리 깊은 신앙을 갖는다는 것은 무리였다. 조정과 사회 일각으로부터 사학(邪學)에 대한 탄핵의 소리가 들려오기 시작했다. 먼저 유생들의 규탄이 드높았다.

박해의 손길이 점점 거세지자 초기에 신앙을 가졌던 이들이 하나씩 배교하게 된다. 무엇보다 안타까운 사실은 맨 처음 영세를 받아 한국 천주교의 여명을 연 이승훈의 배교다. 그는 1789년 가을, 평택 현감이 됐는데 그의 동생 치훈의 끈질긴 설득에 넘어가 결국 1791년 배교를 선언했다.[27] 1791년 그는 소위 '이승훈구서사건'에 연루되어 서학의 서적을 인쇄했다는 죄목으로 치죄될 때 그 공안(供案) 속에 "사설(說)인 까닭에 (북경에서) 가져온 책들과 각종 의기(儀器)를 다 불살라 버리고 (서교를) 통척무여(痛斥無餘)했다"[28]고 선언했다. 이로써 조선 천주교회 반석이 되라며 베드로란 이름까지

---

27) 柳洪烈, 『韓國天主敎會史』上, 144쪽.
28) 李晩采 編, 『闢衛編』卷 3, "平澤縣監李承薰供辭"(서울: 悅話堂, 1972) 影印本, 199쪽. 달레, 『韓國天主敎會史』上, 320쪽. 「正祖」15年 11月 8日〈己卯〉條〈李承薰供案〉.

받았던 이승훈은 배교자의 오명을 남기고 말았다. 이승훈은 후에 자기 행위를 뉘우치고 주문모 신부에게 다시 성사를 받으려 노력했으나 뜻을 이루지 못했다. 1801년 2월 신유교난 때 배교한 상태로 순교자들과 함께 천주교도라는 이름으로 죽으면서도 끝까지 참회하지 않고 배교자로 죽은 이승훈의 죽음은 초기 한국 천주교회사의 영예를 짓밟은 비극적인 사건이다.

정약용도 1797년 자명소를 지어 자신의 배교를 입증했고, 이벽은 이승훈보다 4년 앞서 배교한 상태에서 죽음을 맞았다. 기독교를 버리지 않으면 목을 매어 죽겠다며 오랏줄을 목에 매는 부친을 보고 교우와 교제를 끊고 신앙을 버린다고 말하고, 번민에 빠져 괴로워하다 3일 만에 병으로 급사함으로 배교 상태에서 세상을 떠났다. 초기 한국 천주교회 두 선각자가 배도의 길을 간 것은 앞으로 다가올 천주교에 대한 모진 박해를 감내해야 하는 교우들의 신고를 예고해 주는 불길한 전조였다.

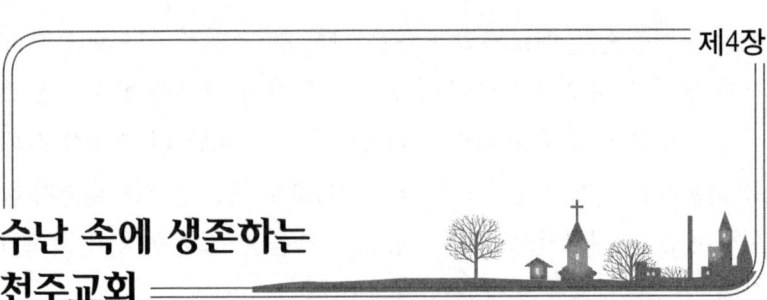

제4장
수난 속에 생존하는 천주교회

1. 신해교난(辛亥敎難: 1791)
무군무부(無君無父)의 종교로 오인된 천주교회

2천 년 교회 역사 어느 구석을 살펴봐도 피 흘림의 역사 없이 교회가 안착하고 성장한 일은 없다. 교회는 순교자들의 피 위에서 성장했다. 한국 천주교회도 예외가 아니다. 교회는 끊임없는 박해와 수난 속에 피 흘림의 역사 속에서 건실하게 성장했다.

그런데 한국 천주교회 박해사는 묘한 대목이 하나 있다. 그것은 조정의 권력 구조의 변화에 따라 박해와 평화가 교차했다는 사실이다. 즉 천주교회에 호혜적인 권력 구조에서는 교회가 평화를 누리며 발전했고, 적대적인 세력이 등장하면 혹독한 박해가 뒤따랐다. 가톨릭교회가 사대부 가에 먼저 전래됨으로 그들의 권력 투쟁과 연류돼 호혜나 박해가 반복되는 구조였다. 물론 처음 도래한 서양 종교와 문화가 전통문화와 갈등도 피해갈 수 없는 몫을 한 것 역시 부인할 수 없다.

천주교회가 기초를 다지는 과정에서 혹독한 핍박을 받게 된 원인이 여럿 있다. 그중 가장 큰 이유는 소위 '무군무부'의 종교, 즉 '임금도 없고 아비도 없는 종교'란 오해 때문이었다. 천주교회가 전래되면서 조상 제사를 금하자 천주교 입신자들이 제사를 폐지하는 일이 시작됐다. 그후, 1785년 음력 4월 장령(掌令) 유하원이 상소를 올리면서 쓰기를, "천주교는 다만 천(天)이 있는 줄만 알고 임금과 어버이가 있음을 모르며, 천당과 지옥이 있다는 설로 백성을 속이고 세상을 의혹케 함이 큰물이나 무서운 짐승의 해보다도 더 하다"[29]며 고발했다.

천주교회가 무군의 종교로 오인된 것은 신부들이 "왕보다 교황에게 복종하라"[30]고 가르친 데 기인했다. 그런데 유하원의 글에 임금과 어버이가 있음을 모른다는 말을 입증할 만한 사건이 터졌다. 그것은 충청도 진산에서 일어난 진산 사건이다.

윤지충은 진사시험에 합격한 호남의 선비요, 정약용의 외종이다. 그는 1784년 상경했을 때 『천주실의』(天主實義)와 『칠극』(七克)[31]을 읽었다. 고향에 돌아와서 그의 외종형 권상연과 함께 서학을 열심히 연구한 후, 개심하고 천주교에 입교했다. 그러던 중, 윤지충은 모친 권 씨가 세상을 떠나자 상복을 입고 호곡은 했으나 시신에

---

29) 柳洪烈, 『韓國天主敎會史』 上, 92쪽.
30) Letter of H. G. Appenzeller to J.M.Reid, October 13, 1885.
31) "七克"이란 십계명과 더불어 교인들이 지켜야 하는 7가지 계율로, ① 오만을 극복하기 위한 겸손, ② 질투를 극복하기 위한 애덕(愛德), ③ 분노를 극복하기 위한 인내, ④ 탐욕을 극복하기 위한 자비, ⑤ 식욕을 극복하기 위한 절제, ⑥ 사음(邪淫)을 극복하기 위한 제욕(制慾), ⑦ 나태를 극복하기 위한 근면이다. 柳洪烈, 『韓國天主敎會史』 上, 101쪽.

절하지 않았고, 위패를 모시지 않았으며, 후에 제사도 지내지 않았다. 결국 유교의 중요 덕목 중 하나였던 제사를 폐하는 행위를 한 것이다.

조상 제사는 중국에 천주교가 전래되면서 근 100여 년 동안 의례(儀禮) 문제로 심각한 논쟁이 일었던 사항이다. 즉 예수회 소속 마태오 리치는 중국인들이 전통적으로 행하던 제사를 단순한 정치적 의식으로 간주하고 금하지 않았다. 기독교는 유교의 발전된 형태라고 선전하며, 유교 상제(上帝)는 기독교 하나님과 동일한 분이라 가르쳐 선교에 큰 성공을 거두었다. 즉 유교와 기독교를 접목해 그 연장선상에서 기독교 교의를 설파한 것이다. 이를 일컬어 '보유론'(補儒論)이라 한다. 그러나 프란체스코회 선교사들이 중국에 와서 천주교가 유교와 혼재된 혼합 종교로 전락됐음을 발견했다. 프란체스코회 선교사들은 교황청에 이 사실을 보고했고, 급기야 1715년 교황 클레멘트 11세는 조상 제사 금지에 대한 회칙을 내렸다. 또한 1742년 교황 베네딕트 1세 역시 조상 제사를 절대 허락해서는 안 된다는 엄명을 내렸다.[32]

이런 로마교회의 원칙에 따라 프란체스코회 소속 북경 주교 구베아는 조선 천주교 신도에게 조상 제사를 금할 것을 명했고, 신자들은 그 명령에 따를 수밖에 없었다. 두말 할 필요 없이 조상 제사 금지는 유교 전통 사회에서는 받아들일 수 없는 반사회적 행위다. 그러나 이 문제는 단순히 교리적 문제를 떠나 정치적 상황과도 연관된다.

호남지방 양반들은 대개 남인 계열에 속해 있었는데, 남인은 다시 두 파로 갈라져 있었다. 즉, 좌의정 채제공을 중심한 신서(信西)

---

32) 위의 책, 97쪽.

파와 주서(注書)[33] 홍낙안을 중심한 공서(攻西)파로 분열돼 있었다. 공서파는 채제공의 세력을 꺾을 목적으로 천주교 문제를 끄집어내 윤지충과 권상연의 제사 폐지 문제를 트집 잡고 나왔다. 정조는 채제공의 편을 들고 있었지만 벽사위정이란 명분에 밀려 두 사람을 참형에 처하고, 홍문관에 소장돼 있던 많은 서양 서적을 불태우라고 명했다. 나아가 서양 서적을 소유한 자는 자수하여 그 책을 소각하라는 어명을 내렸다.[34]

한국 천주교회는 양반 학자들의 학구적 탐구에서 비롯돼 그들의 입교가 뒤따랐다는 점은 이미 기술했다. 이는 필연적으로 사색당쟁의 피비린내 나는 암투 중, 서학을 척결한다는 명목으로 적대 세력을 공격하는 좋은 구실이 됐다. 따라서 한국 천주교회가 혹독한 박해를 받은 원인 중 하나는 교리적 요인과 더불어 정치 싸움의 희생양이 됐다는 점 또한 간과해서는 안 된다.

2. 신유교난(辛酉敎難: 1801)
-최초의 성직자 주문모(周文謨) 신부의 순교

교회 성격상 천주교회는 성직자 즉 신부 없이 교회가 성립될 수 없다. 가톨릭교회의 오랜 전통은 고대 교회 교부 키프리안의 말처럼 "교회 있는 곳에 성직자 있고, 성직자 있는 곳에 교회 있다"는 교리 위에 서 있다. 이 말의 의미는 신부가 집례하는 미사와 성례가 있어야 비로소 교회가 성립된다는 말이다. 따라서 개신교회와

---

33) 주서는 門下部와 承政院에 둔 정 7품 벼슬.
34) 『正祖實錄』, 正祖 15年, 卷 33, 11月 癸未條.

는 달리 천주교회는 성직자가 절대적으로 필요하다. 성직자 없이 10여 년을 지낸 교회는 신부 파송을 북경 주교에게 청원하고, 그 결과를 애타게 기다리고 있었다. 목자 없는 양떼는 조정의 혹독한 핍박 속에서 배교자가 없었던 것은 아니지만, 꿋꿋하게 신앙의 절개를 지키며 순교의 길에 들어서는 교우가 늘어 갔다.

신자들은 윤유일, 지황 두 사람을 북경에 보내 구베아 주교를 만나 신부 파송을 거듭 요청했다. 이 요청이 받아들여져 1795년 초 최초로 신부가 서울에 잠입해 들어왔는데, 그가 중국인 신부 주문모다. 주 신부는 강소성 소주에서 태어나 북경 천주교신학교를 졸업하고 신부로 서품 받은, 학식과 덕망을 갖춘 훌륭한 신부였다. 그가 발탁된 이유는 얼굴 모습이 조선 사람과 매우 흡사했기 때문이었다.[35] 주문모 신부는 윤유일과 지황의 안내를 받고 역부로 가장하고, 낮에는 숲속에 숨어 있다가 밤이 되면 걸어서 서울에 잠입했는데 그때가 1795년 1월이다. 이승훈의 영세로부터 10년이 경과한 때 비로소 교인들은 꿈에도 그리던 신부를 맞았다. 주 신부는 조선말을 배우면서, 목자 없이 유리하던 교도에게 영세를 베풀고 미사를 접전하며 은밀히 포교에 전념했다. 조선 천주교회는 비로소 정식 교회의 틀을 갖추게 됐다.

이즈음 조정에 큰 변화가 일어났는데 이 변화는 천주교회에 큰 영향을 미치게 된다. 정조가 승하하고 나이 11세인 순조가 등극했다. 그의 나이가 어려 영조의 계비 정순왕후가 섭정을 하면서 조정의 판도가 역전됐다.[36] 당시 조정은 두 파로 나눠 있었는데, 정조의 아버지 사도세자가 뒤주에서 죽임 당할 때, 동정하던 남인 시파(詩

---

35) 柳洪烈, 『韓國天主敎會史』上, 110쪽.
36) 위의 책, 123쪽.

派)와 세자에게 등을 돌린 노론 벽파(僻派)다. 따라서 정조는 자연히 자기 아버지에 동정적이던 시파를 등용했고, 벽파를 멀리했다. 공교롭게도 시파에 신자가 많아 조정은 자연히 서교 탄압의 고삐를 늦추게 됐다.

그런데 순조를 섭정한 정순왕후는 정조 재위 시, 형벌을 받고 귀양 가서 죽은 김귀주의 누이로 시파에 대한 원한을 갖고 있었다. 정순왕후는 시파를 박멸할 목적으로 시파가 천주교와 깊은 관계가 있음을 꼬투리 삼아 탄압의 채찍을 거머쥐었다. 순조 원년 1801년(辛酉)에 이미 죽은 시파의 거두 채제공을 사후 삭탈관직하고 서교를 박멸하라는 교서를 내렸다.

조정의 서학 박멸 정책으로 많은 천주교도가 처형당했다. 신유년 2월 권철신이 곤봉에 맞아 순교했고, 정약종, 최필공 등이 같은 달에 서소문 밖에서 목 베임을 당했으며 이승훈도 이때 참수형을 당했다. 정약전, 정약용은 배교하고 각각 전라도 흑산도와 경기도 장기로 귀양 갔다. 이때 주문모 신부에게 영세를 받은 왕족 은언군의 부인 송마리아와 그녀의 자부 상계군 부인 신마리아는 사약을 받았다. 얼마 후 은언군도 사약을 받고 죽음을 맞았다. 이 밖에도 백서(帛書)로 유명한 황사영과 그의 '백서'를 전하러 가던 중 체포된 황심도 참수 당해 순교자의 반열에 들었다.

신유교난 때 순교한 이들 가운데 조선에 처음 들어온 신부 주문모도 있다. 주 신부가 조선에 들어와 은밀히 활동하던 중, 배교자 한영익이 주문모 신부의 잠입을 관가에 밀고했다. 주 신부는 신도들의 도움으로 피신했으나, 주 신부를 인도한 윤유일과 지황은 관가에 끌려가 모진 고문과 태장으로 다음날 순교했다. 교우 강완숙의 주선으로 주 신부는 약 6년간 숨어 포교 활동을 벌여 입국 당시 4천여 명이었던 교우가 1만 명이 넘는 급속한 성장을 이루었다.

강완숙은 배교자의 밀고로 체포돼 주 신부의 거처를 대라며 갖은 고문을 당했으나, 과거 자기 집에 거했으나 지금은 행방을 알 수 없다며 끝까지 입을 다물었다. 관가는 하는 수 없어 주 신부의 화상을 그려 사방에 붙이고 현상금을 걸고 공개수배에 나섰다. 주 신부는 국경을 넘어 다시 중국으로 되돌아갈 생각도 했으나, 자기 때문에 많은 신도가 고문과 죽임 당함을 보고 의금부에 자수했다. 조정은 주 신부가 중국인이므로 처음에는 조심해 다루다, 변장하고 밀입국한 죄를 물어 사형을 선고하고 새남터로 끌고 가서 1801년 4월 양쪽 귀에 화살을 꽂아 참수하고 효수했다. 주문모 신부가 순교하자 교회는 다시 목자 없이 흩어진 양떼가 되어 다음 신부가 올 때까지 인고의 세월 30년을 기다려야만 했다.

3. 기해교난(己亥敎難: 1839-1841)

조선의 천주교회라는 나무는 순교의 피를 먹고 자랐다. 잠입한 신부들의 활동으로 교회 세력이 서서히 확장되고 있을 때, 또다시 핍박의 폭풍우가 휘몰아쳐 왔다. 늘 그랬던 것같이 박해는 이번에도 정변과 더불어 밀려왔다.

1801년 신유박해를 선도했던 정순왕후 김 씨가 1805년에 세상을 떠나자 정치권력이 순조의 장인 김조순에게 넘어갔다. 이것이 바로 조선 왕조 말엽에 일었던 외척 안동(安東) 김 씨 세력의 부상이다. 친 천주교 세력이던 시파에 속한 김조순이 천주교에 대해 온건한 태도를 보이자, 천주교회는 한동안 숨을 돌릴 기회를 얻었다. 그러나 항상 새로운 권력이 나타나면 이를 견제하는 세력이 나타나게 마련으로, 세도가 커가는 안동 김 씨 세력의 견제 대항마가 풍양 조 씨 가문이었다. 풍양 조 씨 세력이 부상한 원인은 순조의 아들 효명세자 부인이 풍양 조 씨의 조만영의 딸이기 때문이었다.

1832년 안동 김 씨 세력의 주축 김조순이 죽고, 2년 후에 순조도 승하하자, 풍양 조 씨 세력은 급속히 그 세력의 판도를 넓혀 나갔다. 순조가 죽자, 이미 세상을 떠난 효명의 아들이 헌종으로 즉위했으나, 나이가 겨우 8세라 자연히 순조의 왕비였던 순원왕후가 섭정을 했다. 비록 안동 김 씨 순원왕후가 섭정을 했다 해도, 조정의 주요 보직을 풍양 조 씨 쪽에서 장악하고 있던 터라, 안동 김 씨 세력은 점점 쇠진해 갔다. 기울어져 가는 안동 김 씨 세력을 박멸할 목적으로 풍양 조 씨 일파는 순원왕후에게 천주교 박멸을 줄기차게 요구했다. 더 이상 지체할 수 없다고 판단한 순원왕후는 1839년 4월 천주교도 박멸 포고령인 '사학토치령'을 반포했다. 이것이 '기해교난'의 시작이다. 기왕 시행하던 오가작통법을 강화한 토치령에 따라 전국적으로 천주교도 체포가 본격화되었다. 그러자 수많은 교우들이 체포, 투옥, 처형의 수순을 밟았다.

흔히 박해가 오면 배교자도 있게 마련이라, 이들 때문에 더 많은 희생자가 생겼다. 배교자 김순성의 밀고로 지도급 인사들이 거의 체포됐는데, 그중에 정하상, 유진길 등이 포함돼 있었다. 김순성의 배도 행각으로 결국 8월에는 밀입국해 활동하던 앙베르 주교까지 체포됐고, 도피생활을 하던 모방, 샤스탕 신부도 주교의 "착한 목자는 자기 양들을 위해 목숨을 바칩니다"라고 써 보낸 권고 편지를 받고 자수했다. 앙베르 주교와 모방, 샤스탕 신부는 1839년 9월 대역 죄인이란 판결을 받았다. 그들은 66대의 곤장을 맞은 후 군문효수되어 이역만리 선교지에서 서양 신부로는 처음으로 조선에서 그 순결한 생을 순교로 매듭지었다. 이튿날 정하상, 유진길이 서소문 밖에서 역시 참수형을 당했다. 이때 순교자 수가 54명, 옥사 60여

명, 배교하고 석방된 자가 50여 명이다.[37]

조정은 이에 그치지 않고 '척사윤음'[38]을 발해 조정이 천주교도를 박멸하는 것이 정당하다는 변명을 했고, 백성이 더 이상 사교의 유혹에 빠지지 말기를 권하며, 만일 이 도에 빠지는 자가 있으면 죽음을 면치 못할 것이라 못 박았다.

4. 병오교난(丙午敎難: 1846)

그동안 성직자가 없는 시대가 오래 계속됐고, 외국에서 신부들이 들어오기만을 고대하던 조선 천주교회도 이제는 조선인 신부를 맞는 새로운 시대에 접어들었다. 한국인 최초 신부로 서품 받는 영예를 안은 사람은 김대건(金大建: 안드레)이다. 그는 1821년 8월 충청도 강진군 우강면에서 태어났다. 그는 조부와 부친 모두가 박해로 순교 당한 독실한 천주교 가정에서 자랐다. 16세 때, 모방 신부가 몇 사람을 신부 후보생으로 선발할 때 간택돼 최양업, 최방지거 등과 함께 마카오에서 신학 수업을 받았다. 교육과 수련이 끝나고, 한국인 최초 신부 서품을 받은 것은 1845년 8월이다.[39] 그는 신부가 된 후, 고국으로 들어갈 기회를 엿보고 있었다.

조선에서 비밀리에 활동하던 신부들이 모두 순교당한 후, 조선 교회는 다시 신부 없는 진공상태가 됐다. 이에 파리외방전도회는 한국의 3대 주교로 페레올 신부와 메스트르 신부를 파송했다. 김대

---

37) 柳洪烈,『韓國天主敎會史』上, 165쪽.
38) "綸音"이란 본디 임금이 새해가 되면 농사를 권장하기 위해 8도 백성들에게 칙어를 내리는 것인데, 여기서는 천주교 박멸 교시를 위해 원용된 것이다.
39) 柳洪烈,『韓國天主敎會史』上, 437쪽.

건은 배를 세내 1845년 10월 페레올 주교와 새로 임명된 다블뤼 신부와 함께 충청도 강경을 통해 밀입국하는 데 성공했다. 이들은 서울과 충청도 지방에서 전교 활동을 벌이는 한편, 페레올 주교는 만주에서 입국의 기회를 찾고 있는 메스트르 신부와 최양업을 밀입국시키기 위해 김대건을 보냈다. 김대건은 육로 입국이 여의치 않자, 연평도 조기잡이 철이 한창인 점에 착안하여 해로 입국을 계획하고 서해로 나갔다. 하지만 형편을 관망하던 중, 황해도 해안 등산곶에서 관리에게 체포돼 서울로 압송됐다.

다행히 페레올과 다블뤼 신부는 체포되지 않았으나, 기해박해 때 순교한 3명의 프랑스 신부들의 죽음을 문책하기 위해 프랑스 함대가 충청도 홍주 앞바다에서 무력시위를 하며 책임 있는 답변을 요구했다. 이에 자극 받은 조정은 김대건 신부와 현석문 등을 1846년 7월 새남터에서 참수했다. 김 신부는 1846년 7월 새남터에서 목이 떨어져 짧은 생을 마쳤는데, 그때 25세였다. 최초 한국인 신부 김대건도 순교의 영예를 안고 초기 한국 천주교회 위에 고귀한 피를 뿌리고 쓰러졌다. 이 일이 1846년 병오(丙午)년에 일어났기 때문에 병오교난이라 한다. 1857년 교황 비오 9세는 김대건에게 가경자 칭호를 주었고, 1925년 7월 복자로 지정했다. 1984년 교황 요한 바오로 2세가 한국 천주교회 창설 200주년을 축하하기 위해 내한하여 복자 103위를 성인으로 시성할 때 김대건도 포함됐다. 그의 머리는 현재 서울 가톨릭신학대학 성당 지하에 모셔져 있다.[40]

---

40) 위의 책, 486쪽.

5. 병인교난(丙寅敎難: 1866-1871)

고난의 세월 속에 시간은 흘러 조정에 중대한 변화가 일어났다. 1844년 헌종이 후사 없이 승하하자, 다음 왕을 임명할 권한이 풍양 조 씨 세력에 밀려나 있던 순원왕후의 손에 넘어 왔다. 순원왕후는 강화도령으로 유명한 철종을 왕으로 명하여 등극케 했다. 철종은 바로 천주교 박해로 목숨을 잃은 은언군의 손자였다. 이 일은 그동안 세도를 부렸던 풍양 조 씨 일파가 세력의 중심에서 밀려나고, 다시 천주교에 동정적인 안동 김 씨 세력의 부상을 의미한다. 철종은 신유교난 때 천주교와 연루되어 사사된 은언군 내외와 며느리 신 씨, 이승훈 등의 죄를 씻어 달라는 청원을 받아들였다.

이런 분위기 속에 천주교는 움츠렸던 가슴을 펴고 전에 없는 발전을 거듭했다. 3대 주교 페레올이 병사한 후, 1855년 4대 주교 베르뉘 신부가 다른 4명 선교사를 대동하고 입국했다. 이들은 전교 활동에 박차를 가했으며 그로 인해 신도 수는 급격히 늘어났다. 1857년에 1만3천에 이르렀고, 그로부터 10년이 안 된 1865년(고종 2년)에는 2만3천으로 늘었다. 이에 따라 신부들의 숫자도 늘어나 밀입국해 활동하는 서양 선교사가 12명이나 됐다.[41]

이렇게 급격히 부흥하는 천주교의 세력은 이것을 눈여겨보는 사람들에게는 예사로운 일로 비치지 않았다. 항상 조정의 변화와 천주교 박해가 맞물려 돌아가던 조선 천주교회는 또 다른 국면을 맞았다. 그것은 철종이 1863년 12월 갑자기 승하하자, 생존을 위해 광인 행세를 하던 흥선군의 둘째 아들이 고종으로 등극한 것이다. 나이 어린 고종 대신 부친 흥선군이 대원군으로 섭정하면서 조선

---

41) 달레, 『韓國天主敎會史』 下, 213, 273, 327쪽.

근대사와 천주교회사에 지울 수 없는 비극이 예고됐다.

이 무렵, 러시아는 겨울에 어는 항구만을 소유하고 있어 긴 겨울 동안 해운이 불가능했기에 부동항을 얻는 데 모든 노력을 집중했다. 이를 위해 러시아는 동아시아로 관심을 돌렸다. 극동지역 블라디보스토크 항구를 개척한 후, 조선을 위협하기 시작했다. 1853년 4월, 러시아 함대가 동해안 영일만까지 내려와 해안을 측량했다. 1855년에는 함경도 영흥, 덕원 앞바다에 나타나 통상을 요구하다가 돌아갔다. 1866년 1월에는 러시아 군함이 다시 원산에 나타나 통상을 요구할 뿐만 아니라 러시아인의 거주를 허락하라고 강압했다.

대국 러시아의 위협은 조정의 골칫거리가 됐고, 대원군은 이 문제 해결의 길을 모색했다. 당시 천주교 지도자 홍봉주, 남종삼 등은 남진하는 러시아 세력을 축출하기 위한 계책을 모색했다. 그것은 천주교회에 아무 원한이 없는 대원군을 회유해 조선, 프랑스, 영국 3국이 동맹을 맺어 러시아의 남진을 막아 보자는 안이었다. 이렇게 해서 천주교 전교 자유를 획득하려 했다. 남종삼은 러시아 남진 방어수단의 강구에 골몰하던 대원군을 만나 그의 계획을 말했다. 이를 좋게 여긴 대원군은 즉시 주교를 만나 이 일을 의논하겠다며 남종삼에게 주교 만남을 주선하라고 했다.

그러나 베르뉘 주교는 이 일을 단순하게 생각하지 않았다. 무엇보다 지난 세월 동안 수많은 교도들을 처참하게 살해한 조정이 갑자기 천주교를 그렇게 쉽게 받아들일까 의심했다. 또한 이 일에 깊이 개입하면 복잡하게 얽힌 정치 문제에 교회가 개입하는 결과가 될 것이 자명했기 때문이다. 뿐만 아니라, 일이 뜻대로 성사되지 못했을 때 조정이 어떻게 나올지 생각해 보면 문제가 간단치 않다고 판단했다. 이런 여러 형편을 고려할 때, 주교는 대원군의 접견 요구에 쉽게 동의할 수 없었다. 베르뉘 주교로부터 연락 오기를 기다리던 대원군은 아무 연락이 없자 불쾌하게 여겼고, 시간이 지나면서 러시아의 위협이 점차 줄어들자 그의 생각은 바뀌었다.

이즈음 국내 정치는 오랜 세월 동안 사색당쟁으로 국가의 힘은 쇠진됐고, 탐관오리의 가렴주구는 극에 달해 백성들은 극도의 빈궁에 허덕이고 있었다. 형편이 이렇다 보니 자연히 각지에서 민란이 끊이지 않고 일어났다. 대원군은 이런 국내의 어려움을 타개하고 자신의 입지를 강화하는 방편으로, 서학에 대해 반감을 늘 품어온 수구 유학 계층과 함께 천주교 탄압의 고삐를 단단히 거머쥐었다. 이런 결정은 19세기 제국주의 국가인 영국, 독일, 프랑스, 미국, 러시아 등이 조선 주변을 막강한 군사력으로 위협하면서 출몰하는 상황에서 이루어졌다. 대원군은 제국주의 국가인 프랑스나 서방 세계와 계속 연락을 취하는 천주교 세력을 그대로 방치할 수 없었다. 한때는 프랑스나 영국에 의지해 러시아 세력을 막아 보려는 계획도 강구했지만, 이제 그런 위협이 사라진 마당에 더 이상 그 일에 마음을 쓸 필요를 느끼지 못했다. 대체로 지금까지 천주교 박해는 1~2년에 끝났으나, 대원군이 주도한 박해는 병인년(1866)부터 그가 실각한 1873년까지 무려 7~8년간 지속됐으며 그 피해 또한 상상을 초월한다.[42]

한동안 평온기를 지나며 교회는 발전을 거듭해 베르뇌 주교 외에 12명의 외국 신부들과 2만 명 이상 신도로 늘어났다. 충청도 배론에 성직자 양성을 위한 준비 단계 신학교가 있었으며, 서울 목판 인쇄소 두 곳에서 교리서를 찍어냈다. 대원군은 베르뇌 주교와 기타 신부들과 주요 인물을 검거하면서, 이들 세력이 전국에 널리 퍼

---

42) 이 기간 순교자 숫자는 정확한 집계가 없어 확실히 알 수 없으나, 달레는 8천여 명이라 썼고, 黃玹의 『梅泉野錄』에는 무려 2만 명이라 기록했다. 유종순, "丙寅迫害 殉敎者의 諡福手續資料," 『敎會史硏究』 제6집, 312쪽.

져 있음을 확인하고 더욱 위협을 느껴 발본색원을 다짐했다. 12명의 외국 신부들 중 9명이 체포돼, 다른 조선인 교도와 더불어 목 베임을 당해 또다시 순교의 피를 이 강토에 뿌렸다. 다행히 체포되지 않은 리델이 신도들의 도움을 받아 중국으로 탈출해 산동성 지푸에 도착했다. 리델은 즉시 그곳 프랑스 함대 사령관 로즈에게 조선에서의 천주교 박해와 프랑스 신부들의 처참한 죽음을 보고했다. 또 아직 체포되지 않은 두 사람의 프랑스 신부인 페롱과 칼레의 구명을 역설했다.

로즈는 그해(1866) 10월 세 척의 중무장한 프랑스 함대를 이끌고 지푸를 떠나 조선으로 향했는데, 이때 리델 신부는 통역으로, 그와 동행한 조선 천주교인 3명은 안내를 맡았다. 로즈 함대는 강화도를 점령하고 한강을 거슬러 올라가 양화진까지 쳐들어갔으나 조선 병사들의 역습으로 11월에 퇴각했다. 퇴각하던 로즈 함대는 강화도에 다시 상륙해 그곳에 보관돼 있던 은괴 18상자 약 900kg을 탈취했다.[43] 또한 사고의 귀중한 사료 다량을 약탈했고 병사들은 읍내에 불을 질러 전소시켰다. 로즈 함대와 조선과의 전투가 병인년에 일어났으므로 이를 병인양요라 한다. 이 사건이야말로 서구 제국주의 국가의 약소국 침탈의 전형적 작태다. 이 일이 있은 후 대원군은 더욱 천주교에 대한 보복을 가해 "여자와 어린아이까지 포함해 모든 신자의 씨를 말리겠다고 공식적으로 단언하여"[44] 피의 보복이 감행됐다.

교회가 전교의 자유를 얻기에는 아직 시기상조였다. 이 교회가 전교의 자유를 얻게 된 것은 조선이 강압에 의해 어쩔 수 없이 강

---

43) 그들이 탈취해 간 은 값은 19만 7천 프랑에 달한다. 달레,『韓國天主敎會史』下, 466쪽.
44) 刑曹, 漢城府, 兩司, 兩捕廳, 八道, 四都, 各陣營에 邪類를 최후의 1人까지 남김없이 殄滅하라고 엄명을 내렸다. 高宗 丙寅 10月 15日. 달레,『韓國天主敎會史』下, 475쪽.

대국과 통상조약을 맺고 난 후다. 조선에 서양 영사관이 들어서고 그들이 예배드리는 것을 본 후에 종교의 자유 개념이 조선 조정과 백성들의 마음속에 차차 자리 잡았다. 따라서 천주교회가 자유스럽게 전교와 종교 행사를 하기 위해서는 외국과 조약이 맺어지는 1880년대까지 기다려야만 했다. 피 흘림의 역사는 종국에 자유를 쟁취하는 법이다.

제5장

가톨릭교회의 선교 전략과 독립 교구의 설정

세계 4대 종교 즉 기독교, 힌두교, 불교, 이슬람 가운데 중 선교를 강력하게 하는 종교는 기독교와 이슬람이다. 기독교는 초기 교회부터 강력한 전도를 했다. 처음에는 유대인에게, 다음에 이방인에게 복음을 선포했다. 기독교 선교는 언제나 피 흘림의 역사로 점철돼 있다. 중세에 접어들면서 선교가 야만족에게까지 확대되자 그 방법이 폭력적 양상을 띤 때도 있다. 그 대표적인 사례를 중세 프랑크 족 왕 샤를마뉴 대제에게서 찾을 수 있다. 그는 야만 게르만 족을 교화시키면서 세례 받지 않은 자는 사형에 처하는 무서운 법을 시행했다. 그야말로 "한 손에 성경, 한 손에 칼"이었다. 물론 이런 선교 방법이 장기간 그리고 보편적으로 이루어진 것은 아니다. 당시 야만인을 교화시키는 방법으로 그것이 가장 효율적이었

기 때문에 일시적으로 일어난 사건이다.[45]

한국에 천주교회가 전래될 때에도 교회가 택한 선교 방법은 전적으로 물리적 힘을 바탕으로 한 것이 아니었다. 그러나 교회 역사에 있었던 그러한 전통이 가끔씩 엿보이기도 했다. 다음에 거론하고자 하는 '황사영 백서 사건,' 그리고 '남연군 묘소 도굴 사건'이 바로 그런 예다.

1. 황사영(黃嗣永) 백서(帛書) 사건-선교 방법론의 문제

천주교를 사학이라 단정하고 무군무부의 종교로 치죄하던 조정에 또다시 그 신념을 확인해 주는 불행한 사건이 터졌다. 이것이 이른바 '황사영 백서 사건'이다. 황사영은 정약용의 형 약현의 사위로, 주문모 신부에게서 알렉산더라는 세례명을 받고 영세를 받은 신앙이 돈독한 신자였다. 그는 경상도 창원 사람으로 17세에 진사시에 급제해 그 영특함이 널리 소문났다. 1801년 신유박해가 일어나자 충청도 제천 배론에 있는 어느 옹기장이 토굴 속에서 난을 피하고 있었다. 이때 친구 황심과 더불어 조정의 극심한 박해를 북경 주교에게 보고해 이를 면하는 방도를 협의했다. 황사영은 교회 상황을 편지로 써 보내 도움을 구하자는 의견을 냈다. 그는 폭 62Cm, 길이 38Cm의 흰 비단에 가는 붓으로 장장 1만 3천 자에 이르는 놀라운 양

---

[45] Charlemagne가 Germans와 Saxons를 교화하면서 세례를 받지 않거나 신부를 살해한 자, 혹은 성당을 불태운 자 등을 사형에 처했다. P. Schaff, *History of the Christian Church*, vol. IV. pp. 242 이하 참조. 가톨릭교회가 남미에 선교하면서 한 손에 십자가를, 한 손에 검을 쥐고 행했던 사적은 라틴 아메리카 교회사, H. McHenrie Goodpasture, *Cross and Sword* (Maryknoll, New York: Orbis Books, 1989), 김인수 역, 『십자가와 검』 남미교회사 (장로회신학대학교 출판부, 2000) 참조.

의 편지를 썼다. 이 편지가 비단에 쓰였기에 '백서'라 일컫는다.[46]

　백서를 휴대한 황심은 황해도 연안에서 청국행 배를 타기 직전 체포됐다. 그는 동행하던 수 명의 교도와 더불어 서울로 압송됐다. 이 글을 쓴 황사영도 제천에서 체포돼 압송됐고, 편지 내용도 만천하에 공개됐다. 내용이 공개되자, 조정과 백성은 그 내용에 경악을 금치 못했다. 조정은 기왕 시행한 박해가 정당했음을 편지 내용을 통해 더욱 확신했다.

　편지의 내용은 세 부분으로 되어 있다. 첫 부분은 당시 교세와 주문모 신부의 활동 사항, 그리고 신유교난 때 순교자의 약력 등이 적혀 있다. 둘째 부분은 주 신부 처형에 대해 썼고, 셋째 부분은 조정의 실정과 앞으로 전교 자유를 확보하기 위한 몇 가지 방도를 제시했다. 그런데 문제된 부분은 황사영이 제시한 몇 가지 방도였다. 그 내용을 간추리면 다음과 같다.[47]

　첫째, 조선은 경제적으로 전혀 힘이 없으니 서양 제국의 동정을 얻어 성교를 받들어 나가고 백성을 구제할 필요한 자본을 얻고자 한다.

　둘째, 조선은 종주국, 즉 청나라 황제의 명령을 따르니 청나라 황제의 동의를 얻어 서양인 신부를 조선에 보낼 것.

　셋째, 이 씨 조선은 이제 쇄하고 망할 지경에 이르렀으니 이 조선 땅을 청나라에 예속시키고, 안무사(按撫使)를 평안도 안주와 평양 사이에 두어 친왕(親王)[48]으로 하여금 이 나라를 감독하고 보호하게 할 것.

---

46) 달레, 『韓國天主敎會史』 上, 165쪽.
47) 백서 전문은, 김인수 편, 『사료 한국신학사상사』 (서울: 장로회신학대학교 출판부, 2003), 11~52쪽에 있음.
48) 황제의 아들이나 동생으로서 어떤 지역 왕으로 봉함을 받은 자.

넷째, 조선은 200년 이래 평화가 계속되어 백성이 전쟁을 모르니 전함 수백 척과 강한 병사 5, 6만으로 서양 전교대를 조직해 와서 선교사의 포교를 쉽게 할 것. 또한 조선 왕이 아직 나이 어려 왕비를 맞지 않았으니, 청국 공주를 시집보내 조선 왕을 부마로 삼으면 다음 왕은 청국 황제의 외손이 되므로 자연히 청국에 충성을 바치게 될 것.

마지막으로, 그는 비록 이 나라는 전멸한들 성교(聖教)의 겉모양에 해로울 것이 없다.[49]

이렇게 쓴 황사영은 모든 사람으로부터 만고의 역적이란 비난을 받게 됐다. 황사영은 조정의 박해를 종식시키고 전교의 자유가 확보돼, 온 나라 백성이 천주의 자녀가 되게 하겠다는 일념으로 이 편지를 썼다. 그러나 그가 제시한 방책은 조정이나 백성이 볼 때 도저히 용납할 수 없는 반국가적·반민족적 내용이었다.

황사영은 1801년 신유교난 때 대역모반의 죄를 쓰고 능지처참됐고 가산은 몰수됐다. 모친은 거제도에, 처는 제주도에, 자녀들은 추자도에 유배돼 혈족 모두가 처참하고 무서운 형을 피할 수 없었다. 그해에 박해를 받아 순교한 교도는 300명이 넘었다.[50]

백서는 의금부에 소장돼 있었는데, 1894년에 서울 교구 주교 뮈텔이 입수해 보관했다. 그 후, 1925년 7월 로마에서 조선 순교 복자 7명 시복식이 거행될 때 교황 비오 11세에게 전해졌는데, 현재 교황청 민속박물관에 보관돼 있다. 뮈텔 주교는 이 백서를 프랑스어로 번역하면서 "그 내용 대부분이 공상적이며, 위험천만하다 말하면서, 이로 인해 일어난 박해를 납득할 수 있겠다"[51]고 술회한 바 있다.

---

49) 黃嗣永, "흐느껴 울면서 아뢰오니," 『秘語錄』(惠文社, 1973), 654쪽.
50) 辛酉治邪, 闢衛編 卷 五.
51) 뮈텔 주교가 黃嗣永의 「帛書」를 佛譯하면서 쓴 序文을 震檀學會, 『韓國史』 最近世

2. 남연군(南延君) 묘소 도굴 사건[52]

황사영의 백서 사건이 일어난 지 약 두 세대가 지난 1865년에 이와 비슷한 사건이 또 발생했다. 가톨릭교회가 선교를 위해 수단과 방법을 가리지 않는다는 확증을 보여준 또 다른 예가 '남연군 묘소 도굴사건'이다.

많은 사람의 생명을 앗아가는 사건은 지도자 한두 사람의 잘못된 발상이나 판단 때문에 일어나는 경우가 많다. 대원군의 선친 남연군 묘소 도굴 사건을 일으킨 페롱 신부 역시 그런 부류 중 한 사람이다. 조선에서 천주교 박해를 종식시키고 전교의 자유를 어떻게 얻어야 할지 노심초사하던 페롱은 함께 난을 피하러 갔던 조선인 몇으로부터 어처구니없는 아이디어를 들었다. 그것은 조선의 정치권력을 한 손에 쥐고 있던 대원군 부친의 묘를 파서 그곳에 있는 유골과 유물을 담보로 대원군과 협상을 한다는 것이다. 즉, 대원군이 그의 부친의 유골을 되돌려 받는 대신, 천주교에 전교의 자유를 보장해 준다는 내용이다.

페롱은 이런 복안을 독일계 유태인 상인 오페르트에게 알리고 동참을 촉구했다. 동양 왕족 무덤에 황금과 보석이 가득하다는 소문을 굳게 믿던 오페르트에게는 구미가 당기는 일이 아닐 수 없었다. 그들은 의기투합해 1868년 5월 배를 세내었고, 그렇게 조선인 몇 명과 잡역꾼들이 남연군 묘가 있는 충청도 예산군 덕산면에 당도했다. 철저히 관리돼 있는 묘를 파헤치기 시작한 지 10여 시간 만에 그들은 관까지 파 내려갔다. 그러나 날이 새자 사람들이 거동하

篇, 106쪽에서 재인용.
52) E. Oppert, *A Forbidden Land, Voyage to Corea* (London: Samson Low, Marston, Searle, and Rivington, 1880), 남연군 묘소 도굴 사건은 chapter IX를 참조할 것.

기 시작하고 썰물 때가 돼 배가 나갈 시간이 되자 작업을 중지하고 되돌아갈 수밖에 없었다. 그들은 귀로에 하리후포에서 민가를 습격해 물건을 약탈하고 횡포를 부린 후 돌아갔다.[53]

그들이 떠난 후 묘가 훼손된 것이 발견됐고, 이는 즉시 조정에 보고됐다. 이 일에 천주교인들이 개입됐다는 사실이 대원군에게 알려졌을 때 그의 분기탱천은 상상하기 어렵지 않다. 이런 일이 조상 숭배를 극히 귀히 여기던 우리 겨레의 전통적 가치관에 정면 도전하는 행위였음은 두말할 나위 없다. 더욱이 국왕의 조상 묘를 훼파하고 모독한 일은 그 어떤 변명으로도 정당화될 수 없는 야만적 작태였다. 이 일로 또다시 천주교인을 닥치는 대로 잡아 죽이는 살인극이 재연되었음은 짐작하기 어렵지 않다. 지도자 한 사람의 판단 미숙과 사려 깊지 못한 행위가 무고한 사람의 생명을 무수히 앗아가고 수많은 사람들에게 불행과 고통을 안겨 준다는 사실을 예시하는 단적인 예다.

백서와 남연군 묘소 도굴, 이 두 사건은 가톨릭교회의 선교 방법론을 가늠하는 좋은 본보기다. 교회 역사를 살펴보면 전통적으로 가톨릭교회가 물리적 힘을 동원해 선교하는 방법을 택해 온 것이 사실이다.[54] 따라서 그들의 선교는 목적이 선하면 방법은 물리적 힘을 동원해도 좋다는 결론에 이른다. 그러나 분명한 것은 서양 속담 중, "성경을 읽기 위해 양초를 도둑질해서는 안 된다"는 경구에 잘 나와 있다. 즉, 아무리 목적이 선해도 그 방법이 비도덕적이거나 비복음적이면 용납될 수 없다는 진리를 간과해서는 안 된다. 황사영의 백서 사건과 남연군 묘소 도굴 사건은, 선교는 윤리적이고 복음

---

53) 柳洪烈, 『한국 천주교회사』 下, 156쪽.
54) 이런 방법은 특히 남아메리카 선교에서 두드러지게 나타난다. 남미 선교 역사는 McKenrie Goodpasture, *Sword and Cross*, 김인수 역, 『십자가와 검』 남미교회사 참조.

적인 방법으로만 행해져야 한다는 뼈아픈 역사적 교훈을 남겼다.

3. 정하상(丁夏祥)의 상재상서(上宰相書) - 최초의 호교문(護教文)

　천주교가 사학으로 인식돼 무고한 인명이 무수히 살상되는 현실을 보고, 정하상은 진리를 알지 못하고 곡해해 탄압을 계속하는 조정에 안타까운 마음으로 글을 쓰기 시작했다. 이 글은 천주교의 원리를 설명하며 올바른 이해를 구하는 한국인이 쓴 최초의 호교문으로 필자의 애절한 심정이 잘 표현돼 있다. 이 글은 정하상이 당시 천주교 박멸의 선봉장이던 우의정 이지연에게 올린 서신 형식으로 된 글이다.

　상재상서 대강의 내용은, 천주교회가 결코 사교가 아니며 국가에 해가 되는 위험한 사상이 아니라는 것을 밝힌다. 오히려 천주교 교리는 조선이 보유한 사상과 배치되지 않는, 백성이 믿어 좋은 사상임을 강조한다. 이어 그는 천주의 실재에 대해 다음과 같이 세 가지 근거로 논증한다.

　첫째는 만유의 조성자가 있다. 어떤 집이 있는데, 지은 사람이 없고 저절로 오뚝 일어섰다고 말하면 미친 사람의 말이라 할 것이다. 천지는 커다란 건축인데, 조성자가 없고 저절로 생겼다면 이치에 맞지 않는다.

　둘째는 양심이다. 선은 상을 주고 악을 벌하는 큰 어른이 계심이 마음속에 있어 어려운 때를 만나면 하느님을 부르며 기도한다.

　셋째는 성경이다. 요, 순, 우, 탕, 문, 무, 주, 공도 역시 경서와 사기가 있어 전래된 것같이, 천주교 역시 경전 즉 구약과 신약이 있어서 오늘날 가가호호에서 입으로 외우며 거문고로 노래한다.

하느님의 존재는 중국의 경사 가운데, 역경에 "하느님께 바치나이다"라 말하였고, 시경에는 "하느님께 아뢰나이다"라고 말하였으며, 서경에 "하느님께 금사하나이다" 하였다. 공자도 "하늘에게 죄를 얻으면 기도를 바칠 곳이 없느니라"고 말했다고 논증한다.

이어 십계명을 소개하면서, 이 계명들을 지키면 집안을 정돈할 수 있고, 한 나라에서 실행하면 나라를 (잘) 다스릴 수가 있을 것이고, 온 세계에 시행하면 세계가 평화할 수 있다고 주장했다.

이 글은 3,400자 정도의 글로 황사영의 백서에 비하면(백서는 1만 3천 자 정도) 짧은 글이었지만, 민경배 교수는 이 글에 대해 "그 문장의 미려(美麗)함이라던가 그 논리의 명쾌 정확으로 해서, 과연 조선 최초의 신학적 저작으로 손색이 없다. 그것은 이 책자가 1887년에 이르러 홍콩의 고약망(高若望) 주교에 의해 출판 간행되어, 중국 선교에서나 신학 교육에 널리 사용된 것만 봐도 객관적으로 입증된다"[55)]고 평가했다.

상재상서는 기독교의 진리를 해설하고 잘못 인식된 점에 대해 변증하고 또한 국왕의 적자로 긍휼을 호소하는 것으로 끝맺고 있다. 따라서 황사영의 백서가 전교의 자유를 위해 국외의 물리적 힘에 호소했다면, 정하상의 상재상서는 자국 안에서 진리를 일깨워 조정이 스스로 박해를 거두어 주기를 바라는 동족으로서 애끓는 정을 담고 있다. 이처럼 한국 천주교 초기 역사에 두 교우들에 의해 기록된 소중한 문서에서 전교 자유 획득에 대해 크게 다른 시각을 엿볼 수 있다. 황사영의 매부였던 정하상의 상재상서는 황사영의 백서와 더불어 조선인의 손으로 쓰인 초기 조선 천주교회의 중요 자료로 그 가치가 높게 평가된다.

---

55) 閔庚培, 『韓國基督敎會史』 新改訂版 (서울: 延世大學校 出版部, 1993), 81쪽.

4. 천주교회의 문서 사업-한글 보급의 공헌

전술한 바와 같이 조선에 전래된 천주교는 주로 유학자가 주축이 돼 그들의 학구적 호기심에서 비롯된 것이 사실이다. 교리서와 기타 서양 서적은 중국에서 입수돼 연구되었으므로 당연히 한문 문서였다. 따라서 한문을 읽을 수 없는 상인(常人: 쌍놈)이나 천민은 당연히 접할 수 없었다. 하지만 처음에는 사대부를 중심으로 퍼지던 신앙이 차츰 일반 서민에게 확대되면서, 그들도 독해 가능한 한글 교리서가 필요했다. 이에 따라 한글로 된 서적을 출판하는 일이 진행됐다. 초창기에는 주로 중국에서 입수한 교리서가 한글로 번역돼 나왔다. 1802년에 『성경직해』(聖經直解)와 『성경광익』(聖經廣益)이, 그리고 『성교절요』(聖敎切要), 『성교요리문답』(聖敎要理問答) 등이 번역되어 널리 보급됐다.

한편 깊은 신앙의 경지에 들어간 조선인 교우에 의한 교리서도 차차 나오기 시작했다. 이를테면 이벽이 지은 『성교요지』(聖敎要旨)는 나름대로 교리 요목을 정리한 것이고, 정약종이 교리를 간추려 『주교요지』(主敎要旨) 두 권을 출판했다. 이 책은 중국인 신부 주문모가 재가할 정도로 높은 수준에 이른 교리서였다. 이런 교리서들은 아직 인쇄기가 없던 시대여서 주로 필사본에 의해 유포됐는데, 1837년 입국한 앙베르 주교는 늘어나는 교우들에게 교리서를 보급하는 길은 인쇄밖에 없다고 판단하고, 박해가 약간 느슨해진 1864년 태평동에 인쇄기 두 대를 들여 놓고 각종 교리서를 인쇄해 배포했다.

초기 신부들은 죽음이 그림자처럼 따라 다니던 세월에도 앞으로 올 후배 사제의 조선어 교육과 각종 교리서 번역을 위해 문법책, 사전 등을 저술했다. 푸르띠에 신부는 10여 년의 각고 끝에 『조선문법』과 『라틴-조선-중국어 사전』을 저술했다. 그러나 이 책이 1866

년 병인교난 시, 그가 참수형을 당할 때 소각돼 빛을 보지 못한 것은 실로 가슴 아픈 일이 아닐 수 없다. 다블뤼 신부는 1891년에 『조선어-라틴어 사전』을 완성했고, 난을 피해 중국에 가 있던 리델 신부도 10여 년 동안 『조선문법책』과 『조선어-프랑스어 사전』을 집필해 일본 횡빈에서 1880년에 출판했다. 이와 같은 서적의 출판은 필연적으로 한글 용어의 정리, 한글 활자의 주조 과정을 거쳐야 했다. 이런 선구적 역할은 앞으로 개신교 선교에 필수적인 성경 번역과 각종 서적 출판에 이바지했을 뿐 아니라 일반 서적 출판에도 공헌했음은 두말할 나위 없다.

한글 서적 번역에도 관심을 갖고 1892년 프랑스 파리에서 「춘향전」을 당시 파리에 있던 홍종우와 파리동양어학교 로니 교수의 공역으로 『프렝땅 파르퓜』(Printemp Parfume)이란 이름으로 출판했다. 이것은 단순히 작품 하나의 번역이란 의미를 넘어 한국 문학 작품이 해외에 소개되는 전기가 되었을 뿐 아니라 앞으로 외국 문화 교류의 시발점이 됐다는 데 더 큰 의미를 부여할 수 있다. 가톨릭교회는 을사늑약이 선포된 다음해인 1906년 10월 문화사업의 일환으로 주간 신문 「경향신문」을 순 한글로 발간했다. 창간사에 "참된 개화와 거짓 개화를 분별시키고 올바른 개화의 방향을 제시해 주고자 한다"[56] 하면서 조국 근대화에 진력할 것을 다짐했다.

박해의 험악한 세월 속에 이들이 이루어 놓은 업적은 아무리 치하해도 지나치지 않다. 특히 그들이 각종 교리서를 한글로 번역, 출판한 일은 비록 천주교 전교를 위한 것이지만, 그 파급 효과는 거기에만 그치지 않았다. 사대하는 양반 계급은 한문만이 진서(眞書)

---

56) 崔鍾庫, "韓末 京鄕新聞에 나타난 法啓蒙과 愛國運動", 「교회와 역사」 제50호 (서울: 한국교회사연구소, 1979), 3쪽.

라며 존중하고 글로 여겼을 뿐, 일찍이 세종대왕이 일반 백성을 위해 창제한 귀중한 우리 글인 한글을 언문이라 비하하면서 천민들이나 읽는 무가치한 글로 여겼다. 그러나 교회 지도자들은 이 글의 가치를 인정하고 일반 대중을 위해 한글로 교리서를 출판해 한글을 널리 보급했다. 뿐만 아니라 일반 대중에게 글을 깨우쳐 문맹을 면하게 하고 식자가 되게 한 공은 높이 평가해야 마땅하다.

  우리는 여기서 초기 천주교회 전래와 그 수용 과정에서 겪은 수난의 역사를 일단락 짓는다. 한국 천주교회가 한국인 구도에 의해 시작됐고, 또한 고난의 세월 속에서도 자력으로 국내에 교회를 세웠다는 점은 '세계 포교 사상 하나의 기적'[57]이란 평가를 받기에 충분하다. 고난과 순교의 가시밭길을 걸어온 오늘 천주교회는 교도가 500만을 웃돌아 전체 국민 약 10%에 이르렀을 뿐 아니라, 여러 면에서 사회를 이끄는 지도적 위치에 있음을 여실히 보여 주고 있다.[58] 이는 무수한 순교자들의 고귀한 피의 결실 외에 다른 이유를 찾을 수 없다.

---

57) 震檀學會, 『韓國史』 近世後篇, 397쪽.
58) 한국천주교중앙협의회가 발표한 2015년 말 현재 한국 천주교회의 통계를 보면, 교인 5,565,504명(여자 58.5%, 남자 41.5%)으로 전체 국민 약 10.7%, 성직자는 추기경 2인, 대주교 2인, 주교 36명, 교구 소속 신부 4,190명, 선교 수도단체 소속 신부 901명, 수도회 수는 남자 46개 단체에 1,585명, 여자 120개 단체에 10,155명, 사제들이 사목 활동하는 본당 1,706개소, 신자들에 의해 자율적으로 운영하는 공소는 761개소이다(2014년 대비 신자는 2.2% 증가).

제2편

개신교의 전래와 수용

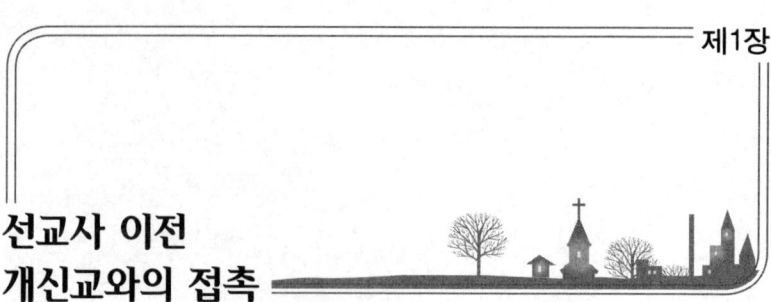

제1장
선교사 이전 개신교와의 접촉

1. 조선에 처음 온 개신교인들

1) 벨테브레(Jan J. Weltevree)

한국에 처음 온 서양인이 누구냐는 그리 중요한 문제는 아니지만 흥미 있는 일임에 틀림없다. 그가 만일 기독교인이었다면 당연히 한국교회사에 중요한 일이 될 수밖에 없다. 아마도 개신교인 최초 내한은 1627년 화란인(네덜란드인) 벨테브레(한국명 박연)가 일행 세 사람과 함께 전라도 해안에 표착한 것이라고 본다. 화란은 근세에 세계 해상권을 잡고 교역에 뛰어난 재질을 보였다. 그 당시 유럽 국가 전체 상선 75%인 약 3만 척을 갖고 세계무역에 앞장서고 있었다. 따라서 향해가 잦은 화란인들은 낯선 해역에서 난파되는 경우가 흔했다. 벨테브레도 교역차 일본으로 향해하던 중 폭풍을 만나 경주 앞바다까지 밀려와 난파당했다.

　벨테브레 일행은 서울로 압송됐고, 군대에 편입돼 병자호란에 참전했다. 이 전쟁에서 두 사람은 전사했고, 살아남은 벨테브레는 전공을 인정받고 한국 여자와 결혼이 허락돼 1남 1녀를 두었다. 그는 한국에 귀화한 최초 서양인이고, 최초로 혼혈아를 낳은 기록을 남겼다.[59] 그는 가끔 표류해 오는 외국 사람들을 위한 통역관 일을 맡았다. 벨테브레가 개신교 신자라는 직접적인 기록은 아직 찾을 수 없지만, 화란은 개신교 국가였고 국민 대다수가 개신교도이기 그가 신자였을 개연성이 크다. 그는 이 땅에서 천수를 누리고 세상을 떴다.

2) 하멜(Hendrick Hamel)

　벨테브레 다음으로 한국에 온 개신교인은 1653년(효종 4년) 동아시아 교역을 위해 일본 장기로 가다 폭풍을 만나 제주도에 표착한 하멜 일행이다. 제주도 앞바다 화순포에서 난파돼, 그들 중 28명은 익사하고 36명이 화순포로 밀려왔다. 그들은 제주 감영에 압송됐고, 서울에 이 사실이 보고돼 벨테브레가 통역관으로 내려왔다. 두려움과 공포에 떨던 하멜 일행은 통역관이 다름 아닌 고국 화란인임을 알고 서로 부둥켜안고 대성통곡했다. 서울로 압송된 이들은 훈련도감에 편입돼 있다가 후에 전라도 여수로 이동했다.

　하멜은 탈출할 기회를 엿보아 1666년 9월 일행 8명이 야음을 타 탈주해 일본 장기에 도착했으니, 억류 생활 13년만의 일이다. 그들은 그곳 화란 상관 주선으로 1668년 7월, 꿈에도 그리던 고국에 도

---

[59] 鄭載崙,『閒居漫錄』卷 二.「硏經全集」卷 五十六.

착했다. 하멜은 귀국 후 『표류기』와 『한국에 대한 기술』을 저술했다. 『표류기』에는 하멜 일행이 항해 중 표류하게 된 경위와 한국에서의 생활, 그리고 탈주와 귀환 과정이 담겨 있다. 『한국에 대한 기술』은 한국의 지리, 기후, 토산물, 정치, 종교, 사회 풍습 등의 기록이다. 출판이 되자, 당시 유럽은 동양에 대한 관심이 고조되던 때여서 인기 있는 책으로 폭넓게 읽혔다. 따라서 하멜의 책들로 인해 한국이 유럽에 널리 소개되는 결과를 가져왔다. 하멜이 개신교도였음은 그의 『표류기』 끝부분의 기록으로 선명히 입증된다. "살아 돌아온 우리 9명은 13년 28일에 걸친 긴 포로 생활에서 구원해 주신 하나님의 은혜에 진심으로 감사하였으며, 아울러 뒤에 떨어져 있는 우리의 불쌍한 동료들을 위해 하나님께서 크신 자비를 베풀어 주실 것을 간절히 기원하였다."[60]

이 같은 확실한 증거에 따라 한국에 도래한 첫 개신교인은 하멜이라는 결론에 이른다.

3) 맥스웰(Murray Maxwell)과 홀(Basil Hall)

영국 해군 대령 맥스웰과 홀은 영국 정부로부터 한국 서해안 일대를 탐사하라는 임무를 받고 1816년 군함을 이끌고 내한했다. 이들은 서해안에 와서 해안을 탐사하며 해도를 작성하고, 군산만 마량진에 정박했다. 이때 그들을 맞은 첨사(僉使) 조대복에게 한문 성경을 한 권 주었다. 따라서 조대복은 한국인으로서는 처음으로 성경을 손에 쥔 사람이다.

홀은 귀국한 후 『한국 서해안 및 류큐 열도의 항해기』를 저술해

---

60) 金光洙, 『韓國基督敎傳來史』(韓國基督敎硏究院, 1984), 185쪽에서 재인용.

1818년에 출판했다. 이 책은 하멜이 쓴 항해기와 더불어 한국을 유럽에 소개하는 데 크게 공헌했다. 특히 이 책에는 한국의 풍속화가 들어 있어 유럽인의 호기심을 자극하는 데에도 큰 역할을 했다.

위의 몇 개신교인은 선교와는 상관없이 단순히 임무 수행 차, 혹은 파선으로 한국 땅에 발을 디딘 사람들이다. 따라서 저들은 한국에 먼저 왔다는 것 외에 교회사적 의미를 찾을 수는 없다.

2. 조선에 처음 온 개신교 성직자들
   -선교의 문을 두드린 사람들

1) 칼 귀츨라프(Karl A.F.Guetzlaff)의 선교 여행

한국에 주재하며 사역한 선교사가 오기 반세기 전에 선교의 가능성을 탐지하기 위해 한국을 다녀간 선교사들이 몇 있다. 이들은 한국 선교사로 파송 받은 사람들이 아니기에 한국에 살면서 선교를 하지는 않았지만, 복음의 씨를 뿌리기 위해 내한했던 사람들로 한국교회 역사에 중요한 의미를 갖는다.

한국에 처음 발을 디딘 선교사는 의사며 목사인 귀츨라프다. 그는 1803년 7월 독일 포메라니아 지방 피리츠에서 유태계 독일인으로 태어났다. 그는 독일 경건주의 발상지인 할레에서 신학을 공부하고 목사 안수를 받았다. 그는 영국 여행 중 영국 선교사로서 중국 선교의 선구자인 모리슨을 만나, 중국 선교 보고를 들을 것이 계기가 돼 중국 선교사로서의 결심을 굳혔다. 1831년 그는 요동반도를 거쳐 마카오에 이르렀는데 그곳에서 선교 거점 확보를 위해 준비하던 모리슨과 합류했다. 귀츨라프는 약 6개월에 이르는 전도 여행을 다녀왔다. 그는 이 여행에서 많은 성과를 올리고 선교의 가능성을 확인했다. 귀츨라프가 한국에 오게 된 것도 이 선교 여행 성과 때문이다. 그의 한국 여행은 인도 식민지화의 전위대인 동인도회사가 중국까지 세력을 확장해 무역권을 독점한 후, 동양 여러 나라와 교역 확대를 위한 사업 일환으로 이루어졌다. 동인도회사는 무역선 로드 암허스트호로 한국, 일본, 오키나와, 대만 등지로 교역을 트기 위한 항해를 준비했다. 이때 선장 린제이는 귀츨라프와 친분이 있었고 중국 선교를 위해 여러 모로 협력을 한 사람으로, 이번의 항해에 귀츨라프에게 통역, 선의(船醫), 선목(船牧) 등의 자격으로 승선해 달라는 요청을 했다. 귀츨라프는 이 요청을 흔쾌히 받아들임으로 한국에 온 첫 선교사 기록을 남겼다.

로드 암허스트호는 1832년 2월 중국 마카오를 떠나 산동 해안을 두루 걸친 후, 7월 한국 서해안 황해도 백령도 인근 섬에 상륙했다. 선원들은 섬사람들과 필담을 나누며 관리와 접촉을 시도했으나 실패했다. 귀츨라프 일행은 남쪽으로 내려와 충청도 홍주만 앞에 있는 고대도에 도착해 그곳에서 관리를 만날 수 있었다. 그 관리를 통해 국왕 순조에게 통상을 원한다는 청원서와 선물 등을 보냈다. 이때 선장 린제이의 권고에 따라 귀츨라프가 전도용으로 갖고 온 한문 성경 한 권을 함께 보냈다.

서울에서 회신 오기를 기다리는 동안 귀츨라프는 섬사람들과의 접촉을 시도했다. 관리의 감시가 소홀할 때 귀츨라프는 섬에 상륙해, 주민들을 만나 성경과 의약품을 나누어 주었다. 귀츨라프는 그의 『항해기』에서 다음 같이 한국인들에게 성경을 나누어 준 사실을 기록했다. "우리들은 해변에 상륙하여 큰 어선이 있는 곳으로 갔다. 정부 관리의 감시가 없는 해안이었으므로 어부들은 우리를 친절히 대해 주었다. 내가 복음서를 몇 권 주었더니 그들은 고마워하며, 답례할 물건이 없음을 미안히 여기면서 잎담배 몇 개를 주었다."[61]

귀츨라프는 머무는 동안 한국교회사와 한국 역사에 뜻깊은 일 두 가지를 이행했다. 한국교회사에 뜻깊은 일은 주기도문을 한글로 번역한 일이다. 암허스트호가 고대도에 도착하자, 배가 온 목적과 그 형편을 알아보기 위해 마량진 관리가 승선했다. 시찰을 마치고 귀환하려 할 때, 일기가 불순해 그날 밤을 배 위에서 지내게 됐다. 귀츨라프는 이 기회를 이용해 한문 주기도문을 한국말로 번역할 생각을 했다. 배에 오른 홍주 목사 이민회의 서생 양 씨에게 한자로 주기도문을 써 주고, 한글로 그 옆에 토를 달아 번역하게 했다. 이것이 부분적으로나마 성경이 한글로 번역된 첫 번째 일이다.

또 한 가지 특기할 만한 일은, 귀츨라프가 섬사람들에게 감자 심는 법과 재배 방법을 가르쳐 준 일이다. 굶주림으로 고통 받는 섬사람들을 보고, 식량으로 싣고 온 감자를 조금 가져다 해안에 둔덕을 만들고 심어 보이면서 한문으로 쓴 재배법을 나눠 주었다.[62] 이에 따라 감자가 충청도 일대로 그리고 전국으로 퍼져 나갔다. 가난과 기아에 굶주린 우리 민족이 감자를 재배하여 배고픔을 모면할 수 있게 된 것은 귀츨라프의 공헌이 아 닐 수 없다. 그러므로 귀츨라프를 우리 민족에게 생명의 양식인 성경과 육신의 양식인 감자를 주고 간 고마운 선교사로 기억해야 한다.

그해 8월 서울에서 통역관을 대동하고 특사가 내려와, 조선은

---

61) K. G. F. Gützlaff, *Journal of Theree Voyages along the Coast of China in 1831,1832, and 1833 with Notices of Siam, Corea, and the Loo-Choo Island*, pp. 320~322.

62) H. H. Lindsay, *Report of Proceedings on a Voyage Northern Part of China, in the Ship Lord Amherst* (Londan: B.Fellowes, 1833), p. 236. K. A. F.Gützlaff, 위의 책, p. 341. 귀츨라프는 감자 심는 법 외에 포도주 담그는 법도 가르쳐 주었다.

중국 황제 허락 없이는 어떤 외국이나 외국인과 통상이나 교역을 할 수 없으니 즉시 물러가라고 엄하게 말했다. 또한 선장이 국왕에게 보낸 선물도 성경과 함께 되돌려 보내왔다. 선장과 귀츨라프는 다른 방도가 없어 통상을 포기하고 되돌아갈 수밖에 없었다.

한국을 방문한 첫 선교사는 이렇게 떠났지만, 그가 기도한 대로 한국은 복음을 받아들였고, 그의 뒤를 이은 선교사들의 헌신적 노력으로 선교사상 최대 성과를 올리는 성공적 선교지가 됐다. 아직 때가 성숙되지 않아 구체적 선교 결과가 그때 바로 나타나지는 않았지만, 그가 뿌린 복음의 씨앗은 땅 속 깊은 곳에서 뿌리 내리고 있었다.

2) 토머스(Robert J.Thomas) 목사의 순교

한국에 선교 가능성을 찾다, 개신교 최초로 이 땅에 순교의 피를 뿌린 사람이 있는데 그가 토머스 목사다. 그는 1840년 9월 영국 웨일즈 지방 라야다에서 회중 교회 목사 아들로 태어났다. 토머스는 1859년 런던대학교 뉴칼리지에서 대학 과정과 신학 과정을 마치고 목사 안수를 받았다. 토머스는 목회보다 선교에 뜻을 두고 부인과 함께 런던선교회 파송을 받고 중국으로 떠났다. 그러나 그 해 가을 상해에 도착하자마자 부인이 세상을 떠나는 불행한 일을 당한다.

아내를 잃은 슬픔에다, 현지 런던선교회 책임자와 뜻이 맞지 않아 토머스는 선교사 직을 사임하고, 산동성 지푸 세관에 취직했다. 그러나 현지에 주재하던 스코틀랜드 성서공회 소속 윌리암슨을 만난 후, 그의 선교에 대한 열정은 되살아났다. 그러던 중 우연히 한국에서 천주교 박해를 피해 그곳으로 피난 온 천주교 신자 두 사람을 만났다.[63] 그들로부터 천주교회가 받고 있는 박해 상황을 알게 된 그는 한국 선교에 관심을 기울이기 시작했다.

한국행 기회를 찾던 토머스는 천진에 체재하는 동안 미국 상선 제너럴셔먼호가 한국에 교역 차 떠난다는 소식을 접했다. 1866년 7월 그는 셔먼호의 통역 겸 안내자로 동승해, 다시 선교의 열정을 불태우며 한국으로 향했다. 약 일주일 후, 셔먼호는 대동강 입구 용강군에 도착해 계속 강 상류로 거슬러 평양으로 항진했다. 배가 머무는 곳에 문정관이 와서 목적지와 항해의 목적을 물었고 토머스는 서투른 우리말로 통역했다. 문정관은 무역을 원한다고 답하는 선원에게 외국과의 무역은 국법으로 금지돼 있으니 물러가라고 요구했다. 그러나 셔먼호는 이를 무시하고 상류로 항진을 계속했다.

그런데 셔먼호는 무역선답지 않게 무장을 하고 있었다.[64] 한국 측은 퇴각 명령을 무시하고 상류로 깊숙이 진입해 들어오는 외국 함선에 대해 경계하지 않을 수 없었다. 더욱이 선원들은 문정을 하러 온 중군 이현익을 억류하고 강압적 태도를 보였다. 강변의 병졸들과 성민은 소리를 지르며 배를 향해 돌을 던지고 활과 화승포를 쏘기 시작했다. 이에 셔먼호도 위협을 느껴 병졸들과 성민을 향해 소총과 대포를 쏘았다. 이런 와중에 홍수로 불었던 대동강 물이 줄어들고, 서해 간조가 시작돼 강의 수위가 급격히 낮아지자 셔먼호는 좌초돼 움직일 수 없게 됐다. 상황이 이렇게 되자, 평양감사 박규수의 명에 따라 상류에서 작은 배들을 여러 척 연결하고 그 위에 나무를 쌓고 불을 붙인 신탄선(薪炭船)을 하류로 떠내려 보냈다. 불

---

63) *Annual Report of the National Bible Society of Scotland for 1865*, pp. 35~37.
64) W. E. Griffis는 제너럴 셔먼이 평화롭게 무역하는 선박으로서는 지나치게 중무장하고 있었다고 썼다. W. E. Griffis, *Corea, the Hermit Nation*, p. 392.

타는 보트가 떠 내려와 셔먼호에 닿자 배가 화염에 휩싸였다.[65]

배에 더 이상 머무를 수 없는 선원들은 강으로 뛰어내려 헤엄쳐 강변으로 다가갔다. 대기하던 병졸들은 뭍에 오르는 선원들을 닥치는 대로 칼로 쳐 죽였다. 토머스 목사도 더 이상 배에 머물 수 없어서 갖고 온 한문 성경 몇 권을 가슴에 품고 강으로 뛰어내려 헤엄쳐 나왔다. 헤엄쳐 나온 토머스 목사를 박춘권이 칼로 쳐 죽임으로 그는 한국에서 순교한 최초 개신교 목사가 됐다. 토머스 목사는 자기를 죽이는 박춘권에게 성경 한 권을 주었는데, 그는 처음에는 받지 않다가 돌아갈 때 이것을 주워 갔다. 그는 후에 예수를 믿고 신자가 됐으며 안주교회 영수(領袖)가 되었다고 전해진다.

이때 군중 속에 열두 살 난 소년 최치량이 있었다. 그는 토머스 목사가 던진 성경 세 권을 주워 갖고 있다가 그중 한 권을 영문주사 박영식에게 주었다. 박영식은 성경을 한 장씩 뜯어 벽지로 발랐다. 박영식의 집터는 후에 평양 최초 교회인 널다리골교회(판동교회) 예배당 터가 됐다.[66] 토머스 목사를 살해한 박춘권의 조카 이영태는 박영식 집에 들렀다가 벽에 바른 성경을 자세히 읽고 크게 감동을 받았다. 그는 그리스도를 영접하고, 후에 평양 숭실전문을 졸업한 후, 미국 남장로교회 선교사 레이놀즈의 조사(助事)가 됐다. 그는 성서번역위원 레이놀즈를 따라 한국인 성서번역위원 중 일원으로서 성서 번역에 크게 이바지했다.

토머스가 개신교 목사로 이 땅에 최초로 순교의 피를 흘린 것은 1866년 9월 2일로, 그의 나이 27세였다.[67] 토머스는 이렇게 숨져갔지만 그가 전한 복음은 한국 개신교회의 초석이 됐다. 그의 순교의

---

65) 金良善,「韓國基督敎史硏究」(基督敎文社, 1971), 45쪽.
66) 위의 책, 49쪽.
67) *Annual Report of the London Missionary Society* for 1867, p. 80.

피가 뿌려진 대동강 물을 마신 많은 평양 성민이 예수를 믿어 평양은 한국교회의 중심이 됐을 뿐 아니라, '동양의 예루살렘'이란 별명을 얻었다. 한국교회는 1927년 토머스 목사의 순교를 기념하였다. 1천여 명 교인이 모여 그가 묻혀 있다고 여겨지는 쑥섬에서 추모예배를 드렸다. 장로회 총회는 1932년에 토머스 목사의 이름 첫 자인 'T'자 모형 예배당을 지어 토머스 목사 기념예배당으로 봉헌했다.[68]

3. 외지(外地)에서 입교(入敎)한 한국인

1) 만주에서 입교한 의주 청년들

외국 선교사가 여러 차례 한국 해안을 스쳐 지나갈 때, 외지 선교사와 접촉한 후 신앙을 받아들인 한국인이 만주와 일본에서 생겼다. 스코틀랜드 장로교회는 1862년부터 중국 선교를 시작했다. 스코틀랜드 성서공회는 산동성을 중심으로 선교했는데, 1812년 로스(John Ross)와 매킨타이어(John McIntyre) 목사를 파송했다. 이 두 선교사는 한국에 선교사가 들어오기 전에 한국 개신교 선교에 혁혁한 공로를 남긴 이들이다. 이들은 현지 선교회 결의에 따라 임지를 만주 영구로 정하고 선교를 시작했다.

윌리엄슨에게서 영국인 선교사 토머스 목사의 순교에 대한 소식을 듣게 된 로스는 한국에 관심을 갖기 시작했다. 그는 한국 국경까지 가보려고 1874년 영구를 출발해 압록강 하류 국경 지방에 갔

---

[68] 「大韓예수敎長老會總會 第21回(1932) 會議錄」, 29쪽. Harry A. Rhodes, ed., *History of the Korea Mission Presbyterian Church U.S.A.* vol. I, 1884~1934 (Chosun Mission, Presbyterian Church, U.S.A., 1934), pp. 72~73.

다. 그는 평안북도 의주 건너편에 있는 고려문(高麗門 Korean Gate)을 방문했다.[69] 고려문은 약 3천 명 정도의 한국인이 거주하는 곳으로 한국과 만주 사이의 교역 중심지였다. 로스는 이곳에서 한국인 상인 한 사람을 만나 한국 상황을 알아보고, 간단한 한국말도 익혔다. 이 여행에서 로스는 한국에 대한 전반적 지식을 습득했다. 또한 외국인 입국이 엄격히 통제되는 것을 보고, 입국이 용이치 않으며 외국 종교에 대한 경계가 삼엄함도 알게 되었다.

대강의 물정을 살피고 돌아온 로스는 1874년 다시 고려문을 방문했다. 이때 평안북도 의주에서 온 청년 이응찬(李應贊)을 만났다. 그는 홍삼 장사를 위해 만주로 가는 도중 타고 있던 배가 압록강에서 난파돼 상품을 모두 잃고 말았다. 이때 마침 로스의 서기를 만났는데, 그는 이응찬에게 후한 보수를 전제로 로스의 한국어 선생이 되어 달라고 요청했다. 상품을 모두 잃고 궁지에 몰렸던 이응찬은 이 제의를 흔쾌히 받아들여 영구로 갔다. 이응찬은 로스에게 한국어를 가르치면서 로스의 제안에 따라 누가복음을 중국어에서 한글로 번역하기 시작했다. 그러나 기독교 신앙을 받아들이고 신앙을 고백하는 일은 한사코 기피했다. 그것은 두말할 나위 없이 조정이 외래 종교 수용을 극형으로 엄히 다스리고 있었기 때문이다. 그러나 그는 선교사들의 거룩한 삶과 말씀을 통한 감동으로 신앙을 고백하고 매킨타이어 선교사로부터 세례를 받았으니 그때가 1878년이다. 이것이 한국 개신교 신자가 탄생한 첫 번째 일이며,[70] 한국 개신교 시작의 기점이 되는 때다. 그 후, 이응찬의 친구 백홍준,

---

69) John Ross, "The Christian Dawn in Korea," *The Missionary Review of the World* III-4 (April 1890), p. 241.
70) 金良善, "Ross Version과 韓國 Protestantism",「白山學報」第三號(1967년 11월), 416쪽. *The Korea Mission Field*, vol. vi, no. 9 (Sept. 1910), pp. 228~229.

이성하, 김진기가 만주에 와서 이응찬과 합류해 모두 세례를 받았고 성경 번역도 도왔다. 특히 백홍준은 로스의 권서(勸書)[71]가 돼 고향에 돌아와 전도했고, 이성하도 성경을 반포했으며 의주교회에서 봉사했다.

그 후, 1878년 같은 의주 청년 서상륜(徐相崙)이 동생 경조(景祚)와 함께 홍삼 장사차 만주에 왔다. 그런데 서상륜이 그곳에서 장티푸스에 걸려 사경을 헤맸다. 이때 로스가 서상륜을 선교부 병원에 즉시 입원시키고 정성을 다해 보살펴 주었다. 이에 감동 받은 서상륜은 퇴원 후, 1879년 로스로부터 세례를 받았다. 서상륜은 로스와 함께 심양에 가서 성경 번역 일을 도왔고, 로스의 권서가 돼 귀국 후 전도를 시작했다.

2) 만주에서 한글성경 번역

만주에서 입신한 의주 청년들이 이곳에서 이룬 역사적 과업 중 하나는 성경의 한글 번역을 도운 일이다. 로스는 한글성경 번역의 원대한 계획을 갖고 있었다. 로스는 먼저 한글을 체계적으로 숙지할 필요를 느껴, 의주 청년들의 도움을 받아 1877년 『한국어 입문서』를 출판했다. 이어 그는 한국 문화와 역사 공부에 힘을 기울여, 1879년 『한국의 역사, 고대와 근대』를 출판했다. 그러나 이런 일은 성경 번역을 위한 기초 작업으로, 성경 번역이 궁극적 목표였다. 어려운 여건에도 로스는 의주 청년들의 도움을 받아 신약성경 번역에 착수해, 1882년 봄 『예수성교 누가복음전서』를 한지 51쪽 책으로 엮어냈고, 같은 해 5월 『예수성교 요한네복음전서』 3천 부를

---

71) 성경을 갖고 다니며 좋은 책이니 사서 보라고 권하는 사람.

출판했다.[72] 이것이 한글 성경 번역 역사의 첫 테이프를 끊은 일이다. 이 두 책이 출판되던 해인 1882년에 한·미간에 통상조약이 체결돼 한국에 미국 공사관이 들어와서 두 나라 간 교류 시대가 정식으로 열렸다. 1884년에는 마태복음과 마가복음이 출판됐고, 계속해서 남은 성경이 번역됐다. 드디어 1887년 신약 전체 번역이 완료돼 『예수셩교젼셔』를 출판했으니 실로 놀라운 역사가 아닐 수 없다. 선교사들 입국 전에 외지에서 성경이 번역, 출판된 일은 일찍이 세계 선교 역사에 다시없는 놀라운 사건이다.

3) 매서(賣書, Colporteur), 권서(勸書)의 활동

한국에 개신교가 시작될 무렵 성경을 갖고 다니며 팔면서 전도한 이들을 '매서', 이 책은 좋은 책이니 사 보라고 권면하는 사람을 '권서'라 불렀다. 만주에서 성경 번역을 도운 의주 청년들은 번역된 성경을 짊어지고 다니면서 성경을 반포하고, 복음을 전하며, 교회를 세우는 일을 감당했다. 한글성경이 출판되자 언문 해독 가능자가 읽기 시작하면서 신자 수가 자연히 증가했다.

하지만 성경 반입이 그렇게 쉬운 일은 아니었다. 국가의 법이 엄격히 이를 규제하고 있었기 때문이다. 이성하는 조국 복음화의 큰 뜻을 품고 복음서들을 지고 압록강변에 이르러 여관에 투숙했다. 그가 외출한 후 의심을 품은 여관집 주인이 그의 짐을 풀어 본 후 금서임을 알고 일부는 압록강에 내다버렸고, 일부는 소각했다. 이 사실을 알게 된 로스는 "성경이 던져진 물은 한국인들에게 생명의

---

72) 金良善, 『韓國基督敎史硏究』, 50~51쪽. 이 『요한복음』은 39면이고, 표지에 "광셔팔년 예수셩교 요한네복음젼셔 심양 문광셔원간"이라 썼다. 3,000부 중 1,000부는 서울말로 인쇄된 것이 특징이다. 『대한성서공회사』 1권, 68쪽.

물이 될 것이고, [성경이 탄] 재는 한국교회가 크게 성장할 밑거름이 될 것이다."[73]라 술회했다. 고향에 돌아온 의주 청년들이 열심히 전도해 신자가 생겨났고, 백홍준이 요리문답반을 운영하면서 신자가 더욱 증가했다. 1885년에는 약 18명의 신자가 모여 예배드리는 예배처도 생겼다.

서상륜도 후에 고향에 돌아와 전도했는데, 이 사실이 관가에 알려지자 체포령이 떨어졌다. 그는 삼촌이 살고 있는 황해도 장연 갯마을 송천(松川: 솔내 또는 소래)으로 도피했다. 그는 이곳에서도 열심히 전도해 결신자를 다수 얻었다. 서상륜이 소래에 조그만 초가집을 예배당으로 정하고 예배를 드림으로 한국 개신교회 첫 번째 교회가 생겼다. 후에 소래는 58세대 중 50세대가 예수를 믿었고 1895년에 어엿한 예배당까지 마련했는데, 이 예배당이 장로교회 역사상 처음으로 세워진 예배당이라고 언더우드 부인 릴리어스는 기록했다.[74] 백락준 박사는 이곳 소래를 "한국 프로테스탄트(개신교)의 요람"[75]이라 말했다. 서상륜은 후에 서울에 머물면서 많은 사람에게 전도했고, 그가 전도한 사람들이 언더우드가 새문안교회를 창립할 때 창립 교인으로 참가하게 되었다. 서상륜은 세브란스병원 전도사로 일하기도 했다.

부족한 성경 공급을 위해 1884년 로스는 배편으로 6천 권의 쪽복음서를 인천항으로 보냈다. 다행히 당시 인천세관 고문관 독일인 묄렌도르프의 도움으로 이 성경은 무사히 반입됐다.

---

73) H. A. Rhodes, ed., *History of the Korea Mission Presbyterian Church U.S.A.* vol. I, 1884~1934 (Chosun Missions, Presbyterian Church, U.S.A., 1934), p. 74.

74) L. H. Underwood, *Fifteen Years Among the Top-knots* (New York: American Tract Society, 1904), p. 130.

75) 白樂濬, 『韓國改新敎史』(延世大學校 出版部, 1973), 51쪽.

이렇게 외지에서 개신교 신앙을 받아들인 선각자들이 번역을 도와 한글성경이 출판됐다. 또한 그 성경을 반입한 후 전도해 결신자를 내고 교회를 세웠다. 그래서 한국 개신교회는 선교사에 의하지 않고 순전히 한국 사람에 의한 자생적 교회가 이룩됐다.

4) 일본에서 입교한 이수정(李樹廷)과 성경 번역

하나님께서 우리 민족을 구원하시기 위해 여러 모양으로 준비하심을 본다. 만주에서 스코틀랜드 선교사들이 의주 청년들과 함께 성서 번역 사업을 활발하게 진행하고 있을 때, 일본에서도 한국 선교를 위한 작업이 진행되고 있었다.

이수정은 임오군란 때 민왕후를 구출한 공로가 인정돼 1882년 9월 박영효 일행이 일본에 수신사로 갈 때 비공식 수행원으로 함께 갔다. 이수정은 일본에서 진전선(津田仙)이란 일본 농학계의 유명한 학자를 만났다. 진전선은 이수정을 반갑게 맞아 기독교 교리를 간결하게 설명해 준 후 한문 성경 한 권을 주었다. 이수정은 한문 성경을 읽던 중 감동받아 기독교에 깊은 관심을 갖기 시작했다. 그는 진전선으로부터 성경을 체계적으로 공부한 후 마침내 신앙을 고백했다. 그는 미국인 선교사 녹스로부터 1883년 4월, 노월정교회에서 세례를 받았다.[76] 이로써 만주에 이어 일본에서도 개신교 신자가 생겼다. 이수정이 세례 받던 해 5월, 제3회 전(全)일본기독교도친목대회가 동경에서 열리고 있었다. 그는 그곳에 참석해 한국말로 공중기도를 드렸고, 공중 앞에서 신앙고백도 했다. 이수정은 일본에 유학 온 한국 학생들에게 열심히 전도했다. 그의 전도를 받

---

76) G. W. Knox, "Affair in Corea," *The Foreign Missionary* (1883), p. 17.

고 세례를 받는 학생들이 많아져 유학생 성경공부반이 형성됐다.

이수정은 신앙고백 후, 기쁨과 감격을 자기 혼자 누릴 수 없다고 판단했다. 속히 우리 민족이 복음화되기 위해 선교사의 입국이 필요하다고 판단하고, 미국 선교부에 선교사 파송을 호소했다.[77] 또한 선교를 요청하는 글을 써 선교 잡지에 투고하기도 했다. 이수정에게 세례를 베푼 녹스 선교사도 이런 이수정의 호소를 '한국의 마게도니안 부름'이라며 적극적 태도를 보였다. 이런 이수정의 선교 제의는 미국교회에 한국 선교에 대한 관심을 고조시켰고, 한국 선교의 동기를 부여했다. 이수정의 개종은 일본에서 일하며 한국 선교 가능성을 모색하던 선교사들에게 커다란 뉴스가 아닐 수 없었다. 그들 중 크게 자극 받은 사람은 주 일본 미국 성서공회 총무 루미스다. 그는 이수정을 만나 한국어 성경 번역에 협조해 달라고 요청했다.

이수정은 복음서 중 내용이 가장 짧은 마가복음 번역을 시작했다. 이 작업은 1883년 6월에 시작해 이듬해 4월 완성됐다. 번역에 여러 가지 어려움이 있었지만 미국 성서공회는 1885년 2월 요코하마에서 1천 부를 발간했다.[78] 그해 내한한 첫 목사 선교사 언더우드가 이 마가복음을 휴대하고 입국했다. 이수정은 그곳 감리교 선교사 맥클레이의 요청을 받고 감리교 요리문답서도 번역하였고, 1천 부가 출판되어 국내에 유입돼 널리 읽혔다.

이수정의 일본에서 활동은 오래가지 못했다. 1884년 12월에 일

---

77) 이수정의 글은 미국 선교 잡지 *The Missionary Review of the World*, 1884년 3월호에 실렸다. H. A. Rhodes ed., *History of the Korea Mission*, p. 12.
78) *Historical Catalogues of Printed Editions of the Holy Scripture*, in the Library of the British and Foreign Bible Society, vol. Ⅱ, Ser. No. 5991 (London: The Bible House, Co., 1903), vol. II. Ser. No. 5991, p. 887.

어난 갑신정변의 주모자 중 하나인 김옥균이 일본으로 망명했다. 조정은 주모자들과 동조자들에게 소환령을 내리는 한편, 자객을 보내 암살을 시도하기도 했다. 이수정은 김옥균과 관계를 멀리하면서, 과거에 민영익과 관계도 있어 일본에 더 이상 머무는 것이 불리하다 판단하고 약 4년간의 일본 체류를 끝내고 귀국했다. 그런데 백락준 박사는 그가 불행하게도 귀국 직전 기독교 신앙을 버렸다는 증거를 제시한다.[79] 그가 만일 기독교 신앙을 버렸다면 불행한 일이 아닐 수 없지만, 비록 배교했다 해도 그가 한국 기독교사에 남긴 업적은 결코 과소평가할 수 없다.

4. 선교사 내한(來韓)을 위한 정지 작업

1) 한·미조약의 체결

한국은 오랜 세월 동안 우물 안 개구리처럼 쇄국의 틀 안에 살다, 변모하는 세계정세를 읽지 못해 결국 앞선 일본에 굴욕적 강화도조약을 맺음으로 불행한 근세 역사 속으로 빨려 들어갔다. 이 조약으로 결국 일본에 나라를 빼앗기고, 민족이 간고의 세월을 보낼 비극의 서막이 되리라는 사실을 당시에 아는 사람은 없었다.

굳게 지른 빗장이 풀려 일본과 조약을 맺은 한국이 여타 제국주의 국가와 조약을 맺게 된 것은 자연스런 수순이다. 신미양요(1871년) 후 "수천 년의 예의지방으로 어찌 견양(犬羊)의 무리와 상호수호할

---

79) 白樂濬, 『韓國改新教史』(延世大學校 出版部, 1973), 94~95쪽.

것이냐?"[80]라 호언하던 조선도 밀려드는 대세 앞에 힘없이 무너졌다. 조선은 이제 세계 여러 제국들과 조약을 체결할 수밖에 없는 시대 상황에 직면했다.

구미 제국들 중 가장 먼저 조약을 체결한 나라는 미국이다. 앞서 언급한 바와 같이 순교자 토머스 목사를 태우고 왔던 미국 상선 제너럴 셔먼호에 대한 조사 및 책임을 묻기 위한 미국 측 시도는 1867년부터 시작됐다. 그해 1월 함장 슈펠트의 와추셋호가 서해안에 이르러 셔먼호의 최후에 대한 정탐을 하고 돌아갔다. 같은 해 4월 셰난도어호가 다시 나타나 대동강 입구까지 와 무력시위를 하고 돌아간 일이 있었다. 셔먼호 격침에 대한 한국 정부의 보상과 사과를 받아내는 것이 첫 번째 목적이었다. 동시에 닫혀 있는 조선 문호를 개방시켜 통상을 하려는 목적도 포함돼 있었다. 미국 정부는 이 일을 미국 동양함대 사령관 로저스에게 맡겼다. 1871년 5월 로저스는 동양함대 소속 군함 5척을 이끌고 강화도에 나타났다. 함대는 포격을 가하였고, 아마도 한국과 미국과의 처음이자 마지막일 한·미 전투가 시작됐다. 전투 초기 단계는 화력이 우세한 미군 측이 승리를 거뒀으나 이 작은 전투로 로저스의 목적을 성취할 수는 없었다. 그는 결국 뜻을 이루지 못하고 퇴각하고 말았다.[81]

미국과의 통상조약은 1876년 한·일조약으로 일본이 한국에서 활동의 교두보를 확보한 것에 대한 경계심을 갖기 시작한 청나라 중재로 성사됐다. 청나라가 이 조약을 강권한 이유는 한국에서 일제의 세력 확장을 방지하려는 의도였다. 이 무렵 미국은 세계 시장 확보를 위해 티콘데로가호로 세계 일주를 추진했다. 이 배는 1878년

---

80) 震檀學會, 『韓國史』 最近世篇, 305쪽.
81) *Woman's Work for Woman* XII-8 (August 1896), p. 208.

12월 미국을 출발해 세계 여러 곳을 항해하고, 1880년 4월 일본 장기 항에 입항했다.

청나라는 일본이 서서히 조선에 그 세력을 넓혀가고 러시아가 남진하면서 조선까지 넘보자, 조선에 대한 정치적 우위권을 확보하려고 노력했다. 이 노력의 일환으로 조선이 미국과 수교하는 것이 자기들에게 유익하다 판단하고 이홍장을 보내 조선 정부를 끈질기게 설득했다. 이때 러시아 침략에 대비해 미국과 조약을 맺는 것이 유리하다는 청국인 재일 참사관 황준헌의 『조선책략』이 국내에 소개돼 동조하는 조선의 세력들이 적지 않았다. 이런 분위기 속에 한국은 미국과 수호조약 체결을 결정했다. 1882년 5월, 제물포 해안에 설치된 텐트 안에서 우리 측 대표 김홍집과 미국 측 대표 슈펠트 간에 역사적 '한·미수호통상조약'이 체결됐다.[82] 이 조약으로 한국과 미국은 앞으로 긴 세월 피로 맺어진 혈맹 관계를 시작하게 되었다. 비록 이 조약에 종교 자유에 대한 언급은 없었지만 한국에 대한 미국의 선교도 이것에 기초해 이루어진다. 한국에 미국 선교사가 들어올 즈음 한·미조약이 체결된 것은 우리 민족을 구원하시려는 하나님의 섭리다. 또한 한·미조약은 오랫동안 조선이 중국의 종속국가로 있으면서 중대사는 중국 재가를 얻어야 하는 불명예를 씻고, 세계만방에 독립된 국가임을 선언하는 역사적 의의도 컸다.

조약이 체결되자 미국 의회는 이를 인준했고, 아더 대통령의 재가를 받은 전권공사 푸트가 1883년 5월 내한해 비준서를 교환했다. 그는 초대 주한미국공사로 서울 정동에 있는 민 씨 소유 가옥을 구매해 공사관으로 정하고 업무를 개시했다. 조선 정부도 이에 대한 답례 사절단을 파송했다. 민영익을 특명 전권공사로 임명해 미국

---

82) 國史編纂委員會, 『韓國史』 16권 (1975), 226쪽.

에 파견했다. 이들은 1883년 7월 미국 해군함정으로 제물포를 출발, 일본 장기를 거쳐 9월 샌프란시스코에 도착했다. 이들은 기차 편으로 대륙을 횡단해 9월 워싱턴에 도착, 대통령을 접견하고 12월에 귀국했다.

미국과 조약을 맺은 1882년에 조선은 영국, 독일과, 1884년에는 러시아와 이탈리아, 그리고 1886년에는 프랑스와 조약을 맺었다. 그 후 계속 오스트리아, 벨기에, 덴마크 등 세계 여러 제국과 통상수호조약을 맺음으로 한국은 근대사의 격랑 속으로 빨려들어 갔다.

2) 감리교회 선교 효시—가우처(John F. Goucher) 박사

미국에 간 사절단 일행은 샌프란시스코에서 대륙 횡단 기차를 타고 워싱턴을 향해 출발했다. 이들은 1883년 11월, 콜로라도에서 한국 선교사상 빼놓을 수 없는 중요한 인사 한 사람을 만났다. 그는 메릴랜드 볼티모어 소재 가우처대학 설립자며 미국 감리교회 목사로 해외선교부의 출중한 지도자인 가우처 박사였다. 3일 동안 같이 여행하면서 가우처 박사는 한국에 깊은 관심을 갖게 됐다. 그는 한국 선교 가능성을 내다보면서, 1883년 11월 감리교 외지선교 본부에 한국에 선교 사역을 시작하는 것이 좋겠다는 편지와 함께 선교 자금 2천 달러를 송금했다. 그러나 미국 감리교회는 아직 한국 선교 계획이 없었기 때문에 신통한 반응을 보이지 않았다. 이에 가우처는 일본에서 사역하던 감리교 선교사 대표인 매클레이에게 직접 편지를 보냈다. 그는 "한국에 나가 그 나라를 답사한 후 선교 사업에 착수했으면 좋겠다"[83]는 의견을 피력했다.

---

83) R. S. MacLay, "Korea's Permit to Christianity," *The Missionary Review of the*

매클레이는 이 편지를 받은 즉시 1884년 6월 2주간 예정으로 한국으로 출발했다. 그는 일본에서 교제를 나누었던 김옥균을 찾아갔다. 매클레이는 당시 정부 고위 관직에 있던 김옥균을 통해 한국에서 의료사업과 교육사업을 하겠다는 청원서를 국왕에게 전했다. 며칠 후 김옥균은 매클레이에게 국왕으로부터 회신이 왔는데 "임금님께서 지난밤에 나의 편지를 자세히 읽어 보시고 나의 요청대로 선교회가 한국에서 병원사업과 교육사업을 시작해도 좋다"[84]는 윤허를 했다고 말했다. 회답을 받은 매클레이는 주한미국공사 푸트에게 공사관 가까운 곳에 선교부를 위한 대지를 구매해 달라는 부탁을 하고 일본으로 돌아갔다.

일본으로 귀환한 후, 그는 즉시 "우선 교육사업과 의료사업부터 시작하지만 궁극적 목적은 전도에 있다는 것을 감추지 않고도 할 수 있을 것이다. 학교사업은 대환영을 받을 것이며 병원사업은 시급한 요구다"[85]란 편지를 미국 선교본부에 보냈다. 선교본부는 매클레이의 편지를 받고 한국 선교 필요성을 크게 느꼈다. 일본에서 사역하는 선교사들은 한국 선교 호소의 글을 선교잡지「복음세계」에 투고했다. 이 글을 읽은 사람들이 선교헌금을 보냈고, 가우처 박사가 보낸 선교헌금도 이에 추가됐다. 이런 일련의 일은 미국 북감리교회로 하여금 한국 선교에 첫발을 내딛게 했다. 1884년 말 목사이며 의사인 스크랜턴(W. B. Scranton), 그의 모친 메리 스크랜턴(M. F. Scranton), 아펜젤러(H. G. Appenzeller) 목사가 한국 선교사로 임명됐다.

한국 선교가 성사되기까지, 한·미조약이 맺어졌고, 민영익이 가

World(August, 1895), p. 289.
84) 위의 책.
85) *Annual Report of the Missionary Society of the Methodist Episcopal Church for 1884*, pp. 204~205.

우처 박사를 기차 안에서 만났으며, 매클레이가 한국에 와서 국왕에게 편지를 올려 윤허를 받게 하는 등 하나님의 놀라운 여러 섭리가 있었다.

3) 장로교회 선교를 가능케 한 맥윌리엄스(David W. McWilliams)

미국 북감리교회가 한국 선교 사역 준비를 순조롭게 진행하고 있을 때, 미국 북장로교회[86] 역시 한국 선교를 위한 작업을 조용히 진행했다. 전술한 대로 이수정의 한국 선교에 대한 호소는 적지 않은 사람의 관심을 불러일으켰다. 그러나 선교본부 위원들 간에 의견이 양분됐는데, 아직은 시기상조라는 견해와 다른 한편으로는 즉시 시작해야 한다는 것이었다. 미국 회중교회 해외선교부 총무는 아직 한국 선교는 시기상조라는 내용의 글을 발표했다. 그러나 미국 북장로교 해외선교부 총무 엘린우드는 즉시 한국 선교를 착수해야 한다는 선견지명을 갖고 있었다.[87]

이때 하나님께서 한국 선교를 위해 예비해 두신 한 사람이 한국 선교에 대한 글을 읽고 선교본부에 문의했다. 그는 맥윌리엄스로 뉴욕 브루클린 소재 라파이에트 장로교회 교인이며, 북장로교회 해외선교부 부원이었다. 그는 또한 프레드릭 마퀀드 유산 관리인

---

86) 우리나라에 선교사를 보낸 미국 북장로교회와 북감리교회는 미국이 노예제도 문제로 1861년 남북전쟁이 일어나 나라가 남북으로 갈려 전쟁을 하면서 생겨났다. 본래 하나였던 장·감 교회는 북쪽 장로교회는 북장로교회, 남쪽은 남장로교회, 북쪽 감리교회는 북감리교회, 남쪽은 남감리교회로 분열됐다. 침례교회를 위시해 기타 여러 교단도 결국 남, 북교회로 갈리는 비극이 연출됐다. 교회 분열 이유 중, 이 경우는 국가의 분열로 교회도 따라 분열하는 독특한 경우다.
87) H. G. Underwood, "Reminiscence," *Quarto Centennial Papers*, read before the Korea Mission of the Presbyterian Church in the U.S.A. at the Annual Meeting in Pyeng Yang: 1909, pp. 97~109.

이었다. 맥월리엄스는 선교 잡지에 게재된 한국 선교 호소문을 읽고 깊은 관심을 보였다. 그는 북장로교회 해외선교부 총무 엘린우드를 통해 한국 선교의 시급성을 알게 됐다. 맥월리엄스는 그의 말을 듣고 만일 한국에 선교를 지금 시작한다면 선교사 2명의 2년간 생활비 5천 달러를 헌금하겠다는 편지를 보냈다.

편지를 받은 북장로교회 선교부는 한국 선교 계획을 구체화했다. 다른 사람들도 선교헌금을 보내와서 선교 사역이 현실화됨으로, 선교부는 1884년 봄 한국 첫 선교사로 "의술이 훌륭하고 헌신적 정신을 가진 젊은 의사" 헤론(John W. Heron)[88]을 첫 선교사로 임명했다. 그러나 선교부는 아직 한국 형편을 정확히 파악할 수 없었고 바로 입국하는 것에는 위험 부담이 있다고 판단했다. 따라서 헤론으로 하여금 일단 일본에 머물며 한국어를 습득하면서 때를 기다리도록 조치했다. 헤론은 일본에서 대기하다 1885년 6월 입국했다.

이로서 한국 선교의 기초가 다듬어져 각 교파 선교사들이 내한함으로, 본적적인 선교의 시대가 활짝 열렸다. 이 모든 일은 자애로운 하나님의 우리 민족과 국가를 사랑하신 섭리의 실현이었다.

---

88) John Heron에 대해서는 H. A. Rhodes, ed., *History of the Korea Mission Presbyterian Church U.S.A.* vol. I, pp. 20 이하와 김인수 역, 『헤론 의사의 선교편지』 (서울: 장로회신학대학교 한국교회사연구원, 2007)를 참조할 것.

제2장

각 교파 선교부의 내한

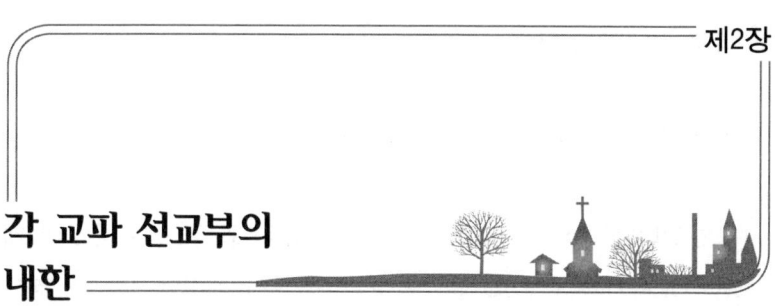

한국 개신교회는 선교사 내한 이전 한국인 스스로에 의해 만주에서 그리고 일본에서 수세자가 생겨났지만 이것은 작은 시작일 뿐이다. 본격적인 한국 개신교 선교는 해외 선교사 입국에서 비롯된다. 특히 미국 장로교, 감리교 선교사의 입국으로 선교 시대가 개막됐다. 뒤따라 내한한 각 교파 선교부도 교두보를 확보하며 서서히 한국 복음화 길에 나섰다. 따라서 한국에는 유럽의 국교형 교회(the established church, state-church)가 아닌 교파형 교회(denominational church)가 안착됐다. 교파형 교회는 갈등과 반목이라는 부정적 요인이 있지만 선의의 경쟁과 협력이란 긍정적 요인도 있어, 교회 발전에 기여한 바 크다. 그러나 교파형 교회의 치명적인 약점인 교파 교회 난립이라는 피해 갈 수 없는 문제를 후세에 남겼다.

1. 미국 북장로교회

1) 첫 선교사 알렌(Horace Allen)의 입국

길고 지루한 준비 기간이 끝나고 1884년 9월 한국에 마침내 개신교 선교사가 처음으로 입국했다. 이승훈이 북경에서 처음 영세를 받은 때로부터 꼭 100년이 지난 때다. 따라서 알렌이 입국한 1884년은 한국 개신교 선교의 기점이 되는 해다.[89] 내한한 개신교 첫 선교사의 영예를 얻은 사람은 미국 북장로교회가 파송한 의사 알렌이다.[90]

알렌은 1858년 4월, 오하이오 주 델라웨어에서 태어났다. 그는 오하이오 웨슬리안대학을 마치고, 이어 신시내티에 있는 마이애미 의과대학을 졸업하여, 1883년 의사 자격을 얻었다. 알렌의 대학 재학 시기는 미국 전역을 휩쓴 제2차 각성운동의 영향이 각 대학으로 파급되던 때였다. 많은 대학생들이 선교사로 지원을 했고 선교 현장으로 잇달아 나가고 있었다. 알렌도 이러한 영향으로 선교사가 될 꿈을 갖고 의과대학에 진학했다. 따라서 그는 의사 면허를 취득한 후인 1883년 봄 미국 북장로교회에 의료선교사 지원서를 냈다. 지원이 허락돼 중국 선교사로 파송 받았다. 그는 곧 결혼을 하고,

---

89) 1884년을 개신교 선교의 기점으로 잡는 데에 이견이 있다. 그러나 한국교회는 1909년 선교 25주년 기념을 했고, 1934년 선교 희년 기념을 했으며, 1984년에 선교 100주년 기념행사를 성대하게 치름으로 1884년을 한국 개신교 선교 기점으로 삼는 것을 기정사실화했다.
90) 알렌의 한국 사역은 金源模 역, 『알렌의 일기』 (단국대학교 출판부, 1991)와 F. H. Harrington, *God, Mammon, and the Japanese* (Madison: Univ. of Wisconsin, 1944), 李光麟 역, 『開化期의 韓美關係』 (一潮閣, 1973), 閔庚培, 『알렌의 宣敎와 近代 韓美外交』 (延世大學校 出版部, 1991)를 참조할 것.

1883년 25세 나이로 중국 선교에 나섰다.

1883년 10월 상해에 도착했으나 그는 거기서 상당량의 돈을 분실했고, 또한 그곳 선교사들과 사소한 다툼도 있었다. 게다가 기후 때문에 아내의 건강이 좋지 않아 좀 더 따뜻한 곳으로 선교지를 이전하는 것을 고심했다. 이때 그의 친구 의사 선교사들이 한국으로 가 보는 것이 어떻겠느냐고 권고했다. 이에 알렌은 뉴욕 선교본부에 한국에는 의사가 한 명도 없어 외국 공관과 세관에서 의사를 몹시 필요로 하므로 본부가 허락하면 한국으로 가고 싶다는 편지를 보냈다.[91]

한국으로 가도 좋다는 연락을 받은 알렌은 우선 아내는 상해에 남겨 두고 한국으로 떠났다. 그가 제물포에 도착한 것은 1884년 9월 20일이다. 이로써 알렌은 4천 년 우리 역사에 처음으로 개신교 선교사 자격으로(그때는 물론 선교사라는 신분을 밝힐 수 없었지만) 내한해 마침내 개신교 선교 시대를 개막했다. 제물포에 도착한 지 이틀 후에 그는 상해에서 같이 온 중국인 어학선생과 함께 당나귀를 타고 서울에 입성했다. 그는 미국 공사 푸트를 만났고, 푸트는 알렌을 미국 공사관 무보수 의사로 임명했다. 공개적 선교활동을 할 수 없던 당시 형편에 알맞는 일자리였고, 합법적으로 거주할 수 있는 자격을 얻는 방도였다. 국왕 고종을 알현했을 때도 공사는 그를 공사관 의사로 소개했다.

다음달, 알렌은 상해에 가서 가족을 서울로 데리고 와 새로 단장한 집에서 새 삶을 시작했다. 알렌은 미국 공사관뿐만 아니라 여러 공사관과 외국 거류민의 의사로 바쁜 나날을 보냈다. 그런데 그가 극적으로 조선 왕실과 연결되는 사건이 1884년 12월에 터졌는데,

---

91) H. N. Allen to F. F. Ellinwood, Shanghai, June 9, 1884.

이것이 갑신정변(甲申政變)이다. 이 사건은 한국 개신교 선교에 중대한 고비가 되는 사건으로, 언더우드는 이것을 하나님의 '거룩한 섭리'[92]라 술회했다.

당시 조선 조정은 수구파와 개화파로 나뉘어 세력 다툼을 하고 있었다. 개화파는 수구파의 거세를 위한 음모를 진행했다. 1884년 12월 처음으로 근대식 우편제도를 시행할 우정국 건물을 완성하고 낙성식을 하는 피로연이 열렸다. 이때를 기해 개화파가 수구파를 모조리 참살하고 새 내각을 구성해 개혁, 개방 정치를 하려는 음모를 꾸였다. 12월 4일 저녁 피로연이 한창 무르익어 가고 있을 때, "불이야" 하는 소리를 신호로 연회장에서 뛰어나오는 수구파를 잠복해 있던 자객들이 무차별 칼로 난자해 죽였다. 이때 수구파의 거두이자 민왕후의 조카인 민영익도 전신에 칼을 일곱 군데나 맞아 혈관이 끊기는 등 깊은 상처를 입고 생명이 경각간에 놓였다.

미국공사 푸트와 세관 고문 묄렌도르프가 민영익을 응급처치하고 묄렌도르프의 집으로 옮겼다. 그리고 즉시 알렌에게 급히 오도록 연락했다. 알렌이 오는 동안 어의를 포함한 한의사들 여럿이 치료를 하려 했으나, 끊어진 혈관과 찢긴 몸을 한방 의술로는 어쩔 수 없어 쩔쩔매고 있었다. 이때 알렌이 당도했다. 알렌은 환자의 위급함을 즉시 간파하고 주저했다. 만일 자기가 이 환자를 살리지 못한다면 자기에게 돌아올 책임을 생각하지 않을 수 없었다. 그러나 치료를 못 하겠다 하면 그것 또한 의사의 도리가 아니다. 그는 용기를 내어 기도하는 마음으로 민영익을 치료했다. 끊어지고 갈라진 몸을 명주실로 꿰매고 상처에 약을 발랐다. 그의 치료는 극적 효

---

92) Horace Underwood, *The Call of Korea, Political-Social-Religious* (New York: Fleming H. Revell, 1908), p. 100.

력을 나타내, 민영익은 얼마 후 완치됐다. 민영익은 후에 알렌에게 "우리 백성들은 당신을 위대한 의사라고 생각합니다. 그들은 당신은 아메리카에서 온 것이 아니고, 이 사건을 위해 하늘에서 내려왔다고 생각합니다"[93]라고 말했다.

이 사건은 알렌을 통해 서양 의술과 문명의 우수성을 왕실과 고위관리, 그리고 백성에게 알리는 계기가 됐다. 뿐만 아니라 알렌과 왕실이 급격히 가까워져 알렌은 고종의 시의로 임명됐고, 민영익을 구해준 대가로 국왕으로부터 참판 벼슬까지 얻었다.[94] 이 일은 앞으로 전개되는 개신교 선교 사역에 '현실적이고 구체적인 이득'[95]이었다.

알렌은 의사로 병원 설립을 구상하고 병원이 필요하다는 편지를 1885년 봄 미국 공사 폴크를 통해 조정에 제출했다. 왕이나 관리들은 알렌의 뛰어난 의술과 한국민에 대한 사랑을 잘 알고 있는 터여서 굳이 반대할 이유가 없었고, 청원은 곧 허락됐다. 마침내 1885년 4월 9일, 알렌은 '광혜원'(廣惠院)이란 진료소를 개설했다. 널리 많은 사람들에게 은혜를 베푼다는 의미다. 장소는 갑신정변 때 죽은 홍영식의 주택으로 정했고 조정은 관리 몇을 보내 진료소를 관리하게 했다. 개원 2주일 후(4월 23일), '많은 사람을 구제한다'는 의미로 진료소 이름을 광혜원에서 '제중원'(濟衆院)으로 바꿨다. 제중원은 아직 선교의 자유가 허락되지 않던 시절에 선교사들이 때를 기다리던 곳이고, 합법적으로 체재할 수 있는 은신처며 활동의 장

---

93) H. N. Allen to F. F. Ellinwood, February 4, 1885.
94) 알렌에게 嘉善大夫(正二品) 벼슬이 하사됐다. Allen's *Diary*, 『알렌의 일기』 金源模 역, 1886. 10. 25일자. 「承政院日記」, 高宗 23年 9月 27日.
95) O. R. Avison, "History of the Medical Work in Korea, Under the Mission of the Presbyterian Church in the U.S.A. from 1884 to 1909," *Quarto Centennial Papers* (1900), p. 31.

이기도 했다. 제중원이 후에 세브란스병원과 세브란스 의과대학이 되어 한국 의학계의 선두주자로 공헌하고 있는 것은 하나님이 우리 민족을 사랑하신 산 증거 중 하나다.

2) 첫 목사 언더우드(Horace G. Underwood)의 입국

목사 선교사로 처음 내한한 사람은 언더우드다. 언더우드는 1859년 7월 영국 런던에서 태어났다. 언더우드가 6세 때 그의 모친이 세상을 떠났고, 그 후 그는 계모 밑에서 자랐다. 그의 아버지는 동업자의 배신으로 사업을 정리한 후 신대륙으로 삶의 터전을 옮겼다. 언더우드가 12세 되었을 때에 그의 가족들은 미국 뉴저지 주 뉴더햄에 정착했고, 화란개혁교회에 출석했다.

언더우드의 부친은 언더우드가 목사와 선교사가 되겠다던 어렸을 때의 얘기를 회상하여; 대학 교육 후 신학교에 보낼 계획으로 1877년에 뉴욕대학교에 입학시켰다. 집안이 넉넉하지 못해 그는 약 30리 거리의 대학까지 매일 걸어서 통학을 했다.

1881년, 그의 아버지가 세상을 떠나던 해 언더우드는 뉴욕대학교를 졸업하고, 화란개혁교회 계통 뉴브런즈윅신학교에 입학했다. 신학교에 다닐 때도 하루 5시간만 자고 나머지 19시간을 학업과 복음 사역에 투자했다. 그의 이런 열정적 활동은 한국에 와서도 계속돼 결국 건강을 상실했고, 비교적 이른 나이에 세상을 떠난 원인이 되었다. 그가 신학교 2학년 때 한·미조약이 체결됐는데, 급우 하나가 이 기사가 실린 신문을 오려 교실 벽에 붙여 놓았다. 이 기사를 언더우드가 읽었는데, 이것이 그가 전 생애를 바쳐 일할 한국을 처음으로 알게 된 순간이다.

1883년 10월, 언더우드는 코네티컷 주 하트포드에서 열린 미국

신학교연맹대회에 참가했다. 그때 그는 훌륭한 연사들로부터 많은 감명을 받고 선교사 결심을 더욱 굳혔다. 뿐만 아니라 아펜젤러를 만났는데, 그는 언더우드와 같은 날 같은 배를 타고 한국에 온, 그래서 일생 동안 가장 절친한 친구가 된 사람이다.

언더우드는 1884년 봄에 신학교를 졸업하고 곧이어 뉴욕대학교에서 문학석사 학위도 받았다. 그는 그해 11월 화란개혁교회 뉴브런즈윅노회에서 목사 안수를 받았다. 목사로 청빙하려고 하는 교회도 여럿 있었지만 그는 선교사로 가기로 결심한 터여서, 이를 거절하고 선교의 길을 모색했다. 그가 신학교 다닐 때, 당시 일본 선교사로 활동하던 알트만 목사가 방문해 한국에 선교사로 나갈 사람이 없느냐며, 그곳에 죽어 가는 영혼 1,300만을 위해 일할 선교사 지원을 호소했다.[96]

당시 언더우드는 인도 선교사로 갈 계획이어서 크게 신경 쓰지 않았다. 그런데 막상 선교사 길을 모색하고 있을 때, 아직 한국 지원자가 없어 선교가 시작되지 못하고 있다는 소식을 접했다. 그때 마음속에서 '왜 네가 가지 못 하느냐?'[97]는 음성을 들었다. 그는 즉시 화란개혁교회에 가서 한국 선교사 지원 의사 표시를 두 번이나 했으나, 그 교회는 자원이 없어 새로운 선교지 개척이 불가능하다는 말을 했다. 그래서 이번에는 북장로교회에 두 번 가서 한국에 선교사로 보내 줄 수 있느냐고 물었다. 그러나 대답은 역시 불가였다. 그런데 이즈음 맥윌리엄스가 한국 선교헌금을 약속함에 따라, 북장로교회는 1884년 7월 언더우드를 한국 선교사로 공식 임명했다.

당시 언더우드는 약혼을 하고 있었는데, 약혼녀에게 결혼하

---

96) H. Underwood, "Reminiscence," *Quarto Centennial Papers*, 1909.
97) 위의 책, 98-99쪽.

고 한국에 선교사로 나가자고 권했으나 그녀는 정식으로 거절했다. 이에 언더우드는 파혼을 선언하고, 1884년 12월 샌프란시스코를 출발해 이듬해인 1885년 1월 일본 요코하마에 도착해 북장로교회 선교사들의 환영을 받았다. 그때 그의 나이 25세였다. 그는 한국에 들어가는 배를 기다리며, 그곳 거주 한국인들로부터 한국말을 배우기 시작했다. 마침 한국으로 가는 배를 만나 언더우드는 한국으로 출발해 부산을 거쳐, 4월 5일 부활주일에 제물포에 도착했다. 이 배에 전에 미국신학교대회에서 만났던 아펜젤러 부부가 미국 북감리교회 파송을 받고 한국으로 가려고 탑승하고 있어 장·감 양 선교사는 동시에 한국 땅에 발을 디뎠다. 아펜젤러 목사는 그때 심정을 다음과 같이 기록해 놓았다. "우리는 부활주일에 여기 왔습니다. 이날에 죽음의 철장을 부순 주님, 이 백성을 얽매고 있는 줄을 끊으시고 그들로 하나님의 자녀가 얻는 빛과 자유를 누리게 하소서."[98]

주한 미국 대리공사 폴크는 언더우드의 입국은 허락했으나 아펜젤러 부부의 입국은 만류했다. 그때 아펜젤러 부인은 임신 중이었을 뿐 아니라, 불과 몇 달 전에 얼어났던 갑신정변의 여진이 아직 남아 있어 정국이 불안한 상태였기 때문이다. 이처럼 예측하기 어려운 정치적 상황에서 외국 여자가 입국하는 것은 안전하지 못하다고 판단한 폴크는 일단 그들에게 다시 일본으로 돌아가도록 명했다. 할 수 없이 아펜젤러 부부는 일본으로 되돌아가고 언더우드만 제물포에서 이틀을 지낸 후 서울에 들어왔다. 그리하여 한국에도 이제 개신교 목사가 상주하게 됐고, 개신교 선교 시대가 정식으

---

98) *The Annual Report of the Missionary Society of the Methodist Episcopal Church, 1885*, p. 237.

로 출범하게 됐다.

 언더우드는 알렌의 영접을 받았고, 알렌이 갓 시작한 제중원에서 일하는 것으로 한국에서 첫 사역을 시작했다. 일본으로 돌아간 아펜젤러는 약 두 달 후 다시 한국으로 왔는데, 그 한 달 반 전인 1885년 5월, 같은 교파 소속 스크랜턴이 먼저 입국했고, 6월에 스크랜턴 부인과 아펜젤러 부부가 입국했다. 또한 그동안 일본에서 어학 훈련을 받던 북장로교회 의료선교사 헤론이 이때 입국해 알렌의 제중원에서 같이 일을 시작했다. 아직 한국에 선교 자유가 허락되지 않아 복음 선교를 직접 할 수 없는 때여서, 의료선교를 통해 선교 사역이 시작된 것은 우리 민족을 구원하시고자 하신 하나님의 경륜이다.

2. 호주 빅토리아장로교회

 성공회 다음으로 한국에 선교를 시작한 교회는 같은 영국 연방인 호주의 빅토리아장로교회다. 이 교회는 비록 규모는 작지만 강력한 해외 선교 사업을 펼치던 교회였다. 성공회의 울프 주교가 한국 선교를 호소하는 편지를 영국에 보낸 것이 호주에도 알려져 한국에 대한 선교의 열에 불을 붙였다. 1889년 10월 한국 첫 선교사 데이비스(J. H. Davies) 목사가 출석하던 멜버른교회와 그 지역 여러 교회가 한국 선교를 위해 힘을 모아 데이비스와 그의 여동생 메리를 파송했다.[99]

 데이비스는 1857년 빅토리아 주 멜버른에서 출생했고, 그곳에서

---

99) 白樂濬, 『韓國改新敎史』(延世大學校 出版部, 1973), 196-197쪽.

대학과 대학원을 마쳐 문학사와 문학석사 학위를 받았다. 그는 계속해서 법학을 공부하다, 마음을 고쳐먹고 영국 에든버러에 가서 신학을 공부했다. 그는 인도에서 선교 사역을 하던 누이를 돕다 건강이 악화돼 고향으로 돌아왔다. 그가 고향에서 초등학교를 설립하고 일하고 있을 때 한국에 선교사가 필요하다는 호소문을 읽고 한국행을 결심했다.

파송 받은 데이비스 목사 남매는 1889년 10월 내한해 미국 선교사들의 영접을 받았다. 언더우드는 데이비스에 대해 "활동가요, 다방면에 재주를 가진 믿음의 사람이요, 내한 선교사 중에 뛰어난 인재 중 하나다"[100]라 말한 바 있다. 데이비스는 한국에서 활동할 지역을 탐사하기 위해, 기존 선교사들이 일하고 있던 서울이나 서북지방은 피하고, 다른 선교부가 아직 들어가지 않은 남부지방으로 눈길을 돌렸다.

하지만 어학 선생과 수행원 하나를 데리고 여독도 제대로 풀리지 않은 몸으로 여행을 강행하다 몸이 허약해져 천연두에 걸렸고, 폐렴까지 겹쳐 목적지인 부산을 눈앞에 두고 쓰러졌다. 당시 부산에서 일하던 게일 선교사 집으로 급히 후송했으나 이미 손을 쓸 시기가 지났다. 한국에 도착한 지 6개월 남짓한 1890년 4월 15일, 이역 땅에서 일을 채 시작해 보지도 못하고 세상을 떠나고 말았으니, 그는 한국에서 선교 활동을 하다 순교한 첫 희생자가 되는 영광을 안았다.[101]

---

100) H. Underwood, *The Call of Korea*, p. 140.
101) 한국 첫 선교사로 임명받은 미국 북장로교회 의사 John Heron도 Davies가 순교한 해와 같은 1890년 의료 활동 중 이질로 세상을 떠나 순교자 명부에 그 이름이 등재됐다. 그러나 그는 Davies보다 약 3개원 후인 7월에 순교해, 첫 순교자는 Davies다.

데이비스가 흘린 순교의 피는 결코 헛되지 않아 호주 빅토리아 교회는 더욱 한국 선교에 힘을 기울여, 데이비스가 순교한 이듬해인 1891년에 맥케이, 멘지스, 페리 등 4명의 선교사를 파송해 경남지방에서 선교 사역을 시작했다. 이로써 경남지방이 호주장로교회 선교구역이 됐다.

3. 성공회

한국에 미국 북장로교회와 북감리교회의 선교사들이 들어온 이래 여러 교파 선교부가 한국에 계속 들어왔다. 그중 가장 먼저 들어온 교회는 영국교회 즉 성공회(聖公會: The Church of England or Anglican Church)다.

1884년 한국과 영국이 통상조약을 맺은 후, 영국교회는 한국 선교에 깊은 관심을 갖고 기회를 엿보고 있었다. 조약이 체결된 이듬해, 중국에서 선교하던 교회선교회에서 중국인 2명을 부산에 보내 선교를 개시하라고 명했다. 중국과 일본의 영국교회를 돌보던 울프 주교는 한국에서 활동하고 있는 중국인들의 선교 현장을 돌아본 후, 캔터베리 대주교에게 한국 선교의 시급성을 호소했다. 대주교는 이 호소에 응해 1889년 코르프를 초대 주교로 임명, 한국에 파송했다.[102] 영국교회 선교기관인 외지복음보급회의 재정 지원을 받아 1890년 9월 코르프 주교와 트롤로프 등이 제물포에 상륙함으로써 성공회의 한국 선교가 개막됐다.

---

102) H. A. Rhodes, ed., *History of the Korea Mission*, p. 586.

4. 미국 남장로교회

　미국 남장로교회의 한국 선교는 북장로교회보다 7년 늦은 1892년에 시작됐다. 남장로교회 선교는 언더우드의 절대적인 공헌에 기인했다. 남장로교회 한 선교사는 언더우드를 가리켜 '남장로교회 한국 선교의 아버지'[103]라 말한 바 있다. 1891년 언더우드는 안식년으로 미국에 갔을 때 시카고 맥코믹신학교에 가서 한국 선교에 대한 연설을 했다. 이때 이 신학교 학생이었던 테이트가 많은 감동을 받아 한국 선교사로 갈 결심을 했다.

　같은 해 10월 테네시 주 네쉬빌에서 미국 신학교연맹 연차대회가 열렸는데, 언더우드는 여기서도 연설했다. 이 대회에 당시 밴더빌트대학에 재학 중이던 윤치호도 연사들 중 한 사람이었다. 이들의 강연을 들은 학생들 중 버지니아 주 리치먼드 소재 유니온신학교 학생 존슨(C. Johnson), 레이놀즈(W. Reynolds), 그리고 이미 언급한 맥코믹신학교 학생 테이트가 한국에 선교사로 가겠다고 작정했고, 후에 전킨(W. Junkin)이 이들과 합류했다. 이 네 사람은 남장로교회 해외선교부에 한국 선교사 파송을 청원했다. 그러나 위원회는 현재 한국 선교 계획이 없다는 회신을 보내왔다.[104]

　그러나 이들은 실망하지 않고 언더우드와 함께 미국 남부 여러 주를 순방하며 한국 선교 보고와 선교의 시급성을 역설했다. 또한 한국에 관한 기사를 여러 교계 신문에 게재해 교인들의 관심을 불러 일으켰다. 이들의 열성적 노력의 첫 결실은 언더우드 집안에서 나왔다. 언더우드의 형 존은 한국 선교에 써 달라며 2,500달러를

---

103) J. F. Preston, "Editorials", *The Korea Mission Field* (November 1921), p. 222.
104) W. C. Reynolds, "Genesis of the Southern Presbyterian Mission", *The Korea Mission Field* (January 1914), p. 17.

남장로교회 해외선교부로 보냈다. 이에 자극을 받은 선교부는 한국 선교 착수를 결정하고 1892년 2월, 7명의 선교사를 임명했는데, 그들은 테이트와 그의 누이 메티 양, 데이비스 양, 레이놀즈 부부, 그리고 전킨 부부였다. 그해 10월, 이들 중 일부가 서울에 도착함으로 미국 남장로교회의 한국 선교가 개막됐다.[105]

5. 미국 남감리교회

미국 북감리교회의 선교는 1885년 언더우드가 입국할 때 아펜젤러가 같이 입국해 일찍 시작됐지만, 남감리교회 선교는 약 10년 후인 1896년에 시작됐다. 남감리교회 선교 시작은 윤치호의 공이 크다. 중부 중국에서 선교 활동을 하던 남감리교회는 북부 중국에 선교 거점을 확보하기 위해 1894년 2월 라이드 박사를 파송했다. 그는 그곳에서 벌써 여러 선교부가 오래전부터 선교를 하고 있는 사실을 간파했다.

윤치호는 갑신정변 때 상해로 탈출해 그곳 남감리교회가 경영하던 중서학원에 입학해 2년간 수업을 받았는데, 그때 뛰어난 성적을 얻었다. 그즈음 미국 조지아 주 애틀랜타 소재 에모리대학 총장 캔들러가 그곳을 방문했다가 윤치호의 비상함을 보고 그에게 에모리대학 유학을 주선했다. 윤치호는 그 대학을 우수한 성적으로 졸업하고, 신학 공부를 위해 벤더빌트대학에 입학했다. 그곳에서 공부하는 동안 여러 곳을 다니며 연설했는데, 받은 사례금을 모아 남감리교 해외선교부에 보내면서 한국 선교비로 써 달라고 부탁했다.

---

105) G. T. Brown, *Mission to Korea* (Board of Foreign Mission P.C.U.S., 1962), p. 23.

윤치호는 공부를 마치고 다시 상해 중서학원 교사로 와서 가르치던 중, 한국에서 고위 관리로 오라는 청빙을 받고 들어갔다. 그가 한국에 들어가면서 남감리교회의 한국 선교를 요청하자, 라이드 박사와 헨드릭스 감독이 한국 선교 가능성을 타진하기 위해 1895년 10월 내한했다. 이들은 윤치호의 알선으로 국왕을 알현하고 국왕으로부터 선교사를 많이 보내라는 요청을 받고 감동한다. 그들은 윤치호 주선으로 가옥도 한 채 매입하고 돌아갔다.

1896년 5월, 미국 남감리교 해외선교부 연차대회가 열렸는데, 여기서 한국 선교를 결의하고 라이드 박사가 선교사로 임명돼 내한했다. 한국 남감리교회는 본부를 개성으로 정하고, 1907년 중국 연회에서 완전히 분리해 독립했다.[106]

6. 캐나다 장로교회-맥켄지의 순교

캐나다 장로교회의 한국 선교를 논하기 전에 캐나다 사람으로 한국에서 홀로 선교하다 외롭게 죽어 간 맥켄지(William McKenzie)의 사적을 먼저 기술해야 한다.[107] 맥켄지는 캐나다 노바스코샤 출신으로 1891년 핼리팩스신학교를 졸업했다. 그는 한국을 소개하는 책자를 읽고 한국 선교의 뜻을 갖고 캐나다 장로교회에 가서 한국행을 요청했지만, 그 교회는 아직 한국 선교 선교 계획을 갖고 있지 않았다. 그는 직접 여러 교회를 다니며 한국 선교를 역설하면서 모금을 했다. 그후 여비와 1년간 선교비가 마련되자, 단독으로 1893년

---

106) 白樂濬.『韓國改新敎史』(延世大學校 出版部, 1973), 208.
107) 맥켄지의 생애와 최후는 E. A. McCully, *A Corn of Wheat, The Life of Rev. W. J. McKenzie of Korea*, 2nd ed. 참조.

12월에 한국으로 출발했다.

그는 한국인들 사이에서 살며 말도 배우고 생활양식도 익히며 전도한다는 생각으로 소래로 내려갔다. 그는 시골 마을에서 전도하고 주민과 더불어 동고동락하며 살았다. 그는 서양 음식 맛에 대한 향수를 없애려 크리스마스 때 언더우드가 보내 준 케이크와 여러 서양 음식을 입에 대지도 않고 주민에게 나누어 주었다. 그는 주민들로부터 존경을 받으며 살아 동학당이 이 지역을 휩쓸고 지나갈 때도 주민들의 보증으로 아무 해를 입지 않았다.

이렇게 성자와 같이 헌신적으로 살던 그가 한여름 일사병에 걸리고 말았다. 달아오르는 고열에 그만 정신착란을 일으켜 엄습하는 고통을 견디다 못해 소지하고 있던 권총으로 자기 머리를 쏘아 숨지고 말았다. 언더우드 부인 릴리어스는 "그는 격리, 역경, 물질적 궁핍, 위험 따위를 영혼의 양식으로 삼다 갔다"[108]는 기록을 남겼다. 가족도 동료도 없이 외롭게 한국인 사이에서 살다 쓸쓸히 생을 마치고 황해도 소래 해변가에 묻혀 하늘나라로 간 멕켄지의 헌신적 삶을 한국교회는 잊어서는 안 된다.

캐나다 장로교회는 맥켄지가 한국의 한 시골에서 생명을 버리며 선교하는 동안 한국 선교 가능성을 검토하고 있었다. 그런데 바로 그때 맥켄지의 부음이 들렸고, 선교사를 보내 달라는 소래 교인들의 진정서가 접수됐다. 맥켄지는 자기 유산 약 2,000달러를 한국 선교에 써 달라는 유서를 남겼다. 이어 재정적으로 돕겠다는 독지가가 나오고 모금이 순조로워져, 캐나다 장로교회는 푸트(W. Foote) 부부, 맥레(D. McRae), 그리고 그리어슨(R. Grierson) 의사 부부를 한국

---

108) L. H. Underwood, *Fifteen Years Among the Top-knots or Life in Korea* (New York: American Tract Society, 1904), p. 122.

선교사로 임명했다. 이들은 1898년 9월 한국에 도착해 맥켄지가 선교하던 소래지방에서 선교를 시작하려 했으나, 그곳은 작은 시골 마을이라 포기하고, 함경도 원산지방으로 올라가 선교사역을 시작함으로 함경도가 캐나다 장로교회 선교구역이 됐다.[109]

7. 엘라 딩(Ella Thing) 선교단-침례교회의 선교

한국에 선교를 시작한 침례교회는 미국 보스턴에 있는 클래런던 침례교회다. 그 교회 교인으로 믿음이 독실하고 헌신적인 실업가인 딩 씨는 그의 외동딸 엘라(Ella)를 기념해 '엘라 딩 기념선교단'을 설립했다. 선교단은 그 첫 사업으로 폴링 목사 부부와 가드라인 양을 한국에 파송했다.

이들은 1895년 부산에 도착했는데 그곳은 이미 다른 선교회가 선교를 하고 있었기 때문에 선교사들의 발길이 닿지 않은 충청도 공주 지방에서 선교를 시작했다.[110]

이곳에서 적지 않은 성과를 거두어 침례교인들이 늘어갔지만, 후원회의 자금 지원이 줄기 시작해, 더 이상 선교 사역을 계속 할 수 없어 1900년 미국으로 철수하고 말았다. 그들이 남겨 놓은 교인은 원산에서 선교 활동을 하고 있던 침례교인 펜윅이 가끔 돌보았다.

---

109) *The Report of the Foreign Mission Committee of the Presbyterian Church in Canada*, for 1898-89, p. 133. 1926년부터 캐나다 선교회는 캐나다 연합교회 관할 하에 들어갔다.
110) D. L. Gifford, *Day Life in Korea*, pp. 152~153.

8. 러시아정교회(The Russian Orthodox Church)

기록에 의하면 한국과 러시아가 첫 접촉을 한 것은 조선조 효종 (1654년에서 1658년 사이) 때, 청나라의 요청으로 우리 정예 포수와 군속이 멀리 흑룡강 연안에 출동해 청군과 함께 라선(羅禪, Russian)을 정벌한 때다.[111] 국가 간 교류가 없는 상태에서 러시아정교회 선교는 용이한 일은 아니었다.

러시아정교회의 한국 선교는 러시아 정부의 부동항 확보를 위한 남진 정책에 따라 한국과 접촉하면서 비롯됐다. 그러므로 정교회는 러시아가 조선에 그 발판을 구축하려는 와중에 들어왔다. 1885년 7월 한국과 러시아는 '한·러수호통상조약'을 맺어 외교관계가 수립됐고, 이듬해 베베르 공사가 한국에 파송돼 왔다. 1897년 주한 러시아 부영사로 있던 폴리아노프스키와 직원 시우이스키는 본국 정부에 주한 러시아인과 러시아 국적 취득 후 정교인이 된 한국인을 위한 선교사 파송과 교회 설립 필요성을 강조했다.[112]

이 보고서를 받은 러시아 정부와 교회는 큰 관심을 갖고 당시 황제 니콜라이 2세의 칙령에 따라 1897년 7월 서울에 정교회 선교부 설치를 결의했다. 이에 따라 굿코 신부, 알렉세예프 보제, 크라신 낭송자 등이 1898년 미사 의식에 필요한 성물을 갖고 한국으로 출발했다. 그러나 당시 여러 정치적 사정으로 굿코와 크라신은 입국하지 못하고 알렉세예프만 입국했다. 이것이 러시아정교회 선교의 첫걸음이다. 「황성신문」은 "아국(俄國) 희랍 교사가 향일(向日) 입경(入京)ᄒ야 아국 공사와 함께 계견(階見)ᄒ얏다는디 현금(現今) 아관

---

111) 震檀學會, 『韓國史』 最近世篇, 145쪽.
112) "성 니콜라스 한국정교회 주보" 제1228호, 1985. 7. 14.

에 재(在)ᄒᆞ야 거일요(去日曜)에 예배를 행ᄒᆞ야 입교 남녀의 수가 불소(不少)ᄒᆞ얏다더라"113)고 보도했다. 당시 영사 파블로프는 자택에 예배 처소를 마련하고 미사를 드렸는데 이것을 '희랍교 교당'이라 불렀다. 그러나 후에 아관파천(俄館播遷)114)으로 러시아에 신세를 졌다고 생각한 고종이 러시아 공사관 요청을 받아들여 새문(서소문) 고개에 건축할 터를 하사했다. 러시아 공사관은 이곳에 성당을 건축하고 1903년 4월 축성식을 가졌다.

1904년 러·일전쟁에서 승리한 일제가 한국 내 모든 러시아 세력을 밀어냄에 따라 정교회는 사제 없는 교회로 남게 됐다. 이 교회의 특성 상 사제 없이는 미사나 성례가 집행될 수 없어 정교회는 그 명맥만 유지하게 됐다. 그 후 한국전쟁 때 유엔군 일원으로 희랍군이 내한할 때 함께 온 희랍정교회가 국내 정교회를 회복시켜 다시 활기를 띠기 시작했고, 그들의 전통에 따라 '한국정교회'로 발전했다.115)

9. 구세군(救世軍, The Salvation Army)116)

구세군은 영국 감리교 목사 윌리엄 부스와 부인 캐더린이 창시한 종교 단체다. 19세기 영국 산업혁명 결과로 나타난 빈민을 위해 자선 및 사회사업을 목적으로 출범했다. 부스는 1865년 런던에 본

---

113) 「皇城新聞」, 1900. 3. 27.
114) 을미사변 후 국왕 고종이 러시아 공사관으로 피신한 사건.
115) 동방정교회, 일반적으로 희랍정교회라 부르는 동방교회는 일정한 이름이 있는 것이 아니고 그 나라 이름을 앞에 붙이게 되어 있어서 한국에 있는 동방교회는 '한국정교회'라 부른다(러시아정교회도 러시아에 들어간 희랍정교회가 러시아 정교회가 된 것이다).
116) 救世軍의 歷史는 張亨一의『韓國救世軍史』(救世軍大韓本營, 1975) 참조.

부를 두고 천막을 치고 전도에 전념했다. 본래 이 단체명은 '동런던 부흥전도단' 또는 '기독교전도단'인데, 후에 부스가 "기독교인의 사명은 구세군이 되는 것이다"라고 한 말에서 1878년부터 이 단체를 '구세군'이라 불렀다.

이들은 교회를 군대식으로 조직해, 부스 자신이 대장으로 취임했다. 사업이 활발하게 진행돼 미국으로 건너갔고, 1895년에는 일본까지 진출했다. 한국에는 1908년 10월 호가드 정령(正領) 일행이 입국해 새문안에 영(營)을 설치하고 개전(開戰)을 시작했다. 그들은 항상 군인 제복을 입고 길거리에서 나팔을 불고 북을 치며 사람을 모아 놓고 전도하는 것으로 유명해졌다. 초기에는 군복 착용으로 인해 일제로부터 박해를 자주 받았다. 성탄절이 되면 길모퉁이에 자선냄비를 걸어 놓고 모금해 그 기금으로 빈민들에게 음식을 만들어 봉사하는 단체로 널리 알려졌다. 1909년 구세군사관학교(신학교)를 설립해 사관(목사)양성을 시작했다. 그들은 본래 사명인 빈곤 및 사회악과 대결하며 복음을 전해 고난 속에 살아가는 이 민족에게 굳건한 정신으로 봉사했다.[117] 그들은 사회사업으로 애오개에 있던 소녀 고아원을 경영하며 일제 침략과 함께 밀려들어 온 여러 사회악에 대항해 투쟁했다.

10. 초기 선교사 순교자들

초기 한국교회 역사를 서술할 때, 지나칠 수 없는 항목이 하나 있다. 그것은 이 땅에 와서 선교하다 귀한 생명을 바친 순직(순교)

---

117) 救世軍의 歷史는 張亨一의 「韓國 救世軍史」(救世軍大韓本營, 1975) 참조.

자들에 대한 얘기다. 우리 교회는 이들의 값진 피 위에 성장해 왔으며, 또 성장해 나갈 것이다. 엄격한 의미에서 이들의 죽음을 순교라 할 수는 없다. 순교는 1866년 대동강변에서 복음을 전하기 위해 왔다가 살해된 토머스 목사와 같은 경우다. 이 땅에서 복음 선교 임무 수행 중 생명을 잃은 이들은 순직(殉職)이라 함이 옳다. 그러나 이들의 죽음이 단순한 임무 수행 중 희생이 아니고, 이역만리 낯선 땅, 음식도, 기후도, 환경도 맞지 않는 곳에서 복음을 전하다 생명을 잃은 것이므로 순교라는 말을 쓰는 데 주저함이 없다. 이 땅에서 복음을 전하다 순교한 선교사들의 행적을 시대 순으로 몇 사람 소개한다.[118]

* 헨리 데이비스(J. Henry Davies): 본 장 첫 부분 호주 장로교회의 입국 편을 참조할 것.

* 존 헤론(John W. Heron, M. D.): 미국 북장로교회가 한국 선교사 제1호로 임명한 헤론은 동(東)테네시 메리빌대학을 졸업한 후 테네시 주립대학 의과대학에서 수학했다. 그는 1883년 수석 졸업한 후 내과의사가 됐다. 그의 수련이 끝날 무렵 테네시의과대학에서는 교수직을 제안해 왔다. 그러나 그는 장고(長考) 끝에 그가 선택한 해외 선교사 결심을 굳히고 사양했다. 내한한 그는 1887년 의사 알렌이 선교사 사표를 내고 주미 한국 영사관 서기로 미국으로 떠나자 고종의 시의와 제중원 원장이 됐다. 헤론은 한국에서 일한 5년간

---

118) 여기 소개되는 순교자 자료는 미국 북장로교회가 선교 25주년을 맞아 발표한 여러 글 중 James E. Adams의 "Roll of the Mission's Dead" *Quarto Centennial Papers*에 나오는 글을 발췌한 것이다. 더 자세한 내용은 위의 글을 참조할 것.

약 4만 명의 환자를 진료했다.[119]

그는 한국에 나온 지 5년 후인 1890년 여름, 병으로 고통 받는 환자들을 위해 혼신의 힘을 다해 진료에 임했다. 다른 선교사들은 무더운 여름 동안 남한산성 휴양지에서 가족들과 함께 휴식을 취하고 있었지만, 그는 무더위 속에서도 서울에서 환자 치료를 계속 했다. 그는 더위와 과로에 지친 나머지 이질에 걸려 1890년 7월 이역만리 낯선 땅에 젊은 아내와 두 딸을 남겨 놓고 순교함으로 그의 짧은 생을 선교지 한국에서 마감했다. 그때 그의 나이 34세였다.

그가 영일 없이 맡겨진 일에 진력하다 쓰러져 생을 마감하자, 국왕 고종은 시의였던 헤론이 세상을 떠났다는 말을 듣고 몹시 애석해 했다. 고종은 현재 서울 양화대교 북단 한강변에 땅 한 뙈기를 하사하며 장례를 정중하게 치르라고 명했다. 이곳이 현재 '양화진(楊花津) 외국인 묘지'인데, 헤론은 주한 외국인으로 처음 이곳에 묻혀 자기의 생을 밑거름으로 성장하는 한국교회의 모습을 지켜보고 있다.[120]

* **윌리엄 맥켄지**(William J. McKenzie): 본 장 〈6. 캐나다 장로교회-맥켄지의 순교〉를 참조할 것.

* **다니엘 기포드**(Daniel L. Gifford, Mary E.) **부부**: 기포드는 북장로교회 파송으로 1888년 독신으로 내한해 선교하다가, 내한한 헤이든 양과 결혼했다. 그는 경기도 남부 지방에서 사역했는데, 1900년 4월 이질

---

119) D. L. Gifford, "Two Shining Marks," *Church at Home and Abroad* (October 1890), 354-46.
120) L.H.Underwood, *Fifteen Years Among the Top-knots or Life in Korea* (New York: American Tract Society, 1904), p. 99.

에 걸려 신음하다 4월 운명했다. 당시 부인 메리의 건강도 무척 좋지 않은 상태였다. 그녀는 남편의 부음을 듣고 충격을 받고 누웠는데, 끝내 건강을 회복하지 못하고 남편 사후 한 달 만인 5월 어린 딸 하나를 이역 땅에 남겨 두고 홀연히 남편 곁으로 갔다. 부부가 한 달 사이에 순교해 이 땅에 뼈를 묻는 안타까운 기록을 남겼다.

* 조지 렉(George Leck): 캐나다 노바스코샤에서 출생했다. 그는 오번신학교를 마칠 때 그의 친구에게 "외국 선교사가 되는 것은 미국 대통령이 되는 것보다 훨씬 더 영예스러운 일이다"라고 말할 정도로 선교에 대한 긍지를 가졌던 사람이다. 그는 1900년에 북장로교회 선교사로 내한해 평양에서 1년을 지낸 후 황해도 신천으로 갔다. 천연두에 걸려 신음하다 미국인이 경영하는 광산에서 1901년 12월 성탄절에 숨을 거두었다. 그는 젊은 아내와 어린아이 하나를 남겨 두고 우리 민족의 구원을 위해 귀한 삶을 바쳤다.

* 헨리 아펜젤러(Henry G. Appenzeller): 1885년 언더우드와 함께 입국해 최초 감리교 선교사로 사역을 시작했다. 배재학당을 시작해 한국 근대 교육의 터전을 마련했고, 정동감리교회를 세워 최초 감리교회 창립 기록을 세웠다. 성서 번역위원으로 초기부터 많은 애를 썼다. 그의 순교도 성서 번역과 직결돼 있다. 1902년 6월 목포에서 모이는 성서 번역자 회의에 참석하기 위해 인천에서 출항했다. 배가 군산 앞바다 어청도 근처에서 짙은 안개 속에서 같은 회사 배와 충돌해 조사 조한규와 함께 익사했다. 그가 목회하던 정동제일감리교회 청년들의 주도로 기념비를 세웠다.[121] 한글 성경이 우리 손

---

121) 『대한성서공회사』 I (대한성서공회, 1993), 266~267쪽.

에 오기까지 이런 값진 희생이 뒷받침됐다는 사실을 결코 잊어서는 안 된다.

* **월터 존슨**(Walter Johnson, Emily) **부부**: 존슨은 1873년 미주리에서 출생해 팍칼리지를 마친 후 오번신학교를 1901년 졸업했다. 그는 에밀리 하트만과 결혼한 후 부부가 한국 선교사로 임명됐다. 그런데 샌프란시스코를 떠나 일본으로 항해 중 에밀리가 중이염(中耳炎)을 앓기 시작했다. 선상에서 전혀 치료받지 못하고 일본 고베에 도착해 수술을 받았으나 회복하지 못하고 1903년 1월 운명했다. 그녀의 시신은 그곳 고베에 묻혔다. 사랑하는 아내를 임지에 닿기도 전에 잃은 슬픔을 안고 존슨은 단신으로 한국에 왔다. 가눌 수 없는 고통을 안고 서울에 도착한 그는 천연두에 걸려 쓰러졌다. 그는 아내가 간 지 불과 두 달 만인 1903년 3월, 사역을 시작하지도 못한 채 우리 땅에 육신을 묻는 애처로운 생을 마쳤다.

* **사무엘 무어**(Samuel Moore): 1860년 9월 일리노이 주 그랜 릿쥐에서 출생했다. 몬태나대학을 마친 후 시카고 맥코믹신학교에서 수학했다. 1892년 9월 내한해 14년간 선교 사역을 감당했다. 그는 주로 천민, 특히 백정 선교에 온 힘을 다했다. 1906년 12월 장티푸스와 결핵으로 부인과 네 아이들을 남겨둔 채 세상을 떠났다.

여기서 주로 북장로교회 선교사들의 순교에 대한 기술을 그치고, 남장로교회와 호주 장로교회 선교사 가운데 순교자들의 명단은 각주에 기록한다. 여기에 적은 이들 외에 더 많은 순교자들과 선교사 부인들이 있지만 더 이상 기술할 여백이 없다. 만일 미국에서 태어났으면 살 수 있던 어린 생명들이 의사, 약, 의료시설이 제대로 갖추어지지 않은 이역 땅에서 선교사의 자녀로 태어난 이유로 제대로 피어 보지 못하고 죽어갔음을 또한 기억해야 한다.[122]

---

122) * 벤시 베어드(Wm. M. Baird 딸, 2세) * 월터 빈턴(C. C. Vinton 아들, 1세)
   * 프레드 밀러(F. S. Miller 아들, 1세) * 찰스 리(G. Lee의 아들, 1세)
   * 드위 로스(Cyril Ross 아들, 10개월) * 아더 베어드(W. B. Baird의 아들, 1세)
   * 메리 웰즈(J. H. Wells 딸, 1세) * 캐드월라드 빈턴(C. C. Vinton 아들, 4세)
   * 프랜크 밀러(F. S. Miller 아들, 1세) * 토마스 웰본(A. G. Wellbon 아들, 10일)
   * 조셉 컨즈(C. E. Kerns 아들, 1세) * 버튼 클락(C. A. Clark 아들, 1세 반)
   * 고든 클락(C. A. Clark 아들, 6개월) * 메리 빈턴(C. C. Vinton의 딸, 6개월)
   * 로렌스 로스(Cyril Ross 아들, 11개월) * 헤롤드 로즈(H. A. Rhodes 아들, 생후 16일)
   - 남장로교회 선교사 순교자 명단 및 순교 연도는 다음과 같다.
   * 유진 벨 부인(Mrs. Eugine Bell, 처녀명 Lottie Witherspoon)
   * 유진 벨 부인(Mrs. Eugine Bell, 처녀명 Margaret Whitaker)
   * 폴 크레인 목사(Paul S. Crane) * 헤리슨 부인(W. B. Harrison, 처녀명 Linne Davis)
   * 윌리엄 전킨 목사(William M. Junkin)
   * 클레멘트 오웬 의사(Clement C. Owen, M. D.)
   * 로라 피츠 양(Miss Laura M. Pitts) * 넬리 랜킨 양(Miss Nellie B. Rankin)
   * 토머스 윌슨 목사(Thomas E. Wilson) - 호주 장로교회 순교자
   * 아담슨 부인(Mrs. A. Adamson) * 라이트 부인(Mrs. A. C. Wright, 처녀명 Niven)
   * 알렌 목사(Rev. A. W. Allen) * 맥피 양(Miss I. McPhee)
   * 내이피어 양(Miss G. Napier) * 테일러 의사(Dr. W. Taylor: 요코하마에 묻힘)
   - 자녀들 명단과 사망 시 나이
   * 데이비드 켈리(David Kelly)-1세 6개월 * 지미 맥켄지(Jimmy Mackenzie)-2세
   * 왓슨 쌍둥이 자매(Watson twin daughters)-1923년 출생 시
   * 캐드린 맥레(Kathlen Macrae)-2세 8개월

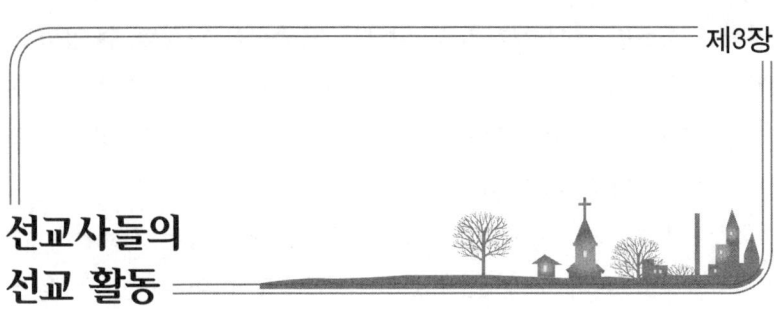

제3장
선교사들의 선교 활동

1. 의료선교

선교사들이 선교지에 가서 하는 일을 크게 셋으로 분류한다. 첫째는 '복음화'(福音化: Evangelization), 둘째는 '문명화'(文明化: Civilization), 셋째는 '근대화'(近代化: Modernization)다. 선교이론가 중엔 오직 복음화만 고집한 이도 있다.[123] 그러나 미개하고 후진된 종족에게는 복음선교와 더불어 문명화와 근대화의 사역이 뒤따르게 되어 있다. 한국에서 보는 것같이 복음화, 즉 복음선교가 허락되지 않은 상황에서는 문명화 내지는 근대화 사역인 의료와 교육선교가 적격일 수밖에 없다. 전술한 바와 같이 우정국 사건에서 알렌이 민

---

123) 이런 이론을 주장한 대표적 宣敎 理論家는 19세기 중엽 미국에서 활동한 앤더슨(Rufus Anderson, 1796~1880)이다. 이 이론은 1930년대 *Laymen's Inquiry*에서 의료, 교육 그 자체가 선교라고 하는 개념이 생겨나면서 정면으로 부정됐다.

영익을 치료한 것이 계기가 돼 알렌은 제중원을 개설할 수 있었고, 이곳에서 언더우드, 헤론, 그리고 감리교 의료선교사 겸 목사였던 스크랜턴이 일할 수 있었으니 한국 개신교 선교 역사는 의료 사역에서 비롯됐다고 볼 수 있다.

　의료선교는 어려움이 많았다. 누구에게나 개방된 진료소는 수많은 환자들로 가득 찼다. 간호원도, 기사도 없이 처음에는 알렌 혼자 환자를 치료할 수밖에 없었다. 그러다 언더우드가 와서 약국 일을 도왔고, 의사 헤론과 스크랜턴이 가담하면서 일손은 덜었지만, 모자라는 약품과 의료 장비, 그리고 재료는 어쩔 도리가 없었다. 날씨가 더워지면 전염병이 창궐했고, 본래 위생 관념이 부족한 한국 사람은 여름에도 물을 끓여 먹지 않아 전염병으로 온 가족, 온 동리가 몰사하는 일이 비일비재 했다. 그동안 제중원에서 일하던 스크랜턴이 그해(1885년) 9월, 제중원을 떠나 그의 숙소가 있던 정동에서 진료소를 시작했다. 이 진료소 역시 환자들을 다 감당하지 못해, 이듬해 6월 새 건물을 마련하고 '시병원'(施病院) 간판을 걸고 정식 병원으로 개원했다.[124]

　여자 환자 치료는 또 다른 어려움이었다. '남녀 7세 부동석'이란 유교 전통 윤리가 지배하던 당시 사회에서 외간 남자들이 모인 장소에 여자들이 같이 있는 것 자체가 어려운 일이었다. 뿐만 아니라 남자 의사가 여자 속살에 청진기를 대고 진찰하는 자체도 상상할 수 없는 일이었다. 따라서 여자 의사와 여자 진료소가 시급했다. 다행히 1886년 미국 북장로교회가 파송한 여자 간호사 엘러즈가 입국해 '신분의 고하를 막론하고 모든 중요한 부녀계 사업을 맡아

---

124) *The Annual Report, Methodist Episcopal Church, North,* for 1886, p. 268.

보았다.'[125] 여기서 눈에 띠는 대목은 '지위 고하를 막론하고'라는 말이다. 여기에 미국 북장로교회 선교 정책이 엿보인다. 선교는 지위에 좌우돼서는 안 되고, 신분의 고하가 전혀 문제가 될 수 없다는 정책이다. 즉 낮은 계층 사람들, 억압받는 사람들, 그중에서도 당시 사람 대접을 받지 못하고 살아가던 부녀자들을 위한 의료 및 전도 사업이 두드러져 보인다. 엘러즈는 오자마자 왕후의 시의가 됐고 고위층 부녀자들의 의사가 됐다. 뿐만 아니라 제중원에 부녀과를 설치하고 부녀과장으로 부녀자들을 치료했다.

여자들만을 위한 병원도 생겼는데, 1887년 10월 여의사 하워드가 내한해 시병원에서 일하다 이듬해 정동에 여자들만을 위한 '보구여관'(保救女館)을 세우고 여성 치료에 전념했다.[126] 서울에 진료소가 차차 늘어났는데, 동대문, 서대문 밖의 애오개, 모화관 등지에 개설됐고, 후에 성공회가 서울 남쪽 낙동에 설립한 낙동병원도 있었다. 점차 의료선교사들이 늘어남에 따라 지방에도 기독교 병원이 생기면서 전도사업의 전초기지로 그 역할이 막중했다.

2. 교육사업

1) 언더우드의 고아원

대체로 어느 선교지든지 선교 초기에는 의료 사역과 더불어 교

---

125) *The Annual Report of the Board of the Foreign Missions of the Presbyterian Church*, U.S.A., 1887, p. 155(다음부터 *The Annual Report, Presbyterian Church, North*로 약함).
126) *The Annual Report, Methodist Episcopal Church, North*, for 1888, pp. 340~341.

육사업이 대종을 이룬다. 선교 이론가 앤더슨(Rufus Anderson)의 이론에 따라 병원과 학교가 한때 선교 사역에서 배제된 때도 있었다. 그러나 이 두 사업은 선교 전초 작업으로, 혹은 선교 사역 그 자체로 막중한 사명을 감당했던 게 사실이다. 한국의 경우도 이 두 가지는 빼놓을 수 없는 중요한 사업이었다. 의료 사역은 환자들만을 상대로 하지만, 교육사업은 모든 아이들과 문맹 어른들까지도 포함하므로 의료사업보다 더 포괄적이며 직접 전도의 기회도 됐다.

선교사들이 교육사업을 시작하기 직전, 한국에는 이미 서구식 학교가 있었다. 그것은 '육영공원'(育英公院)으로, 고종의 명에 의해 1883년부터 헬리팩스가 교사로 있었다. 1885년 봄, 고종은 미국 교육행정관리 이튼 장군에게 유능한 선생 3인을 보내 줄 것을 요청했다. 이에 따라 뉴욕 유니온신학교 학생 길모어, 번커, 헐버트 세 사람이 교사로 내한해 가르치기 시작했다. 그러나 이들은 정부의 부패한 관리들이 심각한 부정을 자행하는 것을 보고, 환멸을 느껴 사직하고 본국으로 돌아갔다. 번커와 헐버트는 후에 감리교 선교사로 다시 내한해 사역했다.

한국에 개신교 선교가 시작됐을 때, 초등교육기관은 서당 정도였다. 서당은 한문을 가르치는 기초 학교로 양반 자제들이나 경제적으로 여유 있는 집 아이들이 아니면 갈 수 없고, 보통 가정 아이들은 엄두도 못 냈다. 맨 먼저 학교의 형태로 교육을 시작한 이는 언더우드다. 그는 한국에 오자마자 길가에 버려진 고아를 모아 수용했는데 이것이 고아원이 됐다.

그는 1886년 2월, 조정의 허가를 얻어 작은 집을 마련하고 고아들을 모아 돌보며, 가르치기 시작했다. 사람들은 아이들을 길러 잡아먹으려 한다, 노예로 팔려 한다는 등 헛소문을 퍼뜨리기도 했다. 그러나 언더우드는 이 고아원이 앞으로 대학과 신학교로 발전하기를 기대한다고 그의 친구에게 술회한 바 있다. 이것은 처음에 '언더우드학당', '예수교학당' 또는 '민노아학당' 등 여러 이름으로 불렸는데 마지막에는 오늘날 서울 경신중·고등학교 전신인 경신학교(1905)로 바뀌었다. 그러나 이 고아원은 선교부가 후에 '네비어스(Nevius) 정책'을 채택하면서 자립을 강조하게 되어 이 정책에 맞지 않아 일단 문을 닫았다. 그후 학생들이 스스로 일하며 벌어서 공부하는 실업학교로 변했다.

2) 이화학당(梨花學堂)

한국에 최초 근대식 여학교를 세운 이는 스크랜턴(Mary Scranton) 여사로, 이 학교가 이화학당이다. 스크랜턴은 1885년 6월, 내한해 서울 정동 감리교 선교본부가 있던 지역에 20여 채의 초가집과 빈터가 있는 땅을 구매해 '여자학당'과 '부녀원'을 짓기 시작했다.[127] 1886년 11월에 건물이 완성되자, 이곳에 최초 여학교를 시작했다. 이 학교 목적에 대해 길모어는 "그들로 하여금 자기들이 살 생활환경에서 가정부인으로 모본이 되게 하며, 또한 친척과 친구들에게 십자가의 도를 전파하는 사람들이 되게 하는 데 있었다"[128] 했다. 이 학교의 궁극적 목적은 십자가의 도를 전파하는 사람들을 만드는 것으로 기독교 학교의 목적을 분명히 했다. 스크랜턴도 이 학교의 목적에 대해 다음과 같은 중요한 지적을 했다.

---

127) Mary Scranton, "Woman's Work in Korea", *The Korean Repository* (January 1896), p. 4.
128) G. W. Gilmore, *Korea from its Capital* (Philadelphia: Presbyterian Board of Publication and Sabbath School Work, 1892), p. 300.

[여기서] 부녀자들을 우리 외국인의 생활양식과 의복제도와 생활 환경으로 만들려 하지 않는다. 이따금 본국[미국], 또는 현지에서 우리가 학생들의 생활 전부를 뒤바꾸어 놓는 줄로 생각하는 것은 오해다. 우리는 한[국]인이 보다 좋은 한인이 되는 것만을 기뻐한다. 우리는 그들이 한국적인 것을 자랑스러워하고, 나아가 그리스도와 그의 교훈을 통해 훌륭한 한국인이 되기를 원한다.[129]

여기서 '한국을 위한 한국인'을 만든다는 학교의 목적이 선명히 나타난다. 한국의 생활양식, 의복제도 등 한국 고유의 전통문화를 그대로 유지하려 노력했던 흔적이 보인다. 민왕후는 조선 왕조를 상징하는 꽃인 배꽃을 이 학교의 이름으로 지어 '이화학당'이라 명명했다. 우리 민족사에 지울 수 없는 많은 여성 지도자들을 배출한 오늘 이화여자 중·고등학교와 대학교가 여기서 출범했다.

3) 배재학당(培材學堂)

아펜젤러는 언더우드가 처음에 제중원에서 일한 것과 달리, 교육사업에 뜻을 두고 한국에서 당시 가장 시급하게 요구된다고 판단한 영어 교육에 관심을 기울였다. 이 일은 그가 할 수 있는 가장 손쉬운 일이기도 했다. 그는 미국 대리공사 폴크를 통해 조정에 영어학교 개설 청원서를 냈다. 조정이 청원을 곧 허락해 주어 1886년 6월, 6명으로 학교를 시작했는데, 10월에 20명이 수업을 들었다. 1887년, 고종은 이 학교 이름을 '좋은 일꾼을 많이 길러 내라'는 의

---

129) *The Gospel in All Lands* for 1888, p. 373.

미로 '배재학당'이라 지어 하사해 주었다.[130] 그해 새 교사가 건축돼 예배실과 교실 넷, 도서실, 교장실, 그리고 기술을 가르치는 기술부를 지하에 두었다. 이 학교도 무상으로 교육시키지 않고 수업료를 받았다. 1888년부터 학교에 자조부(自助部)를 두고 교사를 지키거나 청소를 하는 등 일을 해서 학자금을 벌어 수업을 받도록 유도했다. 이 학교가 오늘 배재중·고등학교가 된 것은 주지의 사실이다.

초기 선교 사역은 의료와 교육으로부터 시작됐다. 직접 전도할 수 없었던 시대에 이 방법만이 전도 사역의 전진기지를 확보하는 가장 좋은 방책인 것은 이미 여러 선교지에서 확인됐다. 그리고 한국에도 이런 사실이 잘 입증된 셈이다. 감리교회의 스크랜턴 선교사가 했던 "병원은 쟁기로 땅을 갈고, 교육은 씨를 뿌리기 위해 써레로 땅을 고르는 작업을 했다"[131]는 말은 한국 초기 선교에서 의료와 교육 사역의 역할에 대한 적절한 표현이다. 초기 선교사들은 그들이 뿌린 씨앗이 열매 맺어 추수할 날이 올 것이라는 믿음을 결코 잊어본 일이 없었다.

3. 전도 사역

1) 최초의 수세자 노도사

의료 사역이나 교육 사역은 어디까지나 전도 사역의 보조역이

---

130) 「培材史」(배재중·고등학교, 1955), 65쪽.
131) *Annual Report of the Mission Society, Methodist Episcopal Church, North*, for 1893, p. 255.

고, 선교사의 본래 목적은 두말할 것 없이 전도다. 따라서 전도가 선교사의 제1차 목표일 수밖에 없다. 그 시기는 아직 전도가 허락되지 않아 드러내 놓고 전도할 형편이 못 됐다. 그러나 하나님께서는 인간이 생각할 수 없는 때에 이미 섭리의 사역을 하시고 계심을 알 수 있다.

한국에서 선교사에 의해 최초로 세례를 받은 사람은 노도사(盧道士)라 불린 노춘경(盧春京)이다. 그는 서울 인근에 사는 사람으로 기독교를 배척하는 문서를 통해 기독교에 대한 지식을 얻었다. 기독교에 대해 자세히 알아보기 위해 그는 알렌의 어학선생을 찾아갔다. 그는 알렌의 서재에 있는 한문 마가복음과 누가복음을 몰래 들고 나와, 탐독하던 중 기독교 진리를 접했다. 좀 더 자세한 내용을 알기 위해 언더우드를 찾아가 성경을 공부하고, 성경전서와 교리서를 빌려다 읽고 외국인들의 예배에도 참석했다.[132]

마침내 그는 예수를 구주로 영접하기로 결심하고, 세례문답을 마친 후 1886년 7월 18일 주일 오후에 언더우드 집례로 세례를 받았다. 따라서 노춘경은 국내에서 최초 개신교 수세인이 됐다. 그의 수세는 국법을 어기는 일로 이 사실이 당국에 알려지면 그는 살아남을 수 없고, 그에게 세례를 베푼 언더우드도 어떤 처벌을 받을지 모르는 상황이었다. 그러나 노도사는 생명을 걸고 세례를 받았고, 언더우드도 어떤 고난이 닥쳐와도 감내한다는 결단으로 세례식을 감행했다.[133] 따라서 기독교 신앙은 죽음을 두려워하지 않은 생명을 건 결단임을 노춘경의 수세에서도 엿볼 수 있다.

이듬해 봄, 황해도 소래에서 서상륜이 동생 경조와 청년 둘을

---

132) 언더우드가 1886년 7월 29일 서울에서 보낸 편지, *The Foreign Missionary* XLV-5 (October 1886), pp. 223~224.
133) H. G. Underwood to F. F. Ellinwood, July 9, 1889.

데리고 상경해 언더우드에게 세례를 청했다. 언더우드는 역시 수세는 국법을 어기는 일이고 생명을 잃을 수도 있다는 경고를 했지만, 이들은 그런 각오는 이미 돼 있다며 세례를 간청했다. 언더우드는 하는 수 없이 선교사들이 모인 곳에 건장한 육영학원 교사 헐버트를 수문장으로 세우고, 엄숙하게 세례를 집례했다. 알렌은 이런 일로 조선 조정과 충돌할 것을 염려해 아직은 시행하지 않는 게 좋겠다고 충고했다. 그러나 언더우드는 "나는 이 사람들의 세례를 거부할 수 없다……나는 선교의 역사에서나, 사도들의 행적에서나, 또는 그리스도의 가르침 속에서도 이들에게 세례를 베풀지 않을 근거를 찾아볼 수 없다"[134]라며 단호한 태도를 보였다. 여기서 언더우드의 확신에 찬 선교의 사명을 엿볼 수 있다. 일단 국법을 따르자는 알렌의 태도도 귀하지만, 국법이 허락할 때까지 기다릴 수 없다며 위험을 무릅쓰고 세례를 강행한 언더우드의 모습에서 복음 전도에 대한 강렬한 의지를 확인할 수 있다. 이는 또한 죽음을 두려워하지 않고 선교했던 교회 역사 속 순교자들의 모습을 조명해 준다.

이때부터 시작된 개신교도의 수세 행렬은 서서히 그리고 꾸준히 이어진다. 언더우드가 1887년 가을 소래에 내려가 7명에게 세례를 베풀어, 그 교회는 이미 세례 받은 3명과 더불어 10명의 수세자가 생겼다. 또한 이때 서경조의 아들 병호가 유아세례를 받아 한국 최초 유아세례를 받은 아기가 됐다.

2) 최초의 교회 설립-정동교회(새문안교회)

---

134) H. G. Underwood to H. N. Allen, January 27, 1887; Copy to F. F. Ellinwood.

내한한 지 1년 만에 첫 세례를 베푼 언더우드는 다시 1년 후인 1887년 최초의 조직 교회를 세우는 뜻깊은 일을 수행했다. 언더우드는 1887년 9월 27일, 정동의 자기 집 사랑방에서 14명 교인과 더불어 장로 2명을 선출한 후, 첫 교회를 조직했다. 이 교회는 후에 새로 세운 문안으로 이전하여 '새문안교회'란 이름을 갖는다.[135] 이때 교인들은 선교사들이 전도해서 세례를 받은 사람들이 아니고, 언더우드가 입국하기 전 권서나 매서를 통해 복음서를 읽은 후 예수 믿고 세례 받은 사람들이다. 이때 성명 미상의 장로 둘을 선출해 최초의 조직 교회로 출발했고 그해 말, 교인이 25명으로 늘며 지속적으로 발전했다.

그런데 여기서 짚고 넘어가야 할 문제가 하나 있다. 최초 교회 설립 과정에서 장로 둘을 택하고 다음 주일 안수했으나 이 두 사람이 다 교회로부터 징계를 받았고, 한 사람은 출교됐다. 이 사실은 마펫이 북장로교회 본부에 보낸 편지를 통해 알려졌다. "제가 여기 왔을 때 두 장로의 징계가 방금 끝났는데, 한 사람은 출교(excommunication)되었습니다"[136]라 썼다. 언더우드가 지나치게 자신의 선교 업적만을 생각하고 아직 믿음이 성숙하지 못한 이들을 장로로 세워 좋지 않은 결과를 남겼다. 장로라는 직책은 믿음이 성숙한 이에게 주어지는 것이라는 교훈을 모든 선교사와 목회자에게 준 실례다.

---

135) 새문안으로 이사하기 전 정동에서 1년간 예배드리다 현재 위치, 세종로(지금은 도로)에 한국식 一자 모양의 목조 기와 예배당을 짓고 옮겨 예배드렸다. 『姜信明信仰著作集』 2 講解, 549쪽.
136) S. A. Moffett to F. F. Ellinwood, November 9, 1892.

4. 성서 번역

선교사들이 선교지에서 맨 먼저 착수하는 일 중에 하나는 성서 번역 사업이다. 내한한 선교사들은 이미 한글로 성경이 번역돼 있어, 쉽게 이 작업을 수행할 수 있었을 것이라 여겨진다. 그러나 실제로는 이전 한글 성서가 번역 상 오류와 용어 등 여러 문제점이 드러나 별 도움이 되지 못했다. 성서 번역 사업을 맨 먼저 실행한 사람은 언더우드다. 그는 [기존 번역본이] '중국어 단어로 가득 차 있고……형편없는 철자와 형편없는 인쇄'[137] 때문에 처음부터 다시 번역을 시작해야 했다고 말했다. 언더우드는 아펜젤러와 더불어 그들 어학선생의 도움을 받으며 마가복음부터 번역을 시작했다. 1887년에 1차 번역이 끝나자 인쇄를 위해 일본에 갔을 때, 주일(駐日) 미국성서공회 총무 햅번은 그에게 성경 전체 번역을 위한 위원회를 구성하라고 충고를 했다.

한국으로 돌아온 언더우드는 감리교 선교회에 성서번역위원회 구성을 제안했다. 그 결과 1887년에 성서번역위원회가 구성됐는데, 위원은 언더우드, 아펜젤러, 스크랜턴이고, 위원장에 언더우드가 선출됐다. 언더우드는 그가 세상을 떠나던 1916년까지 계속 위원장 직무를 수행해[138] 언더우드가 한글 성서 번역에 세운 공로는 그 어떤 사람보다 지대하다. 이 위원회는 1893년에 조직을 개편하고 위원도 추가해 성서번역상임위원회로 이름을 바꿨다.

번역위원들의 노력으로 1900년에 신약성경이 완역되어 출판됐다. 이 일을 기념하고 감사하는 예배를 서울 주재 모든 선교회와

---

137) H. G. Underwood, "Bible Translating," *The Korea Mission Field* (October 1911), p. 296. *The Call of Korea*, p. 121.
138) Lillias Underwood, *Underwood of Korea*, p. 48.

각 기관이 정동감리교회에 모여 드렸다.[139] 신약 번역이 끝나자, 곧바로 구약 번역에 착수했다. 구약은 분량이 신약보다 훨씬 많은데다 위원들이 여러 사역으로 번역에만 매달릴 수 없어, 진행이 매우 느렸다. 그러나 이들의 헌신적 노력으로 1910년 드디어 구약이 완역됐고, 그 이듬해 한국어로 된 신구약 성경이 출판되어 햇빛을 보았다. 이로써 한국인들이 참 진리인 하나님의 온전한 말씀을 손에 넣게 됐다. 이 성경은 1937년 개정됐는데, 이것이 '개역(改譯)성경'이고, 이전 것은 '구역(舊譯)성경'이다.

5. 문서 사업과 찬송가의 출판

기독교의 기본 서적은 성경이다. 그러나 그에 못지않게 예배나 기타 개인 신앙생활에 빼놓을 수 없는 것이 찬송가다. 따라서 성경이 출판되고 보급되면서 자연히 찬송가가 절실히 요청됐다. 이 일에 가장 먼저 착안하고 찬송가를 편찬한 사람은 감리교 선교사 존스와 로드와일러다. 그들은 1892년, 『찬미가』를 편집해 출판했다. 장·감선교회는 두 선교회가 공동으로 쓸 찬송가 제작을 결의하고, 감리교 존스와 장로교 언더우드에게 이 일을 맡겼다. 그런데 존스가 곧 안식년으로 귀국하자, 자연히 언더우드가 이 일을 혼자 맡게 됐다. 그는 어려운 중에 이 일에 전념해 1893년 『찬양가』를 출판했는데, 4성부(四聲部) 악보가 포함됐다.[140] 그러나 장로교 선교부는 찬양가가 언더우드 단독으로 만든 것이어서 공인 찬송가로 쓸

---

139) W. F. Bull, "Interesting Meeting in Korea", *The Missionary* (February 1901), p. 78.
140) 한영제, 『한국성서찬송가100년』 (기독교문사, 1987), 65쪽. 이 찬양가에 조선인 작사 찬송가 7곡이 들어 있다.

수 없다고 결의해, 한동안 비공인으로 쓰였다. 1895년에 장로교 선교사 리와 기포드 부인이 편찬한 『찬성시』가 출판됐다. 언더우드의 『찬양가』는 서울에서, 『찬성시』는 평안도 지방에서 쓰이다가 1902년 장로회 공의회는 『찬성시』를 장로교회 공인 찬송가로 결의하여 쓰기 시작했다.

감리교회는 1892년에 나온 『찬미가』를 1895년에 증보해 사용했다. 윤치호는 한국인 처음으로 『찬미가』를 편집·출판했는데 여기에 그가 작사한 오늘의 애국가 가사가 들어 있다. 당시 교회의 애국 충군 기상을 보여 주는 사례다. 여러 교파가 찬송가를 각각 편집, 출판해서 쓰는 중에 통합하자는 의견이 나왔다. 1905년 여러 선교회가 '재한 복음주의선교공의회'를 조직하고 이 일을 추진해, 1908년, 장·감이 연합해 『찬송가』를 발행했다. 이 찬송가는 1930년대에 장로교회가 『신편 찬송가』를, 감리교회가 『신정 찬송가』를 각각 제작해 사용할 때까지 두 교파가 공동으로 사용했다.

군소 교파들은 자기 교파에 맞는 찬송가를 만들어 사용했다. 성공회는 1903년 『성회송가』를, 그리고 1904년에 『천도찬사』를 편찬해 사용했다. 구세군은 1908년에 『구세군가』를, 성결교회 전신인 동양전도회는 1911년에 『복음가』를, 1913년에는 『부흥성가』를 편찬해 사용했다.

당시 상황에서 한국인 찬송가 출현은 시기상조였다. 문제는 그때부터 한 세기가 지난 오늘도 우리가 부르는 찬송가 대부분이 서양인 작사, 작곡을 그대로 번역해 부르고 있다는 사실이다. 우리의 정서에 맞는 찬송을 작사, 작곡해 사용할 때가 이미 지나지 않았을까?

성경과 찬송가 외에 각 선교회는 기관지와 신문, 잡지를 편집·

출판했다.[141] 문서 활동은 기독교 전도를 목적으로 한 것이지만, 한국문화 발전에 기여한 바가 적지 않다. 선교사들이 먼저 관심 가진 분야는 신문이었다. 장·감에서 신문이 각기 발행됐는데, 감리교회는 아펜젤러가「조선 그리스도인 회보」를 1897년 2월에 창간했고, 장로교회는 언더우드가「그리스도 신문」을 같은 해 4월 창간했다. 신문은 주간으로 발행됐는데, 전도가 주목적이지만 민중 계몽에도 초점을 맞추었다. 세계 여러 나라 소식과 선진국의 제도, 문물, 관습 등의 지식과 농민들을 위한 농사 개량법, 공업기술 보급 등의 실제적 도움을 줄 수 있는 기사와 정보를 게재해, 낙후된 한국 산업 발전에 도움을 주려고 노력했다. 언더우드가 발행한「그리스도 신문」은 궁정에도 배달돼 고종이 이 신문을 읽고 여러 관리도 읽는 것이 좋겠다고 하여, 약 500매를 조정에서 구매해 관리들에게 돌려보게 했다.[142] 장·감이 각각 발행했던 신문들은 선교회 연합공의회가 조직되면서 통합돼 1905년 7월부터 연합신문인「그리스도 신문」이 발행됐다. 천주교회도「경향신문」을, 구세군은「구세신문」을 발간했다.

잡지도 출간되기 시작했는데 맨 처음 나온 잡지는 1892년, 감리교 올링거가 발행한 *The Korean Repository*이라는 영문 잡지다. 이 잡지는 한국 역사, 지리 등 한국 관계 기사를 많이 실어 한국의 감추어진 보화를 찾는 데 공헌했다. 1901년에 역시 감리교 헐버트가 *The Korea Review*를 발행했고, 같은 해 장로교 빈튼 의사가 *The Korea Field*를 발간했다. 1904년에 남·북 감리교회가 연합으로 *The Korea Methodist*를 발행했고, 그 이듬해 장·감 연합운동 결

---

141) 한국교회 신문, 잡지는, 尹春炳,「韓國基督敎新聞, 雜誌 100年史」(大韓基督敎 出版社, 1984) 참조.
142) *The Annual Report, Presbyterian Church, North*, for 1898, p. 161.

과로 *The Korea Field*와 *The Korea Methodist*를 통합해 *The Korea Mission Field*가 발행됐다.[143] 이 잡지는 1941년 일제가 선교사들을 강제 추방할 때까지 계속 발간됐다. 이 잡지는 영어로 되어 있지만 초기 선교 현황과 선교사들의 선교 보고 등 선교 역사의 값진 자료들이 많이 수록되어 있어 초기 교회사를 연구하는 데 귀중한 자료를 제공 한다.

한글로 된 잡지는 1900년 감리교 존스가 인천에서 발행한 「신학월보」(*Theological Review*)가 처음이다. 이 잡지는 교계 소식과 신학을 소개하는 내용도 있어 교인들의 신앙 지도서로 활용됐다. 1904년에 장로교의 빈튼이 「예수교서회보」를 발행했고, 1906년에는 정동감리교회에서 「성경강론월보」가 발행됐다. 1908년, 성공회는 「종교성교회월보」를 간행했다.

한글로 된 최초 단행본은 로스 목사가 만주에서 1883년에 발행한 『예수성교문답』과 『예수성교요령』이다. 국내에서 처음 발행된 것은 1889년에 간행된 언더우드의 『속죄지도』와 아펜젤러의 『성교촬요』 등이 있다. 한국인들이 기독교 진리를 일깨우기 위해 발행한 단행본도 나오기 시작했다. 최초의 단행본은 홍정후의 『칠득』(七得)(1895)이다. 이어서 노병선의 『파혹진션론』(破惑進善論)(1897), 길선주의 『해타론』(懈惰論)(1904), 최병헌의 『예수턴쥬량교변론』(耶蘇天主兩敎辯論)(1909)이 출판됐다. 한국인 저작 출현이 미미했던 이유는 아직 기독교 복음이 폭넓게 전파되지 못했고, 책을 쓸 만한 인재가 많지 않았기 때문이다. 또한 한국인 신앙 고백의 글이 많이 나올 만큼 교회가 아직 성숙해 있지 못했기 때문이기도 했다.

---

143) "Editorial", *The Korea Mission Field* (January 1907), p. 9.

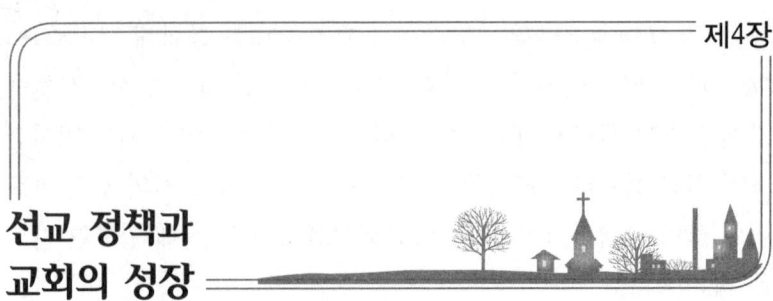

제4장
선교 정책과 교회의 성장

1. 네비어스(Nevius) 선교 정책 채택

내한한 선교사들은 대개 신학교를 갓 졸업한 신출내기 목사들이 대다수였다. 그들은 열정 하나만 갖고 현지에 왔지만, 선교 사역이 생각처럼 그렇게 녹록한 일이 아님을 곧 깨닫게 됐다. 언더우드는 경험 없는 젊은 선교사들이 생소한 선교지에서 어떻게 선교해야 하는지를 깊게 고민했다. 그는 본부에서 경험 많은 선교사로부터 선교 경험과 방법을 배울 수 있는 기회를 마련해 줄 것을 몇 차례 요구했다.

본부는 중국 산동성에서 오랫동안 사역하며 선교방법론에 대한 탁월한 논문을 계속 발표하던 네비어스(John Nevius)를 한국에 파견했다. 1890년 6월 네비어스는 안식년 귀국길에 내한했다. 그는 2주 동안 젊은 선교사들에게 선교 전략과 방법론을 강론했는데, 이것이 유명한 '네비어스 선교 정책'이다. 이 정책을 채택한 장로교회는 비약적 발전을 했고, 오늘 한국 장로교회를 있게 한 주요 요인으로 간주한다. 네비어스 선교 정책의 핵심은 다음 같다.[144]

1. 선교사 개인은 폭넓은 순회 선교를 통해 전도한다.
2. 성경이 모든 사역의 가장 중심이 돼야 한다.
3. 자립 전도: 신자 각인은 타인의 [복음의] 선생이 된다.
4. 자립 정치: 모든 그룹은 봉급 받지 않는 지도자들과 봉급 받는 조사(助事: helper)들 후에 각 지역과 전국적인 지도자로 만들기 위해 훈련한다.
5. 자립 보급: 모든 예배당은 신자들 스스로의 힘으로 건축돼야 하며 교회가 설립되면 조사들의 봉급을 책임진다. 목사들 봉급은 결코 선교사들 보조에 의존하면 안 된다.
6. 모든 신자는 그들 지도자, 조사에 의해 조직적 성경공부를 해야 한다. 그 지도자와 조사는 '성경반'에서 공부해야 한다.
7. 성경에 규정한 벌칙에 따라 엄중한 훈련과 치리를 해야 한다.
8. 다른 단체[교회, 선교회]들과 [긴밀한] 협조와 연합을 해야 한다. 적어도 지역을 분할하여 일한다.
9. 교인들의 법정 소송 문제에 일체 간여하지 않는다.
10. 가능한 한 자립을 돕기 위해 경제면에서 서로 협력해야 한다.[145]

---

144) 네비어스 선교 정책의 자세한 내용은 A. D. Clark, *The Korean Church and the Nevius Methods* (New York: Fleming H. Revell, 1937)와 Charles A. Clark, *The Nevius Plan of Mission Work's in Korea* (Christian Literature Society, Seoul Korea, 1937) 참조.
145) 위의 책, 42쪽.

이 정책을 간략히 3자정책(三自政策: Three-Self Principles)이라 한다. 즉 자치(自治: Self-Government), 자립(自立: Self-Support), 자전(自傳: Self-Propagation)이다. 이 3자 원칙은 본래 영국 런던 '교회선교협회' 총무 벤(Henry Venn)의 3자정책 선교이론이다. 3자는 외부의 간섭을 받지 않고 스스로 교회를 운영한다, 원조 받지 않고 자기 교회를 운영한다, 그리고 스스로 전도한다는 것으로 압축된다.[146]

이 선교 정책이 성과를 내려면 선교회 간 협력이 필수적이다. 다시 말해 한 선교부만으로는 효력을 내기 어렵고, 선교회 간 협력이 반드시 수반돼야 한다. 네비어스가 한국에 오기 1년 전 선교회 간에 협력을 위한 기구가 발족돼 있었다. 1889년 미국 북장로교회 선교부와 호주 빅토리아 선교부 간에 '장로교선교연합공의회'가 조직됐다. 그러나 이 공의회는 전술한 바와 같이 호주 선교회 데이비스 목사가 갑자기 타계함으로 끝이 나고 말았다.

그 후 1892년 미국 남장로교회가 진출하자 남·북 장로교회는 1893년 1월 다시 이 연합공의회를 발족시켰고, 후에 호주 장로회와 캐나다 장로회가 가입했다. 이 공의회 목적은 "한국에 개혁교회의 신앙과 장로교회 정치 형태를 갖는 하나의 교회를 조직하는 것"[147]이다. 처음 이 기구는 단순한 협의체에 불과했으나 1901년부터 한국교회 대표들이 참가하면서 1907년 노회가 조직될 때까지 실질적으로 장로교회 치리를 담당한 유일한 기구가 됐다. 이 공의회가 수행한 중요한 업적은 선교지 분할이다. 또한 네비어스 선교 정책을 주축으로 한국 실정에 맞는 선교 세칙을 만든 일이다.

선교지 분할 정책을 '예양협정'(禮讓協定: Comity Arrangement)이라

---

146) 이 3자 원칙은 ABCFM(American Board of Commissioners Foreign Missions)의 총무 Rufus Anderson에 의해서도 주창됐다.
147) H. A. Rhodes, ed., *History of the Korea Mission*, p. 385.

하는데, 처음에 재한(在韓) 여러 장로회 선교회 간에 이루어졌다. 장로교회 각파 선교부가 동일 지역에서 중복 사업은 바람직하지 않다고 판단해 한국을 몇 구역으로 나눠 선교하자는 안이 채택됐다. 이 안에 따라 북장로교회는 평안도, 황해도, 경기도, 경상북도 지역을 남장로교회는 전라도와 충청도 지역을 그리고 캐나다 장로교회는 함경도 지역 사역을 합의했다.

이 선교지 분할 정책은 교파 장벽을 넘어 북장로회와 북감리회 선교회 사이에도 이루어졌다. 북장로교회와 북감리교회 선교가 점차 활기를 띠면서 활동 범위가 북쪽으로 확장됐다. 따라서 두 선교회가 한 지역에서 동시에 선교하는 일이 빈번해졌다. 언더우드는 1888년에 선교 사역 중복을 피하기 위해 선교지 분할 안을 북감리교 선교부에 내놓았다. 그의 제안을 두 선교회는 협의를 한 끝에 1892년 6월 최종 합의했다. 두 교회가 합의한 내용은 다음 같다.

상호 인정과 협동 규칙
1. 소도시나 그 주변 지역을 공동 점유하는 것은 우리의 힘을 사용하는 가장 이로운 방법이 아니다. 그렇지만 5천 명 이하 인구가 사는 개항장과 도시는 양 선교부가 공동으로 선교한다. 특별히 그 도시들이 타 지역 선교를 위해 필요한 기지가 될 경우에는 공동 점유하는 것을 원칙으로 할 것을 권고하기로 한다.
2. 인구 5천 명 이하 도시에 그 지역을 책임지고 있는 선교부가 지부를 설립했을 경우(지부는 주일에 원입교인이나 교인이 정기적으로 모이는 장소, 혹은 1년에 네 번 이상, 적어도 외국인 선교사가 두 번은 방문하는 장소로 한다.) 점유된 것으로 본다. 우리는 그곳에 다른 선교부가 일을 시작하는 것은 적당하지 않다고 생각한다. 그러나 6개월 동안 사업을 계속하지 않았을 경우

에는 공동 선교 지역으로 간주한다.
3. 새 사업을 시작하거나 확장하고자 하는 선교회에 대해 미점유 지역을 강력히 권고하여 신속하게 전국을 포함하도록 한다.
4. 우리는 모든 교인이 한 교파에서 다른 교파로 옮겨갈 수 있는 고유한 권리를 인정하지만, 한 교회 정교인으로 혹은 원입교인으로 명부에 그 이름이 올라 있는 사람은 그 소속 교회 이명증서가 없으면 다른 교회로 이적할 수 없다.
5. 우리는 여러 교회의 권징 결정을 서로 존중한다.
6. 조사, 학교 출석중인 학생, 그리고 모든 사업 분야 보조자는 상호 교부에 의해 자격이 [자동적으로] 주어져서는 안 된다.
7. 원칙적으로 책[성경과 기독교 서적]은 팔아야 하고, 무료로 줘서는 안 되며, 협정 가격을 유지해야 한다.[148]

이 합의서는 1893년 장·감 양 교회 공동위원회가 개정한 것이다. 첫 번째 위원회가 1892년 5월에 모여 첫 3개 항을 결정했고, 두 번째는 5월에 나머지 5개 항을 합의했다.

북장로교회와 북감리교회 사이의 이러한 협의에 대해 감리교회의 스크랜턴이 어떤 특수한 상황이 발생했을 때만 적용하고 전반적인 정책 적용은 반대한다는 의사를 표했다. 또한 이 의견은 감리교회 감독 포스터 등 여럿이 참석한 가운데 협의한 결과 예양협정에 대해 감리교는 반대하기로 결정해 결국 무산됐다.[149] 재한 장로교 선교사들은 네비어스가 일러 준 정책을 한국 상황에 맞게 다시

---

148) *Annual Report of the Missionary Society Methodist Episcopal Church, North*, for 1892. 참조.
149) *Minutes of the Korea Mission, Methodist Episcopal Church, North*, for 1893, pp. 4, 16, 40~42.

세분하여 정리했다. 이것은 향후 한국교회 부흥과 직결되는 정책이다. 1893년 1월 재한 장로회선교회 공의회는 다음 같은 정책을 채택했다.

1. 전도 목표를 상류 계급보다 근로 계급을 상대로 하는 것이 좋다.
2. 부녀자에게 전도하고 크리스천 소녀를 교육하는 데 특별히 힘을 쓴다. 가정주부, 곧 여성이 후대 교육에 중요한 영향을 끼치기 때문이다.[150]
3. 군 소재지에 초등학교를 설치하면 기독교 교육에 성과가 많을 터이니 기독교 학교에 재학하는 남학생들을 교사로 양성하여 각 지방에 파송한다.
4. 교육받은 교역자를 배출하는 희망도 우리 교육기관에서 비롯되어야 하므로, 이 점을 항상 유념해야 한다.
5. 사람의 힘이 다할 때, 하나님의 말씀이 사람을 회개시키는 것이므로, 모든 힘을 다해 조속한 시일 내에 정확한 말로 성경을 번역하여 세상에 내어놓는 것이 가장 중요하다.
6. 모든 종교 서적은 한자를 조금도 쓰지 말고 순 한국말만 쓰도록 한다.
7. 진취적인 교회는 자급하는 교회가 돼야 한다. 선교사 도움을 받는 사람의 수는 될 수 있는 대로 줄이고, 자립하는 교회와 헌금하는 교인 수를 증가시켜야 한다.
8. 한국 대중은 동족에 의해 전도돼야 한다. 따라서 전도를 우리 자신이 나서서 하는 것보다 적은 수의 전도자를 철저히 훈련시

---

150) 이 정책은 큰 효과를 나타내 초기에 남자가 더 많던 한국교회가 1920년대 후반(1927년)에 이르러 교인 성비(性比)가 여자가 전체 교인 숫자의 60%가 되는 결과를 가져왔다. G. T. Brown, *Mission to Korea*, p. 118.

키는 것이 더 낫다.
9. 의료선교사의 사업이 좋은 성과를 얻으려면 환자를 개별적으로 병실이나 환자 집에 오래 두고 시료하면서 전도해야 한다. 의사 자신이 본보기가 되어, 환자가 마음속 깊은 감격을 느낄 수 있는 기회를 갖게 해야 한다. 외래환자 진료소의 사업은 비교적 부진하다.
10. 지방에서 와서 장기간 입원했다 퇴원한 환자들을 그들 주소로 심방하여 그들을 계속 돌보아야 한다. 그들이 병원에서 받은 친절한 대우는 전도사가 접촉할 수 있는 기틀이 되기 때문이다.[151]

이상의 선교 정책은 중요하고 핵심적인 장로교회 선교 정책을 적시했다. 노동계급과 부녀자 상대 전도는 한국 상황을 확실하게 꿰뚫고 있다. 특히 "조선 국문은 세계 엇던 나라 글자보담도 제일 배호기 쉬운 글인 고로"[152]라 한 점을 고려할 때 순 한글 서적, 성경 보급 등은 빠른 교회 성장의 기틀이 됐다. 뿐만 아니라 대중 중심 네비어스 선교 정책은 사회를 근대 시민사회로 전환케 하는 전기가 됐다. 그것은 절대 왕정사회에서 근대 시민사회 즉 민주주의 체제로 바꾸는 데 큰 공헌을 했다.

그러나 네비어스 정책에 대한 비판 또한 만만치 않다. 예를 들면, 자치와 자급을 지나치게 강조한 나머지 오직 자기 교회만을 생각하는 등 지나치게 개교회주의로 흐른 것은 네비어스 정책의 결점이란 지적을 줄곧 받아왔다. 따라서 오늘 한국교회 안에 개교회주의가 팽배되고 연합 사업이 잘 되지 않는 근원을 여기서 찾으려

---

151) C. C. Vinton, "Presbyterian Mission Work in Korea", *The Missionary Review of the World* XI-9 (September 1893), p. 671.
152) 로해리, 『조선긔독교회략사』, 53쪽.

는 경향이 있다. 이런 지적에 대해 다소 수긍이 가는 점도 없지 않다. 그러나 근본적인 원인은 네비어스 선교 정책 때문이 아니고 이 정책을 잘못 시행한 결과다. 왜냐하면 네비어스는 이런 결과를 내다보고 협력과 연합을 누누이 강조했기 때문이다.

2. 교역자 교육 문제

선교사들이 당면했던 가장 어려운 문제는 언어 장벽이다. 또한 처음 보는 서구인들에 대한 호기심은 전도에 도움도 됐지만, 단순 구경꾼에게 효율적으로 전도하는 일은 용이한 일이 아니었다. 따라서 이런 한계를 극복하는 길은 한국인을 훈련시켜 전도하게 하는 길 밖에 없었다. 빠르게 늘어나는 교인을 위한 토착 교역자 교육과 수급 문제는 선교부의 당면 과제가 됐다.

네비어스 선교 정책에 따라 본토인 전도자 역할이 강조되면서 교역자 양성 문제가 수면 위로 떠올랐다. 그런데 교역자 훈련 방법이 문제였다. 이 문제에 구체적 안을 제출한 사람은 남장로교회 레이놀즈다. 그는 1896년 교역자 양성에 유의해야 할 점 몇 가지를 제시했다.

> **소극적인 면**
>
> 1. 어떤 특정인을 교역자로 양성할 의사를 갖고 있더라도, 당사자에게는 오랫동안 그 사실을 알리지 말 것.
> 2. 외국 재정을 가지고 그를 전도사로 채용하지 않도록 최선을 다할 것.
> 3. 선교 사업 초창기에는 그를 교육시키기 위해 미국에 보내지 말 것.

> 적극적인 면

1. 그로 하여금 높은 경지의 영적 체험을 갖는 사람이 되게 할 것. 무엇보다도 성령의 사람이 되기를 추구하게 할 것.
2. 그로 하여금 하나님 말씀과 기독교 기본 진리를 철저히 통달하게 할 것.
3. 청년 목사 지원자는 예수 그리스도 정병으로 곤란을 참을 수 있도록 훈련시킬 것.
4. 한국 기독교의 교양과 현대문명이 향상됨에 따라 한국인 목회자의 교육 정도를 높일 것. 그의 교육은 일반에게 존경을 받고 권위가 설 수 있도록 한국인 평균 교육 수준보다 약간 높게 하고 너무 지나쳐 일반이 시기심이나 이탈감을 갖지 않도록 할 것.[153]

레이놀즈는 이 목표 설정에 대한 글의 결론에서 "한국교회는 한국인 교역자로서가 우리의 목표가 되어야 한다. 결코 무골충으로 외국화되고 돈에 팔린 교역자가 되어 뼈대 없는 교인이 모인 부동집단을 치리하게 해서는 안 된다. 자아 희생심과 자신력과 자존심을 가진 교역자가 되어 자력 유지, 자주 치리, 자진 전도하는 교회가 되도록 치리하게 하여야 한다"[154]고 했다.

그러나 레이놀즈가 이 글을 쓴 때는 1896년이다. 당시 한국에는 신학교육기관이 전혀 없었고, 신자들의 지적 수준 역시 거론할 여지조차 없는 상태였다. 신학 교육을 제대로 시킬 교수, 교재 및 여건이 전혀 갖추어져 있지 않은 때였다. 또한 이 표준은 영구 불변의 표준이 아니고, 그가 선교하던 당시의 것이라는 점을 간과해서는 안

---

153) W. D. Reynolds, "The Native Ministry", *The Korean Repository* (1896), p. 199.
154) 위의 책, 202쪽.

된다. 신학 교육의 질과 양은 시대 변화에 따라 바뀐다는 사실을 직시할 필요가 있다. 장로교회의 본격적인 신학 교육은 이 표준이 나온 수년 후인 1903년부터였고 첫 졸업생이 나온 것은 그로부터 10년이 지난 1907년에 이르러서였다는 점도 염두에 두어야 한다. 초창기 신학 교육은 목사 이전에 전도자를 양성하는 정도에 그쳤다. 아직 신학 교육을 할 여건들이 충족되어 있지 못한 상태였다. 때문에 어쩔 수 없이 성경과 기본 교리 교육 정도로 전도자들을 훈련시키는 제한적 조치밖에 다른 길이 없었음을 인정해야 한다.

네비어스 선교 정책에 대한 평가에서 교역자 교육을 지나치게 낮게 설정했다든지 선교사 통제 하에 두려고 했다는 점이 지적되고 있는 것은 사실이다. 이는 일부 오해의 소지도 있고, 선교사들을 매도하고자 하는 의도도 없지 않은 것 같다. 그러나 인간이 고안한 어떤 제도나 원칙도 완벽한 것은 없다. 더욱이 처음 시도되는 제도는 반드시 시행착오가 있게 마련이다.

3. 초기 한국교회 급성장의 원인

한국 초기 교회 성장에 대해 선교사를 파송한 교회들은 "근대 선교의 또 다른 기적"[155]이라 말했다. 한국교회는 선교 30년이 채 되지 않아 총회가 창립되고 해외 선교사를 파송할 정도의 경이적인 선교 결과를 냈다. 따라서 우리는 초기 한국 선교가 크고도 많은 수확을 올릴 수 있었던 원인에 대해 분석해 볼 필요가 있다. 여러

---

155) 세계적 선교잡지 *The Missionary Review of the World*, vol. II (April 1889), p. 312 에 한국교회 성장에 대해 "한국은 오늘 현대 선교의 또 다른 기적 "Korea is today another miracle in modern missions"이라 기록했다.

사람이 다양하게 이 원인을 분석했는데, 그것을 종합하면 다음과 같은 분석이 나온다.

첫째, 기독교가 처음 선교될 무렵, 한국에는 국교가 없었다. 한국에는 "미신 외에는 종교가 없다"라는 외국인들과 선교사들의 기록을 쉽게 찾아볼 수 있다.[156] 그러나 실제 종교가 없었던 것이 아니고 분명히 무교, 불교, 유교 등 다양한 종교가 있었지만, 어느 하나도 민족 종교로 또는 국교로 정착되지 못했다.

강력한 민족 종교가 없었으므로 타 종교가 들어와도 이에 대해 특히 저항하는 세력이 없었다. 가톨릭이 처음 한국에 도래됐을 때 크게 박해를 받은 것은, 종교 자체보다도 권력 다툼의 틈바구니에서 희생양이 된 측면이 강했던 것을 가톨릭 편에서 살펴보았다.

둘째, 기독교 전래 시 국내외적으로 무척 어려운 상황이었다. 정치적으로 조선 왕조 500년 역사는 쇠락의 길로 내닫고 있었다. 또한 한발과 기근 등 자연재해가 연속되면서 흉년으로 무수한 사람들이 굶어 죽어 갔다. 고달픈 삶에 지친 하층민이 유민과 낭인이 되어 각지로 떠돌며 도둑질과 약탈까지 서슴지 않은 상황이었다. 국외적으로는 여러 제국주의 국가가 새로운 식민지 쟁탈을 위한 각축전을 벌이며 한국이란 약소국에 군침을 흘리며 호시탐탐 침략의 구실을 찾던 때였다. 이렇게 어려운 때에 한국은 새로운 힘에 의존해야 하는 상황에 처해 있었다.

셋째, 국왕이 공개적으로 기독교에 대해 호의를 보인 점이다.[157]

---

156) 예를 들면 아펜젤러도 1885년 8월에 보낸 편지에 "이 도성(서울) 안에 사는 수천의 백성들은 실제로 종교가 없는 것이나 다름이 없다"라고 기록했다. 조상 숭배가 법으로 규정되어 있어서 강제로 시행되지만, 어떤 종류의 사원도 없고, 불교, 천주교 사제들은 밤에 도둑처럼 다닌다고 했다. 이만열 편, 『아펜젤러』(연세대학교출판부, 1985), 273쪽.
157) 이 점은 Arthur J. Brown, *One Hundred Years*, pp. 420~423에 잘 지적돼 있다.

로마 천주교회 전래 시 무군무부 종교라는 오인으로 조정으로부터 혹독한 박해를 받았던 사실은 가톨릭 편에서 상술했다. 이에 반해, 이미 언급한 바와 같이 알렌이 갑신정변 때 민영익을 치료해 준 것이 계기가 돼 고종 황제 어의로 임명됐다. 그 후 을미사변 때 선교사들이 황제를 보호하기 위해 불침번을 서고, 음식을 조달한 과정은 국왕이 공개적으로 기독교에 호의를 보인 결정적 계기가 됐다. 국왕의 호의는 왕정 국가에서 천군만마를 얻은 것 이상의 절대적인 의미가 있다.

넷째, 다른 아시아 제국과 같이 서구의 식민지 경험이 없어 서구와 서구 종교에 대한 반감이 없었다. 중국의 경우 서구 기독교 제국주의 국가들의 폭력에 의한 식민지 강탈과 아편전쟁 같은 야만적 행위는 중국인의 서양에 대한 적대감을 고조시켰다. 뿐만 아니라, 서양 종교인 기독교에 대해 적대감을 갖는 것은 자연스런 일이다. 따라서 중국인으로서 기독교 신자가 되는 것은 민족과 국가에 대한 반역으로 여겼다. 이는 선교에 있어서는 결정적 저해 요인이었다.

다섯째, 한국인의 전도열이다. 세계 4대 종교, 즉 기독교, 불교, 이슬람, 힌두교 가운데 전도를 강력하게 하는 종교는 기독교와 이슬람이다. 이 두 종교는 목숨을 걸고 전도한다. 이런 전도열은 한국인들 가운데 두드러지게 나타났다. 한국인은 기독교 신앙을 받아들인 후 자기 혼자만 신앙을 갖는 게 아니고, 열심히 전도해 많은 사람이 신앙을 갖도록 권했다. 초기 교회 세례 조건 중 '1인 이상 전도' 항목을 둔 것도 전도에 박차를 가하려는 목적이었다.

당시 선교 잡지 *The Missionary Review of the World*도 한국에서 교회 회원이 되기 위해서는 다른 사람에게 전도하기를 시작한 사람이어야 한다고 기록했다.[158] 전도는 네비어스 정책의 자전운동과 맞물려 더욱 가속됐다. 한국인의 전도열이 아니었다면 한국교회의 괄목할 만한 성장은 결코 이룰 수 없었다.

여섯째, 한국교회는 초기부터 자국어 성경을 확보했다. 배우기 쉽고 읽기 쉬운 한글 성경을 일찍이 보유했다. 백락준 박사는 한국 개신교가 일찍이 성경 번역에 애쓴 일을 한국 천주교회와 대비해 말한 바 있다. 한국 천주교회는 "1784년 이승훈이 교회를 창설한 이래 1866년까지 82년이란 세월이 흘렀지만 그동안 쪽복음서 한 권이나 성경의 어느 한 부분도 번역하려 하지 않았다"[159]고 지적한 바 있다. 아펜젤러 보고서를 보면 감리교회 한 교인이 신약전서가 번역된 것을 보고 기뻐 어쩔 줄 몰라 하면서 하루 일당보다 더 많은 돈을 주고 성경을 샀다고 기록했다.[160] 쉬운 한글 성경 보급이 성장의 밑거름이 됐다.

일곱째, 한국교회가 초기부터 신앙과 생활을 양분시키지 않고, 기독교 신앙을 받아들이면 즉시 생활 변혁을 가져오게 하는 정책을 수립한 점이다. 내적 신앙과 외적 생활을 일치시키는 신앙 형태를 강조했다. 삶의 변화는 가정, 사회, 민족, 국가의 변화를 가져와 수난기 한국교회는 민족과 더불어 고난의 과정을 경과했고, 개화와 항일 대열에 앞장설 수 있었다. 신앙과 생활의 일치야말로 전도의 큰 몫을 담당한 요인 중 하나다.

여덟째, 교인들의 기도운동이다. 재래 종교 중 가장 강력한 힘을 가진 종교는 무교(巫敎)다. 무교의 기본은 기도와 정성이다. 이런

---

158) "Signs of the Times-The Korean Horizon", *The Missionary Review of the World* XXI-2 (February 1908). 1.
159) 白樂濬, 『韓國改新敎會史』(延世大學校 出版部, 1973), 39쪽.
160) H. G. Appenzeller, "The New Testament in Korea", *The Gospel in All Lands* (July 1900).

문화적 배경을 가진 한국인이 기독교에 귀의한 후에도 기도 관행은 계속된다. 오히려 평소 습관 들인 기도 습성이 이제 진정한 신인 하나님께 기도하는 것으로 변모됐다. 지금까지 기도 대상인 피조물이나 잡신이 아니고, 살아 계시고 인격적이며 기도에 구체적으로 응답하시는 하나님께 기도하기 시작했다. 한국교회는 세계 어느 교회에도 없는 새벽기도, 통성기도, 철야기도를 하는 교회다.

아홉째, 한국교회는 사회 개혁과 애국애족의 교회로 정착했다. 초기부터 한국교회는 봉건적·유교적 전통에 매여 있는 사회를 기초부터 개혁하는 일에 앞장섰다. 여성 인권 신장, 축첩 반대, 차별적 신분제도 철폐, 민권 존중, 노동 가치 고양, 미신 타파 등의 사회개혁은 많은 사람에게 기독교에 대한 관심을 불러일으켰다. 일제 강점기에 저들의 혹독한 억압 속에서 교회는 그 어느 집단보다 더욱 애국, 애족의 모습을 보였다. 이에 따라 일반인들이 기독교가 비록 외래 종교지만 우리 민족이 믿어 좋은 종교로 인식한 것은 자연스런 현상이었다.

마지막 열 번째, 권징과 치리에 철저했다. 초기 선교사들은 한국 교인으로 하여금 청교도적 훈련을 시켜 교회법 위반을 엄격히 처리했다. 특히 초기 교회에 문제가 된 두 가지는 조상 제사와 복혼(複婚:첩 제도)문제였다. 가톨릭교회와 같이 개신교회에서도 조상 제사는 금기 사항이었다. 제사를 하는 사람은 교인으로 받지 않았다.

1912년 장로회 총회가 창립될 때 북평안노회 보고를 보면 "당회들이 교회 다스리는 것슨 셩경과 쟝로회 졍치를 의지ᄒ며 책벌ᄒ거슨 혼인 규측을 위반ᄒ며 음란ᄒ며 잡기ᄒ며 모든 불법ᄒ 일에 책벌ᄒ 쟈가 3ᄇᆡᆨ 3인, 히벌ᄒ 이가 1ᄇᆡᆨ 50인 츌교ᄒ 쟈 47인이오며······161)"라 기록돼 있다. 한 노회에 책벌이 300명이 넘고 출교한 자가 50명에 가까운 것은, 초기 교회가 얼마나 교인 훈련에 엄격했는지를 단적으로 보여 주는 좋은 예다. 교인들의 엄격한 훈련이 교회 성장에 크게 기여했다는 사실은 역사적 기록을 통해 쉽게 찾아볼 수 있다. 권징이나 책벌이 없는 현대 교회에 시사하는 바가 크다.

교회 성장은 인간의 노력과 전략으로만 되지 않는다. 오로지 하나님의 섭리와 성령의 감동으로 이루어지는 것이기에 교회가 성장했다면 그것은 전적으로 성령께서 하신 일이다. 한국 선교 50주년에 마펫 선교사가 한국 선교의 위대한 성과에 대해 "지난 50년 동안 우리는 이 백성을 하나님의 말씀에로 이끌어 올렸습니다. 그리고 성령께서 나머지를 행하셨습니다"162)라고 한 말은 한국교회 성장을 가장 적확하게 표현한 말이다. 성령은 인간을 통해 일하시는 분이요, 인간은 그의 손에 붙잡혀 쓰이는 도구일 뿐이다. 우리는 이것을 확신한다.

---

161) 「대한예수교장로회 총회 제1회(1912년)회록」, 50쪽.
162) S. A. Moffett, in H. A. Rhodes, ed., *Fiftieth Anniversary Celebration of the Korea Mission of the Presbyterian Church, U.S.A.* (Seoul: YMCA Press, 1934), pp. 36 이하 참조.

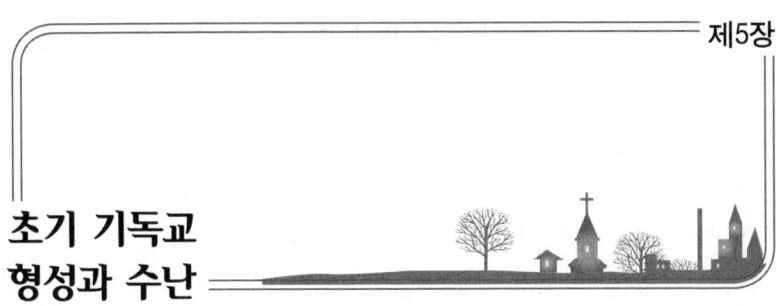

제5장

초기 기독교 형성과 수난

1. 기독교 신앙을 수용하는 형태

1) 서민 입교

일반적으로 한국 개신교 선교를 경이적이라고 말들 한다. 천주교가 처음 도래했을 때, 학자들 중심으로 학구적 호기심과 서구 문물에 대한 탐구심에서 수용된 후 차차 민중 계층으로 내려가는 모습은 이미 살펴본 바다. 그러나 개신교 선교 형태는 그 반대 모습으로 나타났다. 다시 말해, 천주교회가 '위에서 아래로'의 전도 형식을 취했다면, 개신교는 '아래에서 위로'를 택했다.

언더우드는 선교 초기부터 낮은 계층 사람 중심으로 전도했다. 관리나 양반 계급은 여러 제약 때문에 신앙을 받아들이기 어렵다고 판단했기 때문이었다. 특히 관리들은 국가적 제전에 나가 사당에 절하고 조상 제사를 드릴 수밖에 없었기 때문이다. 또한 당시 사회 관습상 소실이나 첩을 두세 명씩 데리고 살고 있던 게 현실이었다. 그러나 교회는 이것을 용인하지 않았기 때문에 양반 계층 전도는 용이한 일이 아니었다. 그러나 일반 대중은 가난과 고통의 삶이어서 그들의 삶에 적은 도움이 되기만 하면 새로운 신앙 접수가 어렵지 않았다. 따라서 선교사들이 양반층보다 비교적 전도가 쉬운 일반 서민에게 초점을 맞춘 것은 당연한 일이었다.

이런 언더우드 선교 전략에 대해 육영공원 교사 길모어는 1886년 뉴욕 본부에 보낸 편지에서 "내가 보기에 헤론이나 언더우드는 이곳의 특수 상황을 완전히 잘못 이해하고 있는 것 같다. 한국인 선교는 반드시 위로부터 아래로의 전략을 쓰지 않으면 안 될 것이다"[163)]라고 썼다. 그러나 농민, 노동자 등 하층민에 대한 전도가 주효했던 것은 후일 역사에서 입증되고 있다. 또한 학교와 병원은 가난한 사람들에게 훨씬 더 필요한 기관이었고, 교회는 차별 없이 모든 사람들을 돌보고 가르침으로 대중의 인기를 끌기에 충분했다.

물론 이에 대한 비판 역시 없지 않다. 한국인들이 기독교 신앙을 쉽게 수용한 것은 확실한 기독교 진리를 깨달아서가 아니라 현실 이익에 급급했기 때문이라는 시각이다. 즉 서양 선교사와 친해져 물질적 이득을 얻으려는 직접 동기와, 국난이나 역질, 흉년 등 재난이 닥쳤을 때 교회로 몰려오는 군중이 많았던 것이 사실이다. 또한 탐관오리의 등쌀에 못 이겨 외국인 보호를 받으려는 동기가 없었다고 부인할 수 없다. 이런 증거로는 1895년 청·일전쟁 전후와 1905년 을사조약과 1907년 정미조약, 1910년 한일합방 등의 어려운 시절에 교인 수가 급증한 점들을 들 수 있다.

---

163) G. W. Gilmore to F. F. Ellinwood, December, 24, 1886.

2) 지식층의 입교

그렇다고 기독교 신앙이 서민이나 낮은 계층의 전유물만 된 것은 아니었다. 대체로 양반 계급이 제반 여건으로 신앙을 받아들이기 어려웠던 것이지, 이들에 대한 전도 결실이 전무한 것은 아니다. 지식층 입신 동기는 물론 무산대중의 그것과는 판이하게 달랐다. 그들이 선교사의 도움이나 물질적 이득 혹은 자신의 보호를 위해 입교한 것은 아니다. 이들의 입신 동기는 대체로 세 가지로 요약해 볼 수 있다.

첫째, 초기 유학자들이 한문으로 된 기독교 서적을 학문적 입장에서 새로운 학문에 대한 호기심과 연구심에서 접하다가 신앙을 수용하고 교회 지도자가 된 경우다. 둘째, 기독교를 통해 국가의 자주독립을 쟁취해 보고자 하는 애국적 동기다. 셋째, 기독교 사상을 통해 민도를 높이고 부국강병을 모색해 민주적 입헌 국가를 만들어 당시 사회 문제를 해결해 보려는 경우다.

지식층의 기독교 입교와 활동은 독립협회를 통해 살펴볼 수 있다. 독립협회는 1884년 갑신정변 주동 인물 중 하나인 서재필과 주한 미국 공사관 통역관 윤치호, 그리고 초대 주미 한국 공사관 비서관 이상재 등이 중심돼 창립됐다. 서재필과 윤치호는 후에 외국에서 기독교인으로 귀국했고, 나머지 인물도 아직 기독교인은 아니었지만 기독교를 접해 그 정신에 익숙한 인물들이었다. 평양에 독립협회 지부가 설치될 때 안창호, 길선주가 중심돼 발기한 것을 통해 당시 기독교 지도자가 중심이었음을 확인할 수 있다.

이 협회 운동 목표는 외세를 배격하고 자주독립국 건설, 부패한 정부 관리와 정치 혁신, 민중의 참정권 쟁취 등이다. 초기에는 온건한 방향으로 출발했으나 차차 과격한 말이 나오기 시작했다. 만

민공동회를 열어 국정 개선안을 채택하고 차차 입헌군주제를 도입해 일반 백성 의견을 정치에 반영하는 방향으로 나가려 했다. 그러나 일부의 모략과 조정의 의심으로 1898년 11월 조정은 독립협회를 해산시키고 주동 인물들을 체포해 투옥시켰다.

이때 이승만, 이상재, 신흥우, 김정식 등이 투옥됐다. 이들이 투옥됐을 때 언더우드, 게일, 에비슨 등이 자주 면회했고, 성경, 번연의 『텬로역정』, 무디의 책 등 기독교 서적을 차입해 주었다. 이들은 차입된 서적을 탐독한 후 신앙을 받아들이고, 후에 민족과 교회 지도자들이 된다. 이승만이 감옥에서 회개하고 예수를 믿기로 작정한 후 드린 최초의 기도가 바로 "오 하나님, 우리나라를 구원해 주시고, 나의 영혼을 구원해 주시옵소서"[164]였다. 이승만에게는 자기 영혼 구원보다 나라 구원이 먼저였음을 볼 수 있다. 이상재도 "걷잡을 수 없는 나라의 비운이 드디어 창상(滄桑)의 변까지 몰아왔음을 몸소 겪으면서, 우리도 낙심하지 않고 나라 구원의 길을 찾아보려는 일념으로 기독교 믿음을 갖게 됐다"[165]고 술회했다. 독립협회 간부들이 1904년 3월 석방됐을 때 이상재, 김정식, 이원긍 등 여럿이 게일이 목회하던 연동교회에 출석했다. 그해 8월에 6년간 옥살이하던 이승만은, 1903년 늦은 봄에 석방된 신흥우와 함께 감리교회에 출석했다.[166] 이것이 바로 당시 지식층 인사들이 입신한 동기임을 단적으로 보여 준다. 자기 영혼 구원보다 국가 구원을 먼저 생각한 당시 지도자들의 애끓는 심정을 엿볼 수 있다. 그러나 한편

---

164) "O, God, Save my Country and Save my Soul." F. A. McKenzie, *Korea's Fight for Freedom* (New York: Fleming H. Revell, 1920), p. 75.
165) 이관구, "월남 선생의 정치 구국 활동", 「나라사랑」 제9집 (서울: 외솔회, 1972), 36쪽.
166) 미국에 가는 이승만에게 추천장을 써 준 게일은 이승만과 함께 감옥에 있던 사람들 중 기독교인이 된 사람은 40명에 이르렀다고 썼다. O. R. Avison, *Memoirs of Life in Korea*, pp. 157 이하.

으로 그들의 입신이 철저한 개인적 회개를 거친 후 이루어진 것이 아니고, 국가 안위와 독립의 방편으로 교회를 이용해 소기의 목적을 이루려 했다는 분석도 가능하다.

우리는 여기서 초기 한국 기독교인의 입신 동기가 다양하다는 결론에 이른다. 그러나 어떤 모양으로든지 우리 민족에 복음을 허락하시고, 그 동기가 무엇이든 간에 기독교 신앙을 수용하게 하셨으며, 교회가 틀을 잡아 가며 성장하도록 이끌어 주신 하나님의 섭리를 깨닫게 된다.

2. 초기 기독교가 당한 수난들

1) 전통과 수구의 반격

기독교는 어느 곳에 전파되어도 전통문화와 충돌하는데, 한국도 예외가 아니었다. 그것은 문화 충돌일 수도 있고, 수구와 기득권이 새로운 사상을 적대하고 질시한 것이 원인일 수 있다. 개신교가 한국에 선교되면서 믿음 생활을 시작하는 사람은 많은 고난을 받았다. 그 무렵이 천주교 박해가 그치지 않았던 때와 맞물려 있어 개신교를 천주교로 오해하고 사학이라 박해하기도 했다. 가족 중 입신한 이가 있으면 호적에서 삭제하고, 며느리가 신자인 경우에는 온 가족이 거의 죽을 지경까지 구타하여 맨몸으로 쫓아내는 경우도 흔했다.

감리교 존스는 초기 기독교인들이 받은 수난에 대해 "전국 방방곡곡에서 기독교인은 불신자 의식(儀式)에 불참하고 조상과 지방신 숭배를 거부하는 것 때문에 상당한 박해를 받고 있으며, 어떤 지방에서는 견디기 어려울 정도로 박해가 자심하다"[167]고 보고했다. 아펜젤러는 예수를 믿는다는 이유 때문에 집에서 쫓겨난 여자에게 세례를 베풀었다는 글을 남겼다.[168]

1888년에 발생했던 '어린이 소동'은 무지와 오해에서 기인한 사건이다. 선교사들이 어린이를 잡아 눈알을 빼어 약 제조에 쓰기도 하고, 식탁에 올리기도 하며, 외국에 노예로 팔기도 한다는 뜬소문이 퍼졌다. 이 일로 전체 선교사가 커다란 위험에 빠졌고 선교 사역을 크게 위축시킨 일도 있었다.

1894년 4월 평양에서는 누룩처럼 번져가는 기독교 세력을 억압할 목적으로 평양감사 민병석이 유교 수호와 서양인의 혹세무민 방지를 명분으로 핍박을 감행했다. 그는 장로교회 한석진과 감리교회 김창식, 그리고 신자 여럿을 체포해 거의 죽도록 구타하고 기독교 신앙을 버리도록 강요하였다. 이에 평양에 거주하던 마펫과 감리교 홀이 서울의 미국, 영국 공사관에 급히 연락, 외교 경로로 국왕에게 보고해 왕명으로 체포된 자들을 풀어 주게 한 일이 있었다.[169]

선교사를 직접 박해한 사건은 1899년 황해도 황주에서 발생했다. 선교 여행 중이던 장로교 리 선교사가 황주에 도착했을 때, 사교를 박멸한다는 이유로 "교회를 때려 부수고, 교인들을 난타하며 이 목사의 책을 불태우고, 현금 56달러를 강탈하는 사건이 발생했다."[170] 이 사건을 보고받은 당시 주한 미국 대리공사 알렌은 즉시 조정에 항의 각서를 보내고 범법자들의 처벌을 강력히 요구했다.

---

167) *Annual Report of the Missionary Society Methodist Episcopal Church, North,* for 1899.
168) H. G. Appenzeller, "How Some Things Go in Korea", *The Missionary Review of the World* (April, 1900), p. 262.
169) 韓國敎會史學會編『朝鮮예수敎長老會史記』下卷 (1968), 136~139쪽.
170) 『舊韓國外交文書』第11卷 法案 II, 502~503쪽.

몇 사람의 개인적 원한으로 인해 전국적인 기독교 박해가 획책되기도 했다. 1899년 서울에 전차 공사가 한창 진행되고 있을 때, 경무사 김영준과 내장원경 이용익이 음모를 꾸몄다. 이들은 대중이 전차를 타면 재원이 고갈될 것이라는 상소를 올리고, 전차가 완공된 후에는 전차 안 타기 운동을 뒤에서 부추겼다. 그러나 외국인들이 국왕에게 이 일에 대해 불평하자 이들은 원한을 품고 국왕에게 개신교가 끼치는 피해를 낱낱이 상소했다. 뿐만 아니라 1900년 12월 1일을 기해 국내 거주 모든 선교사와 기독교인을 박멸하라는 밀서를 보낼 계획을 세웠다.[171]

이 무서운 음모의 내역을 처음 알게 된 사람은 선교 여행 중이던 언더우드였다. 그는 사태의 심각성을 깨닫고 서울에 있는 에비슨에게 즉시 전보를 쳤다. 이 사실을 미국 공사 알렌에게 알려 교회와 교인 피해가 없도록 해 달라고 요청했다. 알렌이 바로 국왕을 알현하고 사태를 보고하자, 고종은 각 도에 전보를 보내 즉각 중지를 엄히 명했다. 이로써 김영준 등의 음모는 불발에 그쳤고 교회는 일촉즉발의 위기를 넘길 수 있었다.

2) 천주교의 박해

천주교와 개신교는 같은 하나님을 믿고, 같은 예수를 믿고, 같은 성경을 읽고, 같은 하나님의 교회다. 오늘날에는 에큐메니컬 정신으로 서로를 그리스도 안에서의 형제로 받아들이고 있지만, 초창기에는 두 교회간의 갈등이 자심했다. 물론 이런 갈등은 교단이 정책적으로 선도한 것은 아니고 대개 개인이나 개교회 단위에서 이

---

171) 車載明, 編,『朝鮮예수敎長老會史記』上卷 (朝鮮基督敎 彰文社, 1928), 80쪽.

루어진 불행한 사건이다. 초기에 천주교인이 개신교도에게 악행을 가하고 핍박한 사실이 많았음이 여러 문서에 남아 있다.

최초 박해는 1891년 황해도 재령읍교회에서 일어났다. 교인들이 예배를 드리고 있을 때 천주교인들이 몰려와 남녀 교인들을 협박 공갈하며 "대성교(大聖敎)를 불봉(不奉)하고 열교(裂敎)를 오신(誤信)함은 불가(不可)라 하야 태형(笞刑)하고 방송(放送)"[172]한 사건이 있었다. 역시 재령 원내동교회 교인들이 예배당을 건축하고 있을 때, 100여 명의 천주교 신자들이 들이닥쳐 예배당의 공동 사용을 요구하며 교인들을 구타했다. 천주교도의 횡포에 대해 윤치호도 그의 「일기」에서 가톨릭 신부들과 신도들이 원산과 안변에서 불칙스런 행위를 한다고 적었다.[173]

1902년 황해도 신환포에서 천주교인들이 성당을 지으면서 개신교도들에게 건축비 기부를 강요했는데 이에 응하지 않자, 이들을 끌고 가 감금하고 구타했다. 이 소식을 듣고 황해도 관찰사는 포졸들을 보내 범인을 체포하려 했으나 천주교도들은 오히려 포졸까지 구타하는 지경에 이르렀다. 천주교인들이 이런 방자한 행동을 할 수 있었던 것은 그들 뒤에 안악 지방에서 전교 활동을 하던 빌헬름이란 성격이 괴팍한 신부 때문이었다. 당시 외국인들은 치외법권 특전을 누리고 있었기 때문에 관리들도 함부로 할 수 없었다. 특히 프랑스 공사관의 절대적 보호로 빌헬름의 횡포를 다스리기 어려웠다.

이 사건은 고종의 명으로 주모자들을 체포하고 서울로 압송해 재판하고 엄한 벌에 처함으로 일단락됐다. 신·구교 간의 갈등은 결

---

172) 『朝鮮예수敎長老會史記』 上, 75쪽.
173) 國史編纂委員會, 「尹致昊日記」, 1895년 11월 6일자. 윤치호는 그의 일기에서 많은 불쌍한 한인들이 일단 가톨릭 신부들의 보호 하에 들어가 버리면 지방 관리들은 그들을 처단치 못한다고 썼다.

국 분별력 없는 사람들에 의해 일어난 일이지만, 일부 몰지각한 신부들이 뒤에서 부축인 사례도 있었다는 점을 간과할 수 없다.

3) 동학(東學)교도의 위협

철종 때 경상도 경주에서 몰락한 양반 아들로 태어난 최제우는 37세 되던 1860년(철종 11년) 신의 계시를 받아 인내천 사상(人乃天: 사람이 곧 하늘이다)을 주장했다. 그는 '오도(吾道)는 천도(天道)'라 하고 '학(學)은 동학(東學)이라'며 서교(西敎)의 학인 서학(西學)에 대칭하여 동학(東學)이라 일컫는 새로운 학설을 설파하기 시작했다.

고종 31년 갑오년 봄 호남 지방 고부 군수 조병갑의 실정으로 동학란이 일어났다. 동학도들은 삽시간에 호남 일대를 점령하고 호남 제일성인 전주가 함락당할 정도로 막강한 힘을 과시했다. 그러나 청나라 원병이 와서 전선에 배치되면서 전세는 역전되고, 주모자 전봉준 등이 체포돼 처형됐다. 이 사건은 약 30만 명이 목숨을 잃은 미증유의 불행한 사태로 막을 내렸다.

동학은 조선 말기 혼란한 사회에서 동학이라는 이름으로 서학이라 불리던 기독교에 대항 세력으로 나타났기 때문에 기독교에 적대적인 태도를 취한 것이 당연했다. 특히 이들은 외국인이 이 나라에 와서 자기 교를 양반 자제들에게 가르쳐 개종시키는 일을 성토하며, 선교사는 물러가라는 방문을 선교사들 집에 붙이고 위협했다. 그러나 동학도가 선교사나 기독교인을 직접 공격하거나 예배당을 훼손하는 일 등은 보고된 바 없다. 시간이 지나면서 그들은 기독교도의 반일 기상을 간파한 후, 오히려 동지 의식을 갖게 됐다. 그들의 주장, 즉 척왜척양(斥倭斥洋)에서 청·일전쟁을 전후해척

양이 빠지고 척왜만을 주장하게 됐다.[174] 따라서 교회가 동학에 의해 직접 피해를 본 일은 없고 다만 간접 피해를 본 것은 사실이지만, 그 피해 정도도 심각한 수준은 아니었다. 동학은 서학 즉 기독교에 반해 일어난 운동이었으나, 결과적으로 기독교 선교에 보탬이 되는 아이러니를 보여 준다.

---

174) 閔庚培,『韓國基督敎會史』新改訂版, 184~188쪽 참조.

제6장

1907년 대부흥운동과 교회연합운동

20세기에 들어서 약소국 한국은 힘이 다스리는 냉엄한 국제 질서 속의 비극적 현실에 직면했다. 한국이 일제 손아귀에 넘어간 것은 연속되는 역사의 소용돌이 속에 힘이 없어 무참히 짓밟힌 결과다. 첫째는 '가쓰라-태프트 밀약'이고, 둘째는 제2차 '영·일동맹조약'[175]이며, 셋째는 러·일전쟁을 마무리하는 미국 포츠머스에서 맺은 '러·일조약'이다. 일제는 1905년 을사늑약으로 외교권을 앗아 갔고, 1907년에 정미조약을 강압해 한국의 경찰과 군대를 해산하여 사실상 국권을 장악했다. 또한 1907년 '해아(海牙: Hague) 밀사 사건'[176]을 트집 잡아 고종을 왕위에서 강제로 퇴위시켜 왕권까지 좌

---

175) 1905년 8월 12일 영국 런던에서 맺은 이 조약에 일본이 조선에 대한 지도(Guidance), 보호(Protection), 감리(Control)를 승인한다는 내용이 들어 있었다.
176) 대한 제국 광무(光武) 11(1907)년에 헤이그에서 열린 만국평화회의에 고종이 이상설, 이준, 이위종을 몰래 보내 을사오조약이 일본의 강압으로 이뤄진 것임을

지우지했다.

급기야 일제는 1910년 한일병탄을 이루고 말았으니 500년 조선왕조는 종말을 보고 말았다. 이때부터 시작된 일제의 한국 침탈 역사는 1945년 제2차 세계대전에서 완전히 패퇴해 이 강토에서 물러날 때까지 무서운 박해와 착취로 점철됐다.

이렇게 어려운 때에도 교회는 계속 성장해 1907년에 독(립)노회가 조직되고, 1912년에는 장로교 총회가 창립됐으며 감리교회도 연회를 조직해 선교와 교육에 전념하며 때를 기다렸다. 어려운 여건에도 교회가 크게 성장하고 발전해, 장차 다가올 일제 폭압에 견딜 힘을 비축할 수 있었던 것은 바로 1907년 대부흥운동을 경험했기 때문이다.

1. 대부흥운동

1) 기원과 진행

1907년 대부흥운동은 한국교회를 새롭게 태어나게 하는 전기였다. 지금까지 이기적 동기나 애국적 동기로 신앙을 수용한 이들이 이 부흥운동을 통과하면서 비로소 기독교 진리를 접하게 돼 진정한 그리스도인으로 거듭나는 체험을 한다. 따라서 이 부흥운동은 여러 측면에서 한국교회가 토착교회로 자리 잡게 하는 데 기여한 바가 크다.

선포하려던 사건. 일본과 영국의 방해로 실패하고 말았다. 이준 열사는 그곳에서 분사했다.

이 운동이 일어나게 된 데는 원인(遠因)과 근인(近因)이 있다. 먼저 원인을 살펴보면 1903년까지 거슬러 올라간다. 함경남도 원산 지방 감리교 선교사들이 스웨덴 목사 프란슨이 이 지역을 방문했을 때 원산 바닷가에서 기도회 겸 성경공부 모임을 가졌다. 이 기도회는 감리교 선교사와 더불어 장로교, 침례교 선교사, 그리고 일부 한국교인도 참여하는 연합 기도회로 확대돼 그곳 창전교회에서 일주간 계속됐다. 이 모임에 강원도에서 수년 간 사역했지만 별 성과를 얻지 못한 남감리회 하디가 참석했다. 그가 자기의 무력을 깨닫고 통회 자복 기도를 드린 것이 부흥운동의 불씨가 됐다.

하디는 본디 캐나다 토론토대학 YMCA 소속 의료선교사로 내한해 사역하다 1898년 남감리교회에 가담하고 강원도에서 일했으나 별 진척이 없었다. 그는 보고를 통해 "나는 3년 동안 강원도에 [남감리]교회가 처음 세워진 지경터 지역에서 애써 일했으나, 거기서 사업에 실패했다. 이 실패담은 나에게 말할 수 없는 타격을 주었고, 나는 일을 더 할 수 없으리만큼 기진맥진했다"[177]며 사역의 어려움을 실토했다. 그는 선교사들 앞에서 솔직히 자기의 실패와 그 원인을 고백했으며, 기도 중에 성령이 자기에게 임재하심을 깨닫게 됐다. 그는 그때의 경험을 다음과 같이 기록했다.

> 나는 성신이 내 안에 충만하신 실증을 가지고 나는 부끄러움과 혼미에 찬 얼굴로 나의 교만과 완악함과 신앙의 부족함과 또 그 상태가 빚어낸 모든 결과를 자복했다. 이에 회중은 강한 죄의식과 회개로 신앙생활의 깊은 체험을 비로소 깨닫게 됐다. 나는 그들에게 하나님의 약속을 믿는 단순한 신앙으로 성신의 은사를 받았음

---

177) *The Annual Report, Methodist Episcopal Church, South*, for 1905, pp. 39~44.

을 알려 주었다.[178]

그때 함께한 모든 사람이 하디의 적나라한 참회와 성령 충만한 은사 체험을 목도하고, 그들도 성령의 은사를 체험하며 부흥의 불길이 서서히 붙기 시작했다.

이런 사경회가 이듬해인 1904년 정월에 그곳 원산에서 다시 열렸다. 이때 장로교 선교사 로브는 "특은(特恩)을 받아 다일간(多日間) 금식 통회하며 가로상(街路上)에서도 간구부절(懇求不絶)"[179]하여 성령의 체험을 한 사람들이 늘어 갔다고 썼다. 그러나 이런 은사 체험은 원산을 중심한 일정 지역에 국한됐고 넓게 확산되지는 않았다.

2년 후인 1906년 여름 평양 선교사들은 하디를 강사로 장·감 선교사 연합기도회로 일주간 모여 성령 체험을 갖고자 했다. 이 기도회 후에 북장로교회 연차 총회가 서울에서 모였는데, 이때 뉴욕의 존슨 목사가 한국 방문 중에 인도와 웨일즈 지방에서 일고 있는 부흥의 소식을 전했다.

존슨 목사는 또한 평양 장대현교회에서 가진 한국 교인 집회에서 외국 교회의 부흥 소식을 전하면서 "조선에서는 누가 성령 충만을 받고자 하느냐? 원하는 자는 거수하고 기립하라"고 했으나 응답이 없었다. 당시 장대현교회 장로 길선주가 감동하는 바가 있어 거수하고 일어서자 존슨 목사는 한국의 부흥을 예언하고 돌아갔다.[180] 이때 하나님께서는 한국교회를 위해 길선주를 미리 예비해 놓으셨다. 선교사들은 나라 잃은 설움에 울던 백성에게 영적 위안과 하늘의 소망을 일깨워 주기 위해 계속 사경회를 이끌고 나갔다.

---

178) 위의 책.
179) 『朝鮮예수敎長老會史記』上, 179쪽.
180) 위의 책, 180쪽. 金麟瑞, "靈溪先生小傳", 『金麟瑞著作全集』5卷 (敎文社, 1976), 57쪽.

1907년 대부흥운동의 근인은 전해 가을부터 시작된 새벽기도회다. 이 새벽기도회는 평양 장대현교회 길선주 장로에 의해 비롯됐다. 길선주 장로는 같은 교회 장로 박치록과 함께 국가적 재난 상황에서 새벽에 예배당에 나가 기도하기 시작했다. 이에 여러 교인들이 호응해 함께 기도했는데, 얼마 후 300~500명 교인이 모이는 집회로 확산됐다. 길 장로는 당회로부터 정식 허가를 얻어 공식 새벽기도회를 시작했다. 따라서 한국교회 새벽기도회는 1906년 가을 평양 장대현교회에서 시작됐다. 여기서 비롯된 한국교회 새벽기도회는 전국 각지의 무수한 동네 예배당에서 울리는 새벽 종소리로 새벽을 깨우며 지속됐다. 겨울 바깥 공기는 살을 에일 정도로 혹독하게 찼고 예배당 안도 뼈를 쑤시는 냉기로 가득 차 있었지만, 교인들의 마음은 따뜻했고 기도의 열기는 뜨겁기만 했다.[181]

　따라서 1907년 대부흥운동의 원인은 두 가지 흐름, 즉 선교사의 자성하는 성경공부와 기도 그리고 길선주 장로의 새벽기도회에서 비롯됐다. 이 운동은 선교사의 '말씀 공부'와 한국 지도자의 '기도'가 어우러져 이룩된 성령의 역사였다. 그러므로 성령의 역사는 말씀과 기도에 기인한다는 결론에 이른다.

　이렇게 말씀과 기도로 준비된 사경회가 시작됐다. 이 사경회는 매년 초, 평양에서 연합사경회로 모였다. 이 집회에서 리 선교사가 요한1서를 강론할 때 성령의 불길이 떨어졌는데, 이때가 14일 저녁 집회 때였다. 북장로교회 선교사 블레어가 고린도전서 12장 27절을 읽고 "우리는 모두 그리스도의 몸이요 그의 지체들이라"고 설교한 후 불 같은 성령의 역사가 시작됐다.[182] 교인들은 교회 안에 신

---

181) H. A. Rhodes, ed., *History of the Korea Mission*, p. 252.
182) 위의 책, 282쪽.

비한 힘의 흐름을 느꼈고 강한 성령의 역사가 임재함을 피부로 느꼈다. 이 부흥의 불길은 요원의 불길처럼 퍼져 나갔다. 이 부흥운동을 사실상 계속 이끈 사람은 길선주 장로다.[183]

2) 길선주(吉善宙) 목사

'조선 기독교의 아버지' 또는 '가장 위대한 한국 개신교 인물 중 한 사람'인 길선주는 1869년 3월 평안북도 안주에서 태어났다. 그의 가정은 부유하지는 않았지만 생활에 곤란을 받지도 않았으므로, 어려서부터 그는 부모의 기대 속에 일찍 글공부를 시작했다. 길선주는 한때 병을 얻어 치병도 하고 도(道)도 닦을 겸 용악산에 입산해 수도생활을 시작했다. 그때 그는 관성교(關聖敎)[184]에 심취했으나 실망하고 선도(仙道) 수련에 몰두하게 된다.

길선주의 종교 편력은 다양했지만, 아무것도 그의 영적 만족을 주지 못했다. 1893년 북장로교회 마펫이 처음으로 평양에 와서 선교를 시작했다. 마펫과 교분을 가진 길선주의 가까운 친구 김종섭이 그에게 기독교 교리서를 건네주며 전도했다. 학문적 탐구심이 강한 길선주는 그 책들을 탐독하면서 차차 기독교 진리에 대해 호기심을 갖기 시작했다. 그를 기독교로 이끈 결정적인 책자는 번연의 『천로역정』이다. 1897년 7월 29세에 그는 리 선교사에게 세례 받고 그리스도를 영접했다.

길선주는 개종하던 해 평양 장대현교회에서 영수(領袖)[185]직을

---

183) 길선주는 그해(1907년) 6월에 신학교를 졸업했고 9월에 목사 안수를 받았으므로 부흥운동이 일어났을 때는 아직 장로였다.
184) 關羽를 섬기는 巫敎의 일종. 길진경, 『靈溪吉善宙』, 26쪽.
185) 영수(領袖)직은 한국 초기 교회에서 집사와 장로 사이에 두었던 직책으로 후에

받은 후 33세에 장로로 선출됐다. 1903년 당시 마펫이 시작한 평양 장로회신학교에 입교해 1907년에 제1회 졸업생이 됐다. 그해 설립된 독노회에서 목사 안수를 받고 평양 장대현교회에서 시무를 시작해 20년 동안 목회했다. 그는 목회를 하는 중에도 부흥사경회 강사로 전국 교회 사경회를 인도했다.[186] 길선주는 1935년 11월 평서노회 사경회를 인도하던 중 마지막 날 설교를 마친 후 강대 위에서 졸도한 지 하루 만인 26일 하나님의 부르심을 받았다. 그는 한국교회가 낳은 위대한 지도자 가운데 한 분이다.

3) 운동의 발전

불붙은 부흥회는 길선주에 의해 더욱 타올랐다. 그의 설교는 많은 사람을 사로잡았다. 성령의 불길은 참석한 모든 사람의 마음을 태우고 더욱 확산됐다. 정월 평양에서 시작된 부흥의 불길은 2월 각급 학교가 개학하자 여러 학교로 퍼져 나갔다. 숭실전문, 숭실, 숭덕, 광성중학교와 숭의중학교 학생 약 2,500명 사이에 급속히 확산됐고 심지어 초등학교 학생들까지 부흥운동에 동참했다. 학생들은 수업을 중단하고 사경회에 참석했으며, 3월 장로교회 부인 사경회가 12일간 열렸는데 이때도 모든 참석자들이 성령 체험을 했다. 4월 초에는 평양 장로회신학교 학생들이 등교했을 때 교수(선교사)들은 학생들을 위한 특별 사경회를 열었다. 여기서도 강한 성령의 역사가 나타나 학생들이 참회의 눈물을 흘리고 새로운 각오로 사역자 훈련을 받았다. 한 선교사는 "장차 한국교회 목회자가 될 이 사람들

없어졌다.
186) 『平壤老會史』(平壤老會史編輯委員會, 1990), 96쪽.

은 성신의 불로 그들 죄가 모두 태워짐을 체험했다"[187]고 말했다.

평양에서 시작된 부흥의 불길은 전국으로 펴져 나갔다. 선교사 하디, 저다인 그리고 길선주 등이 전국을 누비며 교회가 있는 곳은 어디나 사경회를 열었고, 성령의 강한 역사가 도처에서 일어났다. 길선주 목사의 서울 사경회에서 큰 은혜가 내린 사실을 『장로회사기』는 "평양교회 길선주 장로가 경성에 내(來)하야 경기도 도사경회(都査經會)에 성신 도리(道理)를 교수할 시에 성신의 감동을 받아 각기 죄를 자복하고 애통하며 중생의 세례를 받았고 열심으로 전도하야 도내 각 교회가 크게 부흥하니라"[188]고 기록했다.

이 부흥의 열기가 중국까지 파급돼 만주 지방에서 일하던 중국 교회 목사들이 평양에 와서 부흥회에 참석하고 은혜를 받아 본국에 돌아가 부흥운동을 주도했다.[189] 이 부흥의 열기는 심양, 요양, 만주, 그리고 북경까지 확대됐다. 그때까지 중국으로부터 모든 것을 배우기만 했던 우리 민족이 복음과 부흥을 그들에게 가르칠 수 있는 위치에 놓인 것은 참으로 가슴 벅찬 하나님의 은혜가 아닐 수 없다.

4) 운동의 결과

대부흥운동은 향후 한국교회 신학과 교회 형성에 지대한 결과를 남겼다. 여기서 중요한 몇 가지를 살펴보기로 한다.

첫째, 이 운동은 교인들이 진정한 기독교 진리를 터득할 수 있는

---

187) G. S. McCune, "Opening Days at the Theological Seminary", *The Korea Mission Field* (June 1907), p. 89.
188) 『朝鮮예수敎長老會史記』上, 181쪽.
189) 중국에서 일하던 Mr. Goforth가 부흥회에 참석했다가 은혜를 받고 중국에 돌아가 부흥운동을 시작했다. S. A. Moffett, *Quarto Centennial Papers*, p. 23.

기회를 제공했다. 또한 진리가 교인들 마음에 뿌리내리게 하는 계기를 마련해 주었다. 기독교 신앙을 여러 동기로 받아들였으나 참된 진리를 터득하지 못하고 형식적 신앙에 머물러 있던 이들에게 진리 터득의 계기가 됐다. 이 운동은 참된 회개와 성신의 감동, 그리고 새로운 피조물로 결단하는 삶, 즉 진정한 그리스도인 됨의 과정이었다. 지금까지 교회에 출석하면서도 그대로 방치했던 사당을 헐어 버린 사례가 빈번히 나타난 현상이 이를 입증하고 있다.[190]

이러한 한국교회 형질(形質)의 정착은 앞으로 이 교회가 민족교회로 나아 갈 길을 찾았다는 의미가 된다. 1910년 에딘버러에서 모인 국제선교협의회에서 한국 대부흥에 대해 "신생 한국교회에 독자적인 성신의 역사가 시작됐다"[191]고 보고한 것같이 한국의 독자적 교회 역사가 시작되었다고 보아야 한다.

둘째, 교회의 급속 성장이다. 어느 부흥운동이든 공통으로 나타나는 현상이 그러하듯, 1907년 전국 교회에 부흥의 물결이 휩쓸고 지나간 후 필연적으로 나타난 결과 중 하나는 신자들의 전도에 힘입은 교회 성장이다.[192] 이에 대해 언더우드는 다음 통계 자료를 제시했다. 1906년에서 1907년 사이에 장로교회 성장은 세례자 수가 12,506명에서 15,097명으로 29%가, 원입은 44,587명에서 59,787명으로 15,200명이 늘어 34%가 증가했다. 따라서 1906년의 교인 수 54,987명에서 1907년에는 73,844명으로 증가하여 34%가 증가한 셈

---

190) J. Z. Moore, "The Great Revival Year", *The Korea Mission Field* III-8 (August 1907), p. 117.
191) The World Missionary Conference at Edinburgh, 1910, *The Report of Commission*, I, p. 77.
192) 이때 시작된 전도의 물결은 계속 지속돼, 10여 년이 지난 후 평북 강계읍교회에서는 불신자 1인씩 전도하기 위해 기도를 작정한 이가 100여 명이나 되었다는 보도가 있다. 「基督申報」, 1925. 12. 16.

이다. 감리교회 역시 증가하여 1906년 18,107명의 교인이 1907년에 39,613명으로 무려 118%의 증가를 나타냈다.[193]

또한 부흥운동은 기독교 학교 증가에도 많은 영향을 미쳤다. 1906년 6월 현재 208개 학교가 이듬해 같은 달에는 344개로 늘어나 무려 130개 이상의 학교가 증가됐다. 자연히 학생도 늘어나 1906년에 3,456명이 이듬해에는 7,504명으로 늘었다. 기독교 학교 학생이 증가했다는 것은 기독교 정신에 입각한 교육을 받는 학생이 늘었다는 의미다. 이는 앞으로 전개될 항일운동 선두주자가 될 사람들이 늘어났다는 사실을 예시한다. 이 학생들이 성인이 됐을 때 3·1 독립운동이 촉발된 것은 결코 우연이 아니다.

셋째, 토착적이고 고유한 한국교회 특징이 확립됐다. 이미 언급했지만 길선주 장로가 주도한 '새벽기도회'는 한국교회의 독특한 기도회 형태로 정착됐다. 새벽기도회야말로 세계 어느 교회에서도 찾아볼 수 없는 한국교회 특유의 기도회다. 이 기도회에서 목회자와 일반 교인이 영적 힘을 얻고, 자기 죄를 통회하고, 소원을 아뢰어 응답 받는 기회를 갖게 됐다. 이때 새벽기도회가 시작된 이래 각지 교회에서 새벽기도회가 실시됐다. 평북 강계의 한 교인은 개종하고 교회에 출석하면서부터 새벽기도회에 출석하여 지금까지 16년간 계속한다는 보도가 있었다. "······ ᄀ장 셰샹에 드물고 모범홀 만한 일은 주문언 씨라는 로인이 16년 전 본 곳 교회 설립 시로부터 례비당에 와셔는 시벽 긔도를 오날까지 계쇽ᄒ다더라."[194] 이

---

193) H. G. Underwood, "The Growth of the Korean Church", *The Missionary Review of the World* (February 1908), p.100. H.A.Rhodes, ed., *History of the Korea Mission*, p. 285.
194) "강계 교우의 긔도 싱활, 十六年間 시벽 祈禱를 繼續ᄒ 朱氏,"「基督申報」, 1925. 12. 16.

새벽기도회가 오늘까지 지속되면서 교회 성장과 성도들의 영적 삶에 커다란 영향을 주고 있음은 의심의 여지가 없다.

또 다른 특징 하나는 사람들이 한꺼번에 기도하는 통성기도의 시작이다. 이렇게 통성기도라는 한국 특유의 기도가 생겨 새벽기도와 함께 부흥운동의 결과로, 오늘까지 한국교회 안에 통용되는 주요 기도 방식 가운데 하나가 됐다. 또한 이 기간 중 철야기도가 시작됐다. 저녁 집회가 밤늦게까지 계속되므로 원거리에서 온 교인이 집에 돌아갈 수 없어 철야하며 기도했다. 이들은 다음날 새벽기도회에 참석함으로 철야기도라는 새로운 형태의 기도가 시작됐다. 이 기간 중 평양을 방문한 영국성서공회 본부 총무 릿슨은 "사람들이 밤새 교회에서 기도하며 머물러 있었다"[195]고 보고했다. 이런 한국교회 특징적 모습으로 "기독교가 더 이상 서양 종교가 아닌 것으로 묘사될 수 있었다."[196]

넷째, 에큐메니컬 정신의 구현이다. 대부흥운동을 통해 한국교회 지도자와 선교사 간에는 갈등이 많이 해소되고 형제의식이 굳어졌다. 그동안 선교사들은 그들이 복음을 가르쳐 주고 신앙을 지도하는 입장에 있었던 게 사실이다. 따라서 한국교회 지도자들에 대해 자연히 우월의식을 갖고, 언제나 위에서 가르치는 태도를 취해 왔다. 반면 배우는 한국인 입장에서는 항상 낮은 데 위치하는 등식이 은연중에 설정된 게 사실이다. 이런 구도 속에 두 그룹 간에 눈에 보이지 않는 갈등이 있었다. 그러나 이 부흥운동을 경과하면서, 선교사들도 자신이 죄인임을 확인했고 언제나 선생이나 상

---

195) "Matters of Moment," *The Bible in the World* (The British and Foreign Bible Society, Aug. 1907), p. 227.
196) K. M. Wells, *New God, New Nation*, Protestants and Self-Reconstruction Nationalism in Korea, 1896~1937, p. 37.

위에 있을 수 없는 존재임을 자각하게 됐다.

선교사들도 이제 한국 교인을 자기들과 동등한 형제로 받아들일 수 있는 자세가 됐다. 한국교회 지도자들이나 교인에게 더 이상 선교사가 선생으로 남지 않고 같은 동료 형제로 교제할 수 있게 된 것은 부흥운동이 남긴 값진 결과다. 특히 그해 평양 장로회신학교에서 첫 졸업생 7명이 배출돼, 목사 안수를 받음으로 한국 목사가 선교사들과 동등 자격으로 사역할 수 있게 됐다. 평신도 선교사들과 선교사 가족들이 한국인 목사를 선생으로 인정할 수밖에 없는 현실이 도래했다.

이 부흥운동의 에큐메니컬 정신은 교파를 초월하는 것으로도 나타났다. 사경회가 장·감 연합으로 모였고, 두 교회는 서로 강단을 교류했다. 특히 길선주 목사는 여러 감리교회에서 사경회를 인도했고, 감리교회 목사들도 장로교회에서 집회를 인도하는 초교파적 성격을 띠게 됐다. 따라서 부흥운동은 그 동안 눈에 보이지 않게 그어졌던 교파 간 간격과 갈등을 많이 해소하는 결과를 가져왔다.

이상에서 부흥운동의 몇 가지 긍정적인 측면을 검토했다. 그러나 이 운동의 부정적인 면에 대해 논하는 시각도 없지 않다. 그들이 주장하는 주류는 이 부흥운동이 한국교회를 비정치화시켰고, 몰역사화로 몰고 갔다는 것이다.[197] 즉 선교사들은 1905년 을사늑약이 선포되고 일제가 한국을 영구 식민지화하려는 계획을 구체화하자, 이에 격분한 일반 시민과 교인들 사이에 반일적 태도가 구체

---

197) 이런 입장의 글은, 朴淳敬, "한국 민족과 기독교 선교의 문제", 『민족 통일과 기독교』(한길사, 1986), 閔庚培, 『韓國民族敎會形成史論』(1974), 서정민, "초기 한국교회 대부흥운동의 이해", 『한국 기독교와 민족운동』, 노대준, "1907년 대부흥운동의 성격", 이만열 외 7인, 『韓國基督敎史硏究』 15, 16호 (1987. 8) (보성, 1986) 등이다.

화되고 무력 항쟁의 소지가 높아간다고 판단했다. 따라서 그들은 한국교회로 하여금 정치에 개입하지 못하게 하고 오직 영적인 면에만 치중하게 하려는 목적에서 이 부흥운동을 주도했다고 주장한다. 그러므로 교인들로 하여금 세속, 특히 정치면에 일체 간여하지 못하게 하려 했다는 것이다. 그 결과 부흥운동이 끝난 이후 후 한국교회 항일정신이 약해졌고, 교인들은 내적 신앙에만 치중하는 결과를 가져왔다고 주장한다.

그러나 이런 시각은 부흥운동의 본원을 잘못 이해한 데서 나온 곡해라 볼 수밖에 없다. 부흥운동, 즉 성령운동이 선교사 몇 사람이 모여 성령운동을 일으키자고 해서 일어나는 일이 아님은 불문가지의 사실이다. 성령의 역사는 인간들에 의해 이루어지는 것이 아니고 오직 성령 자신만이 주도하신다는 것은 성령론 첫 장에 나오는 내용이 아니던가?

또한 비정치화의 문제도 '교회와 국가'라는 커다란 명제에서, 교회와 국가가 분리되기 위해 기독교 역사 속에 얼마나 처절한 투쟁이 벌어졌는지를 제대로 인식하지 못한 데 기인했다고 볼 수밖에 없다. 예컨대 1789년 미국 헌법에 국가와 교회의 분리를 명문화했다는 것을 숙지할 필요가 있다. 한마디로 얘기하면, "교회는 반드시 비정치화해야 한다." 교회는 정치화할 수 없는 집단이다. 교회는 정치 집단화하여 독립운동을 모의하고 수행하는 곳이 되어서는 결코 안 된다.

그렇다고 교회가 사회의 온갖 부조리, 구조적인 악이나 현실을 외면하고 성경이나 읽고 기도만 하고 예배만 드려야 한다는 뜻은 물론 아니다. 국가가 비복음적인 일을 자행할 때는 당연히 교회가 이에 대한 시정을 요구해야 하고, 또 사회 부조리 척결을 위해 노력해야 하는 사명이 있다는 점도 부인하지 않는다. 그러나 교회가 교회의 모든 조직을 통해 정치 문제에 직접 대응한다면 교회는 정치 집단이지 하나님의 교회일 수 없다. 교인 개인은 얼마든지 정치 집단을 만들 수 있고 정치인이 될 수도 있다. 그러나 교회 자체가 정치화되는 것은 결코 있을 수 없다. 이런 맥락에서 부흥운동 후 교회가 비정치화, 몰민족적 모습을 보임으로 적지 않은 민족 지도자급 신자들이 교회를 떠나는 현상이 나타났다고 분석하는 시각이 있는데, 이것도 부흥운동에 대한 단견에 불과하다. 민족 지도자들이 교회를 떠난 것이 교회가 비정치화한 데 기인한다면, 그 지도자들이 '교회의 본질'이 무엇인지 잘못 이해한 데서 비롯된 것이라고 말할 수밖에 없다.

  1907년 부흥운동은 하나님께서 이 민족을 구원하시기 위해 섭리하시고 역사하신 성령운동이다. 이 운동을 통해 한국교회는 비로소 민족교회로 틀을 잡게 됐고, 여기서 얻은 영적 힘은 앞으로 겪어야 할 수난의 가시밭길을 헤쳐 나갈 원동력이 됐다. 이 부흥운동은 "과거 일백 년 동안에 세계를 통하야 신긔독교(개신교)가 잘 발전되는 중 조선에서만큼 급속도로 발전된 일은 엇던 나라에서든지 보기 드문 사실이다. 조선의 40년간의 신긔독교의 통계표는 다른 나라의 일백 년간의 그것보다 더 나은 성적을 보고한다"[198]라는 기록을 남겼다.

2. 100만 명 구령운동(救靈運動)

  1907년 대부흥 물결과 열기가 2, 3년 지나자 차차 식기 시작했다. 교인들의 열성이 기울기 시작함과 동시에 사회적으로는 일제

---

198) 로해리, 『조선긔독교회략사』, 51쪽.

가 한국 식민지화를 가속화하더니, 급기야 1910년 8월 한국을 강점 병탄해 완전히 식민지로 만들어 버렸다. 이에 따른 사회의 불안과 모든 사람들의 좌절을 보면서, 교회는 이때 낙담한 백성에게 복음을 전해야 한다는 사명을 일깨우며 교회 부흥운동을 재개하게 됐다. 이 운동이 '백만명구령운동'(The Million Souls for Christ)이다.

이 운동은 1909년에 개성에서 감리교 스톡스, 갬블, 리드 양 등 3인이 다시 한국교회에 부흥의 불길을 당기기 위해 사경회와 기도회를 일주일 동안 갖기로 하고 한국 교인 몇 사람과 함께 산상기도회를 개최한 데서 비롯됐다.[199] 기도회에 참석했던 선교사들은 1909년 9월 개최된 남감리교회 연회에 참석해 "20만 명의 심령을 그리스도에게"라는 표어를 요청해 채택했다.[200]

이 연차대회가 폐회된 후 바로 열렸던 복음주의선교연합공의회가 서울에서 개최됐다. 이 공의회에 참석한 3인은 공의회의 전도 목표 채택을 제안했는데, 이것이 "백만 명 심령을 그리스도에게로"였다. 여기서 '백만 명구령운동'이 정식으로 출범하였다. 당시 기독교 인구가 불과 몇 만 명 정도밖에 안 될 때 백만 명은 확실히 실현하기 어려운 숫자임에 틀림없다. 그러나 전 국민을 상대로 대전도운동을 벌이면서 그런 목표를 정하고 추진했다. 1910년 선천에서 모인 장로회 제4회 독노회도 백만명구령운동에 적극 참여하기로 의결했다. 각 교회가 10월 24일부터 1주간 특별 새벽기도회로 모이기로 결의했다. 그리고 7 대리회에서 특별위원을 선정하여 이 일을 추진하기로 했다. 이 운동은 전도를 위해 "남녀노소, 신자들과 학생, 평신도와 교역자들이 전심전력하여 이 표어의 구현에 노력한"

---

199) G. T. Brown, *Mission to Korea*, p. 57. 이하 참조.
200) *The Annual Report, Methodist Episcopal Church, South*, for 1909, p. 87. G. T. B. Davis, *Korea for Christ*, pp. 6~7.

전국적인 운동이었다.

　이 운동 기간 중 일어난 특이할 일은 '날연보'(日捐補, Day Offering) 운동이다. 가난한 교인들이 이 운동을 위해 물질적으로 헌금할 수 없어 시간을 연보하는 운동을 전개했다. 옛날에는 헌금을 연보라 했는데, 당시 연보 즉 헌금을 할 수 없었던 가난한 교인들이 일주일에 하루 혹은 열흘에 하루를 연보해 그 시간에 전도했다. 로즈는 한국 교인들이 "교회를 처음 조직할 때부터 '시간 연보'를 장려"[201] 했다고 기록했다. 돈이 없어 유급 전도사를 파송할 수 없는 곳에 신자 자신이 생활 가운데 일정한 시간을 할애해 쪽 복음서와 전도 문서를 갖고 전도했다. 이 운동은 신자들 간에 큰 호응을 얻어 평양에서만 1천 명 신자가 연 2만 2천 일을, 황해도 재령에서는 1만 일이 연보됐다. 비록 북쪽에서처럼 큰 호응을 얻지 못했지만 남부 지방에서도 이 운동에 호응해 군산 지방에서 850일, 전주에서 3,349일이 연보됐다. 이렇게 연보된 날 수가 이 기간 동안 도합 10만 일이 넘었다.

　그러나 이 운동을 연말에 정리했을 때, 좋은 결과는 얻지 못했다는 결론에 이르렀다. 물론 백만 명이 다 예수를 믿을 거라 생각하지 않았지만, 그 결과는 기대치에 못 미쳤다. 백만 명이 결신은 못했어도 백만 명이 복음을 접했다면, 언젠가 복음을 받아들일 것이라는 희망을 갖고 꾸준히 기도하며 전도를 계속해야 될 것을 다짐했다.

　일부는 이 운동 역시 선교사들이 한일병탄에 따른 한국교회와 대중의 동요를 막기 위해 일으킨 운동이라고 과소평가한다. 또한 이 운동 때문에 항일 의욕이 감퇴되고 몰역사적 교회가 되었다고 혹평하는 이들도 있다. 그러나 이것은 잘못된 평가이고 복음의 힘

---

201) 로해리, 『조선긔독교회략사』, 53쪽.

이 무엇인지 잘 모르는 소치다. 왜냐하면 참 복음을 받은 사람은 물리적 힘에 의한 의병 운동식의 항일은 하지 않을지 모르지만, 그 내면에 불의에 대한 저항과 도탄에 빠진 민족을 구하고자 하는 열망이 가득 차고 이 일을 위해 하나님께 간절한 기도를 드리기 때문이다. 기도의 힘은 그 어떤 힘보다 크다는 사실을 체험해 보지 못한 사람은 모르는 법이다.

3. 교회 일치를 위한 노력

1) 선교사들의 단일교회 형성 협력

내한 선교사들은 처음부터 개신교회는 하나의 교회, 즉 교파 구별 없는 단일 교회를 설립한다는 원대한 꿈을 꾸었다. 단순히 꿈만 꾼 것이 아니라 그 일을 위해 무던히도 노력을 경주했다. 언더우드는 미국 북장로회 해외선교부 총무 브라운에게 한국에서의 단일교회 건설에 대해 다음과 같이 써 보낸 일이 있다. "한국에 '연합교회'(Union Church for Korea)는 본질적 문제이며, 한국에서 활동하고 있는 모든 장로교인은 하나의 교회 설립을 위해 모두 연합하여야 한다."[202]

여러 선교회가 연합해 구성한 개신교복음주의선교협의회가 계획한 일이 많았는데 그중 가장 역점을 둔 사업은 '한국에서 하나의 복음주의 교회'였다. 이 협의회는 장로교와 감리교가 연합으로 단일교회 구성을 위해 노력하던 중, 1904년 결정을 하나로 했다.

---

202) H. G. Underwood to A. J. Brown, February 18, 1904, 김인수 역, 『언더우드 목사의 선교편지』(장로회신학대학교 출판부, 2002), 454쪽 이하 참조.

결정: 때가 오면 한국에 하나의 개신교회를 설립해야 한다는 것이 본 회의 결의다. 이 교회 이름은 대한예수교회다. 연합은 찬송가와 교회 신문 등을 출판하며, 가을에 모든 개신교 선교사를 다 모으기로 한다. 이 계획 이후 어떤 결과가 나오더라도 교육사업과 의료사업 그리고 복음사업은 계속돼야 한다.[203]

이런 연합 정신은 1905년 서울에서 기도 모임에 참석한 모든 이들이 열정적으로 표했는데, 이것은 '성령의 인도하심'이라 했다. 동년 8월 서울에서 모인 선교사 기도회에서도 '하나의 연합교회'(One Union Church)에 대한 강력한 요청이 표출됐다. 개신교복음주의선교협의회 업무는 교육, 의료, 문서, 그리고 출판이 포함됐고, 이런 일을 위해 저들은 협력을 아끼지 않았다. 그러나 이런 사업도 결국 하나의 교회 설립을 위한 전초 작업이고, 최종적 목표는 단일 교회를 세우는 것이었다.

1905년에 단일 교회 구축을 위한 특별위원회를 구성했다. 단일 교회 설립 의지에 대해 장·감 두 교회는 "한국 민족교회 설립의 때가 차면, 그 이름을 '한국 그리스도의 교회'(The Church of Christ in Korea)로 명명(命名)하기로 결의했다."[204] 또한 두 교회는 "열심히 바라고 기도해 연합이 이루어져, 어린 한국교회가 기독교권을 이끌어 주님께서 일치를 위해 기도하신 일이 이루어지도록 하자"[205]고 다짐했다.

---

203) *Assembly Herald* (1905), p. 529. *Presbyterian Council Minutes*, 1904, p. 43.
204) "Movement for Church Union in Korea", *The Missionary Review of the World* XXVIII-10 (October 1905), p. 796.
205) 위의 책.

2) 단일교회의 실패

많은 노력에도 불구하고 단일교회 설립은 실패했는데, 이는 여러 요소가 복합적으로 상호 작용했기 때문이다. 그중 가장 근본적인 이유는 선교사들을 파송한 본국 교회의 비협조였다. 북장로교회보다 신앙적으로 더 보수적인 남장로교회가 연합교회 모색에 대한 얘기를 듣고 다음과 같이 반문했다. "교회 연합을 해 보겠다는 생각을 제안하는 것은 놀라운 일이다. 한국 기독교의 정체(政體)는 어떤 것이 될 것인가? 새 교회의 신조는 무엇을 포함할 것이며, 이 나라[미국]의 감리교와 장로교의 교리적 차이점을 어떻게 할 것인가?"[206]

미국 남장로교회는 연합교회 문제는 후일에 논할 수 있으나 지금은 시기상조라는 견해를 밝힌 공한을 보냈다. 공한에 "후일에 여하히 타 교회와 연합하여 자유교회를 설립하는 것이 가하나, 지금은 유안(留案)하는 것이 위호(爲好)"[207]하다고 기록했다.

1912년 장로교회는 총회를 구성한 후 협의회 이름을 'General Council'에서 'Federal Council'로 바꿨다. 또한 헌장에도 더 이상 교회연합(Church Union) 문제를 심각히 다루지 않아 결국 단일교회 형성은 실패하고 말았다. 선교사들의 애타는 노력에도 불구하고 여러 요인으로 인해 남인도교회나 중국교회에서 성공한 단일교회 형성이 한국에서 실패한 것은 뼈에 사무치는 한이 아닐 수 없다.

---

206) S. H. Chester, "Church Union in Korea", *The Missionary* (March 1906), p. 207.
207) 1904년 公議會 英文會錄, 31~33쪽, 곽안련 譯編, 『朝鮮長老會史典彙集』(서울: 北長老敎會 宣敎會, 1935), 37쪽

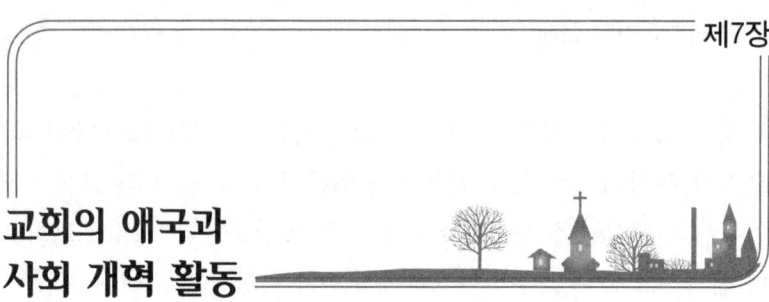

제7장
교회의 애국과 사회 개혁 활동

1. 교회의 애국 활동

1) 을미사변과 선교사들

　1895년 청·일전쟁이 일본의 승리로 끝나자, 일제는 한국을 완전히 식민지화할 음모를 진행했다. 그들은 이 일을 추진하는 데 가장 장애가 되는 인물이 민왕후라 판단하고, 왕후 제거 계획을 구체화했다. 일제는 마침내 민왕후를 침전에서 살해하는 만행을 자행했는데 이 사건이 을미년에 저질러졌으므로 '을미사변'(乙未事變)이라고 한다.
　그들은 왕비를 제거하기 위해 노골적 작태를 연출했다. 궁궐에는 일본인 고문관이 들끓었고, 일본 훈련관들이 조선 군대를 교련시켰으므로 이들의 명령에 따르고 있었다. 일제는 간교한 육군 중장 삼포오루를 주한 일본 영사로 파송하여 왕비 시해 임무를 주었다. 그는 자기 조국을 위해 어떤 일도 서슴지 않는 위인이었다. 1895년 10월 8일, 드디어 그의 명에 따라 일단의 일본 암살단 낭인들이 왕비 제거의 뜻을 품고 있던 대원군 사주로 궁정에 잠입, 민왕후를 시해했다. 아직 숨이 끊어지지 않은 왕후를 홑이불에 둘둘 말아 궁성 안 녹원(鹿苑)으로 옮겨 석유를 뿌려 재로 만든 만행을 자행했다.[208] 다행히 이 광경을 미국인 군사고문 다이 장군과 러시아인 기술자 사바틴이 목격했고, 이 사건은 이들을 통해 외부에 알려졌다.

왕후가 시해되었던 날, 게일 선교사는 감리교 선교사 존스로부터 통역으로 와 달라는 연락을 받고 궁정으로 갔는데, 그때 고종의 모습을 다음과 같이 기록해 놓았다. "국왕이 처한 처참한 모습은 보기에 딱했다. 그는 흐느껴 울었다. 왕비를 일본 사람들이 죽였다(면서) '누가 이 비참에서 그를 구원할 수 있을까.' 그는 "머리털을 잘라 신발을 짜서 국모의 죽음을 갚는 사람에게 주겠노라"[209]고 뇌였다.

고종은 왕비를 살해한 무리에 의해 연금됐고, 궁내는 공포 분위기에 휩싸였다. 왕은 이 일로 인해 정신적으로 극도의 충격을 받았고, 시간이 가면서 더욱 자기가 다음 희생 대상자가 되리라는 생각을 떨쳐 버리지 못했다. 러시아, 영국, 프랑스, 미국 등 각국 공사가 매일 왕을 방문하여 위로했다. 언더우드는 미국 공사 통역을 맡았고, 때로는 러시아와 영국 관리의 통역 일도 수행했다. 왕비가 시해되고 나서 누구 하나 믿을 수 없게 되자, 고종은 음식조차 마음대로 먹을 수 없는 형편이 됐다. 음식 속에 언제 자신을 독살하기 위

---

208) F. A. McKenzie, *The Tragedy of Korea*, pp. 62~64, *Korea's Fight for Freedom*, pp. 55~56.
209) J. S. Gale, *Korean Sketches* (Edinburgh: Olimphant Anderson and Ferrior, 1898), p. 206.

한 비상이 들어 있을지 모른다고 의심했기 때문이다. 수라간에서 만든 어떤 음식도 거절하고, 자기 앞에서 직접 딴 깡통에 든 식은 음식이나 연유, 날달걀 요리밖에 먹지 못했다.

이런 형편에 처한 임금의 식사를 돕기 위해 언더우드 부인 릴리어스는 자기 집에서 음식을 만들어 얇은 양철로 만든 현금보관함에 넣은 후, 미국제 예일 자물쇠로 채웠다. 음식은 하인이 들고, 언더우드가 직접 고종께 열쇠를 전해 주면 그것을 열고 음식을 먹는 비극적이다 못해 희극적 장면이 연출됐다.[210] 고종의 음식 시중은 러시아 공사관에서도 한때 거들었다. 이런 일련의 일로 "선교사들이 왕의 생명을 구했다"는 소문이 파다하게 퍼져 나갔다.

선교사들은 일제의 만행을 일제히 비난했고, 선교 본부에 보고서를 보냈을 뿐 아니라 외부에 이 일을 알리는 데 진력했다. 이런 선교사들의 국왕을 위한 헌신적 노력은 국왕과 내각 대신들, 그리고 일반 백성에까지 널리 알려졌다. 선교사들이 곤경에 처한 국왕을 최선을 다해 보호하고 도와주는 사람들로 인식돼, 기독교를 애국충군 종교로 각인시키는 데 결정적 역할을 했다. 로마 천주교회는 무군무부 종교로 인식돼 엄청난 박해를 당한 데 비해 개신교는 애국충군 종교로 여겨져 을미사변 후 교인 숫자가 급격히 늘어났다.[211]

2) 고종 탄신 기념행사

선교사들의 애국충군 업적 중 왕실과 관계에서 빼놓을 수 없

---

210) 위의 책, 156쪽. L. H. Underwood, *Underwood of Korea*, pp. 147~148.
211) 예를 들어 을미사변이 일어났던 1895년에 장로교인 숫자가 불과 1천 명 미만이었으나 10년 후인 1905년에는 1만 명에 육박하고 있다. 徐明源, 『韓國敎會成長史』 이승익 譯 (基督敎書會, 1966), 56쪽.

는 일 중 하나는 고종 탄신일에 기념예배를 드리고 그의 만수무강을 빈 일이다. 고종의 생일은 9월 2일(음력 7월 25일)인데 언더우드는 1896년 국왕 탄신일에 이를 기념하는 예배를 드릴 계획을 세웠다.[212] 그는 이 행사를 통해 기독교가 애국충군의 종교임을 일반에게 알림과 더불어 전도 기회도 얻으려고 했다.

우선 많은 사람들이 모일 수 있는 장소를 물색하다 4대문 안에는 그런 건물이 없어, 서대문 밖 독립문 근처에 있는 약 1,000여 명 수용이 가능한 정부청사 사용 허락을 받았다. 단상을 세우고, 깃발을 달고, 배재학당 학생을 동원해 왕의 탄신 기념 기도회가 열린다는 선전을 하게 했다. 언더우드는 밤새워 전도지를 만들고, 기독교를 소개하는 소책자와 찬송가를 마련해 서울 전역에 뿌리게 했다. 당일에도 전도지와 책자들은 몰려든 사람들이 앞다투어 가져갔고, 먼저 가지려는 사람들에 의해 아우성이 터져 나왔다. 찬송가 중에 왕을 찬양하는 노래가 들어 있었다. 이 노래는 '피난처 있으니 환란을 당한 자 이리 오게' 찬송가 곡에 맞춰 불렀는데, 그 가사의 일단은 아래와 같다.

> 당신의 전능하신 힘으로 우리 국왕 폐하는
> 왕위에 오르셨습니다.
> 당신의 성령께서 우리나라를 지켜 주시며
> 당신이 붙들어 국왕으로 만수무강케 하옵소서.
> 조물주요 하늘의 왕이신 유일하신 주님 당신께
> 우리는 찬양을 드립니다.
> 모두가 당신께 경배드릴 때, 당신의 웃음 밑에서

---

212) L. H. Underwood, *Underwood of Korea*, pp. 163~167.

우리나라는 행복해질 것이며 부강하고 자유로워질 것입니다.[213]

　내각 각료들을 위시해 각계각층 인사들이 초청됐고 연사도 내정됐다. 주한 각 선교부 선교사도 모두 참석했다. 청사는 초청된 인사와 기타 구경 온 사람들로 가득 찼고, 예배는 정중하게 기도로 시작됐다. 연설이 있었고, 찬송가도 불렀다. 예배는 주기도문으로 끝났는데, 언더우드 부인은 "그런 웅장한 소리로 주기도문을 외우는 것을 들었을 때 전율을 느꼈다"[214]고 기록했다.
　국왕 탄신일을 기념하는 예배를 드림으로, 기독교가 애국충군의 종교이며 왕과 국가를 위해 기도하고 있다는 사실을 알렸다. 이 일을 통해 일반 국민에게 기독교에 대한 좋은 인식을 심어 주었을 뿐 아니라 전도 기회를 가진 것은 언더우드의 혜안이 아닐 수 없다.
　교회가 정치 문제에 직접 개입해서는 안 된다는 것은 교회 역사의 교훈이다. 교인 개인이 정치에 관여하거나 직접 정치가가 되는 것은 얼마든지 가능한 일이다. 그러나 교회가 조직적으로 정치운동을 하거나 정치 압력단체가 되는 것은 분명히 교회의 본분에 어그러지는 일이다. 따라서 선교사 개인이 국왕과의 인간관계로 정치 문제에 개입하고 국왕을 돕는 일은 선교사로서보다 어려움을 당한 이를 돕는 친구의 본분이다. 또 평소 친절을 베푼 이를 돕는 인간 본연의 모습이기도 하다. 따라서 을미사변이나 황제 생신 축하예배에서 보인 언더우드나 기타 선교사들의 모습을 교회의 정치 개입 문제로 보는 것은 지나친 확대해석이다.

---

213) 이 노래 全文은 『새문안교회 70년사』 (1958), 334쪽에 게재되어 있음.
214) L. H. Underwood, *Underwood of Korea*, p. 165.

2. 교회의 사회 개혁 활동

선교사들이 한국에 기독교를 전하면서 가장 주안점을 둔 일은 물론 복음 전파였다. 그러나 복음 전파가 전부는 아니었고, 후진된 사회를 개화하는 데도 많은 노력을 했으며, 결과도 크게 나타났다. 오랫동안 중국 문물을 답습해 온 조선은 선진 서구 문명을 받아들이지 않고 쇄국정책 일변도로 나가다, 강압에 억눌려 문호를 개방하고 외국 문물과 접할 수밖에 없었다. 그러나 오랫동안 유교사상의 인습에 젖은 한국인이 구각을 벗는 일은 결코 쉬운 작업이 아니었다. 그러나 변화하는 세대에서 언제까지 옛 모습을 지니고 살 수만은 없었다. 교회가 옛 인습을 벗기는 일에 앞장서 선도했다. 그 중 가장 중요한 일은 의료와 교육 개화였는데, 이 부분은 전에 언급했기에 제외하고 그 외에 몇 가지 중요 사항만 다루도록 한다.

1) YMCA 창립

기독교 복음이 한국에 들어와서 어떻게 사회 개혁에 이바지했는가를 다루기 전, 먼저 이 분야에 많은 공헌을 한 기독청년회 즉 YMCA의 창설에 대해 간단히 소개한다. 언더우드와 아펜젤러가 미국과 캐나다 YMCA에 한국에서 이 단체를 시작하기 위한 자금 요청을 했다. 그러나 회원과 지도자들이 구체화될 때까지는 자금 지원이 불가하다는 통보를 받았다. 그들은 회원 모집에 나서 150여 명에 이르는 회원을 확보하는 진척을 보였다. 그러나 국왕이 이 단체가 정치적 성격을 띨 것을 경계함으로 이 일은 중단되고 말았다.[215]

---

215) 송건호, "민족 수난기의 YMCA운동", 「韓國 Y.M.C.A. 運動史 1895~1985」 (대한

그 후 1901년 뉴욕의 국제위원회가 질레트를 한국 YMCA 총무로 파송했다. 질레트는 서울에서 배재학당과 한영서원 학생들과 함께 사업을 시작했다. 1903년 10월 28명 인사가 참석한 가운데 한국 YMCA가 공식 조직됐다. 선교사 게일이 초대 회장으로 선출됐고, 윤치호가 부회장이 되었는데, 그는 후에 첫 한국인 총무에 취임했다. Y에서는 고관 자제들이 사교와 친목, 교육을 받았을 뿐 아니라, 빈한한 가정 소년들이 주야간으로 교육을 받았다. 그들은 산업부에서 목공, 페인팅, 사진, 금속, 직조 등의 직업 훈련도 받았다. YMCA에서는 체육 교육과 여러 가지 운동을 소개하고 경기도 진행해, 청소년들의 좋은 사교와 훈련장이 됐고, 사회 계몽에도 많은 공헌을 했다.[216]

2) YWCA 창립

YWCA도 YMCA와 같은 목적으로 1857년 영국에서 시작됐다. 한국에 YWCA가 시작된 것은 3·1독립운동 이후 여자 전문학교와 중학교 안에서 비롯됐다. 1922년 6월 전국여자하령회가 개최됐을 때 조선여자기독청년연합회 기성회가 발족됐다. 이듬해 8월 34개 지방 YWCA 대표가 모여 서울 협성여자성경학교에서 연합회 창립총회를 개최하여 임원을 선출하고, 이어 1924년에 세계 YWCA에 가입하여 정식 회원이 됐다.

한국의 YWCA 운동은 YMCA와는 달리 순수 한국 여성들에 의해 창립됐고 주도했다는 특성이 있다. 물론 시기적으로 YMCA보다 늦

YMCA연맹, 1986), 9쪽.
216) A. D. Clark, *A History of the Church in Korea*, fifth ed. (Seoul: The Christian Literature Society, 1991), pp. 360~366.

게 창설된 원인도 있었지만 3·1독립운동 이후 한국에 일고 있는 강력한 민족주의 경향으로 외국 의존사상을 불식하고 자체 힘만으로 민중 계몽 사명을 감당하려는 열의가 내포됐다. YWCA 창설 목적은, 젊은 여성들로 하여금 하나님이 창조주임을 믿게 하며 온 인류는 하나님 안에서 한 형제 됨을 인정케 하려는 데 있었다. 또한 구세주 예수의 교훈을 생활에 실천함으로 평화롭고 정의로운 사회를 건설함에 두었다. 이 단체는 여성운동, 청년운동, 기독교운동, 회원운동의 특징을 갖는다.[217] 또한 YWCA가 주안점을 둔 첫째 사업은 종교적·교육적 출판물 간행이고, 둘째는 음주의 해독에 관한 교육 및 금주운동, 셋째는 공창반대운동 등이었다.

YWCA는 수양회, 하령회, 금주·금연운동, 생활개선운동, 공창폐지운동, 물산장려운동, 여성지위향상운동 등을 수행했다. 지방에서 올라온 여학생들을 위한 기숙사, 목욕탕 설립운동, 특히 농촌 지역 여성 교육 등 한국 여성의 인권과 사회적 지위 향상을 위해 YWCA가 어려운 여건 속에서도 이룬 업적은 다대하다.

3) 여성 인권의 신장

기독교가 들어와 직시한 한국사회의 가장 고질적 병폐 가운데 하나는 여성 차별이었다. 이는 물론 남녀를 차별하는 유교적 관습에 기인한 것인데, 이는 기독교 교리에 반하는 것으로 교회는 이 악습을 철폐하기 위한 노력을 경주했다. 장로교공의회가 여성의 인권에 관하여 결의한 다섯 가지 항목을 보면, '첫째는 남녀가 장성하

---

217) 손인수, 『원한경의 삶과 교육사상』 -H. H. 언더우드의 선교 교육과 한국학 연구- (연세대학교 출판부, 1992), 220쪽.

기 전에 혼인하는 일이오, 둘째는 과부가 두 번 시집 가랴는 거슬 금하는 거시오, 셋째는 교중 신도가 밋지 안는 이와 혼인하는 거시오, 넷째는 혼인을 매즐 때에 몬져 돈을 받는 거시오, 다섯째는 부녀를 압졔하는 일을 업시하자고 하는 일'이라 했다.[218]

한국인이 여성을 차별하는 가장 대표적인 악습은 양반이나 벼슬아치가 소실, 즉 첩을 두는 것이다. 엄격하게 일부일처제를 강조하는 교회의 가르침과 반대되는 이 제도를 교회는 처음부터 엄격히 금지했다. 소실을 정리하지 않은 자는 결코 세례를 받을 수 없었고 교회 정회원이 될 수 없었다.

여성 인권 신장을 위한 첫째 조건이 여성 교육에 있다고 판단한 선교사들은 여성 교육기관 설치에 치중해, 감리교가 먼저 이화학당을 시작한 일은 이미 언급한 바 있다. "집안이 흥함과 나라이 부함과 백성의 강함이 전국 녀인을 교육시키는 데 달녀거늘……"[219] 이란 말에서 보듯 여인 교육이 교회와 국가 장래에 커다란 영향을 미침을 강조했다. 황해도 평산 감바위교회에서는 '부부가 서로 존댓말을 쓸 것과 한 자리에서 식사할 것을 결정'[220]했다고 보고한다. 교회 안에서 부인에게 하대하거나 반말을 하는 것을 금하고 존댓말을 쓰게 하는 것도 당시로는 혁명적 일이 아닐 수 없다. 교회가 여아들을 교육해 상당한 성과를 거두었음을 다음의 글에서 볼 수 있다.

> 서울 연동 녀학당에 학도가 지금 이십 명인데 그 학교 규칙인즉 비

---

218) 「그리스도신문」, 1901. 10. 3.
219) "부인의 교육이 제일 급무", 「대한그리스도인회보」 광무 3. 2. 15.
220) 「그리스도신문」, 1901. 6. 20. Martha Huntley, *A History of the Protestant Mission in Korea*, 차종순 역, 『한국 개신교 초기의 선교와 교회 성장』(牧羊社, 1985), 160쪽 이하.

단 학문만 가라쳐셔 발신하게 하는 거시 아니라 마음으로 하는 공
부와 힘으로 하는 공부를 다 하는데 음식 만드는 일과, 바느질 하는
일과, 국문과, 국문습자와, 셩경을 날마다 외오는 공부와 풍유하는
공부와, 산슐과, 디리와, 력사와, 한문과, 한문 습자와, 화학과, 간
혹 체죠 운동하는 공부인대……디리와 력사도 잘 알거니와 산슐에
통분까지 알고 한문은 거의 이쳔 자 가량이나 아는 거슬 보니 우리
예수교 회즁뿐만 유익한 거시 아니라 우리나라에 크게 유익한 긔
초가 될 터히나 이거시 쥬 하나님 압혜 감샤한 거시라. 만일 엇더한
교우던지 딸을 학교에 너호랴 하면 일년에 당 오백 양식 드려 노흘
것 갓흐면 학교셔 먹이고 입혀 잘 교육 식혀 주나니 원하시는 이가
잇거든 셔울 련동 또틔 부인 앞으로 편지하시압.[221]

이미 살펴본 바와 같이 네비어스 선교 정책에서 부녀자들과 소
녀들에게 중점적으로 전도하라는 것도, 여인들에게 선교의 초점을
맞추고 여인들의 중요성을 인식했기 때문이었다. 남녀 차별 철폐
는 하나님께서 일남일녀를 지으시고 부부가 되게 하셨으며, 서로
돕고 존경하고 사랑하라고 하신 말씀을 근거하고 있다. 여성 인권
회복과 성차별의 철폐야말로 초기 한국교회가 이루어낸 값진 선교
의 결과 중 하나다.

4) 사회 신분제도 타파

한국사회는 유교 전통에 의해 사회 신분 계급이 뚜렷했다. 사농

---

221) 「그리스도신문」 1902. 4. 10. 이 학교는 1909년에 貞信女中學校로 개칭됐다. 『朝鮮예수敎長老會史記』 上, 196~197쪽.

공상(士農工商)의 신분 계급이 그것이다. 선비는 존대를 받고, 상업에 종사하는 사람은 천시하거나 하대했다. 더욱이 천민 계급, 특히 노비나 백정은 인간 이하 동물 취급을 해서 사고파는 물건과 진배없었다. 하나님께서 인간을 창조하실 때 결코 차등을 두거나 계급을 두지 않고 평등하게 창조하셨다는 점을 교회는 무엇보다 강조했다. 기독교가 한국에 들어와 이루어낸 사회 개혁 중에 인간 평등을 위해 애쓴 것만큼 큰 공헌을 한 것도 없다. 버려진 사람들에 대한 관심과 돌봄으로 고아, 병자, 신체장애자, 노약자 등에 적극적인 구호 활동을 폈고, 그들을 위한 사업에 최대 노력을 경주했다. 1894년 갑오경장 때 노비제도나 백정에 대한 차별을 법적으로는 철폐됐다. 그러나 현실에서 실현되지 않은 것을 교회가 앞장서 이들에 대한 전도를 강화하여 큰 반응을 일으켰고, 이에 따라 천대받던 많은 사람이 교회로 몰려나왔다.

    예수 믿고 평등사상을 실천한 예로 자기 종을 면천한 기사를 「그리스도신문」에 보도한 일이 있다.

> 우리 교인은 마귀의 종을 벗어나서 노임을 엇고 하나님의 자녀가 되었으니 하나님의 사랑하시는 동류를 종으로 부려 짐승같이 대접함이 올치 아니한 줄을 만히 깨달른지라. 전에 긔재하엿거니와 순안 박인시 씨는 그 종을 속량하야 딸을 삼았고, 평양 서촌 창마을 사는 리 씨는 주를 밋기 전에 일개 비자를 천여금을 주고 사다가 부리더니 자긔가 죄에서 속량되고 은혜로 하나님의 딸이 됨을 깨닷고 그 종과 하는 말이 내가 지금 주께 기도할 때와 성경 말씀을 생각할 때마다 너를 종으로 두는 거시 늘 마음에 불안하고 다시 팔자 한즉 인생을 참아 짐승과 같이 매매하는거시 하나님의 사랑하시는 뜻에 합당치 아니한즉 오늘부터 너를 속량한다 하고 문

셔를 내어 소화하고 친딸갓치 사랑한다 하니, 이 세상 사람의 동류를 종으로 부리는 사람에게 비하면 깁게 생각하고 넓게 사랑함이 몃 백층이 놉흔지라. 그윽히 착한 마음 생긴 거슬 궁구하면 하나님을 공경하고 예수 씨를 밋고 사람을 사랑하는 대로부터 나온 거시니 이런 거룩한 일을 우리나라 이천만 동포들이 마귀와 사람의 종을 속량할 본이 될 터이니 입으로만 사랑하고 모양으로만 개화한 사람의 마음을 곳치기를 바라나이다.[222]

기독교 신앙은 과거의 잘못된 사회관습이나 전통을 혁신하는 큰 힘을 갖고 있음을 볼 수 있다. 복음의 능력은 엄청난 재산 문서를 불지를 수 있는 위대한 힘을 발휘한다. 복음은 다이너마이트 같은 위력을 갖고 있음의 실증이다.

5) 노동의 신성 강조

유교가 한국인들에게 끼친 또 다른 악습 중 하나는 노동 천시다. 유교 전통에서 노동은 쌍놈 또는 천민들의 일이고, 양반은 글이나 읽고 시나 짓는 것을 귀한 것으로 여겼다. 이런 사회 환경에서 기독교는 이의 잘못을 지적하고 과감하게 노동의 신성을 역설했다. 노동의 신성을 일깨우는 '일 문답'이란 계몽 기사가 있다.

> 일 문답
>
> 문: 대한 풍속에 일하는 것이 좋은 거시뇨, 됴치 아니한 거시뇨?
> 답: 됴치 안케 녁이는 거시니라.

---

[222] 위의 신문, 1906. 5. 24.

문 : 엇지하여 그러한 줄 아느뇨?
답 : 사람이 서로 맛나 인사할제 "무엇 하시오?" 하면 대답이 "별노 하는 일 업다"고 하나니 이거슨 행셰하는 사람의 의례하는 말이어니와 셔양 풍쇽은 그러치 아니하야 만일 아모 일도 업다고 말하는 자가 있으면 크게 한심스러운 사람이 되나니라.
문 : 일하는 것을 됴치 못하게 녁이는 표가 또 잇나뇨?
답 : 잇나니 나즌 사람을 가라쳐 일군이라 하고……
문 : 엇더한 사람을 택하야 일을 가라치는 것이 올흐뇨?
답 : 왕의 아들브터 나즌 사람의 아들까지 가라칠지니라.[223]

노동의 신성을 강조한 교회의 계몽으로 한국 사회는 서서히 현대사회의 흐름에 동참케 됐다.

6) 조상 제사 문제

조상 제사는 로마 가톨릭 편에서 이미 살펴본 바와 같이 한국사회에 뿌리 깊게 내려오는 전통으로, 많은 사람이 이 문제로 피 흘리고 순교한 사실을 기억한다. 개신교회도 이 문제는 우상숭배 금지라는 교리적 면뿐 아니라 사회 개혁 측면에서도 강력히 계도했다. 교회는 이의 철폐를 위해 힘썼는데, 이는 효도의 제재가 아니고 우상숭배적 요인을 제거할 뿐 아니라 그 폐해를 없애려는 노력의 일환이었다.

이상에서 지적한 것들은 한국 사회에 만연된 폐습·폐풍으로 반

---

223) 위의 신문, 1901. 7. 14.

드시 개혁해야 될 중요 사안들이다. 이런 폐습들이 하루아침에 해결될 성질의 것은 아니지만, 교회는 꾸준히 이 일에 진력함으로 시간이 지나면서 많은 성과를 거뒀다.

7) 한글 전용

한국 초기 교회가 이룬 일 중 한글 전용만큼 위대한 업적도 드물다. 1972년 민족주의에 대해 여러 명저를 저술한 스나이더는 언어와 민족 동일성에 대해 다음과 같이 피력한 바 있다.

> 한 민족이 쓰는 단어나 문장, 단어의 형성, 그리고 언어의 리듬은 한 민족의 지적(知的)·감정적 질을 실제적으로 반영하는 것이다. 더욱이 언어를 통해 한 민족의 축적된 역사적 전통과 기억들은 한 세대에서 다음 세대로 전수되는 것이며, 이는 또한 다른 민족들로부터 구별되는 문화의 일치를 유지하는 데 도움을 주는 것이다.[224]

한글 전용은 이와 같이 한국 민족문화의 동질성과 일치성 유지란 측면에서 그 공헌이 다대하다. 1893년 서울 주재 장로교 선교사들은 문서 선교의 원칙에 대한 몇 가지 사항을 결정했는데, 그중에 중요한 것은 첫째로 가능한 빨리 성경을 번역한다는 것과, 둘째로 모든 문서는 '순수 한글'을 사용한다는 내용이다.[225] 언어학자들에

---

224) L. L. Snyder, *The Meaning of Nationalism* (Westport, Conn.: Greenwood, 1972), p. 95.
225) C. C. Vinton, "Presbyterian Mission Work in Korea", *The Missionary Review of the World* (September 1893), p. 671.

의하면 '세계에서 두 번째로 가장 좋은 글자'[226]가 바로 한글인데 한국인은 이를 오랫동안 천시하고 방치해 왔다. 그러나 선교사들은 이의 가치를 인정하고, 부녀자도 쉽게 배우고 읽을 수 있는 한글 전용을 원칙으로 채택했다. 이처럼 선교사들이 한글 전용을 추진한 결과, 시골의 아낙네들도 쉽게 한글을 깨우쳐 성경을 읽고 기독교 서적을 읽을 수 있어 전도와 민도를 높이는 데 결정적 견인차 역할을 했다.

선교사들은 한글을 공부하고 연구하는 데 절대 필요한 사전을 편찬하는 일에도 심혈을 기울였다. 언더우드는 처음 한국말 공부를 하는데 사전이 없어 큰 불편을 겪었던 점을 고려해, 5년 동안 각고의 노력을 기울여 『한어자전』을 1890년 요코하마에서 간행했다. 이 책은 두 부분으로 됐는데, 한·영, 영·한 편으로 양쪽을 동시에 볼 수 있게 편집됐다. 그가 이 작업을 하는 동안 겪은 최대 난제는 한글에 통일된 철자법이 없었던 점이다.

한국인들이 천대하던 우리 글을 선교사들이 그 가치를 인정하고 폭넓게 사용함으로 우리 글을 실용화했고 우리 문화에 대한 자긍심을 갖게 했으며, 우리 민족의 동일성을 각성시키는 데 큰 몫을 한 일은 높이 평가해야 한다.

---

226) H. G. Underwood, *The Call of Korea*, p. 71.

제3편

일제 치하의 교회

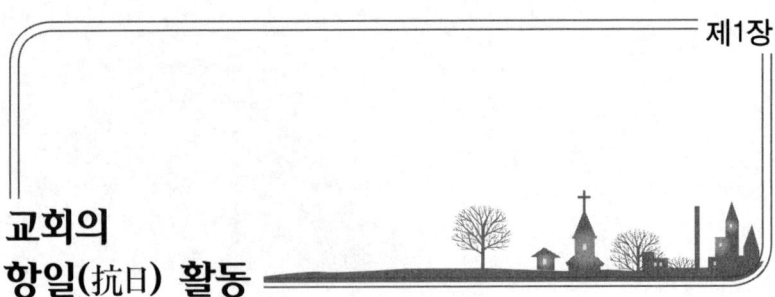

제1장
교회의 항일(抗日) 활동

1. 교회와 항일의 문제

끈질기게 한국 강점을 획책하던 일제는 1904년 8월 드디어 제1차 한·일조약을 체결했다. 조약 내용은, 한국 정부는 일제 추천을 받은 일본인 재정고문과 외국인 외교고문을 채용하고 주요 정책을 협의한다는 것이다. 협약에도 없는 궁내부, 내부, 학부까지 일본인 고문이 들어와 소위 고문정치가 시작됐다.[227]

이듬해 이등박문은 강압으로 제2차 한·일협약(을사늑약)을 체결해 외교권을 박탈함으로 한국의 식민화 야욕을 구체화했다. 이런 일제의 노골적 침탈 야욕이 표면화되자 이에 대한 저항 또한 필연적으로 나타날 수밖에 없었는데, 교회도 예외일 수 없었다.

---

227) 邊太燮,『韓國史通論』, 431~432쪽 참조.

한국 개신교회가 항일 교회가 될 수밖에 없었던 필연적 이유가 있었던가? 평범한 사람도 자기 나라가 외국 침략을 받아 식민지가 되고 동족이 수탈당하는 것을 목도하면, 매국노가 아닌 다음에야 분노하지 않을 수 없다. 같은 의분도 기독교인과 비기독교인들 간에 의분의 근거와 투쟁 방법에서 차이가 있다. 비기독교인들은 단순히 나라를 빼앗긴 의분과 원통함 때문에, 즉 국민으로서 자연 발생적 애국심에서 근거를 찾을 수 있다. 또한 그들은 독립을 쟁취하기 위해 그 어떤 수단과 방법도 불사한다.

그러나 기독교인의 나라 사랑은 일반인과 다르고 그 투쟁 방법도 다르다. 단순한 애국심의 발로가 아닌, 보다 깊은 기독교 신앙에서 연원하는 의분이다. 강대국의 약소국 침탈에 대한 하나님의 정의에 근거한 공분(公憤)이다. 즉 약자를 도와주고 고난당한 자를 사랑하라는 주님의 말씀에 근거해 일제가 저지르는 악에 대한 저항이다. 뿐만 아니라 투쟁 방법도 복음적인 방법, 즉 예수께서 가르쳐 주신 비폭력, 무저항으로 항일을 수행했다.

기독교인의 비폭력, 무저항 정신의 한 예로, 1907년 경우를 들 수 있다. 이 해에 헤이그에서 열린 만국평화회담에 이준 열사 등 밀사를 파송한 일로 일제는 고종 황제를 강제 퇴위시키고 왕위를 조선 왕조 마지막 왕 순종에게 양위하도록 억압했다. 이에 항거해 각지에서 의병운동이 일어났다. 의병운동은 처음 을미사변 직후 충청도 보은에서 비롯됐고, 갑오경장 때 단발령이 반포되자 전국 각지로 확산됐다.[228]

평양 지방도 의병운동이 파죽지세로 일어나다 급속히 자제됐는데, 그 이유를 1908년 장로교 선교회는 다음과 같이 기록했다. "지

---

228) 이것을 乙未義兵이라고 한다. 위의 책, 421쪽.

혜로운 교회 지도자인 길[선주] 장로가 그 일의 희망 없음을 간파하고, 백성에게 도망가지도 말고 저항하지도 말라고 설득했다……그러므로 그는 북쪽에서 이 혼란을 자제시킬 수가 있었고, 한국을 온통 피투성이가 될 운명에서 구출할 수가 있었다."[229] 길선주 장로의 이 같은 행위, 즉 의병들의 무장 폭동을 자제하라고 하는 충고가, 어떤 면에서 비애국적이고 일어나는 민중의 항일정신에 찬물을 끼얹는 행위처럼 보일 수도 있다. 그러나 길선주는 힘이 없어 일제에 의해 유린된 마당에 힘도, 무기도 없는 백성이 농기구만 갖고 막강한 무기로 중무장한 일본군을 상대로 싸우는 것은 무죄한 백성들이 피 흘리는 일만 되풀이될 뿐 수확이 없다는 것을 간파했다. 따라서 무력 항쟁보다 힘없어 나라 잃은 것을 자성하고 교육과 산업 증진을 통해 힘을 비축하며 때를 기다리는 길을 택하도록 권유한 것이다.

당시 상황으로 폭력적 방법으로 독립을 쟁취한다는 것은 불가능했다. 따라서 교회는 항일의 방법으로 무저항, 비폭력 길로 나갈 수밖에 없었다. 이것이 예수 그리스도께서 친히 가르쳐 주신 산상수훈 정신이요, 러시아의 톨스토이나, 인도의 간디, 근대의 미국 흑인 인권운동가 마틴 루터 킹이 지향했던 그리스도의 정신이다. 교회 항일투쟁은 이렇게 그 가닥을 잡아 갔다. 그러나 그것은 어디까지나 원론이 그렇다는 것이지 그 원론이 모든 그리스도인들에게 적용된 것은 물론 아니다. 따라서 반세기 가까운 일제 치하에서 교회가 경과한 투쟁 역사는 다양할 수밖에 없었다. 그것이 오늘에 있어 바람직하냐, 그렇지 못하냐 하는 것은 재평가돼야 하겠지만 어떻든 우리는 교회의 항일투쟁 역사를 짚고 넘어갈 수밖에 없다. 그

---

229) *The Annual Report, Presbyterian Church, North*, for 1907, p. 251, for 1908, p. 269.

것은 우리 교회에서 빼놓을 수 없는 역사의 한 단면이기 때문이다.

2. 신앙운동을 통한 항일-나라를 위한 기도회

무군무부의 종교로 낙인찍혀 온갖 수난을 겪은 천주교회와는 달리 처음부터 위군위민의 종교로 인식된 개신교는 일찍부터 애국심을 길러 왔다. 그런 기독교인들의 애국심 발로의 한 표현은 초기부터 태극기를 게양하는 것으로 나타났다. 미국 북장로교회 해외선교부 총무 스피어는 1895년 한국을 둘러보고 교인들의 애국심에 대해 다음과 같이 썼다.

> 한국교회의 가장 흥미 있고 두드러진 특징 중 하나는 그들의 애국심이다. 우리가 탄 볼품없는 연안선은, 어느 주일날 한국의 북부[의 어느 곳]에 우리를 내려놓았다. 대동강변을 따라 널려 있는 동네에, 대나무 끝에 작은 한국 깃발[태극기]이 매달려 휘날리는 것이 우리의 관심을 끌었다. 이 깃발은 그곳이 기독교인 주택 혹은 교회라는 것을 표시하는 것이다. 이것은 선교사들의 지시에 의한 것이 아니고 기독교인들 간에 자연스럽게 이루어진 행위이며 주일에 그들 주택이나 교회에서 애국적 표현을 한 행위였다. 그들은 이렇게 함으로 그날의 성격을 선포하며, 또한 그날에 대한 존경을 표시한 것이다.[230]

태극기를 게양하는 것은 당시 흔히 있는 일이 아니었다. 일반 대

---

230) R E. Speer, *Missions and Politics in Asia* (New York: Fleming H. Revell, 1898), p. 253.

중은 태극기가 있는 줄도 모르던 때다.[231] 그러므로 태극기를 거는 일 자체가 무척 희귀한 일일 수밖에 없었다. 그러나 교인은 주일에 태극기를 자기 집에 그리고 예배당에 거는 것으로 애국심을 표현했다. 교회 행사가 있을 때 태극기를 게양한 것은 교회 안에 일반화된 모습임을, 초기 교회 행사 때 찍은 사진을 통해 얼마든지 확인할 수 있다. 이런 모습은 애국 교회임을 보여 주는 한 단면이다.[232]

국가가 위기에 처했을 때 교회는 기도회 모임으로 국가를 염려하고 위하는 모습을 보여 줬다. 1905년 일제가 한국을 강압적으로 짓눌러 을사늑약을 강제해 민족은 고난의 가시밭길을 걷게 됐다. 이렇게 어려운 때 교회는 기도로 구원의 손길을 청했다. 그해 9월 장로회 공의회에서 길선주 장로는 나라를 위한 기도회를 발의했다. 공의회는 이를 받아들여 일주일을 전국 교회에 국가를 위한 기도 주간이라 선포하고 이를 실천했다. 같은 해 11월 을사늑약이 선포되자, 상동감리교회에서는 전덕기, 정순만의 인도로 매일 수백, 수천의 교인이 모여 국가를 위한 기도회를 개최했다.

1907년 7월 정미조약이 공포되고 고종이 강제 퇴위되는 어려움 속에서 한국을 위한 기도를 세계 교회에 요청해 세계 교회가 기도하는 범세계적 유대를 강화했다. 교회는 기도로 애국심을 다졌고, 기도회를 가짐으로 항일 태도를 구체화했다. 이에 일제는 기독교 신자를 항일의식을 선도하는 불순분자로 분류하고, 교회를 적대시

---

231) 태극기가 처음 제작된 것은 1882년 임오군란 후 일본과 제물포조약을 맺은 후 특명 전권대사 겸 수신사였던 朴泳孝가 일본으로 항해하던 중 明治丸 선상에서이다. 이것이 처음 게양된 것은 그가 머물던 神戶의 西村屋 건물 옥상이다. 고종 황제는 1883년 3월에 태극기를 국기로 선포했다. 『동아세계대백과사전』 4권 (1985), 항목 "국기"

232) *Missionary Review of the World* XXI-12 (December 1898), p. 931에 "해주에서 서울까지 모든 예배당마다 태극기가 게양되어 있다"고 기록돼 있다.

하기 시작했다. 일제는 "내부(內部)에서 십삼도에 훈령하되 기도하러 간 사람이 있거든 거주, 성명을 자세히 탐지하여 속히 보(報)하라"[233]고 명했다. 기도하러 가는 사람은 항일분자로 낙인찍혀 요주의 인물로 취급되기 시작했다.

3. 시위와 무장투쟁을 통한 항일

교인 중에는 항일을 단순한 기도회 개최 정도로 끝내지 않고 집단 시위 또는 폭력적 방법으로 표출한 이들이 있었다. 이들의 무장투쟁이 기독교 정신에 입각해 볼 때 잘못이라는 논쟁 가능성은 여기서 배제하고, 이들의 행적을 짚고 넘어갈 필요는 있다.

1905년 을사늑약이 선포되자 이에 격분한 교인들은 항쟁을 행동에 옮기기 시작했다. 엡윗청년회가 서울에서 모였는데, 이 모임의 명분은 교회 사업에 관한 것이었으나 실은 애국운동이 목적이었다. 이때 전덕기, 이준, 이동녕, 김구 등이 각지 대표로 참가했다. 이 회의에서 '도끼를 메고 상소'[234] 하기로 결의하고 1회, 2회로 4~5명이 연명으로 상소해 죽든지 잡혀 갇히든지 몇 번이고 반복하자는 결의를 했다.

이준이 지은 제1회 상소문을 갖고 떠나기 전에 일행은 상동교회에 모여 정순만의 인도로 기도회를 가졌다. 일동은 한 걸음도 물러서지 말고, 죽기까지 일심으로 수행하자는 맹약의 기도를 드리고 일제히 대한문으로 몰려갔다. 그러나 이들이 대한문에 당도했을

---

233) 「大韓每日申報」, 1907. 10. 5.
234) 김구, 「백범일지」 (범우사, 1995), 163~164쪽.

때 일경이 나타나 강제로 해산시켰다. 이날 민영환이 의로운 자결을 했고, 참찬 이상설이 자살을 시도했으나 미수에 그쳤다.

한편 우선 을사 5적을 처단하기 위해 전덕기 등이 평안도 장사들을 모집해 암살을 계획했다. 이즈음 평양 교인 몇이 상경해 을사늑약 철폐와 5적 처단을 요구하는 격문을 살포하며 시위를 벌였다. 일부 교인은 "2천만 동포에게 보내는 글"을 살포하다 일본 경찰과 충돌했다. 경기도 양주 홍태순은 고종이 일제에 의해 강제 퇴위된 것에 격분해 대한문 앞에서 자결했고, 교육자 정재홍은 이등박문을 암살하려다 실패하자 역시 자결했다.[235]

이런 항일운동은 국내에서뿐 아니라 해외에서도 진행됐다. 그 중 대표적인 것은 장인환과 전명운의 스티븐슨 격살 사건이다. 1908년 3월 21일 당시 일제 통감부 외교 고문으로 일제의 한국 강점을 여러 모로 도운 친일파 미국인 스티븐슨을 장인환이 샌프란시스코에서 권총으로 격살했다. 스티븐슨은 휴가차 귀국해 기자회견을 하는 자리에서 "한국 황실과 정부는 부패했고, 한국인은 우매하여 독립할 자격이 없다"라는 망발을 서슴지 않았다. 이에 격분한 재미 한인단체들은 이의 취소를 요구했으나 스티븐슨은 거절했다. 이에 격분한 장인환이 권총으로 그를 쏘아 살해했다. 이 사건은 세계적 뉴스가 됐고 장인환의 재판도 여론의 초점이 됐다. 결국 장인환은 금고 25년 형을 선고받았는데, 후에 감형돼 1924년 석방됐다. 이 사건을 계기로 미국 내 애국단체들이 통합해 '대한인국민회'를 조직하고 독립운동을 지원하는 영향력 있는 단체가 됐다.

우리 민족 독립운동사에 길이 잊을 수 없는 사건은 안중근의 이등박문 격살이다. 1909년 10월 26일 한국 강점을 러시아에 알리고

---

235) 鄭喬, 『大韓季年史』(國史編纂委員會, 1957), 255, 274쪽.

양해를 얻기 위해 러시아를 방문하고 돌아오는 이등을, 연해주 일대에서 의병운동을 지도하던 안중근이 하얼빈 역에서 격살한 사건이 터졌다.[236) 안중근은 황해도 해주 출신으로 18세에 천주교에 입교해 영세를 받은 천주교인이다. 천주교 신자로 살인한 행위에 대한 그의 입장을 다음에서 엿볼 수 있다.[237)

> 문: 그대가 믿는 천주교에서도 사람을 죽이는 것은 죄악이겠지?
> 답: 그렇다.
> 문: 그렇다면 그대는 인도(人道)에 반(反)한 행위를 한 것이 아닌가?
> 답: 교(敎)에서 사람을 죽임은 그 국(局)에 있는 자밖에는 할 수 없는 일이라는 것도 알고 있다. 또 성서에도 사람을 죽임은 죄악이라고 되어 있다. 그러나 남의 나라를 탈취하고 사람의 생명을 빼앗고자 하는 자가 있는데도 수수방관한다는 것은 죄악이므로 나는 그 죄악을 제거한 것뿐이다.[238)

그는 기독교인으로 살인이 잘못임을 시인하면서도 국가를 빼앗고 사람의 생명을 빼앗는 것은 죄악이므로 악을 제거했다고 천명했다.

다음으로 1909년 12월 이재명의 이완용 습격 사건이다. 명동성

---

236) 안중근의 사격술에 대해, "그는 어려서부터 돔방총이라는 짧은 총을 메고 날마다 사냥을 일삼아 청계동 군사들 중에 사격술이 제일이어서 짐승이나 새나 그가 겨눈 것을 놓치는 일이 없기로 유명했다"고 백범은 기록했다. 김구,『백범일지』, 54쪽.
237) 안중근이 이등박문을 살해한 이유를 그의 자서전『安應七 歷史』에서 다음과 같이 기록했다. 한국 민황후를 시해한 죄, 한국 황제를 폐위시킨 죄, 5조약(을사늑약)과 7조약(정미늑약)을 체결한 죄, 무고한 한국인을 학살한 죄, 정권을 강제로 빼앗은 죄, 군대를 해산시킨 죄, 교육을 방해한 죄, 한국인이 일본의 보호를 받고자 한다고 세계에 거짓말을 퍼뜨린 죄, 동양 평화를 깨뜨린 죄 등이다.
238) "被告人 安應七 第10回 訊問調書",『韓國獨立運動史』자료 6, 284쪽.

당에서 거행된 벨기에 황제 추도식에 참석하고 돌아오던 이완용을 군밤 장사로 가장한 이재명이 성당 앞길에서 어깨와 허리를 칼로 세 번 찔렀다. 그러나 호위 순사와 인력거꾼의 저지로 수포로 돌아가고 말았다.[239] 이재명은 평북 선천 출신으로 평양 일신학교를 졸업하고, 하와이에서 수학했다. 1907년 귀국해 블라디보스토크를 왕래하며 독립운동을 하던 중 국내 매국노 처단을 결심했다. 1909년 6월 평양 태극서점에서 안창호, 이동휘, 안태국 등 교인들이 모인 자리에서 이재명이 거사 담당자로 택정돼 이 일을 감행했다. 이재명 의사는 1910년 8월 서대문형무소에서 처형될 때 "예수가 거느리시니 즐겁고 태평하고나" 찬송을 마지막까지 부르며 운명했다는 기록이 남아 있다.[240]

그 후에 강우규, 이동휘 등도 테러 행위를 수행했다. 따라서 일제 식민통치 기간 중 줄곧 일제 당국자들과 그 주구들을 처단하려는 노력은 일부 기독교인들에 의해 꾸준히 이어져 내려왔다. 그러나 항일투쟁에 앞장섰던 인사들이 단순히 기독교인이라는 이유만으로 이런 사건을 기독교의 항일투쟁으로 일반화하는 데는 문제가 없지 않다.

4. 경제적 항일[241]

기독교인들의 항일은 경제적 측면에서도 나타났다. 특히 이 항일

---

239) 『獨立運動史 資料集』II, 475~478쪽. 인력거꾼은 현장에서 즉사했다. 김구, 『백범일지』 (범우사, 1995), 176쪽.
240) 李贊英, 『韓國基督敎會史總攬』, 329쪽.
241) 邊太燮, 『韓國史通論』, 424쪽 참조.

운동은 저항력이 강한 서북지방에서 빈발했는데, 이에 대한 구체적 형태는 조세(租稅)저항이다. 그 이유는 이곳이 기독교와 가장 먼저 접촉된 곳이고 조선조에서 백안시된 지역으로, 관리로 나가는 사람들이 적어 자연히 상공업에 종사하는 사람들이 많았기 때문이다. 따라서 세금 부담이 많아 조세 저항 요소가 많은 곳이었다.

일제가 한국 침략을 구체화하자 일본 상인들이 대거 밀려들어왔다. 그들은 가는 곳마다 여러 방법을 동원해 요지를 헐값으로 취득 또는 탈취해 자기들 상업 거점을 확보하고 영세한 한국 시장을 잠식해 상권을 장악하기 시작했다. 뿐만 아니라 전국 농토를 헐값에 사들이고, 경우에 따라서는 개발, 철로 건설 등 갖가지 이유를 붙여 농민의 생활 터전인 농토를 강점했다. 결과적으로 전체 농지 25%를 불과 3%도 안 되는 일본인이 차지했다. 이런 일제의 만행에 삶의 근거를 상실한 한국인들이 저항하는 것은 자연스러운 일이다.

1) 조세저항운동

가장 쉽게 그리고 구체적으로 서민이 할 수 있었던 경제적 저항은 일본 상품 불매운동과 조세 저항이었다. 대표적 경우는 평북 용천과 평남 순천에서 있었던 기독교 상인의 조세 저항이다. 1909년 4월 통감부는 시장세를 제정, 공포해 징세하기 시작했다.[242] 이에 대한 저항이 기독교인 중심으로 일어났다. 이 저항이 처음으로 일어난 곳은 평북 용천 양시 시장터였다. 이곳에서 기독교 지도자들을 중심으로 시장세를 거부하자는 운동이 확산됐다. 이 운동은 곧

---

242) 市場稅는 1909년 4월 法律 제12호로 發布된 새로운 稅目이다. 國史編纂委員會, 『韓國獨立運動史』 1권 (서울: 正音文化社, 1983), 510쪽.

인근 지역으로 퍼졌는데 그중 평남 순천지방 저항이 가장 격렬했다. 1910년 1월 이곳에서 순천읍교회 장로 최봉환의 지도로 상민회(商民會)를 조직해 시장세 거부운동을 전개했다. 후에 이 운동이 폭력화돼 일부 흥분한 상인들이 일인 상점을 부수고 방화했으며, 급기야 일인 수명을 살해하는 사건으로 비화됐다.

이런 조세저항운동은 서북지방 여러 곳으로 확산됐다. 이 운동은 일부 지방에서 선교사들이 뒤에서 사주하고 부추긴다는 일제의 판단이 기록으로 남아 있다. 그들의 기록에 의하면, 함경도 경성군에서는 기독교도들이 선교사들과 합세해 연초경작세와 주세를 거부했고, 또 세금을 수납하러 온 징세원을 폭행했다[243]고 돼 있다. 이것은 교회에서 금연, 금주를 철저히 권장하고 실천한 데 기인한 것이다. 함경북도 성진에서는 선교사 로스와 그리어슨의 지시에 의해 시장세를 거부했다고 주장했다. 실제로 선교사들이 그렇게 지시하였는지에 대해 관변(官邊) 자료 하나만으로는 물론 믿을 수 없다. 다만 일제는 적어도 기독교인 저항을 선교사들의 사주에 의한 것으로 판단했다는 증거가 된다.

이런 교인들의 조세 저항에 대해 "교회에 희사금(헌금)으로 1년에 16만 원씩이나 기쁜 마음으로 내는 자들이 1, 2전 하는 시장세에 불만을 품고 폭동을 일으키는 것은 미국인들의 종용"[244]이라며 그 책임을 선교사들에게 돌렸다. 평남 진남포에서도 통감부의 징세에 순응하는 것은 결국 나라를 망치는 일이라며 기독교인 중심으로 납세거부운동을 전개했다고 당시 일본 공사관이 기록하고 있다.

---

243) 「日本公使館記錄」, 1909. 11. 6.
244) 國友尙謙, 「105人 事件 資料集」第二卷, 323~334쪽.

2) 국채보상운동(國債報償運動)

경제저항운동에서 빼놓을 수 없는 것은 국채보상운동이다. 일제는 한국에 통감부를 설치한 후 금융을 독점했고, 자기들 계획을 수행하기 위해 여러 시설을 갖추기 시작했다. 도로를 신설, 보수하며, 고용한 사람들의 인건비 지출을 위해 열악한 재정 상태에 있던 조선 조정에 차관을 제공했다. 이렇게 강압적으로 떠넘겨진 빚을 갚아야 독립을 쟁취할 수 있다고 판단한 선각자들 사이에서 국가 채무 변제 운동이 일어났는데 이 운동을 일컬어 '국채보상운동'이라 한다.

이 운동이 처음 시작된 곳은 경북 대구다. 출판사 광문회 사장 김광제와 서상돈 등이 중심돼 국채보상기성회를 조직한 데서 비롯됐다. 이 운동은 주로 금주, 금연운동이 주축을 이루었다. 노동자들이 중심이 되어 외채를 진 것은, 민족의 수치요 경제적 몰락을 면치 못할 것이라는 자각에서였다. 당시 일본이 한국에 떠넘긴 빚은 1906~1907년 이태 동안 1,300만 원에 이른다.[245] 국가가 빚을 지고는 결코 자주독립을 할 수가 없으므로 온 국민이 국채상환운동을 해야 한다는 취지다. 2천만 국민이 3개월간 금주, 금연해 모은 돈으로 국채를 해결하자는 방안이었다.

이 운동은 초기부터 금주, 금연을 엄격한 신앙생활 훈련으로 실천해 오던 교회의 지침과 맞물려, 교회는 애국운동의 한 방편으로 이 운동에 적극 나섰다. 국채보상운동 본부를 서울 YMCA에 설치하고 사경회, 강연회, 토론회, 음악회 등을 통해 교인 상대로 모금운동을 전개해 나갔다. 이에 호응해 전국 교인이 헌금을 보내 이

---
245) 「大韓每日申報」, 1907. 2. 21.

운동은 큰 성과를 거두었다. 또한 이에 호응해 여러 기독교계 단체들이 구성됐는데, 서울여자교육회, 진명부인회, 대한부인회 등을 비롯하여 지방에서도 선천의성회, 안악국채보상탈환회(脫環會), 제주도 삼도리부인회 등이 결성됐다. 이 운동에 고종 황제까지 호응해 친히 담배를 끊고 격려금을 하사해 주었다. 고급 관료, 지식인, 상인, 인력거꾼, 기생, 백정 등 하층민에 이르기까지 이 운동이 확산됐다.[246]

3) 탈환회(脫環會) 및 패물폐지회(佩物廢止會)운동

여성이 중심되어 벌였던 탈환회에 대해 언급하고자 한다. 탈환(脫環)이란 글자 그대로 '반지를 빼다'는 의미다. 국채보상을 위해 반지를 빼 바치자는 운동이다. 이 운동의 방법과 의의를 취지문에서 다음같이 밝혔다.

> 우리 각 사람이 몸 둔 곳은 나라이라……나라 한번 망하고 보면 당상(堂上)에 늙은 부모는 장차 어느 곳에 장사하며 강보의 어린 아이는 장차 뉘의 종이 될는지요……국채 1,300만 원을 갚을 방침은 우리 동포 마음에 있는 줄 압니다. 대범 2,000만 중 여자가 1,000만이요, 1,000만 중 지환 있는 이가 반은 넘을 것이니 지환 한 쌍에 2원씩만 셈하면, 1,000만 원이 여인의 수중에 있다고 불 수 있으니……깊이깊이 생각하면 못할 일이 아니오니 어서 속히 결단하여 지환을 바침으로 국채를 갚는 날은 나라의 행(幸)이요 생명의 행이외다.[247]

---

246) 주선애, 『장로교 여성사』(여전도회전국연합회, 1979), 76쪽.
247) 「大韓每日申報」, 1907. 2. 23.

또한 패물을 폐지하자는 패물폐지부인회 취지서에서는 이렇게 말했다.

> ……2,000만 중 1,000만이 여자가 될 터인데 저마다 전재(錢財)는 충족하지 못하나 3원 이상 값이 되는 금, 은, 패물 등속은 있을 터이온즉 갹출하면 3,000만 원 가량이라. 1,000만 원으로 국채보상, 1,000만 원으로 은행 설립, 1,000만 원으로 학교를 창설하면 조국에 이익됨이 소소한 패물에 비하리오……패물이라는 것은 매일 소용되지 못하고 의장 속에 일 푼의 이식(利息)도 생효치 않고 혹시 차고 보면 심히 무겁고 옷을 상하니 없어도 무방할 것이외다……우리 국민이 남의 빚을 산같이 지고 패물을 차는 것은 발가벗고 은장도 차는 격이라 발기인 일동은 약간의 패물을 연조하여 패물폐지회를 조직, 취지를 선전하옵니다……[248]

이렇게 교회 여성들이 반지를 빼고, 패물을 모아 나라 부채를 갚고 은행도 설립하고 학교도 세워 국가의 내일을 기약한 것은 참으로 가상한 일이 아닐 수 없다. 이렇게 모인 성금은 1908년 5월까지 모두 231만 원에 이르렀다.[249]

그러나 일제가 이런 시민운동을 그대로 방치할 리 없었다. 이를 항일운동으로 간주한 저들은 운동 저지를 목적으로 성금의 일부를 보관하고 있던 「대한매일신보」 총무 양기탁 등 여러 지도자를 공금횡령이란 터무니없는 죄를 뒤집어씌워 재판에 회부하는 등 노골적으로 방해했다. 비록 일제의 탄압으로 이 운동이 오래 지속되지 못

---

248) 위의 신문.
249) 이정식 편, 『韓國獨立運動史』(正音文化社, 1983), 175~176쪽.

했지만, 합법적이고 복음적 방법으로 교회가 항일운동을 전개한 투철한 정신을 보여 준 예다.

4) 감선회(減膳會)운동

여성들은 또한 감선회를 조직하였는데, 이는 식사 때 반찬을 줄여 먹는 운동이다. 감선은 본래 국난을 당했을 때 임금이 삼가고 절제하는 모습을 백성들에게 보이기 위해 반찬 수를 줄이는 것이다. 교회는 이 운동을 통해 가난하고 어려운 나라에서 교인들이 사치스럽게 찬을 여럿 놓고 먹는 것을 경계하고 절약 정신을 보여 주었다. 부산 사천리에서 조직한 감선회 취지문을 보면, 여인들의 나라사랑 정신이 진솔하게 표현되어 있다.

> 나라가 있어야 백성이 있고, 백성이 있어야 나라가 있는지라. 외채 1,330만 원을 갚지 못하면 우리 대한 강토 삼천리를 보존키 어려워라……충군애국지심이 어찌 남녀가 다르리요. 우리가 살림을 절용하여 조석 반상기에 매일 3~4푼만 감하여도 일월지간에 남는 것이 신화(新貨)가 10전 가량이나 될 것이니 다소를 불구하고 성심 협력 국토를 안전히 하옵시다.[250]

5) 물산장려운동(物産獎勵運動)

경제적 항일운동 중 다른 하나는 1920년 7월 평양에서 고당 조만식 장로에 의해 주도된 물산장려운동이다. 이 운동은 평양의 기독

---

250) 주선애, 『살며 섬기며』(두란노서원, 1986), 137쪽에서 재인용.

청년 지도자와 사업가, 그리고 여성계 지도자 50여 명이 발기해 비롯됐다. 이 운동은 민족 단결, 협동정신, 상부상조, 생활 개선 등 다양한 목적을 갖고 출범했는데 그중 국산품 애용운동이 주축이다.

또한 조만식은 전통 한복을 개량해 활동하기 간편한 옷을 만들어 입었고, 말총모자, 짧은 수목두루마기와 편리화를 착용하고 보급시켰다. 또한 짚신을 신고, 머리를 짧게 깎아 본을 보여 '한국의 간디'란 별명을 얻었고, 일반 대중에게 국산품 보급과 생활 개혁을 통해 항일정신을 불어넣었다.

교회 항일은 일제가 이 강토를 강점하기 시작한 때부터 1930년대 말 신사참배를 강요해 우상 앞에 무릎을 꿇을 때까지 지속적으로 이어 내려왔다. 비록 변절자, 친일분자도 적지 않았지만, 생명을 내놓고 끝까지 신앙의 절개를 지키면서 조국과 신앙을 지킨 지사와 순교자들이 우리 교회 안에 유유히 그 맥을 이어옴을 볼 수 있다. 방법론에 있어 다소 차이가 있었고 비복음적 요인도 없지 않았지만, 애국이라는 공통분모만은 결코 잊지 않으면서 교회는 해방의 그날까지 새벽을 기다리는 파수꾼처럼 그 지리하고 고달픈 밤을 지새우고 있었다.

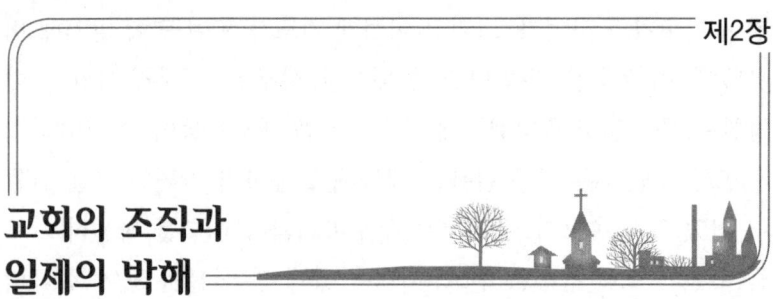

제2장

교회의 조직과 일제의 박해

1. 한국교회의 조직

1) 장로회신학교의 시작과 독립노회의 창립

한국교회 성장은 괄목할 만하게 진행됐다. 특히 1907년의 대부흥운동은 교회 성장을 빠르게 증진시켰다. 1901년 평양에서 사역하던 마펫은 자기 집 사랑방에서 평양 장대현교회 장로 김종섭, 방기창을 데리고 리 선교사와 함께 신학 교육을 시작했다. 이것이 오늘날 장로회신학대학교의 효시다. 평양 선교부는 6인 신학교육위원을 두고 '신학반'을 지도하게 했고, 1902년 신학 교육은 5년 실시를 결의했으며, 1903년에 조사(助事, helpers) 양성을 위한 특별 과정을 둘 것을 채택했다. 1904년 위원회는 다른 선교부에 신학 교육을 위한 교수요원 지원을 요청했다. 이에 따라 북장로교회, 남장로교회, 캐나다 장로교회에 여러 선교사가 평양에 오르내리며 교수로 활동하기 시작했다. 1920년대 후반에 이르러는 최초 한국인 교수 남궁혁과 박형룡도 가르치기 시작했다.[251] 신학반이 시작한 이래 학생이 계속 늘어 나 1915년에 250명이 넘어 당시 '세계에서 가장 큰 장로교 신학교'라는 말을 들었다.[252]

1907년 6월 20일 드디어 첫 졸업생이 배출됐다. 이때 졸업한 학생은 길선주, 방기창, 송인서, 한석진, 이기풍, 양전백, 서경조 등 7명이다. 첫 졸업생이 배출되는 때에 맞춰 4개 장로교 선교부의 정식 허락 하에 '대한장로회신학교'란 공식 명칭을 갖게 됐다.

졸업생 목사 안수를 위해 노회가 필요한데 아직 노회가 없었으므로 노회 창립의 당위성이 대두됐다. 이에 따라 미국 남·북 장로교회, 캐나다 장로교회, 그리고 호주 장로교회 선교부는 노회 설립에 합의하고, 본국 교회 허락을 받아 노회를 설립했다.[253] 마침내 1907년 9월 17일 평양 장대현교회에서 선교사 38명, 한국인 장로 40명, 도합 78명이 모여 창립 노회를 개회하고, 첫 노회장에 마펫, 부회장에 방기창을 선출했다. 이로써 장로교회는 산하에 목사 7명, 장로 53명, 교회 989개, 세례교인 19,000명, 전체 교인 70,000명을 둔 교회로 당당한 출발을 했다. 미국 남·북, 캐나다, 호주 장로교회가 하나의 장로교회를 이룬 것은 뜻 깊은 일이 아닐 수 없다.

노회는 먼저 만국장로교공의회에 한국 장로교 노회 창립을 통보하기로 하고 안식년으로 귀국한 선교사에게 이 일을 위임했다. 또한 선교사를 파송하고, 노회 설립을 허락해 준 미국 남·북, 캐나다, 호주 장로교회 본부에 감사 편지를 보낼 것도 결의했다. 초대 선교

---

251) H. A. Rhodes, *History of the Korea Mission*, p. 440.
252) 위의 책.
253) 「大韓예수教長老會獨老會錄」, 3쪽.

사로서 당시 미국에 가 있던 언더우드에게 노회 창립을 알릴 것도 결의해 선배 선교사에 대한 예우도 잊지 않았다.

"선교 없는 교회는 교회가 아니다"[254]라는 말에 따라 새로 설립된 노회는 전도부를 설립했다. 첫 사업으로 7인 목사 중 이기풍 목사를 제주도에 파송했다. 1909년 제2회 졸업생 최관흘 목사를 블라디보스토크(海蔘威)에 파송해 선교한 결과 50여 교회가 창설돼 노회가 창립됐다.[255] 같은 해 1회 졸업생 한석진 목사는 동경에 파송돼 유학생을 상대로 전도해 많은 성과를 올렸고, 감리교회와 현지 선교부와 협력해서 초교파 선교를 실시해 마침내 교회를 설립했다.

평양 여전도회에서는 1909년 이선광을 제주도에 파송해 이기풍 목사를 도와 5년간 전도하게 했다. 또한 미주 지역, 즉 캘리포니아와 멕시코에 사는 동포들을 위해 방화중 목사를 파송했다. 이런 전도 사업에 대해 『장로교회사전휘집』에 "나이 어린 조선 교회로서는 이적(異蹟)스러운 일이라 아니할 수 없다"[256]고 찬하했다. 노회는 전국을 함경, 평북, 평남, 황해, 경충, 전라, 경상 등 7대리회(代理會)로 나누어 노회 위임 사항을 처리케 했다.

2) 장로교회 총회 창립과 해외 선교의 시작

1907년 독노회가 창립된 이래 교회는 어려움 속에서도 꾸준히 성장했다. 1910년 한·일 병탄과 1911년 105인 사건 등 교회 안팎에 민족사적 수난이 휘몰아쳤지만 교회는 의연히 그 사명을 감당했다. 그동안 전국 교회를 한 노회 안에 둔 것을 1911년에 전국 7대리회를

---

254) S. A. Moffett, *The Christians in Korea*(New York: Friendship Press, 1962), p. 346.
255) 『長老教會史典彙集』, 101쪽.
256) 위의 책.

7노회로 조직하고 총회 창립을 준비했다. 창립 총회는 1912년 9월 1일 주일, 독노회장 레이놀즈 목사의 성찬식 집례와 설교로 개막됐다. 준비기도회는 오후에 5천 명 이상 교인이 운집한 가운데 평북 선천 김석창 목사 설교로 진행됐다. 역사적 창립 총회는 예배를 드린 다음날 9월 2일 오전 9시에 평양 장로회신학교에서 개최했다.

초대 총회장에 언더우드가 선출됐고, 부회장은 1907년 대부흥운동의 기수 길선주 목사가 선출됐다. 총회 창립으로 한국 장로교회는 이제 세계교회의 일원이 됐다. 총회 창립을 축하하기 위해 세계 장로교회와 중국 산동성노회, 일본 기독교회 그리고 만국장로교연맹(현재 세계개혁교회연맹) 등에서 축전을 보내왔다. 또한 총회는 그 창립을 만국장로교회연맹과 각국 장로교회 총회에 통고했다. 이제 명실 공히 한국 장로교회는 세계 장로교회와 세계교회의 일원이 됐다. 비록 국가는 일제에 독립을 빼앗겼지만 교회는 오히려 당당한 독립기구로 세계 교회와 어깨를 같이 하는 경사를 맞았다. 교회는 법으로 200명 총대 중 선교사 숫자가 40명을 넘지 못하게 못 박아 교회 독립을 강화했다. 이제 교회는 더 이상 선교사들이 좌지우지할 수 있는 처지가 아니었다. 한국 목사, 장로들이 절대 다수이므로 한국교회 지도자들이 교회를 책임지고 이끌고 가야 하는 책무 또한 지워졌다.[257]

총회가 창립된 후 수행한 첫 번째 일은 해외 선교부 조직이다. 독노회가 설립된 당시 이기풍 목사를 제주도에 파송하고 나서 국외의 서간도, 만주, 동경, 시베리아, 미국, 멕시코에까지 전도인들

---

[257] 총회 조직 당시 교세는 목사 128명(선교사 포함), 장로 225명, 강도사 6명, 조사 230명, 남전도인 46명, 여전도인 70명, 매서인 128명, 세례교인 53,008명, 유아세례인 5,431명, 학습교인 26,400명 등 총 127,228명이었다. '쥬후일천구빅십이년 죠선예수교장로회총회총계,'「大韓예수敎長老會總會 第1回 會錄」, 별첨 참조.

을 파송했다. 그러나 이런 일은 해외에 거주하는 우리 동포를 위한 일이지 이민족 선교는 아니기 때문에 엄격한 의미에서 해외 선교는 아니다. 그러나 이민족에게 선교사를 파송하는 일은 교회의 존재 확인으로 국가가 없어지고 한국인이 일본인처럼 취급 받던 때 한국의 정체성을 갖는 최선의 방법이었다.

1970년 미국의 저명한 교회사가이자 시카고대학교 교수인 마티 교수가 "국가의 정체성과 선교는 밀접하게 연결돼 있다"[258)]고 한 말은 바로 일제 치하에 있던 한국교회의 해외 선교 수행에 적확하게 적용되는 말이다. 총회는 해외 선교지를 중국 산동성 내양현으로 정하고 첫 선교사로 김영훈, 사병순, 박태로 등 세 목사를 이듬해 파송하기로 결정했다. 한국 목사의 산동성 선교는 서양 선교사보다 무척 용이했는데, 한국 목사는 한자를 읽고 쓸 수 있어 의사소통이 가능했고, 언어도 한자음과 비슷해 쉽게 습득할 수 있었기 때문이다.[259)]

해외 선교비는 전국 교회가 감사주일 헌금 전액을 전도국에 보내 충당하기로 했다. 산동성은 공자와 맹자가 태어난 고장으로 미국 선교부가 유일하게 선교에 큰 어려움을 겪던 곳이다. 우리 총회는 남들이 성공한 곳에 가는 것보다 실적이 없는 곳에 가는 것이 좋겠다고 여겨 그곳을 택했고, 중국교회도 이곳을 천거했다.

모든 제도와 문물을 중국으로부터 전수받았고, 배우기만 했던 한민족이 대국으로 섬겨만 오던 중국인에게 복음을 가르치는 일은 감격스런 일이 아닐 수 없다. 이 일에 대해 『장로교회사전휘집』에 "이는 조선교회가 선교 받은 지 28년 밖에 안 된 때였다. 실로 세계

---

258) W. S. Hudson, *Nationalism and Religion in America*, *Concept of American Identity and Mission* (New York: Harper and Row, 1970), p. 54에서 재인용.
259) G. T. Brown, *Mission to Korea*, p. 95.

에 유(類)가 업는 경이적 사실이 아니고 무엇이랴"[260]고 찬하했다.

산동 선교는 크게 성공해[261] 평도, 즉묵, 해양, 누하 등 5개 현으로 선교 구역이 확대됐다. 1932년에는 내양 남관교회에서 내양노회가 창립돼 중국교회 산동대회 산하 16개 노회 중 하나로 가입하는 성과를 거두었다. 이곳에서 선교를 시작한 지 30년 후 교회가 35개소, 교인이 1,716명으로 중국 선교 사상 최대의 기록을 남겼다.[262]

3) 감리교회의 조직

감리교회는 한국에서 장로교회와 동일한 시기에 선교했지만, 그 정치제도가 장로교회와 상이해 교회 창립도 달랐다. 미 북감리교회는 1897년 서울 구역회(Seoul Circuit)를 설치하면서 교회 조직을 시작했다. 이 구역회는 한국 선교회 산하 조직으로 있다가 1901년 3개 지방으로 분류됐다. 즉 인천을 중심한 서지방회, 평양을 중심한 북지방회, 서울을 중심한 남지방회다. 이 지방회 분립은 1905년 6월 한국선교연회(年會)로 조직이 확대됐다. 1907년 부흥운동을 경과하면서 이듬해 1908년 3월 정동교회에서 감리교회의 완전 조직인 '한국연회'가 창설됐다. 이 연회는 일본에 주재하던 해리스가 주재했다. 그는 한국교회 감독이 됐고 주한 선교사들은 모두 본국 교회로부터 한국 감리교회 연회로 이명해 한국 감리교회 회원이 됐다.

한편 미국 남감리회는 1897년 9월 지방회를 조직했다. 그때는

---

260) 『長老敎會史典彙集』, 102쪽.
261) 선교가 시작된 지 15년 후인 1928년에 수세자가 898명, 예배당이 13개, 기도처 20곳, 장로 10명, 전도사 15명, 244명의 학생을 수용하는 12개의 주간학교(Day School)가 있었다. G. T. Brown, *Mission to Korea*, p. 95.
262) 蔡弼近 편, 『韓錫晉과 그 時代』 (대한기독교서회, 1971), 94쪽.

중국연회에 속했으나 12월 한국 선교회로 독립했고, 1914년에 한국연회를 조직했다. 1918년에 맥머리 감독이 한국에 주재하면서 그해 10월 개성에서 정식으로 '한국연회'가 출범했다. 남·북 감리교회는 각자 조직을 운영하다 1930년에야 비로소 '조선 감리교의 합동과 조직에 대한 성명서'를 발표했다. 그해 12월 조선감리교회 창립 총회를 협성신학교에서 개최하고 남·북 감리교회가 하나로 통합돼 '기독교 조선감리회'가 됐다. 초대 통리사는 양주삼 목사가 추대됐다.

4) 성결교회의 시작

한국 성결교회는 장로교회나 감리교회처럼 세계적 기구의 교회가 아니고 '동양선교회'(OMS로 약칭)라는 기구가 '성결교회'란 이름으로 발전된 것이다. 따라서 성결교회의 모체는 동양선교회이다. 동양선교회는 1901년 동아시아 지역 선교를 목표로 일본 동경에 왔던 카우만과 킬보른 두 선교사에 의해 시작된 선교 단체다. 카우만은 미국 오하이오 출신의 전기 기술자다. 1894년 9월 시카고 무디 집회에 참석해 은혜를 받고 선교사로 나갈 결심을 굳혔다.[263] 그는 무디성경학교를 졸업한 후 감리교회에서 목사 안수를 받았다. 1901년 아내와 더불어 어떤 교회 소속이나 후원도 없이 유일한 재산인 부인의 피아노를 팔아 여비를 마련했다. 오직 하나님의 도우심만을 믿고 부인과 함께 동경에 도착해 방 한 칸을 얻어 '동양선교회 복음전도관'이란 간판을 걸고 전도를 시작했다.

---

263) L. B. Cowman, Charles E. Cowman, *Missionary-Warrior* (Grand Rapid: Zondervn Pub., 1928), p. 84.

1902년 카우만은 전 직장 동료 킬보른에게 함께 선교하자고 권했다. 킬보른은 친구 카우만의 전도로 신학을 공부하고 1902년 감리교회에서 목사 안수를 받은 사람이다. 킬보른이 동경에 오자 이들은 자신들이 공부한 시카고 무디성서학원의 본을 받아 성서학원을 개설해 전도자를 양성하며 전도에 힘썼다. 그들은 교파를 형성할 의향이 없었으므로 개종한 사람들에게 아무 교회나 가라고 권했다. 그러나 차차 추종자가 늘자 어쩔 수 없이 1904년 11월 전도관(교회)과 성서학원을 한데 묶어 '동양선교회'를 창설했다.[264] 선교회의 목적을 '동양 모든 나라에 순복음을 전하고자 함이라'고 천명했다.

한국에서 김상준, 정빈 두 사람이 와서 성서학원에 공부하고 귀국해 1907년 5월 서울 무교동에 기와집 한 채를 사고 '동양선교회 복음전도관'이란 간판을 걸고 전도를 본격화했다. 여러 사람이 서울 선교회를 위해 헌금을 해서 무교동에 예배당을 건축했고, 1911년 3월 성서학원이 무교동 전도관에서 '경성성서학원'(현 서울신학대학의 전신) 이름으로 시작됐다.[265]

1910년 12월 동양 선교 지부를 서울에 세우고 만국사도성경연합 명의로 파송된 영국인 토머스 목사가 초대 감독으로 내한했다. 1920년 킬보른이 한국 제2대 감독으로 내한하면서 교세가 확장됐다. 한국에서도 처음에는 교파 개념 없이 전도했으나, 추종자들이 늘어나면서 교회 형태를 취할 수밖에 없었다. 결국 1921년 전도관을 교회체제로 전환하고 '조선예수교 동양선교회 성결교회'라 명명했다.[266] 성결교회는 1932년 봉천과 하얼빈에 선교사를 파송해

---

264) 『韓國聖潔敎會史』(基督敎大韓聖潔敎會, 1992), 4쪽.
265) 위의 책, 95쪽.
266) 李泉泳, 『聖潔敎會史』(大韓基督敎聖潔敎會 出版部, 1970), 18~29쪽.

선교 구역을 확대했다. 그러나 1936년 성결교회에서 '대한기독교 하나님의 교회'가 분립하는 아픔도 있었다.

5) 구세군

구세군(The Salvation Army)은 영국 감리교 목사 부스(William Booth)와 그의 부인 캐더린이 창시한 종교 단체다. 19세기 영국 산업혁명 결과로 나타난 빈민들을 위해 전도, 자선 및 사회사업을 목적으로 출발했다. 부스는 1865년 런던에 본부를 두고 천막을 치고 전도에 전념했다. 본래 이 단체 이름은 '동런던 부흥전도단' 또는 '기독교 전도단'인데, 후에 부스가 "기독교인의 사명은 구세군이 되는 것이다"라고 한 말에서 1878년부터 '구세군'이라 부르기 시작했다.

구세군은 조직을 군대식으로 해 부스 자신이 대장으로 취임했다. 사업은 활발하게 진행돼 미국까지 확장됐고, 1895년 일본에 진출했다. 한국에는 1908년 10월 호가드 정령(正領) 일행이 내한해 새문안에 영(營)을 설치하고 개전(開戰:전도)함으로 사업을 시작했다. 그들은 항상 군인 제복을 입고 길거리에서 나팔을 불고 북을 치면서 사람들을 모아 전도하는 것으로 유명하다. 일제 말기에는 군복 착용으로 박해를 자주 받았다. 성탄절이 되면 길모퉁이에 자선냄비를 걸어 놓고 모금해 그 기금으로 빈민에게 음식을 제공하는 단체로 널리 알려졌다.

1909년에는 구세군사관학교(신학교)를 설립하고 사관(목사) 양성을 시작했다. 그들은 본래 사명인 가난 및 사회악과의 대결로 복음을 전했고, 고난 속에 살아가는 이 민족에게 꿋꿋한 정신으로 봉사했다.[267] 사회사업으로 애오개 소녀고아원을 경영했고, 일제 침략과 함께 밀려 온 사회악에 대항해 투쟁했다. 구세군은 호남지역 선교를 위해 전주에 교두보를 확보하고 로드와 그의 부인을 보내 선교하도록 했다.[268]

6) 침례교회의 조직

전술한 바와 같이 1900년 엘라 딩 선교회로부터 선교 활동 일체를 인수한 펜윅은 홀로 선교 사역을 이끌고 갔다. 그는 원산을 중심으로 선교하면서 1901년 엘라 딩 선교회 사역을 한국순회선교단과 병합해 선교 교두보를 확보했다.[269] 적극적인 전도와 선교로 교회가 성장하고 교인이 늘어나자 교회 조직의 필요를 느낀 펜윅은, 1906년 10월 충청도 강경의 강경교회에서 모든 사역자를 소집하고 대회를 열었다. 이때 교회 성격을 '인류의 선결은 화목이요, 그리스도인의 선결도 화목'이라 하고 조직 명칭을 '대화회'(大和會)라 정했다. 교단 명칭은 '대한기독교회'로 정하고 펜윅을 초대 감독(총회장)으로 선출했으며, 본부는 원산에 두기로 했다.

이 교회는 교단 명칭인 '대한기독교회'는 1910년 일제가 한국을 강점한 후 '대한'이라는 용어를 쓰지 못하게 억압하자 1921년 16회 대화회에서 '동아기독교회'로 바꾸었다. 그러나 이 이름을 사용한 지 10년 후에 펜윅이 '교회'라는 이름을 싫어해 1933년에 이르러 '동아기독대'(隊)로 바꾸었다. 그러나 후에 침례교회란 이름으로 최종 정리됐다.

---

267) 救世軍의 歷史는 張亨一의 『韓國 救世軍史』(救世軍大韓本營, 1975) 참조.
268) A. M. Nisbet, *Day In and Day Out in Korea*, p. 134.
269) 『韓國浸禮敎會史』, 54쪽.

2. 교회의 수난

1) 일제의 기독교 정책

일제의 종교 정책, 특히 기독교에 대한 정책은 줄기차게 탄압과 박멸로 일관했다. 물론 총독에 따라 다소 차이는 있었지만, 정책의 일관성에는 변함이 없었다. 1905년 을사늑약이 공포되면서 서울에 일제 통감부가 설치되고 이등박문이 초대 통감으로 왔다. 이등은 초기에 기독교에 대해 유화적 태도를 취했다. 그러나 그가 안중근에 의해 격살되고 1910년 한국이 일제에 병탄된 후 초대 총독으로 온 사내정의(데라우치)는 노골적으로 반 기독교적 태도를 취해, 앞으로 교회가 겪을 수난을 예고했다. 그는 일본에 있을 때 "한국 내 기독교가 정치에 간섭할 마음만 없다면, 신교의 자유는 존중되고 전도 활동도 보장된다"[270]고 말한 바 있다. 그러나 그것은 어디까지나 미국 선교사에게 한 말에 불과했다. 기독교에 대해 적대적인 일관된 그의 생각은 통치 기간의 행적을 통해 추적해 볼 수 있다.

그가 한국에 도착해 시행한 교회 정책은 구체적, 적대적, 그리고 파괴적인 것으로 나타났다. 우선 기독교 학교에서 민족의식을 고취한다고 판단한 그는 기독교 학교의 모든 학생에게 국가 축제일에 일본 왕의 사진에 절하도록 강요하기 시작했다.[271] 우상을 섬기고 절할 수 없다는 기독교의 가장 핵심 교리에 도전함으로 기독교와 대결을 시도했다.

일제는 1909년 '백만명구령운동'을 일제에 대한 교회의 조직적

---

270) H. Loomis, "The New Korean Governor and Missions", *The Missionary Review of the World* (December 1910), p. 952.
271) 위의 책.

항일운동의 전초전으로 인식했다. 사내정의는 이 운동이 정치 운동이라 억지 부리면서 신앙 활동에 제동을 걸었다. 그는 교회야말로 가장 강력한 항일 집단이며, 이 집단을 와해시키지 않는 한 효율적 조선 통치가 난관에 부딪친다고 판단했다. 이에 그는 한국교회 지도자들을 억누를 일련의 음모를 획책한다.

2) 105인 사건

105인 사건을 거론하기 전에, 일제가 왜 105인 사건이라는 허무맹랑한 음모를 꾸미게 되었는지 그 배경을 살펴볼 필요가 있다. 기독교가 일제의 한국 식민지 통치에 가장 장애가 되는 집단이라 판단한 그들은 기독교 세력이 가장 강한 황해도와 평안도 지방 교계 지도자들을 초전에 억압할 필요를 느꼈다. 이 지역은 일찍이 기독교를 받아들여 민도가 높았고, 교회가 서는 곳마다 학교를 세워 후세 교육에 열성을 다하고 있었다. 따라서 장로교회 계통 학교만 해도 1907년에 405개, 1908년에 561개, 1909년에 719개로 매년 150여 개 학교가 증설되고 있었다. 1908년 황해도에서 김구, 최광옥, 도인권 등 기독교계 인사들이 중심이 돼 '해서교육총회'란 단체를 만들어, 한 면에 한 학교를 세워 교육에 전념해 국민을 계몽할 것을 다짐했다.

그러나 이런 움직임은 일제의 눈에 항일을 위한 작업으로 인식됐고, 이를 박멸할 구실을 찾았다. 그 무렵 이등을 격살한 안중근의 동생인 명근이 서간도에 무관학교 설립 자금 모금 차 국내에 들어왔다 일경에 체포됐다. 일제는 안명근을 내란 미수죄로 기소하면서 해서교육총회 회원 전원을 체포하고 혹독한 고문을 가해 허위자백을 받아냈다. 이에 따라 안명근은 종신징역, 김구 등 7명은

15년, 기타 회원은 10년에서 5년까지 징역형을 선고했다. 40여 명은 울릉도와 제주도에 유배시켰으니, 이것이 '안악 사건' 혹은 '해서교육총회 사건'이다. 이로써 황해도 지방 기독교 유력 인사들을 척결했다.

이 일 후, 일제는 방향을 평안도지방으로 돌려 그곳 기독교 지도자 박멸의 음모를 진행했는데, 이것이 '105인 사건'이다. 105인 사건이란 위에서 언급한 바같이, 일제가 한국을 병탄한 후 기독교 세력이 항일정신에 충일해 있다고 판단해 기독교계 지도자들을 일망타진하려 한 음모였다. 초대 총독 사내정의는 전직 육군성 장관으로서 철저한 일본 제국주의 군대정신으로 무장한 사람이며, 한국 통치를 위해 경찰과 헌병으로 철저한 강권 통치 체제를 갖추었다. 그는 조선 통치를 위해 일본 무관 출신을 경무총감으로 임명하고 경찰과 헌병 통수권을 주어 한국을 큰 병영으로 만들어 군대식 통치를 수행하게 했다.

105인 사건은 경무총감이 획책한 사건이다. 그는 서북지방이 기독교 세력이 가장 강하고, 또 기독교 지도자들이 대거 몰려 있는 것을 간파했다. 따라서 서북지방 기독교 지도자들을 모조리 투옥시켜 처음부터 기독교의 세력을 짓눌러 버릴 계획을 꾸몄다. 평양지방은 당시 기독교 중심으로 막강한 지도력과 교세를 자랑했고, 자연히 항일적 요소가 짙게 배어 있어 일제에게 가장 신경 쓰이는 곳이기도 했다. 도산 안창호는 1907년 미국에서 돌아와 이곳에서 신민회란 비밀조직을 결성해 1) 국민에게 민족의식과 독립사상을 고취할 것 2) 동지를 발견하고 단합해 국민운동과 역량을 축적할 것 3) 교육기관을 각지에 설치하여 청소년의 교육을 진흥할 것 4) 각종 상업기관을 만들어 단체의 재정과 국민의 부력을 증진할 것 등의 목표를 세웠다. 신민회는 1910년에 회원이 수백이 넘는 튼튼한 단체로 성장했다.

　신민회의 취지에 따라 한국인에 의한 학교들이 강력한 민족주의 색채를 띠고 설립됐는데, 평양에는 안창호가 대성학교를, 평북 정주에서는 이승훈이 오산학교를 세워 철저한 항일정신을 바탕으로 민족 교육의 본거지를 삼았다. 선교사들에 의해 세워진 학교 중에서도 평양의 숭실학교, 평북 선천 신성학교는 민족정신이 강해 배일사상도 강했다. 이런 정황으로 보아 일제가 평안도 지방 기독교 세력을 쳐부술 계책을 세울 가능성을 넉넉히 짐작할 수 있다.

　일제가 만든 105인 사건은 '데라우치 총독 모살 미수사건'으로, 기독교계 지도자들이 총독을 살해하려는 음모를 꾸몄다는 각본이다. 그런데 이 사건 배후에 선교사 몇이 있어 조종했다는 터무니없는 시나리오도 만들었다. 그들이 꾸민 사건의 전말은 이렇다. 사내 총독이 1910년 12월 27일 압록강 철교 낙성식에 참석하기 위해 선천 역에 잠시 하차한 순간에 암살한다. 그 내용을 보다 구체적으로 살펴보면, 안태국, 이승훈 등 주도로 평안도 내의 유력자 60명과 선우혁이 인솔한 20여 명, 그리고 황해도에서 모여 온 20여 명이 실행한다. 선천 신성학교 교실 지붕에 숨겨둔 권총 5정을 가지고, 오후 1시 총독을 태운 기차가 선천 역에 잠시 정차할 때 하차한 총독을 환영객 속에 있던 살해범들이 그를 저격한다. 그러나 기차가 선천 역에 서지 않고 지나치는 바람에 뜻을 이루지 못했다. 이에 다음날 총독 귀경길에 선천 역에서 잠시 하차해 선교사 맥큔과 악수를 하는 순간 그를 격살하기로 작정했다. 그러나 경비가 너무 삼엄해 저격 순간을 찾지 못하고 결국 실패로 끝나고 말았다는 각본이었다.[272]

---

272) *The Report of the Korea Mission, Presbyterian Church U.S.A. Report of Syen*

이 각본에 따라 이듬해 정월부터 평안도지방과 전국에서 검거선풍이 휘몰아쳤다. 일제 검사 논고에 따르면 이승훈, 양전백, 윤치호, 강규찬 등과 장로 50명, 집사 80명을 포함, 이때 서북지방 교회 지도자 500여 명이 체포됐다.[273] 일제가 만든 각본에 따라 조작된 연극이어서 이들이 범죄를 획책했다는 증거가 있을 리 만무했다. 따라서 일경은 오직 고문을 통해 체포자들의 자백을 받아내는 길밖에 다른 도리가 없었다.

일제는 확실한 알리바이나 구체적 증거도 무시하고 재판을 강행해, 꼭두각시 재판부는 1912년 10월 양기탁, 이승훈 등 주모급은 10년, 그 외는 7년에서 무죄까지 언도했다. 이때 유죄 판결을 받은 사람이 105인이어서 이 사건을 '105인 사건'이라 한다.

105인 모두가 불복 상소해 고등법원에까지 가서 지루한 공방이 계속된 후 최후 판결이 나왔다. 일제의 엉터리 법정도 세계의 눈이 두려워 99명에게 무죄를 언도하고 소위 주모자급 6인에게만 징역 6년을 선고했다. 1915년 2월 이들이 천황 대관식 특사 형식으로 출소할 때, 평양역에 약 9천여 명 시민이 출영을 나와 국가와 신앙을 위해 고난의 가시밭길을 걸은 이들을 극진히 환영했다.

이 사건에서 간과할 수 없는 일은, 이 사건에 임하는 선교사들과 미국 본국의 역할이었다. 평양 거주 선교사들은 이 사건의 전말을 자세히 써서 본국 해외선교부 총무 브라운에게 보냈다. 브라운은 처음에 이 사건에 대해 소극적 태도를 보였다. 그러나 이 사건은 다른 통로를 통해 세계에 알려졌다. 황성기독청년회(YMCA) 총

Chun Station, 1912, p. 66 ff.
273) 金良善, 『韓國基督敎史硏究』, 105쪽. 체포된 자들의 숫자는 480명에서 700명까지 다양하나 尹慶老는 700명이라는 근거를 제시했다. 윤경로, 『한국 근대사의 기독교사적 이해』 (역민사, 1992), 178쪽.

무 질레트가 이 사건 전말을 중국에 있는 자기 친구에게 보냈다. 이 친구가 이것을「홍콩 데일리뉴스」에 기고해 외부세계에 알려지게 됐다. 이 기사는 곧 미국「뉴욕 헤럴드」,「더 썬」, 영국의「더 타임즈」, 일본의「재팬 크로니클」등에 연일 게재돼 세계 여론의 초점이 됐다.[274]

이제까지 소극적으로 나오던 미국 선교부도 공판이 진행되면서 사건의 허구성과 잔인무도한 고문의 실태가 폭로되자, 이 문제를 일제의 기독교 박해라는 차원에서 접근해 대통령, 국무장관, 의회 지도자들과 접촉하며 사건 해결을 위해 힘썼다. 브라운은 이 사건의 전말을 '한국의 음모'(The Korean Conspiracy Case)란 보고서를 작성해 미국과 기타 여러 나라 신문에 보도하도록 했다. 이런 선교부의 적극적 관여로 일제도 세계의 이목과 미국과의 관계 등을 고려해 이 사건을 2심에서 적당히 축소해 처리하는 방향으로 끝맺었다.

일제가 서북의 기독교 세력을 박멸하기 위해 저지른 이 서투른 조작극은 이렇다 할 성과도 없이 그렇게 마무리됐고, 일제의 비열함과 음흉함만 세계에 폭로한 결과가 되고 말았다. 이 사건은 일제가 기독교를 박멸해야만 식민지 통치가 용이하다고 인식했음을 보여 준다. 또한 교회가 항일 근원지라는 인식을 다시 한 번 확인하게 했으며, 교회는 또다시 고난과 역경 속에서도 꿋꿋이 자리를 지켰고, 어떤 외압에도 결코 굴복하지 않는다는 사실을 재확인해 줬다.

3) 기독교 학교의 탄압과 개정 사립학교 규칙

일제는 기독교에 직접 박해를 가할 경우 선교사들과의 직접적인

---

[274] 愼鏞廈,『韓民族獨立運動史硏究』(乙酉文化社, 1985), 131~134쪽.

충돌을 가져올 가능성이 있고, 이는 곧 미국 등 서구 국가들과의 불편한 관계가 형성될 수 있다는 염려를 해 그것은 가급적 피하려 했다. 대신 가장 효율적으로 기독교 세력을 억압하고 고사시키는 방법으로 기독교계 사립학교를 짓누르는 방법을 채택했다. 당시 한국교회 가정의 4만여 학령기 아이들 중 2만여 명이 교회에 속한 1천여 학교에 다니고 있었는데 이는 앞으로 기독교 교육을 받은 많은 지도자들이 배출된다는 의미로, 일제로서는 조선 통치에 커다란 부담이 되지 않을 수 없었다.

  이에 총독부는 기독교 학교를 그들 손아귀에 넣고 통제하기 위해 1915년 3월 '개정 사립학교 규칙'을 공포했다.[275] 규칙의 내용 중 학교의 설비를 확충하며 선생들을 보완하고 그들의 질을 향상시키라는 것은 학교를 위한 타당하고 좋은 내용이라 볼 수 있다. 그러나 기독교 학교로서는 건학의 목적인 '성경 교육을 정규 시간에서 빼고, 종교의식 즉 예배를 철폐하라'는 것은 학교 존립과 관계되는 문제였고, 기독교 교육을 기독교 학교에서 없애버리려고 하는 의도가 분명히 드러났다. 시설을 보완할 기간을 10년으로 정해 시간적 여유는 있었으나, 문제는 성경 교육과 예배의 철폐를 종용하는 수단으로 이 법을 만들었다는 흑심에 있었다. 총독부의 핑계는 그럴 듯했다. 교육은 국가가 할 일이고 선교사들은 종교 포교에나 힘쓰라는 것이다. 교육은 충실한 제국의 신민을 만드는 일이라 강변했다.

  교육과 종교는 일치하지 않는다는 논리였다. 종교는 세계적이지만, 교육은 국가적이라는 단견이다. 교육은 자기 국가에만 충실한 사람을 만들 뿐 아니라, 세계 만민을 위해 일하고 봉사하는 사람

---

275) 이 규칙에 대해서는 高橋濱吉『朝鮮教育史考』(京城: 帝國地方行政學會, 1927), 423~425쪽 참조.

을 만든다는 일반적 교육 원리를 몰각하고 있었다. 국가에 충실한 인간만을 위한 교육은 결국 히틀러에게 충성을 바치는 나치스의 철학이나, 국가와 일왕을 위해 죽으라는 가미가제의 철학이 나올 뿐이라는 사실을 저들은 까맣게 몰랐던 것이다. 국가만을 위한 외곬의 교육은 무수한 국수주의자만 양산하고, 결국은 그들에 의해 인류가 파멸의 구렁텅이로 몰입한다는 사실을 이해하지 못했다. 기독교 교육이야말로 가장 위대한 애국자와 사해동포주의자를 만들어내는 길이라는 것을 저들은 몰랐고, 또 그런 교육이 결국 독립의식을 고취시켜 항일적 인사를 양산한다고 보았음에 틀림없다.

이 사립학교 규칙은 기독교 학교에 커다란 시련을 안겨 주었다. 그 원인은 몇 가지가 있었는데, 첫째는 학생들의 강력한 요구였다. 관립학교 학생들은 좋은 시설에서 좋은 교사들 밑에서 교육을 잘 받았을 뿐만 아니라, 졸업 후에도 좋은 직장에 취업이 보장돼 있었다. 따라서 관립학교보다 열악한 교육환경과 졸업 후의 진로가 보장되지 않은 기독교계 학교에 대한 불만이 가중돼, 연일 규칙대로 하라며 스트라이크를 벌여 휴교 사태가 연발했다.

또 한 가지는 선교부들 간의 이견이었다. 만일 모든 선교부와 학교들이 혼연일치로 이 문제에 총독부와 대치했다면 결과는 달랐을 것이다. 그러나 감리교회와 장로교회 선교부와의 의견이 달라, 결과적으로 장로교회가 더 큰 어려움에 봉착했다. 감리교회 선교사들은 학교가 폐교되는 것보다 총독부의 규칙을 지키면서 교육을 계속하는 것이 더 낫다는 생각을 했다. 따라서 이들은 빠른 시일 안에 규칙을 따른다는 원칙을 세우고 총독부에 인가 신청을 하고, 학교명도 '고등보통학교'로 개칭했다.[276]

---

276) 朝鮮總督府, 學務局, 『朝鮮諸學校一覽表』(1927. 5), 337~343쪽. 공주의 永明과

그러나 장로교회는 생각이 달랐다. 기독교 학교의 존재 의미는 학교에서 성경을 가르치고, 예배를 드림으로써 학생들에게 기독교 정신을 넣어 주고 궁극적으로 기독교인을 만든다는 것인데, 만일 성경 교육도, 예배도 드리지 못한다면 학교의 존재 의미가 사라진다고 보아, 끝까지 인가 신청을 거부했다. 한 걸음 더 나아가 신사는 종교가 아니고 국민의례이므로 모든 학교 행사에서 학생들을 신사에 참배시키라는 대목에서는 더 이상 고려의 가치가 없다고 판단했다. 이렇게 되자, 총독부에서는 장로교 학교들을 모두 잡종(雜種)학교로 분류해 버리고 말았다. 장로교 계통 학교 중에서는 선교사가 관여하지 않은 이승훈이 세운 정주의 오산학교와 함흥의 영생여학교만 규칙에 따를 뿐이었다. 이렇게 일제의 억압을 받은 기독교 학교는 차츰 그 숫자가 줄어들 수밖에 없어서, 1912년에 494교가 1918년에 318개 교로 줄어들었다. 집요한 일제의 기독교 학교 탄압도 1919년 3·1 운동이 끝난 후, 소위 문화정치라는 표방 아래 기독교 학교에 다시 성경교육과 예배를 허용함으로, 고난의 가시밭길을 걸어온 장로교회 학교들의 승리가 만천하에 드러났다.

4) 춘원 이광수의 교회 비판

초기 한국교회 선교 현장을 살펴본 여러 인사들은 단시일 내에 급성장한 교회에 대해 듣기 민망할 정도의 찬사를 쏟아냈다. 특히 1907년 대부흥운동을 전후한 교회 성장은 찬사를 받기에 충분할 만큼 비약적 성장을 한 것도 사실이다. 그러나 시간이 지나면서 교회에 대한 비판의 소리가 서서히 들려오기 시작했다. 밖으로부터

영변의 崇德등은 5년제가 아닌 3년제의 전수학교가 되었다.

는 일제의 탄압과 억압에 시달리던 교회가 이제 우리 민족 안에서 나오는 비판의 소리에 또다시 자성의 기회를 갖지 않으면 안 되는 단계에 이르렀다.

1910년대 말 춘원 이광수는 교회를 향해 매서운 필봉을 휘둘렀다. 그가 1917년 3월 「청춘」 제11호에 기고한 '금일 조선야소교의 결점'이라는 글에서 당시 교회에 대해 몇 가지 항목으로 비판하였는데, 다음은 그 내용의 요약이다.

첫째, 금일 야소교회는 계급적이다. 동양의 계급사상이 기독교에 의해 극복되어야 함에도 불구하고 기독교의 근본정신에 반하여 교회가 오히려 계급적인 모습을 지니고 있다. 목사, 장로들이 평신도들 위에 군림함으로써 교회가 계급적 단체로 전락하여 만인 평등사상을 실천해야 하는 교회가 오히려 역작용을 하고 있다.

둘째, 교회 지상주의이다. 교회 지상주의는 교회만 제일이라고 하여 비기독교인을 모두 악인이요 신용 없는 이방인으로 본다. 또한 교회지상주의는 기독교 교리 외 모든 세상 학문을 천히 여긴다. 목사, 전도사의 일만 하나님의 일이 아니고 이 세상의 모든 일이 다 하나님을 위하는 일임에도 교회는 교회 제일주의로 나가는 것이다.

셋째, 교역자들의 무식함이다. 목사, 전도사는 최하의 사람도 접하지만 최고의 사람들도 접해야 되므로 성경이나 몇 번 읽는 것으로 목사가 되어서는 안 되고 세상의 여러 학문에 상당한 지식을 얻어야 한다. 예를 들자면 교역자 교육에 있어서 보통학교 졸업 정도도 못되는, 교육이 부족한 자에게 1년에 3개월을 교육하여 5년간, 즉 15개월 동안 신·구약성경을 1, 2차 독과(讀過)하면 목사의 자격을 주어 만인의 정신을 지도하는 자가 되니 그들이 무식할 것은 당연한 것이다.

넷째, 미신적이다. 미국 선교사들이 한국인에게 아프리카의 미개한 민족에게 전도하는 방법을 채택하여 우리에게는 심오한 원리를 가르치지 않고 고래(古來)의 미신을 이용하여 천당 지옥설과 사후 부활, 기도 만능설 같은 것으로 몽매한 민중을 죄악에서 구원하려 한다. 그러나 나는 선교사를 탓하지 않는다. 다만 우리가 그들에게 아프리카인들처럼 보인 것이 분하다.

이광수는 결론적으로 아래와 같이 질타했다.

> 현시 조선 교회는 전제적·계급적이요, 야소교의 근본 특징인 자유, 평등의 사상을 몰각하였으며 종교의 신앙을 인생의 전체로 여겨 신자, 비신자의 구별을 선인, 악인의 구별같이 하고……교역자가 문명을 이해하지 못하여 다수한 교인을 미신으로 이끌어 문명의 발전을 저해하여 미신적 신앙을 고집하여 문명적 종교의 사명을 감당치 못한다.[277]

또한 이광수는 1918년 9월 「매일신보」에 다시 교회에 대한 비판을 가했는데, 그 내용은 30년의 역사와 30만의 교도를 가진 조선 야소교회에서는 아직 신앙고백이나 교리해석 한 권을 [생]산하지 못했다고 꼬집으며, 자기 교회 역사책 한 권도 저술하지 못한 교회를 비판했다.

이광수가 기독교에 입교했거나 스스로 기독교인임을 천명한 일은 없다. 그러나 그가 오산학교 교사로 있을 때, 기독교 정신으로

---

277) 李光洙, '今日 朝鮮耶蘇教의 缺點', 「靑春」 第11號 (1917. 3).

이 학교를 건립하고 지도했던 남강 이승훈 장로와 교장 조만식 장로로부터 강한 영향을 받은 것은 사실이다. 특히 그의 문학세계는 톨스토이의 기독교적 휴머니즘에 영향 받은 바가 큰 것을 그의 「무정」, 「재생」, 「흙」, 「유정」 등의 작품을 통해 짐작할 수 있다. 따라서 그가 기독교에 깊은 이해를 가졌으리라 짐작은 가지만 그는 어디까지나 교회 밖의 사람이다. 따라서 그의 비평은 제한적일 수밖에 없다. 그러나 한 시대의 지성인이 교회에 대해 비판하는 쓴 소리를 간과해서는 안 된다. 교회는 항상 교회를 향해 비판하는 사람들의 질타를 경청하며 자성의 자세를 가져야 옳다.

이광수가 이렇게 한국교회를 향해 비판한 내용이 그로부터 100년이 지난 오늘에도 여전히 적용될 수 있다는 사실이, 우리 교회가 안고 있는 고질적인 문제의 심각성을 말해 준다.

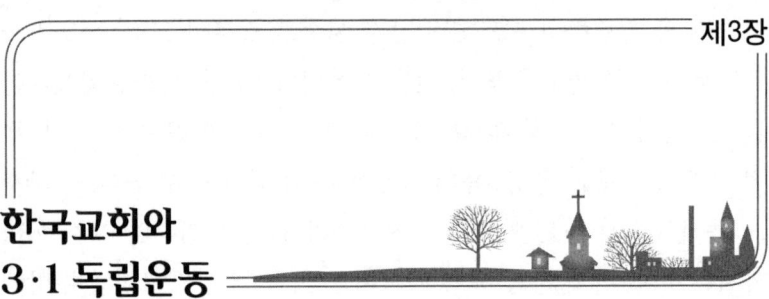

제3장
한국교회와 3·1 독립운동

1. 운동의 기원

일제의 한국 강제 병탄을 저지른 1910년부터 1919년 3·1 독립운동 발발 시까지 약 10년의 한국 상황은 극도로 악화돼 있었다. 초대 총독 사내정의는 한국의 시정 운영을 군정으로 시작했다. 보병 2개 사단, 약 4만 명의 헌병과 경찰 그리고 약 2만 명의 헌병보조원이 전국에 배치돼 국민을 감찰, 억압했다. 일반 관리도 군인과 같이 제복을 입고 일본 칼을 찼는데 칼은 권위의 상징으로, 심지어 남자학교 교사들도 칼을 찼다.[278] 따라서 일제가 한국을 병탄한 때부터 해방이 되어 물러갈 때까지 한 번도 문관이 총독으로 임명된 일은 없었다. 한국 병탄 후 일제의 대한(對韓) 정책은 다음 몇 가지로

---

278) 姜渭祚,「日本統治下의 韓國의 宗敎와 政治」(大韓基督敎書會, 1977), 26~27쪽.

요약된다.

첫째, 동화 정책과 우민화 정책이다. 동화 정책이란 한국이라는 개념을 없애고 한국을 완전히 일본에 예속시키고 동화시키는 정책이다. 이 동화 정책은 일제의 치밀한 한국 영구 식민화를 획책하기 위한 수단이었다. 그들은 병탄 이전 1909년 8월에 각급 학교 교과서 검열을 위한 지침을 계획했다. 1910년 병탄 후에는 한국인의 신문,[279] 잡지, 학술지를 금지하여 충의록(忠義錄), 무용전(武勇傳), 위인전, 역사서 등 51종 20만 권을 모아 불태웠다. 1911년 발표된 교육령 목적은 '한국인들을 일본 천황의 충직한 국민이 되게 하는 것'[280]이었다.

또한 각급 학교에서 역사와 언어 교육을 제한했고, 민족적 자긍심이나 민족주의를 자극하는 문학 작품은 철저히 색출해 회수해 갔다. 반면에 일본 역사와 일본 문화의 우월성을 강조해 한국인 스스로를 열등 민족으로 비하하는 유도 정책을 폈다.

둘째, 경제적 수탈이다. 중국은 오랫동안 한국을 정치적으로 지배해 왔지만 자치권을 확보해 주었다. 특히 경제적 침탈은 하지 않았다. 일제는 한국을 병탄한 후 토지 조사국을 설치하고 토지 조사령(1912년)을 내려 8년 동안 약 2천만 원의 경비를 들여 토지를 조사했다. 그 결과 구한국 왕실 소유의 토지를 비롯해 종교 사원의 토지를 강제로 빼앗아 총독부가 소유한 토지 면적이 888만 정보, 동양척식의 토지는 11만 정보였고, 여기서 받아들인 연간 소작료만도 50만 석에 달했다. 1905년 독도를 불법으로 일본에 편입시킨 것

---

[279] 일제는 우선 「대한일보」, 「조선일일신문」, 「동양일보」, 「朝鮮日出新聞」, 「경성일보」 등의 신문을 매수해 폐간시키고, 총독부의 어용지 「경성일보」와 「매일신문」만을 남겼다. 조선총독부, 1911년 4월 26일, 7월 16일자 「官報」.
[280] *Korea, Its Land, People, Culture of All Ages* (Seoul: Hak Won Sa, 1960), p. 92.

도 수산 자원을 확보하려는 의도에서 비롯됐다.

셋째, 퇴폐 문화 유입 정책이다. 일제는 일본 창녀들을 대거 이주시켜 한국 청년들을 타락시키려 공창제도를 실시했다.[281] 또 일본에서는 철저히 규제하고 금지하는 아편 재배를 장려했다. 그것을 판매해 우리 민족을 정신적, 육체적으로 황폐화하려는 야만적 정책을 펼쳤다.[282] 또한 술과 담배를 전매하고 화투를 보급해 청년들의 정신을 황폐케 하는 야만적 정책을 실행했다.

넷째, 교회를 조직적으로 억압하기 시작했다. 한일병탄부터 3·1 독립운동 때까지 10년간 교회는 결정적으로 내리막길을 걸었다. 1915년에 발표된 '포교 규칙'에, 모든 성직자들은 총독부로부터 자격증을 받아야 하며, 교회나 종교 집회소를 신설 또는 변경할 때는 반드시 허가를 받아야 한다고 규정했다. 허가제는 모든 교회 활동을 철저히 제약하려는 일제의 정책으로, 평양의 홀 의사는 한국이 'Hermit Kingdom'(은둔의 왕국)에서 'Permit Kingdom'(허가의 왕국)으로 전락했다고 개탄했다.[283] 경찰은 모든 예배를 감시하고 설교 내용을 검열했으며, 정기예배 외에도 기도회, 사경회, 부흥회에 참석해 감찰을 게을리하지 않았다. 민족의식을 고취시킨다는 이유로 여러 방법을 동원해 기독교계 학교를 탄압했다.

일제의 박해가 심하면 심할수록 이에 저항하는 민족의 불만은 쌓여 갈 수밖에 없었다. 다만 힘이 없고 때가 성숙되지 않아 기다

---

281) 朴殷植, 『韓國獨立運動之血史』(서울: 檀國大學校, 1920), 54쪽. 조선 총독부는 1916년 '유곽업 창기취체' 규정을 발표하여 공창제를 실시했다. 서울에서만도 50만 달러를 들여 홍등가를 설치했다. 민경배, 『주기철』, 35쪽.
282) 1918년 총독부는 공식 예산 18만 2천 달러를 아편 재배 항목으로 배정해서 이를 전매하게 했다. 민경배, 『주기철』, 35쪽.
283) Sherwood Hall, *With Stethoscope in Asia*, 『닥터 홀의 조선 회상』, 金東悅 역, 241~242쪽.

리고 있었을 뿐이었다. 물론 개인적으로나 지역적으로 벌인 항일운동이 없었던 것은 아니지만 전국적이거나 조직적 항거는 거의 없었다. 그러나 때가 찼을 때 이 민족적 거사가 활화산처럼 분출됐다. 1908년 헐버트는 선지자처럼 때가 올 것이라 예언한 바 있다.

······때가 올 것이다. 기독교가 끼친 문명의 영향이 일제의 탐욕과 억압을 쳐부수어 버릴 때가 오고야 말 것이다······일제는 [한국] 사회 구석구석을 부패하게 만들었다······기독교는 정의, 청결, 친절, 공익의 정신, 애국심, 협조, 그리고 교육을 위해 분연히 투쟁할 것이다.[284]

일제의 억압을 참고 견디던 우리 민족과 교회가 때가 되자 의분이 폭발한 것이 바로 3·1 독립운동이다. 3·1 독립운동의 직접적 동기는 제1차 세계대전 종전 1년 전인 1917년, 미국의 윌슨 대통령이 밝힌 '민족자결주의'다. 약소국이 강대국의 통치로부터 벗어나며, 자신의 문제는 자신이 결정한다는 자결주의 원칙은 비록 제1차 대전에서 패전한 국가의 식민지에 해당하는 선언이지만, 일제의 억압 하에 있던 우리에게는 하나의 희망이 아닐 수 없었다.

2. 진행 과정

윌슨의 민족자결주의 원칙이 발표되자, 민족 지도자들은 이 원

---

284) H. B. Hulbert, 'Japanese and Missionaries in Korea', *The Missionary Review of the World* (March 1908), pp. 208~209.

칙이 우리에게도 적용된다고 판단하고 발 빠르게 움직이기 시작했다. 1918년 4월 파리에서 모이는 만국평화회담에 우리 대표단을 파송해 민족 독립 청원의 길을 모색했다. 또한 그해 여름 중국 상해에서 여운형, 장덕수, 선우혁을 중심으로 '신한청년단'을 조직했다. 이 단체 대표 여운형은 국내에 있는 지도자들과 독립운동을 논의하기 위해 1918년 9월, 선천에서 열리는 노회에 참석한다는 명목으로 입국했다. 그는 이승훈, 이상재 등을 만나 외국에서의 활동 상황을 알리고 국내에서 할 일들을 의논하고 돌아갔다.

여운형은 그때 마침 제1차 세계대전의 마무리를 위해 중국을 방문한 미국 대통령 윌슨의 특사 크레인을 만났다. 파리에서 열리는 만국평화회담에 한국 대표단을 파견하는 일에 협조를 부탁하고, 한국 독립에 관한 청원서를 의장과 미국 대통령에게 전달해 줄 것을 부탁했다. 이에 따라 이듬해 초 한국 대표단을 파리 회담에 파견했다.[285] 이런 미주의 활동상이 일본에서 발간되는 영자 신문 「재팬 에드버타이저」에 보도됐다.[286] 이 일로 일본 유학생들이 조국 독립에 대한 구체적 논의를 하고, 그해 망년회에서 독립운동을 전개하기로 결의하고 '조선청년독립단'을 조직했다. 이듬해 1월 동경 YMCA에서 다시 모임을 갖고 독립 요구 선언서와 결의문을 작성해 일본 정부와 국회, 그리고 각국 공관에 전달하기로 했다. 이때 이들의 운동을 격려하기 위해 상해에서 장덕수 등이 왔고, 이광수도 북경에서 와서 독립선언서를 작성했다.

드디어 3·1 독립운동의 한 도화선이 된 '2·8 동경 유학생 독립선언식'이 2월 8일 동경 YMCA에서 약 400여 명 학생, 교민이 참가한

---

285) 韓右劤,『韓國通史』, 542쪽.
286) The Japan Advertiser, 1918. 12. 15.

가운데 엄숙히 거행됐다. 계획대로 선언서를 일본 정부, 각국 공관 그리고 언론기관에 보내 한국의 독립을 내외에 선포하는 자랑스러운 일을 수행했다. 이 일은 국내 독립지사들과 기독교계 지도자들에게 직접 동기를 부여했고, 독립운동의 촉진제가 됐다.

국내에서의 독립운동 모의는 주로 종교계를 중심으로 진행했다. 먼저 천도교는 제1차 세계대전이 끝나가는 때를 맞춰 독립운동을 일으킬 계획을 수립했다. 1919년 1월 천도교 지도자들은 교주 손병희를 찾아가 독립운동에 대한 계획을 보고하고 허락을 받았다. 또한 독립운동 3원칙도 합의했는데, 첫째, 독립운동을 대중화할 것, 둘째, 독립운동을 일원화할 것, 셋째, 독립운동 방법은 비폭력으로 할 것이었다.[287] 이는 당시 마하트마 간디가 인도에서 벌인 비폭력·무저항운동 영향 때문이다.

기독교 측도 선우혁이 상해에서 평양으로 와 이승훈과 양전백, 길선주 등을 만나 서북지역에서 기독교 세력을 일원화해 독립운동을 전개할 것을 확인하고 상해로 돌아갔다.[288] 서울에서는 YMCA 간사 박희도, 세브란스병원 약제사 이갑성, 그리고 연희전문 학생 김원벽 등이 학생 중심으로 독립운동을 계획했다. 이때 천도교 측에서 최남선을 통해 기독교와 거사를 함께 하고자 하는 제의를 해왔다. 이승훈이 상경해 이 문제를 협의하던 중 학생들은 그 사실을 알고 천도교 측과 합하자고 권해 천도교 측과 합하게 되었다.

한편 불교 지도자 한용운, 백용성도 이 일에 동참하게 됐다. 불교계는 천도교나 기독교처럼 교단 차원은 아니고, 위 두 사람이 천도교 측과의 개인적 관계 때문에 참여했다. 일부 기독교 지도자들

---

287) 李鉉淙 編, 『韓國獨立運動史』, II卷, 115쪽.
288) 金良善, '3·1運動과 基督敎界,' 『三一運動 50周年 紀念論集』(東亞日報社, 1989), 235~270쪽 참조.

중 천도교 측과의 연합에 동의하지 않아 떨어져 나간 사람도 없지 않았으나, 이 운동은 종파를 초월한 운동으로 민족 전체가 일체가 돼 한 몸짓으로 나섰다.

민족 대표로 기독교에서 16인, 천도교에서 15인, 불교 2인 등 33명이 결정됐다. 당시 기독교 교세는 천도교의 10분의 1 정도도 안되는 형편인데도 천도교보다 대표 숫자가 많았던 점은 무척 의미심장한 일이다. 대표자들은 거사의 일시, 장소, 선언서의 작성, 인쇄, 일본 정부와 각국 영사관에 선언서 전달 방법, 파리 평화회담에 대표자 파송 등 실제적 문제를 하나씩 결의했다.[289] 거사일은 3월 1일로 결정했다. 고종황제 인산일(因山日)이 3월 3일 월요일이어서 전국에서 많은 사람들이 모일 것을 예견하고 그 전날 시위를 계획했으나, 기독교측이 전날이 주일이란 이유로 반대했기 때문에 결국 인산일 이틀 전인 3월 1일 토요일로 정해진 것이다. 당시 교회 지도자들의 주일 성수 모습을 보여 주는 대목이다.

장소는 사람이 많이 모이는 종로 파고다공원으로 정했다. 그러나 전날 장소를 갑자기 서울 종로 인사동 명월관으로 옮겼다. 그것은 이갑성의 세브란스병원 선생 백커가 이갑성에게 충고한 일로 인해서다. 벡커는 만일 파고다에서 선언식을 하면 피 끓는 청년, 학생들이 이를 말리는 일경, 헌병들과 충돌해 유혈 사태 가능성이 있어 선언식이 제대로 진행되지 못할 가능성이 있다고 했다. 그러므로 대중이 없는 조용한 곳에서 개최하는 것이 더 나을 것이라는 그의 의견을 따랐기 때문이다. 마침내 3월 1일 민족 대표 33인 중 29인[290]이 명월관에 모여 역사적 독립선언식을 거행했다. 자기들이

---

289) 愼鏞廈,「3·1 獨立運動」(독립운동사연구소, 1989), 61, 62쪽.
290) 33人 中 劉如大 목사는 지방 시위 주도를 위해, 吉善宙, 鄭春洙 목사는 사경회 인도로, 金秉祚 목사는 거사 전에 상해로 건너갔다.

그곳에 있다는 사실을 명월관 주인을 시켜 종로경찰서에 연락해 모두 현장에서 체포됐다.

한편 파고다에 수많은 군중이 모여 민족 대표들이 오기를 기다렸으나 나타나지 않자, 경신학교 졸업생이며 해주 교회학교 교사 정재용이 연단 위에 올라가 소지하고 있던 독립선언서를 읽어내려 갔다. 읽기를 끝내고 그는 '대한독립만세'를 힘차게 외치자 군중도 10년간 외쳐 보지 못한 '대한독립만세'를 목청이 터져라 부르짖었다. 군중은 서서히 종로 거리로 나가 평화적 시위를 시작했다.

이 시위 대열에는 각계각층 사람이 망라해 참여했고, 그것은 신앙과 종파 구별 없이 참여한 문자 그대로 거족적 시위요, 민족의 함성이었다. 이날 40~50만의 대중이 온종일 시위를 벌였으나 단 한 건의 폭력 시위도 없던 것으로 보고됐다.[291] 독립선언식은 서울에서뿐 아니라 평양, 진남포, 안주, 선천, 의주, 원산 등지에서도 동시에 행해졌다.

평양에서는 장로교 총회장 김선두 목사를 필두로 강규찬, 이일영 등이 중심 돼, 평양 6개 교회가 연합했다. 고종의 인산을 기해 약 3천 명 교인이 숭덕학교에 모여 황제 추모 예배를 드렸다. 예배가 끝나고 김선두 목사는 교인들에게 그대로 남아 있으라고 요청한 후 독립선언서를 읽기 시작했다. 읽기를 마친 후 '대한독립만세'를 외치며 평화적 시위를 시작했다.[292] 당시 평양 장로회신학교 교장 마펫은 "……이 닷새 동안 (3월 1~5일)에 내가 만난 모든 한국인들과 내가 관찰한 시내 안팎에서 나는 어떤 한국 사람도 폭력적 행

---

291) 李鉉淙 編, 『韓國獨立運動史』, II, 178쪽.
292) 평양의 독립운동에 대해서는 李炳憲, 『三一運動秘史』(時事時報社, 1959), 973쪽 이하 참조.

동을 한 사람이 없었다는 것을 증언합니다"[293]라고 기록했다.

진남포에서는 감리교 학생 120여 명이 예배당에 모여 시위를 주도했다. 선천에서는 신성학교 선생들과 학생이 주동이 돼 선천역 앞 광장에 모였다. 독립선언서를 낭독한 후 일제히 대한독립만세를 부르며 시위를 시작했다. 이들이 그곳 경찰서에 이르렀을 때 시위대 수가 수천 명에 이르자, 일경은 위협을 느껴 발포해 10여 명이 생명을 잃었다.

함경북도 성진에서도 그곳 기독교계 학교인 보신학교 학생 중심으로 시위를 벌여 일본인 거주지로 행진했다. 경북 대구에서는 이만집 목사 주도로 계성학교와 신명학교 학생들이, 부산에서는 일신여학교 학생 주도로 시위가 일어났다. 전북 전주에서는 신흥학교 학생 주도로, 전남 광주에서는 숭일, 수피아, 광주농업학교 학생 중심으로 시위가 진행됐다. 대체로 기독교 학교가 있는 곳에서는 그곳 학생 중심으로 시위가 확산됐다.

초기에 평화적으로 시위가 진행됐으나 시간이 지나면서 일본 경찰과 헌병들이 시위대에 총칼과 곤봉을 마구 휘두르며 폭압적 진압을 시작했다. 이렇게 되자 군중도 자기를 방어하기 위해 이들에게 폭력으로 대처하지 않을 수 없었다. 지방에 따라서는 시위 진압군과 경찰에 무력으로 대항하는 한편 헌병대, 경찰서, 각급 관공서를 습격하고 파괴하는 사태로 발전되기도 했다. 당시 전국 조직을 갖고 있는 단체는 종교 단체밖에 없었으므로 아무래도 종교 단체, 즉 기독교, 천도교, 그리고 불교가 연합 또는 단독으로 시위를 계획하고 주도한 곳이 많았다.[294] 3월 1일에 시작된 시위는 그후 약 6개월

---

293) 馬三樂, '서양 사람이 본 한국의 독립운동,' 『亞細亞와 宣敎』 (長老會神學大學 宣敎問題硏究院, 1976), 62쪽.
294) 주동세력이 분명한 300여 곳의 시위 중 기독교가 주도한 지역이 78곳, 천도교가

동안 진행돼 수백만 명이 동원됐고, 그 형태도 다양해 일일이 거론할 수도 없다. 다만 분명한 것은, 일제의 무단 통치에 억눌렸던 민중의 울분과 신앙에 입각한 기독교인의 불의에 대한 저항의식이 맞물려 시위운동이 요원의 불길처럼 확산됐다는 것이다. 이렇게 계속된 시위는 필연적으로 많은 피해를 가져올 수밖에 없었다.

3. 교회의 피해

약 6개월 동안 진행된 전국 시위운동 중 상당히 많은 곳이 기독교인 주도로 이루어졌다. 기독교인들이 독립선언서 운반, 태극기 제작, 살포 임무를 담당해 그 어떤 종단이나 단체보다 극심한 피해를 입었다는 사실은 추측하기 어렵지 않다. 당시 조선에 일제의 1개 사단 병력과 2만 명 이상의 헌병, 그리고 무수한 헌병 보조원과 경찰이 있었으므로 교회와 교인에 대한 보복은 혹독했다.

당시 평양 거주 선교사 부인이 쓴 편지에 다음 같은 내용이 있다. "수많은 일제 관리들이 교회당에 와서 종탑을 파괴했고, 교회당 안의 모든 유리창을 박살냈다. 모든 성경과 찬송가 그리고 교회 학교 명부와 교회 서류를 파괴했으며, 교회 직원을 체포하고 옷을 벗긴 후 교회당 뜰에서 구타했다."[295] 이 사건의 모의, 주도가 교회를 중심으로 이루어졌다고 판단한 일제는 교인들에 대한 대대적 검거를 시작했고, 검거된 인사들에게 모진 고문을 가했다.

주도한 지역이 66곳, 기독교, 천도교가 공동으로 주도한 지역이 모두 42곳으로 약 3분의 2가 종교계 인사가 주도한 것으로 나타났다. 朴慶植, 『朝鮮三一獨立運動』(1976), 186~188쪽.
295) W. L. Swallen 부인이 Olivette Swallen에게 1919년 4월 23일에 써 보낸 편지.

교인과 교회가 당한 수난을 어찌 글로 다 기록할 수 있을까? 교회가 당한 대표적 사건 몇 가지만 적어 보면, 평남 강서 학살 사건, 정주 학살 방화 사건, 서울 십자가 학살 사건, 의주 예배당 방화사건, 천안 병천 학살 사건 등이다. 그 가운데 가장 비극적 사건은 수원 제암리 감리교회 학살 사건이다.

각지에서 만세 시위가 계속되던 4월 15일 오후 2시경에 일본군 중위 유전준부의 인솔로 일단의 군인과 경찰이 이 마을에 들이닥쳤다. 그들은 교인들을 모두 모아 손을 묶어 예배당 안으로 밀어넣었다. 그런 후 밖에서 문을 잠그고 예배당에 불을 질렀다. 불 속에서 밖으로 뛰쳐나오는 교인을, 부녀자나 어린이를 가리지 않고 그 자리에서 총격을 가해 사살했다. 이런 천인공노할 만행이 "마을 사람들이 모두 보는 앞에서 벌건 대낮에 자행됐다."[296]

통계를 보면, 1919년 3월부터 5월 30일까지 사망 7,509명, 부상 15,961명, 체포 46,948명, 교회 파손 47개소, 학교 파손 2개소, 민가 파손이 715채였다. 1년 뒤인 1920년 3월 1일까지 사망 7,645명, 부상 45,562명, 체포 49,818명, 가옥 소각 724채, 교회 소각 59개소, 학교 소각 3개교 등이다.[297]

일제는 길거리 행인에게 기독교인이냐 묻고 확인되면 체포하고 비기독교인이면 놓아주는 등 집중적으로 기독교인만을 체포했다. 특히 장로교회의 피해가 컸는데, 총회 보고에 의하면 누락된 것을 감안하지 않고도 체포 3,804명, 체포된 목사와 장로 134명, 지도자

---

296) 李鉉淙 編,『韓國獨立運動史』, III, 214쪽. 'First Account of Massacres and Burning of Villages', *The Korean Situation*, pp. 68~72.
297) 이 통계는 朴殷植,『韓國獨立運動之血史』에 수록되어 있는 것임. 李鉉淙, 編,『韓國獨立運動史』, II卷, 215쪽. 그러나 총독부는 사망자 숫자를 불과 400명이라 했고, 선교사들은 2천 명으로 보았다. 小川圭治, 池明觀 編,『韓日 그리스도교 關係 史資料 1876~1922』, 金允玉, 孫奎泰 共譯, 751쪽 참조.

202명, 체포된 남자 신도 2,125명, 여자 신도 531명, 매 맞고 방면된 자 2,162명, 사살된 자 41명, 매 맞고 죽은 자 6명, 파괴된 예배당 12동 등이다.[298] 당시 기독교 인구가 전체 인구 2,000만 명 가운데 1% 정도밖에 안 된 상태에서 기독교인 체포자 수가 17.6%를 차지한 것을 보면, 교회가 당한 수난을 가히 짐작하고도 남는다.

4. 결과

3·1 독립운동의 결과는 무엇인가? 3·1 독립운동의 결과는 한마디로 단정하기 어렵다. 비록 정치적 독립을 쟁취하는 데는 실패했지만 다른 측면에서 볼 때 성공한 운동이라 평가할 수 있다. 이 운동은 한민족이 독립의 강렬한 의지를 일제에, 그리고 세계에 알리는 기대 이상의 결과를 가져왔다. 이 운동이 비록 정치적 독립은 달성하지 못했다 할지라도 많은 성과를 이룬 것이 사실이다. 그 중 몇 가지 중요한 사항은 다음과 같다.

첫째, 이 운동은 민족을 하나로 묶는 결과를 가져왔다. 그동안 여러 요인으로 내부 분열이 많았던 민족이, 이 운동의 목적을 위해 한마음으로 동참한 일은 획기적 사건이 아닐 수 없다. 이는 마치 미국이 영국과 독립전쟁을 할 때 다양한 종족, 언어, 문화적 배경을 가진 13개 주 식민지 주민이 혼연일체로 전쟁에 임해 결국 승리를

---

298) 교회 중에서는 장로교회의 피해가 가장 많았다. 3·1 독립운동이 시작되고 나서 4개월이 지났을 때의 통계만 보아도 체포자가 장로교 3,804명으로 가장 많았다. 그 가운데 134명의 목사와 장로가 있었는데 41명의 장로교 지도자가 사살되었고, 6명이 타살, 12개의 교회가 파괴되었다. *Korean Situation* (The Federal Council of the Churches of Christian in America), p. 5.

거둔 사실에 견줄 수 있다.

둘째, 대한민국 임시정부가 창설됐다. 1919년 겨울, 상해에서 임시정부가 수립돼 이승만이 초대 대통령에 취임했다. 이는 비록 망명 정부라 할지라도 대한민국에 정부가 존재한다는 깊은 의미가 있다. 임시정부 요직 8명 중 7명이 기독교인이란 사실은 우리 교회사에서도 기록할 만한 일이다. 이 정부는 민주공화제로, 3·1 독립운동은 수천 년 동안 내려오던 왕권 제도를 마감하고 민(民)이 주인이 되는 공화제가 실현됐다는 민족사적 의의를 지닌다.

셋째, 일제로 하여금 통치 방법을 무단 통치에서 소위 문화정치로 바꾸게 했다. 세계의 압력에 굴복한 일제는 해군대장 제등실을 새 총독으로 임명했다. 그는 서울로 오는 차 안에서 회견을 갖고, 다른 개혁과 같이 국민의 행복을 촉진하는 일과 언론과 보도의 자유를 보장하는 정치를 하겠다고 공언했다.[299] 제등실은 문화정치를 표방하며 제한적 자유를 허용하고, 종교에 화해의 모습을 보였다.

그는 9월 취임하고 관제 개혁을 단행해 헌병제를 철폐하고 보통경찰제를 실시했다. 일반 관리가 칼 차는 것을 금하고, 한국인 관리 임명과 급여 규정을 바꿨다. 「동아일보」, 「조선일보」 발행을 허가하고, 한국인에 대한 차별을 철폐하는 등의 개혁을 실시한다고 발표했다. 그러나 이것은 한낱 구호에 그쳤고 실제로는 더욱 간교한 방법으로 식민통치를 획책했다. 헌병들은 제복만 바꾸었을 뿐 대부분 경찰에 그대로 남아 경찰력 증강은 자연스러웠다. 1919년 경찰력은 그 전에 비해 3배 늘었고, 1920년에는 경찰관 주재소가 없는 마을이 거의 없었다. 기독교에 대해 새 총독은 9월 선교사들을 초청해 의견

---

299) 그가 서울역에 하차할 때 한 노인이 그에게 폭탄을 던져 36명이 부상하는 일이 있었다. 그러나 총독은 무사했다. 姜渭祚, 『日本統治下의 韓國의 宗敎와 政治』, 46쪽.

을 들었다. 그때 선교사들은 총독부에 '연합종교 회견백서'를 제출했다. 일본 헌법이 종교 자유를 보장하는데, 현행 법규로는 이 자유를 누릴 수 없다고 주장하며 다음과 같은 내용을 요구했다.

- 교회 및 선교사에 대한 단속을 완화할 것.
- 기독교 및 기독교인에 대한 관리의 차별을 철폐할 것.
- 기독교계 학교에서의 성서 교육과 종교의식을 허용할 것.
- 한국어의 사용 금지를 조속 철폐할 것.
- 조선 학생들도 일본 학생이 누리고 있는 교육의 기회를 균등하게 누릴 수 있게 조처하고, 교과서의 선택권과 한국어 및 세계 역사의 학습에 대한 제한을 철폐할 것.
- 총독부가 허가한 사립학교 졸업생이 공립학교 졸업생과 똑같은 특권을 가지게 해줄 것.
- 기독교 문서에 대한 검열을 철폐할 것.
- 교회 출판물 발행의 제한을 완화할 것.
- 교회 및 선교기관을 재단으로 인정할 것.
- 구금된 기독교인 정치범에 대한 학대를 중지할 것.
- 형무소의 교화사업에 교회가 참여할 수 있도록 법을 제정할 것.[300]

제등실은 선교사들의 이런 건의를 받아들여 '포교 규칙'을 개정하고, 과거 시책을 수정·완화했다. 개정된 포교 규칙은 예배당, 포교소 설립을 과거 허가제에서 신고제로 바꾸고 신고사항도 간소화했으며, 종교 규칙 위반자에게 벌금형을 삭제했다. 또한 포교 수속의 간편과 포교자 편의를 도모하고자 한 흔적이 보였다.

---

300) 田保橋潔, 『朝鮮統治史論稿』(서울: 성진문화사, 1972), 180~181쪽.

기독교에 대한 종래의 정책을 변화시켜 화해를 시도하고, 특히 문제가 됐던 기독교 학교에서의 성서 교육과 예배의식의 허용은, 비록 도덕과 일본어 과목을 요구하기는 했으나 이 운동이 가져다 준 값비싼 대가였다.[301] 또한 총독부 학무국에 종교과를 두고 전도인의 편의를 도모하고, 일본인 기독교인 3인을 임명해 근무하게 하는 형식도 보였다.

그러나 이런 정책 변화를 일제가 기독교에 온전한 자유를 주었다는 것으로 이해하면 잘못이다. 그들은 여전히 "교회와 학생 예배에 참석을 주장하는 것으로 이해하여……규제하려 했다……여러 가지 혐의를 걸고 학생들을 체포하고, 또 모든 출판물을 검열했으며, 때로는 교회 주보 기사에 대해서도 반대했다."[302]

넷째, 기독교가 더 이상 외래종교가 아니고 애국적 종교임을 일반에 주지시켰다. 기독교가 전래된 이 거족적 민족운동에 대규모로 참가해 처음부터 선도해 나간 종교는 천도교보다 오히려 기독교라 해야 한다. 그것은 시위를 선도한 인사나 체포된 사람 숫자에서나 예배당, 학교 등 기관과 인적, 물적 피해에서도 여실히 나타난다. 당시 그리스도인들은 조국을 잃고 죽는 영혼은 천국에도 못 가고 지옥에 떨어진다는 노래를 부를 정도였고, 많은 애국의 노래를 부르며 조국 독립의 염원을 불태웠다.

따라서 이 운동이 끝난 후, 사람들이 교회로 몰려오는 현상을 보였다. 1921년, 일반 백성들 견해가 기독교에 대해 무척 호의적이라고 선교사들은 기록했다. 한 선교사는 1923년 한 해 동안의 수세자

---

301) 1922~1923년에 개정된 교육법은 정부의 간섭을 축소시키고, 학교에서 한글을 가르치고 말할 수 있게 허용했다. H. H. Underwood, *Modern Education in Korea* (New York: International Press, 1926), pp. 214~222 참조.
302) 姜渭祚, 『日帝統治下 韓國의 宗敎와 政治』(大韓基督敎 書會, 1977), 45쪽.

가 지난 3년 동안 숫자와 맞먹는다고 보고했다. 이 운동에서 기독교는 '주체가 아니고 통로'라고 보는 시각도 있으나[303] 여러 정황으로 볼 때 기독교가 확실히 주도했던 운동이라 보아도 좋다. 평양에 있던 홀 의사도 "조선 민중들은 이때 처음으로 기독교인들도 조선의 애국자들이라는 점을 인식하게 되었다"[304]고 썼다.

결론적으로 3·1 독립운동이 비록 독립은 쟁취하지 못했지만, 한국인이 온 세계에 결집된 독립에 대한 강렬한 욕구를 천명한 기회가 됐다. 교회는 그동안 꾸준히 전도하며 교육한 나라 사랑 정신을 유감없이 발휘해 민족과 운명을 같이하는 민족종교로 자리 잡을 수 있는 기회를 얻었다.

---

303) 閔庚倍,『韓國基督敎會史』改訂版, 316쪽.
304) *Sherwood Hall, With Stethoscope in Asia*, 金東悅 역,『닥터 홀의 조선 회상』(동아일보사, 1984), 204쪽.

제4장
1920~1930년대의 교회 상황

   3·1 독립운동 후 교회 상황은 겉으로는 이전보다 약간의 자유가 보장된 것같이 보였다. 그러나 일제의 집요한 교회 억압은 눈에 보이지 않게 꾸준히 지속됐다. 많은 사람이 독립을 얻지 못한 좌절감과 가족, 교우 그리고 이웃을 잃은 슬픔 속에 잠겨 있었다. 교회는 그들을 위로하고 격려하며, 앞으로 더욱 거세게 불어 닥칠 일제의 교회 탄압에 대해 신앙적으로 무장하지 않으면 안 된다는 절박한 위기의식을 갖게 됐다. 이런 상황에 하나님께서는 우리 민족의 구원과 교인의 신앙적 각성과 부흥을 위한 지도자들을 마련해 두셨다. 이들은 1907년 대부흥운동의 기수였던 장로교회 말씀의 사자 길선주 목사와 전무후무한 신유(神癒) 기사와 이적을 보인 김익두 목사, 그리고 감리교회 목사로 한국교회에 신비주의 전형을 보여 준 이용도 목사다.

1. 길선주(吉善宙) 목사의 사경회

길선주 목사는 3·1 독립운동 시 민족대표 33인 중 한 사람으로 2년여 동안 옥고를 치렀다. 그는 감옥에 있는 동안 요한계시록을 거의 다 외웠고, 또한 철저히 탐구해『말세학』이란 계시록 강해집을 만들었다. 출옥 후 그는 전국 방방곡곡을 다니며 말세학 사경을 주도했다.[305] 이 소책자가 한국인이 쓴 최초의 종말론이다.

1920년대 사회주의, 공산주의 사상이 밀려들어 오던 암울한 현실에서 갈 길을 찾던 교인들과 민족에게 종말과 재림사상을 가르침으로 새 하늘과 새 땅의 비전을 보게 한 길 목사의 말세학 사경은 새 희망을 주는 전기가 됐다. 이때 길 목사의 말세학 사경에 대해 교회로 하여금 현실을 외면하고 내세지향적 신앙으로 이끌었다 지탄하는 사람이 없지 않다. 이것은 그의 말세학을 잘 이해하지 못한 데서 나온 오해다. 길 목사는 말세학을 강의하면서 이 세상은 모두 썩어 없어질 멸망의 세상이므로 이 세상에 뜻을 두지 말고 영원한 내세에 뜻을 두자는 말은 하지 않았다. 오히려 그는 말세학에서 지상의 낙원이 이 땅 위에 이루어진다는 독특한 신앙을 가지고 설파했다. "예수 밟으시던 지구는 새 땅이 되어 영원히 잇슬거시오 에덴의 위치였던 지구는 소각될 거시 아니라 불꽃검으로 수호하던 에덴은 다시 나타나 이 지구는 무궁 안식세계가 될 거시다"[306]라고 말했다.

이 독특한 길 목사의 신학을 김린서는 '조선 신학'이라 갈파했

---

305) 길선주 목사가 말세학을 강의하면서 사용했던 末世圖, 默示圖形, 默示別大旨圖形 등의 자료들이 (서울) 장로회신학대학교 역사박물관에 소장돼 있다.
306) 吉善宙, "末世學,"『靈溪 吉善宙 牧師 著作集』第1卷 (大韓基督敎書會, 1968), 139쪽.

다.[307] 일제 고난에 시달리던 민족에게 해방의 먼동을 바라보며 이 땅을 영원히 없어지지 않고 남을 우리 삶의 터전이라고 규정하며 민족의 독특성을 지킬 것을 외쳤다. 우리의 것을 사랑하고 우리의 문화를 수호할 것을 외치던 민족 선각자는, 복음으로 이 나라를 변화시키기 위해 마지막까지 복음을 외치다 결국 강대 위에서 쓰러져 갔다. 그는 민족 복음화에 앞장섰던 성경의 사람, 기도의 사람, 전도의 거인이다.

길선주 목사가 일생을 바쳐 목회하였던 서북 장로교회의 어머니 교회인 평양 장대현교회에서 일부 사회주의 사상에 물든 청년들이 길 목사 배척을 목적으로 폭행을 가했다. 이 일로 결국 20여 년 동안 목회하던 교회를 사임하고 원로목사로 남았다. 정든 교회에서 배척당하고 떠난 것이 그에게는 애석한 일일지 모르지만, 하나님께서는 그를 한 교회에 매어 두지 않으시고 전국 교회를 자유스럽게 다니며 전도하게 하시려는 섭리가 있었다고 김린서는 해석했다.

2. 김익두(金益斗) 목사의 이적 집회

김익두는 황해도 안악 출신으로 장사를 했으나 실패한 후 난봉꾼이 됐다. 장꾼들이 김익두를 만나지 않게 해달라며 성황당에 돌을 던지고 갈 정도로 그의 난봉과 행패는 자심했다. 그는 어느 장날 여자 선교사로부터 전도지 한 장을 받고 교회에 출석하기 시작했다. 김익두는 스월른 선교사가 순행 차 안악에 와서 '영생'이란 설교를 할 때 감동 받고 예수를 영접했다. 그는 처음 성찬을 받기

---

307) 金麟瑞, 『金麟瑞著作全集』 第5卷, 70쪽.

전에 신약성경을 100번 읽는 열정을 가지고 있었고 기도를 그치지 않은 기도의 사람이었다. 예수를 믿은 후 재령 명신소학교에서 교편을 잡았는데, 그때도 기도를 많이 해 '기도 선생'이라는 별명을 듣기도 했다.[308] 29세에 황해도 재령교회 전도사가 됐고, 1906년 평양 장로회신학교에 입학해 1910년 제3회로 졸업했다.

한번은 심방 갔다 오다 마을 공동 우물 처마 밑에 앉아 있는 앉은뱅이를 보고 "예수의 이름으로 일어나라"고 외쳤지만 일으키지 못했다. 김익두는 자기 기도가 부족하다 믿고 더욱 기도와 신앙생활에 힘써 하나님으로부터 신유 은사를 받는다. 그에 대해 김린서는 "초기 부흥운동에 기사, 이적이 나타나서 사도행전의 기사를 20세기에 재현했다"[309]고 기록했다.

김익두 목사가 신유의 은사를 구체적으로 나타낸 것은 1919년 12월 경북 달성 현풍교회 사경회 때다. 그 지방에 아래턱이 처져 올라붙지 않는 장애인이 있었다. 그는 말도 못하고 음식도 씹지 못하여 누워서 물과 함께 넘기는 가련한 생활을 하고 있었는데, 교인이었다. 그가 김 목사의 사경회에 나왔을 때 김 목사는 이 사람을 불쌍히 여기고 그를 위해 몇 날을 기도했으나 낫지 않았다. 김 목사가 금식하며 기도했더니 늘어진 턱이 올라가 붙고 불구가 된 지 10년 만에 "좋다, 좋다"라고 말하기 시작했다.

이때부터 시작된 김 목사의 이적 기사 집회에 사람이 구름 떼처럼 몰려오기 시작했고, 각색 병자들이 예수 이름으로 치유 받는 역사가 끊이지 않고 일어났다. 경산읍교회에서는 수십 명이 한꺼번에 신유의 은사를 받아 중풍병자와 혈루병자가 나음을 얻었고, 대

---

308) 『姜新明信仰著作集』(기독교문사, 1987), 581쪽.
309) 金麟瑞, 『金麟瑞著作全集』 第5卷, 107쪽.

구 집회에서도 수백 명의 병자가 치유를 받았다. 부산 집회에서는 앉은뱅이가 걷고, 김해에서는 23년 된 혈루병 여인이 고침을 받았으며, 평양에서는 11년간 벙어리 된 여인이 김 목사 기도로 혀가 풀려 말을 하기 시작했다.

이런 이적 기사가 속출하자 이를 비판하는 사람들이 나타나기 시작했다. 이에 황해도 재령 임택권 목사가 1919년 '이적 명증(明證)회'를 발기해 3년 여 동안 조사한 김 목사의 이적 사실을 1921년 『죠선 예수교회 이적 명증』이란 책자로 발간했다.[310] 또한 황해노회는 1922년 장로회 총회에 헌의하기를, 장로회 헌법 정치 3장 1조에 "금일에는 이적 행하는 권능이 정지되었느니라"는 조항을 수정할 것을 헌의했다. 총회는 이 안건에 대해 신경과 성경 진리에 위반되는 조건이 아니므로 개정할 필요가 없다 결의하고 각 노회에 회부했는데 부결됐다.

이 일로 김 목사의 신유 부흥집회는 고비를 맞게 된다. 팽배해가는 사회주의, 공산주의 세력은 김 목사가 기독교인들뿐만 아니라 비기독교인들에게도 그 영향력이 확대되는 것을 용인할 수 없었다. 다시 말하면, 사회주의자들은 신유 집회를 통해 결신자들이 늘고 교회 세력이 확장되는 것을 바라보고만 있지 않았다. 1926년 김 목사의 간도 용정 집회 시, 일단의 폭도들이 철근을 휘두르며 공격해 예배가 중단되는 사태가 벌어졌다. 심지어 그가 목회하던 서울 남대문교회의 지식층 청년들이 중심이 돼 기독교 신앙을 미신적 신앙으로 끌어내리고 병을 고친다며 우매한 자들을 미혹한다고 매도했다.[311] 이는 확실히 반 기독교운동의 일환이었으며, 엄연히 성

---

310) 이 책자는 1921년(대정 10년) 8월 10일자로 조선예수교서회와 예수교서원(황해도 재령읍 소재) 공동명의로 발간되었다.
311) 「東亞日報」, 1926. 5. 15.

경이 말하는 성령 치유의 은사를 정면으로 부정한 위험한 자유주의 신학 물결이 교회 내에 침투해 들어왔다는 증거였다.

일제 억압 속에 암울한 시절을 보내던 대중에게 김익두는 초자연적 성령의 역사를 통해 교회에 활기를 불어넣어 주었다. 그는 3·1 독립운동 후 희망을 잃은 민중에게 삶의 용기를 북돋아 준 그 시대의 예언자였으며, 하나님께서 보내 주신 위안의 메신저였다. 그가 이끈 사경회만 해도 776회, 설교가 2만 8천 회, 교회 신축이 150처, 그의 감화로 목사 된 자 200명, 치유 받은 자가 1만 명이 넘었으니, 그의 생은 한마디로 복음을 위한 삶이었다. 그는 1930년대 일제의 신사참배 강요에 반기를 들어 모진 곤욕을 당하기도 했다.

그러나 불행하게도 그는 해방 후 이북에서 강양욱의 회유와 협박에 못 이겨 친공산정권 기독교 단체인 '조선기독교도연맹'에 가입해 초대 총회장이 됨으로 그 명예에 흠칠을 하고 말았다. 한국전쟁 발발 후 1950년 10월 유엔군에 쫓겨 후퇴하던 인민군이 새벽 기도회를 마치고 나오는 김 목사를 교인 6명과 함께 사살함으로써 그는 공산당 어용단체에 협력하고도 공산당에게 학살당하는 운명에 처하고 말았다.[312]

3. 이용도(李龍道) 목사의 신비주의

감리교 목사였던 이용도의 부흥운동은 장로교회 목사인 길선주, 김익두의 사경회와는 달리 독특한 방향에서 출발하여 결국 이단

---

312) W. Blair and B. Hunt, *The Korean Pentecost and the Suffering which Followed*. 김태곤 역, 『한국의 오순절과 그 후의 박해』(생명의말씀사, 1995), 158쪽.

정죄로 끝나는 불행한 결과를 초래했다. 이용도 목사의 부흥운동이 이 목사 개인의 영적 체험에 근거한 신비주의에 기초하고 있었던 데 문제가 있었다.

이용도는 1901년 4월 황해도 금천군 서천면에서 빈농 가정에서 태어났다. 그의 아버지는 술고래였지만, 그는 전도부인인 신앙 좋은 어머니 밑에서 교육을 받으며 자랐다. 그는 어려서부터 병약한 체질에 정이 많은 아이였다. 개성에 있는 한영서원(송도고보의 전신)에 다닐 때 3·1 독립운동에 적극 가담해 2년간 옥살이를 했다. 그후 협성신학교에 들어가 수업하던 중 각혈을 하며 폐병 3기의 위험한 지경에 이르렀다. 치병을 위해 그는 친구 고향인 평남 강동으로 내려갔다.[313]

거기서 그는 그의 일생을 결정짓는 특이한 경험을 한다. 신학생이 왔다는 말을 듣고 그곳 교회에서는 사경회를 인도해 달라는 청을 했다. 그가 강단에 올라가 섰을 때 그의 눈에서는 눈물이 줄줄 흘러내렸다. 아무 말도 못하고 눈물만 흘리고 서 있는 그를 본 성도들도 따라서 같이 눈물을 흘렸다. 찬송을 불러도, 기도를 해도 온통 눈물바다를 이룰 뿐이었다. 이튿날의 집회도 역시 눈물의 홍수를 이루는 집회로 끝났다. 그러나 이 눈물의 집회를 통해 교인뿐 아니라 이용도 자신도 그리스도의 사랑이 직접 가슴에 와 닿는 체험을 했다. 이 집회 동안 경험한 그리스도의 뜨거운 사랑 체험은 그의 일생을 두고 한 번도 잊어 본 일이 없는, 그래서 그 뜨거운 사랑에 감격해 몸부림치다 간 한 시대 신비주의자의 전형이다. 그는 기록했다. "바치라. 그저 완전히 바치라. 주님께 완전히 바치기만 하면 내 모든 문제는 주님께서 맡아 주관하시고 내 몸 전체도 주님

---

313) 이용도 목사의 생애에 대해서는 邊宗浩, 『李龍道 牧師 傳』(서울: 心友園, 1958) 참조.

께서 뜻대로 잘 맡아 사용하신다."[314]

　주께 맡긴 삶, 이것이 이용도의 삶이다. 이 체험을 한 후 그는 건강이 회복돼 신학교에 복학하고 이어 졸업했다. 그는 강원도 통천에 목회지를 지정받고 목회를 시작했다. 그러나 그동안 그의 첫 열정이 식은 것을 깨닫고 산상기도와 금식기도를 목숨 걸고 시도해 확실한 성령 체험을 다시 하게 됐다. 그는 "아버지여, 나의 혼을 빼어 버리소서. 그리고 예수에게 아주 미쳐 버릴 혼을 넣어 주소서. 예수에게 미쳐야 하겠나이다. 예수에게 미치기 전에는 주를 온전히 따를 수 없사옵고 또한 마귀와 싸워 이기지 못하겠나이다"라고 기도했다. 예수에게 미쳐야겠다는 그의 고백은 결국 그리스도와의 완전한 합일(合一)을 의미하는 것이고, 그것은 어떤 면에서는 그리스도와의 성애(性愛)로 변화함을 의미한다는 해석도 가능하다. 이것이 그의 신비주의의 핵이다. 그는 그의 일기에 다음과 같이 기록했다.

　　이렇게 주님은 나에게 끌리시고, 나는 주님에게 끌리어, 하나를 이루는 것이었습니다(一化). 나는 주의 사랑에 삼키운 바 되고, 주는 나의 신앙에 삼키운 바 되어, 결국 나는 주의 사랑 안에 있고 주는 나의 신앙 안에 있게 되는 것이었나이다.
　　아! 오묘하도소이다. 합일(合一)의 원리여! 오-나의 눈아, 주를 바라보자. 일심(一心)으로 주만 바라보자. 잠시라도 딴눈 팔지 말고 오직 주만 바라보세. 나의 시선에 잡힌 바 주님은 나의 속에 안재(安在)하시리라. 오-나의 눈아, 일심으로 주님만 바라보자. 주께서 피하시랴. 피치 못하시게 다만 그만 바라보자.[315]

---

314) 위의 책, 5쪽.
315) 邊宗浩,『李龍道日記』(서울: 心友園, 1934), 1931. 1. 27.

주님과의 완전한 합일, 이것이 그가 이끌어 낸 신앙의 결론인데, 바로 중세 신비주의자들이 추구했던 하나님과의 합일을 이루는 신비사상의 중심이다.

이용도의 사경회는 가는 곳마다 열화 같은 반향을 불러일으켰다. 그의 사경회는 비단 감리교회뿐만 아니라 교파를 초월해 장로교회에서도 사경회를 인도했다. 평양 장로교회의 본산 장대현교회에서도 사경회를 인도해 큰 은혜의 집회가 됐고, 사경회 후 평양 온 교회가 기도운동에 매진했다.

그러나 그의 부흥운동에 대한 비판의 소리가 서서히 들려오기 시작했다. 이것은 분명히 미국교회의 제1차 각성운동에서 나타났던 바와 같이 기성 교회 목사들의 질투심이 작용한 것도 부인할 수 없지만, 근본적인 원인은 사경회를 인도하는 이 목사 자신이 공격의 빌미를 제공한 측면도 있다.

먼저 그의 활동을 제한하기 시작한 곳은 묘하게도 그의 출신지인 황해도였다. 1931년 8월 장로회 황해노회는 이용도가 재령교회를 훼방하고 여신도들과 서신 거래를 자주 하며, 불을 끄고 기도하고, 교역자들을 공격하며,「성서조선」을 선전하는 무교회주의자며, 교회를 혼란케 하는 자란 이유로 금족령을 내렸다.[316] 그는 평양 집회 후 몇몇 집사 중심으로 서문밖교회에서 매주 1회씩 기도회로 모였다. 이 모임이 '기도단'이란 이름으로 불리면서 평양노회 역시 이들에 대해 촉각을 곤두세우게 됐다. 이즈음 한국교회는 황국주의 예수 자처 사건, 최태용의 무교회주의로 혼란했던 때라, 기도단의 움직임에 대해 교회들이 경계하기 시작했다.

노회장 남궁혁은 각 교회에 보낸 편지에서 "이 영적 운동은 일

---

316) 邊宗浩,『李龍道 牧師傳』, 113쪽.

종의 신비주의로서 종교 신앙의 주체적 체험 방면을 중시하는 것이므로……심지어 성서 밖의 별(別) 계시와 새 주의를 분연히 선전"[317]하는 무리들이라고 이용도와 그 추종자들을 경계했다.

마침내 장로교 1932년 제22차 총회에서 이용도를 '이단'으로 정죄하고 장로교회 내 출입을 봉쇄했다.[318] 감리교회에서도 사문(査問)위원회를 소집해 그의 활동을 조사한 후, 연회에서 그에게 휴직 처분을 내렸다. 이로써 이용도의 사경회는 그 종말을 맞았는데, 기독교 신앙이 지나치게 신비주의로 갈 때 얻는 귀결을 여기서 볼 수 있다.

결론적으로 말해 이용도의 부흥운동은 장로교회 목사인 길선주, 김익두의 사경회와는 달리, 독특한 방향에서 출발해 결국 이단 정죄로 끝나는 불행한 결과를 가져왔다. 길선주 목사의 부흥이 철저한 성경공부에 기초하고 있었고, 김익두 목사의 부흥이 성령 치유 이적 역사에 기초하고 있었다면, 이용도 목사의 부흥은 자기 개인의 영적 체험에 근거한 신비주의에 기초했다. 이용도는 성경적 기초가 없는 개인적 신비 체험은 오류를 범할 수 있다는 교훈을 남겼다. 이용도에 대한 평가는 전기와 후기로 나누어 해야 한다. 전기 즉 사이비 접신파들과 놀아나기 전까지는 적어도 그의 신비주의는 교회가 용납할 소지가 있다. 그러나 후기에 와서 접신녀와 그 추종자들이 행한 작태는 도저히 교회가 용납할 수 없는 이단사설에 빠진 것이었다. 이용도는 해주 집회에 갔다가 몇몇 교인들로부터 뭇매를 맞고 원산에서 치료하다 지병인 폐병이 도져, 결국 1933년 10월에 33세의 젊은 나이에 세상을 떠났다. 그가 그렇게 흠모하고 열애하던 예수님이 운명하시던 때와 같은 나이였다. 나이가 젊고

---

317)「基督申報」, 1932. 5. 25.
318) 장로교회는 이용도, 백남주, 한준명, 이호빈, 황국주를 이단으로 정죄했다.「朝鮮 예수敎 長老會 總會 第22回(1932년) 會議錄」, 71쪽.

병이 짙은 것이 그의 신학이나 사상을 성숙하게 하지 못한 주요 원인이라 판단돼 아쉬움을 남긴다.

4. 사이비 접신파(接神派)들

접신극 사건은 1927년경 원산 감리교회 여신자 유명화가 입신을 체험했다는 데서 시작한다. 그녀는 예수가 자기에게 임재했다면서 영동교회 사경회 때 예수 같은 모양을 하고 다른 여자들에게 강신극을 벌이기도 했다. 그후 유명화와 같이 놀아난 이들이 나타났는데 원산 신학산의 백남주, 한준명 등이다. 이들은 놀아났다기보다는 그녀를 이용했다고 보는 것이 더 정확하다. 당시 스웨덴의 신비주의자 스웨덴보그와 인도의 선다 싱의 신비주의에 관한 책들이 국내에 소개돼 한참 유행하던 때였다. 이들이 이런 책을 읽고 감동을 받아 그 이론에 따라 신비주의에 젖어들었다. 이들이 장(張) 씨 성을 가진 여인 집에 모여 기도했는데, 장 여인은 떡을 차려 놓고 제사 지내는 형식으로 기도하고, 유명화는 실신 상태에서 예언하고, 한준명과 백남주는 이것이 신의 입류(入流)라며 강신극을 벌인 일이 있었다.

한준명은 1932년 11월 평양에서 신비극을 연출했다. 그는 "모신(某神) 모녀(某女)와 탁언이, 한준명은 6월 9일, 모녀와 결혼하여 270여 일 후, 34년 3월 4일, 백야를 차지할 대성자 광진를 낳으리라. 박승찬은 모녀와 결혼하여 석양을 차지할 대성자 광재를 얻으리라"[319]고 예언했다. 1933년 6월 평양 시내 회중교회에서 신탁 예

---

319)「信仰生活」(1933. 8), 32쪽.

식으로 광진의 장인이 될 한준명, 광재의 장인이 될 박승찬 두 쌍의 결혼식을 이용도 주례로 성찬예식을 겸하여 거행했다.[320]

원산신학산의 교장 백남주가 유명화 등과 결탁해 이용도, 그리고 전 감리교 목사였던 이호빈 등을 신탁이라 꼬여 이들과 더불어 평양 장로회신학교 후문 앞에 '중앙선교회관'을 세웠다. 저들은 '예수교회'[321]를 만들어, 이미 돌이킬 수 없는 상태에 이르렀다. 백남주는 또 여신도 김정일과 동거했는데 이것이 문제되자 또 신명(神命)이라 하며, 철산에서 일어난 김성도라는 '새 주'(主)와 더불어 성주교회를 만들었다.[322] 이용도를 대표로 한 새로운 교회를 만들려 할 때 이용도는 적극 반대했다. 그러나 결국 그의 이름으로 포교계가 당국에 제출되자 그는 이들에 이용당한 셈이 됐지만, 그가 이들과 더불어 행동한 책임은 면할 수 없다.

5. 황국주(黃國柱)의 혼음(混淫) 교리

혼란한 시대에는 언제나 대중을 유혹하고 백성을 도탄에 빠뜨리게 하는 이단자가 나오게 마련이다. 접신극을 벌인 자들이 세상을 혼탁하게 할 때, 또 다른 이단 무리가 교회와 사회를 어지럽혔다. 그 장본인은 황국주란 사람이다. 그는 황해도 장연 사람으로 간도로 이민 가 용정중앙교회에 출석하던 30세의 청년이었다. 그의 용모는

---

320) "白晝大都에 別 結婚", 위의 책.
321) 이에 가담한 사람들은 늘봄 전영택 목사, 중앙신학교 전 교장 이호빈 목사, 자유당 시대 때 농림부장관을 지낸 이종현 씨, 그리고 소설가 박계주 등이다. 『姜信明信仰著作集』(기독교교문사, 1987), 591쪽.
322) 「信仰生活」(1937. 12), 37쪽 이하 참조.

무척 준수하고 얼굴 모양이 그림에서 보는 예수님과 흡사했다.

그는 100일 기도를 하고 나서 머리털을 길게 내려뜨리고, 수염도 깎지 않고 길러 예수의 모습과 흡사하게 만들었다. 그는 "기도 중 예수가 내 목을 떼고, 예수의 머리로 갈아 붙여 머리도 예수의 머리, 피도 예수의 피, 마음도 예수의 마음, 이적도 예수의 이적, 내 전부를 예수화했다."[323)]는 황당무계한 말을 하기 시작했다. 이것이 소위 '목가름,' '피가름'이다. 그는 뛰어난 언변으로 사람들을 도취시키는 설교와 기도로 많은 사람을 그 앞에 무릎 꿇게 했다. 심지어 그의 아버지 황 장로도 자기 아들 국주 앞에 무릎 꿇고 '주님'이라 부를 정도였으니 그때 형편을 짐작하고도 남는다.

황국주는 예수로 변해 새 예루살렘을 찾아간다며 두만강을 건너 서울을 향해 떠났다. 그를 따르는 무리 중에는 그의 아버지 황 장로와 누이 그리고 많은 부녀자들이 함께했다. 새 예수가 지나간다는 소식이 퍼지자 각처에서 예수를 구경하러 대중이 몰려나와 그들 일행을 지켜보았다. 그를 따르는 수십 명의 처녀, 유부녀와 남자들은 무리를 지어 정상인으로는 도저히 이해할 수 없을 정도로 어울려 먹고 자며 여행했다. 이 과정에 정숙한 생활이 있을 수 없었으며, 난잡한 모습이 드러날 수밖에 없었다. 가정을 버리고 황국주를 따르는 유부녀와 처녀 등 60여 명이 그와 더불어 서울에 입성할 때는 전국 교회가 떠들썩했다.

황국주는 자신을 예수라 칭하면서, 자기는 완전자이기 때문에 죄를 범할 수 없다고 호언했다. 그는 삼각산에 기도원을 세우고 자기를 따르는 무리들과 더불어 소위 목가름, 피가름 교리를 가르치면서 혼음하며 이를 '영체 교환'이라 했다. 평안도 안주노회가 조사

---

323) 閔庚培, 『韓國基督敎會史』 新改訂版, 545쪽.

단을 파견해 혼음 문제를 따져 물었을 때, 그들은 "우리들은 요단강을 건너와서 남녀 간의 성 문제를 초월했다"[324]는 엉터리 수작을 했다. 그러나 황국주는 결국 "운산의 한 유치원 보모와 큰 죄를 범하고 잠적해 버리고 말았다."[325]

1933년 안주노회는 황국주, 유명화 등을 위험한 이단으로 규정하고 사경회 초빙을 금지했다. 같은 해 총회도 이것을 추인하였다. 난세가 되면 반드시 백성을 신앙의 길에서 벗어나게 하는 마귀 역사가 성적 유혹을 통해 '신의 계시' 또는 '영체 교환'이란 허울 좋은 명목으로 비윤리적 불륜의 무리를 만들어 교회를 어지럽히는 일이 발생하게 마련이다. 우리는 이 과정을 눈여겨봐 두어야 한다. 후에 나타나는 박태선의 전도관, 그리고 문선명의 통일교에서도 같은 모습을 볼 수 있기 때문이다.

6. 김교신(金敎臣)의 무교회(無敎會)주의

김교신은 1901년 함남 함흥에서 출생했다. 함흥농업학교를 마치고 일본에 건너가 동경 정칙(正則)영어학교에서 수학했다. 그는 1920년 4월 동양선교회 성서학원 학생들의 노방 전도에 감동해 복음을 받아들인 후 성결교회에 출석, 1920년 세례를 받았다. 그런데 그가 출석하던 교회 안에 분규가 생겨 학자풍의 훌륭한 목사가 축출당하는 광경을 목도하고, 기성 교회에 회의를 느끼기 시작했다.

김교신은 당시 무교회주의자로 유명한 내촌감삼의 저서인 『구안

---

324) 「靈界」, (1933. 11.) 3쪽.
325) 김선환, "國産 在來 異端의 後繼者", 金景來 編, 『社會惡과 異端運動』(서울: 基文社, 1957), 165쪽.

록」,『종교와 문학』,『성서지연구』등을 읽고 큰 감명을 받았다. 그의 문하로 들어가 성경공부를 하면서 자연히 강한 영향을 받았다. 일본을 누구보다도 사랑하던 내촌에게서 김교신은 그의 애국사상을 배웠고, 조국 조선을 사랑해야 한다는 사명감을 다지게 됐다.

1927년 4월 일본에서 귀국한 김교신은 함흥 영생여자고보에서 교편을 잡으면서, 내촌의 문하생인 함석헌, 송두용, 유석동 등과 성경연구 잡지인「성서조선」[326]을 그해 7월 창간했다. 그 제목에서 보듯이, 이 잡지에서는 '성서'와 '조선'이라는 두 가지 표제를 내세웠다. 이 잡지 창간사에서 기성 교회를 등지고 자기들이 구상하는 교회, 즉 무교회 표방을 간파할 수 있다. 창간사는 다음 같이 말한다.

> 성서조선아, 너는 우선 이스라엘 집으로 가라. 소위 기성 신자의 수(手)에 거치지 말라. 기독(基督)보다 외인(外人)을 예배하고 성서보다 회당을 중시하는 자의 집에는 그 발의 문[먼]지를 털어다. 성서조선아, 너는 소위 기독 신자보다도 조선혼(朝鮮魂)을 소지한 조선 사람에게 가라. 시고을[시골]로 가라. 산촌으로 가라. 거기의 초부(樵夫) 1인을 위함으로 여(汝)의 사명을 삼아라 (김교신).[327]

김교신의「성서조선」은 기성 교회의 교리, 조직, 예배의식을 거부하고 자기들끼리의 신앙 공동체를 만들었다. 그의 선생 내촌감삼은 "교회는 천국에서 가장 먼 곳이다"라 말하여 교회의 존재 의미를 부정했다. 따라서 이들은 무교회주의자라 불렸다. 기성 교회에 적을 두지 않았기 때문에 교회로부터 치리를 당한 일은 없었으

---

326)「성서조선」은 1927년 창간돼 1944년 폐간될 때까지 15년간 158호가 발행됐다. 朴永浩,「多夕 柳永模의 生涯와 思想」(弘益齊, 1994), 200쪽.
327)「聖書朝鮮」創刊號, (1927).

나, 1932년 12월「기독신보」사설에서 '이세벨의 무리'란 비난을 받기도 했다. 그러나 그가 처음부터 기성 교회를 비난하거나 거부하려고 생각한 것은 아니다. 다만 "성서 본문 연구와 주해에 전력을 경주하는 예수 그리스도를 믿는 일개 평신도"[328]로 자처하며 성서에서 보여 주는 신앙의 모델을 찾으려 했다. 그러나 그를 무교회주의자, 그리고 기성 교회를 거부하는 자로 여기는 것은 그의 신학사상이 다음과 같은 것으로 규정되기 때문이다.

첫째, 공간을 점유하는 눈으로 보이는 회당을 진정한 교회로 여기지 않고 신자가 모이는 예배의 장소 자체를 교회로 인정하는 일이요, 둘째, 성직 제도에서 비롯된 갖가지 교회가 가진 권능을 인정하지 않으며 (예를 들면 목사에 의한 세례 등 의식의 의의를 경시하며) 장로, 집사 등의 직분에 의한 신자들의 조직도 무시하고, 셋째, 교회가 가지고 있는 성서 해석권을 인정하지 않고, 신자 각자가 성서를 통해 직접 하나님과 만나 은혜의 분수대로 신앙의 진리를 깨우침 받는 만인제사장의 입장을 존중하는 사상을 가지고 있었다.

그러므로 이런 요소가 기성 교회 입장에서 보면 결국 교회 거부요, 공격으로 보일 수밖에 없었다. 그러나 그는 무엇보다 섭리사관에 입각해 하나님께서 우리 민족에게 주신 사명이 무엇인가를 규명하고 실천하는 것을 제일의 사명으로 생각했다. 따라서 우리 민족의 정신사적, 교회사적 사명을 강조하게 된다. 이는 필연적으로 선교사들이 전수해 준 교파적 신앙을 거부하고 우리 민족 자체가 가져야 하는 민족신앙을 주창하게 된다. 또한 선교사의 재정에 의지하는 의존적 교회기구를 거부하고, 민족이 주체가 되는 독립적·토착적 신앙을 강조하는 방향으로 나갈 수밖에 없었다.

---

328) 盧平久 편,「金教臣信仰著作集」第2卷 (서울: 第一出版社, 1965), 355쪽.

「성서조선」의 이런 민족주의적 색채는 곧 일제의 눈에 띄었다. 일제는 수차에 걸쳐 이 잡지 내용을 트집 잡아 내용 삭제, 발행 중지 등 온갖 박해를 가했으며, 드디어 1942년 3월 '조와'(弔蛙)란 권두언을 문제 삼아 「성서조선」을 폐간시켰다. 조와란 '개구리의 죽음을 애도한다'라는 의미다. 모질고 추운 겨울을 이겨내고 살아남은 개구리를 반기며 "아, 전멸은 면하였고나"라고 외치고, 또한 모진 겨울 추위를 견디지 못하고 얼어 죽은 개구리를 조상한다는 내용이다. 추위는 일제의 포악이요 개구리는 민족을 암시한 것이다. 이 사건으로 김교신은 함석헌, 유달영, 유영모 등과 투옥돼 1년간 옥고를 치렀다. 1944년 그는 함흥 질소회사에 입사해 노무자들의 권익을 위해 애쓰다가 해방을 서너 달 앞둔 1945년 4월, 44세 아까운 나이에 발진티푸스로 세상을 떠났다.

김교신은 기성 교회의 입장에서 보면 확실히 무교회주의자요, 기성 교회를 비난하며 거부하고 분열시킨 사람임에 틀림없다. 무슨 명분으로도 그리스도께서 세우시고 12사도와 교부들에 의해 전승돼 내려오는 기성 교회를 거부하고 '무교회'를 주장하는 것은 용인될 수 없다. 그러나 김교신을 이단으로 정죄하기에는 그의 성서 사랑, 민족과 나라 사랑 정신이 숭고하고 고결해 감히 그에게 돌을 던질 용기를 가진 사람은 많지 않을 것이다. 김교신만큼 성경을 사랑하고, 조선을 사랑한 사람이 얼마나 될까? 그는 일생을 통해 '2C'를 사랑했는데 '2C'는 'Christ와 Chosun'(그리스도와 조선)이다.[329] 그러나 그의 그런 사랑이 기성 교회를 부인하고 무교회를 이끌었던 일과는 결코 상쇄될 수 없는 일임을 분명히 밝히고 지나가야 한다.

---

329) 김교신이 일생을 통해 2C(Christ, Chosun)를 사랑한 것은 그의 스승 내촌감삼이 일생 동안 2 J(Jesus, Japan)를 사랑한 것에서 배운 원리다.

7. 최태용(崔泰瑢)의 복음교회

최태용은 함남 영흥 출신으로 김교신처럼 일본의 무교회주의자 내촌감삼에게 강한 영향을 받은 사람이다.[330] 그는 1924년 일본에서 귀국해 개인 잡지「천래지성」(天來之聲)을 창간하면서 "주 내게 명령하시니……속화타락한 교회에 그 인위적 제도의 파기, 생명의 신앙의 부흥을 외치지 아니치 못하는 자로라"[331]고 말하며 조선 기성 교회를 공격하기 시작했다.

기성 교회를 속화·타락한 교회로 정죄하고 교회의 제도를 인위적인 것으로 외칠 때, 벌써 그의 마음속에 자기 교회를 세울 의도가 있음이 드러났다. 따라서 기성 교회 거부는 무교회주의와 축을 같이했으므로 기성 교회로부터 백안시돼 '조선기독교장로회에서는 결코 용납하지 못할 이단'[332]으로 정죄된 것은 당연한 결과였다. 이단으로 정죄된 것은 반드시 무교회주의라는 이유 외에도 교회로서는 도저히 받아들일 수 없는 초기교회 이단인 영지주의(靈知主義) 요소를 내포하고 있었기 때문이다. 박형룡의 '게노시스 기독론'에 의하면, "로고스가 성육신하실 때에 신속성(神屬性)을 포기했다. 순육(純肉)으로 돌변했다"고 말하는 자들이 있다고 지적한 것은 최태용의 신앙노선에 있던 백남용을 지칭한 것이었지만 결국 최태용의 신앙노선을 겨냥한 것이다. 뿐만 아니라 1936년경에는 신약성경의 유일회적 계시를 부인하고, 하나님은 "영원히 살아 계셔서 자유로 사람 안에 역사하셔서 새로이 기독교를 산출하시는 일을……나에

---

330) 최태용의 생애와 신학은, 기독교대한복음교회 총회 신학위원회 편『최태용의 생애와 신학』(한국신학연구소, 1995) 참조.
331) 崔泰瑢, "너는 누구냐?"「天來之聲」第2號 (1925).
332)「神學指南」, (1922. 9), 18쪽,「基督申報」, 1932. 12. 14.

게 일하여 영적 기독교를 주장케"³³³⁾ 한다 했다. 그는 정통교회의 기독론을 거부해 더 이상 교회 일원이라 말할 수 없을 지경까지 가 버렸다.

그는 1929년 일본에 다시 건너가 명치학원 신학부에서 수학한 후 무교회주의마저 공격하기 시작했다. 1930년 귀국한 후 일본에서 발간하기 시작한「영과 진리」를 통해 한국에서 새로운 신앙운동을 전개했다. 1930년부터「영과 진리」독자를 중심으로 신앙 공동체가 형성돼 교회를 창설했는데 이것이 '기독교 조선복음교회'다. 1935년 12월 서울 소격동에 교회를 창립하면서 밝힌 교회 성격은 다음과 같다. 1. 신앙은 복음적이고 생명적이어라. 2. 신학은 충분히 학문적이어라. 3. 교회는 조선 자신의 교회이어라.³³⁴⁾

여기서 엿볼 수 있는 이 교회의 특성 중 제3항의 '조선 자신의 교회'라는 말은, 외래 선교사에 의해 시작됐고 여전히 선교사가 주도권을 가진 교회는 조선인의 교회일 수 없다는 것을 암시한 것이다. 따라서 조선인의 교회가 되려면 선교사를 배제하고, 그 세력을 몰아내야 한다는 반선교사적 요소가 짙게 배어 있었다. 선교사를 배척하는 것이 민족교회 형성이란 논리는 기독교의 본질을 처음부터 잘못 이해한 편향적·사시적인 기독교 이해다. 선교사는 복음의 적도 아니요, 민족교회의 적도 아닌 그리스도 안에서 서로 협력해야 하는 우리 친구다. 그리고 또 우리에게 복음을 전해 준 생명의 은인들이다. 복음은 결코 배타적이 아니고, 포용적이라는 것을 '복음'을 표방하는 '복음교회'는 몰각하고 있었다.³³⁵⁾

---

333) 池東植, "崔泰瑢의 詩, 評論, 神學,"「現代와 神學」第6集(1970), 141쪽.
334) 崔泰瑢, "우리의 標語,"「靈과 眞理」(1935. 12), 1쪽.
335) 崔泰瑢의 生涯와 思想은 全炳昊의『崔泰瑢의 生涯와 思想』(聖書敎材刊行社, 1983) 참조.

8. 적극신앙단(積極信仰團)

1932년 당시 서울 YMCA 총무며 감리교 평신도 지도자인 신흥우(申興雨)가 중심이 돼, 일단의 장로교회와 감리교회 지도자들이 한 그룹을 형성한 초교파 신앙운동 단체가 민족주의 색채를 강하게 띠고 나타났다. 지역적으로 서울이 한국의 중심이면서도 교회 세력은 항상 서북 세력에 밀리고 있다는 의식이 당시 서울을 중심으로 한 남한 교회 지도자들의 생각이었다. 따라서 이들은 항상 서북에 대한 경쟁의식 내지는 질투심을 잠재적으로 가지고 있었던 것을 부인할 수 없다.

1930년대에 두드러지게 나타나는 민족주의 대두와 반선교사적 경향, 그리고 서서히 그 자태를 드러내고 있는 자유주의 신학 등이 복합적으로 작용해 '반서북,' '반선교사,' '반보수'란 세 기치를 들고 나타난 것이 바로 신흥우 중심의 '적극신앙단운동'이다.

신흥우가 이 운동을 처음 시도한 것은 1927년 그가 YMCA 총무로 있으면서 '기독교연구회'란 반선교사, 반보수를 표방하면서 '조선 기독교의 성립과 교파의식 둔화'[336]를 목표로 하는 단체를 만들면서부터였다. 이듬해 그는 예루살렘에서 개최된 국제선교사대회(I.M.C.)에 한국 대표의 한 사람으로 다녀왔다. 그 대회 주제 중 하나인 '토착화' 신학에 강한 영향을 받아 '한국적' 기독교 설립을 부각시키기 시작했다. 이 운동이 발전해 1932년 6월 장로교회 지도자들과 감리교회 지도자들 몇이 '적극신앙단'이라는 단체를 발족했다.

이들의 뜻은 크게 나무랄 것이 없었다. 그러나 이들의 이런 단체 구성이 교회의 지지를 받지 못할 것은 자명했다. 왜냐하면 당시 교

---

336) 全澤鳧, 『人間 申興雨』 (서울: 大韓基督敎書會, 1971), 223쪽.

회 풍토에서 반보수, 반선교사적 경향을 띠는 것은 시기상조였기 때문이다. 이들에 대한 단죄의 소리는 신흥우 소속 감리교회에서 먼저 나왔다. 이 단체는 비밀결사 성격을 띠었으며, 자기들만이 애국적이고 진보적이며 이상적인 교계 지도자라 자처했다. 기성 교회와 기독교 기관은 절망적이고 보수적이며 비정상적 상태이기 때문에, 이를 구원하는 유일한 방법으로 그 단원들을 서울 교회와 감리교 연회, YMCA, 기독교서회, 성서공회, 기독신보, 기타 선교 기관에 침투시켜야 한다고 주장했다. 그들의 가장 위험한 행동은 집회를 갖거나 운동을 할 때 비밀리에 진행하는 것이었다.

그러나 흥사단 계열의 재경기독교유지회가 1935년에 감리교 연회와 장로교 총회에 이 신앙단을 반대하는 건의문을 제출함으로 이들의 몰락은 구체화됐다. 감리교회는 그해 4월에 모인 동·서·중부 연합연회에서 "적극단이라는 것은 우리 교회 헌법상 공(公)한 의회가 아니므로 차(此)를 부인한다"는 결의를 했다. 또한 "교직자는 총회가 승인치 아니한 단체에 가입치 말 사(事)"[337]라 결의했는데, 이는 적극신앙단을 염두에 둔 결의다.

장로교회는 파장이 클 수밖에 없었다. 경성노회를 경유한 재경기독유지회의 건의를 접수한 후 "적극신앙단의 신앙노선은 우리 장로교회에서 용납하지 안키로 함이 가하다"[338]고 하여 노골적으로 신앙단에 가입한 목사들을 겨냥했다. 그러나 서울 교계의 유지들이던 이들은 순순히 물러나지 않았다. 이미 언급한 바같이 반서북 기치를 들고 나온 이들이 서북 세력이 지배하는 총회 결의에 순응하지 않은 것은 당연한 일이었다. 적극신앙단에 가입한 인사

---

337) 「信仰生活」 (1935. 5), 37쪽.
338) 「朝鮮예수教長老會總會 第23回會(1935년)會錄」, 18, 54쪽.

들은 경성노회의 보수적 노선에 반기를 들고 경중(京中)노회를 조직했다. 이 문제는 자칫 잘못하면 총회 분열로 진전될 요인이었다. 총회는 이 문제 해결을 위해 특별위원회를 구성해 노력한 결과 1937년 두 노회가 화해해 원상 복귀하고, 이듬해 함태영 등의 사과로 일단락됐다.

적극신앙단이 이렇게 본래의 취지대로 계속 나가지 못한 것은 기성 교회의 제압도 크게 작용했다. 그러나 가장 결정적인 원인은 중심인물 신흥우의 YMCA 총무직 사퇴다. 1930년대 초부터 YMCA 내에서는 신흥우 총무의 사업 추진에 대한 찬반 양론이 갈리며 갈등을 노정시켰다. 이때 신흥우가 박인덕[339] 여사와 스캔들을 일으켜 사퇴를 하지 않을 수 없게 됐다. 따라서 신흥우가 YMCA 조직과 그 회원들을 상대로 이끌어 오던 적극단은 결국 그 중심세력을 잃고 침몰하고 말았다.

적극신앙단 문제는 언젠가는 터져 나와야 하는 교회가 안고 있는 문제, 즉 교회 중심이 지나치게 지역적으로 편중돼 있고, 개방을 향해 가는 시대에 신앙의 폐쇄성이 변화를 촉진하는 세력에 부딪친 것이다. 또한 선교사 중심 교회가 선교사들의 보호권 내지는 주도권 밖으로 나와야 하는 문제가 조금 일찍 터져 나왔을 뿐이다. 비록 적극신앙단이 좋은 결과를 얻지 못했고, 여러 문제점을 안고 있었음에도 불구하고, 장·감이 연합해 교회의 고질적 문제와 환부를 도려내기 위해 노력한 점은 긍정적 평가를 받을 만하다.

---

339) 박인덕(1897~1980)은 평북 용강 출신으로 감리교 여성 독립운동가이자 교육자였다. 이화여전을 나와 이화학원에서 가르치다 1929년 미국 Georgia 주에 소재한 Wesleyan 대학을 졸업했고, *September Monkey*라는 책을 저술했다. 그녀는 거부 金雲鎬와 결혼했으나 곧 이혼했다. 현재 인덕대학의 전신 인덕실업학교를 설립했다.

그러나 역사는 순수한 복음적 동기가 다른 사람들의 마음을 움직일 수 있고 좋은 결과를 가져오는 것이지, 어떤 저의를 갖고 정치적 색채를 띠면 그 표방하는 바가 아무리 좋다 해도 결국 그 뜻을 관철할 수 없을 뿐더러 후세 사가의 준엄한 비판을 받게 된다는 교훈을 남겼다.

제5장

사회적 변화에 따른 교회의 대응

1. 공산주의 사상의 대두

　1917년 러시아에서는 레닌이 이끄는 볼셰비키 당이 로마노프 왕조의 마지막 황제 니콜라이 2세를 처형하고 공산당 혁명을 성공시켰다. 이때부터 공산주의 사상이 밀물처럼 각지로 퍼져 나가기 시작했다. 특별히 이 사상은 무산대중과 억압받는 사람들을 대상으로 했기에 급속도로 전파됐다.[340]

　3·1 운동 후 일제가 문화 정책을 표방하고 나서자, 각종 새로운 사상과 지식이 국내로 밀려들었다. 이에 편승해 사회주의 내지 공산주의 사상도 한국에 소개되고 유행하기 시작했다. 이 사상은 주

---

340) 레닌의 공산주의 혁명에 대해, 金仁洙, "소비에트 철학의 역사적 배경 소고", 「長神論壇」 II (1986), 335~369쪽을 참조할 것.

로 북으로 이주해 간 이주민의 내왕과 유학생들에 의해 유입됐다. 한국이 일제 식민지로 10여 년간 착취당했고 더욱이 3·1 운동을 통한 독립 쟁취 실패로 많은 사람들이 좌절하고 있을 때, 이 사상은 적지 않은 지성인들과 뜻있는 사람들에게 달콤한 메시지였다. 더욱이 기독교가 주축이 됐던 독립운동에 대해 미국이 소극적 입장을 보였다고 판단한 사람들이, 새로운 세력으로 다가오는 공산주의와 소련이라는 신흥대국으로 눈을 돌린 것은 어쩌면 자연스러운 현상인지도 모른다.

사회주의 내지 공산주의 사상이 처음 들어올 때는 과격한 모습을 보이지 않았고, 민족의 염원인 독립을 쟁취하기 위한 방편으로 다가왔다. 따라서 이들은 이 궁극적 목적을 위해 민족주의자들과 손잡고 일할 수 있었다. 그러나 이 사상은 처음부터 무신론적 이데올로기로 무장하고 있었기에 교회는 이 사상이 파급되는 데 당연히 긴장하지 않을 수 없었다. 교회가 이 땅에 민족교회로 정착하기 시작한 때에 한국교회는 바로 위기를 맞은 것이다. 이 위기는 외부로부터 온 것이 아니라 민족 자체에서 온 위기요 사상적 이데올로기적 위기였다. 지금까지 기독교가 겨냥했던 일반 대중과 하류층에 파고드는 무서운 사상적 적대 세력이었다. 다시 말해, 기독교가 파고들어 전도해야 할 대상을 공산주의가 대신 침투해 그 사상을 불어넣고 기독교에 등을 돌리게 한 것이다. 뿐만 아니라, 기독교에 대해 적대적 태도를 취함으로 전도에 커다란 걸림돌이 됐고, 무서운 적으로 부상하기 시작했다.

초창기에는 공산주의가 기독교와 같이 일하려는 시늉을 했다. 그 한 예로 새문안교회 장로 김규식이, 평양 장로회신학교에서 공부도 했고 중국 남경 금릉대학 영문학부에서도 공부한 여운형과 같이 1922년 모스크바에서 열린 '제1차 극동피압박민족대회'에 '기독교도동맹'이라는 이름으로 참석한 것이다. 이때까지만 해도 공산주의가 기독교와 손잡은 것을 알 수 있다.[341] 이는 기독교 지도자들이 공산주의 사상을 잘 몰랐거나, 공산주의가 의도적으로 가면을 쓰고 기독교 속에 침투해 왔거나 둘 중에 하나다.

2. 공산당에 의한 교회의 피해-이데올로기 비극의 서막

공산주의 사상이 유입된 후, 시간이 지나면서 공산주의는 기독교와 이질적 사상임이 드러나기 시작했다. "젊은 청년층은 사회주의자로 자처하면서 안하무인격으로 신의 존재까지 대놓고 부인한다. 하나님은 죽었다"[342]는 사상적 이질은 필연적 충돌로 이어진다. 국내에서는 일제라는 공동의 적을 갖고 있었기에 커다란 충돌은 없었다. 그러나 공산주의 본산 러시아가 있는 북부에서는 어쩔 수 없이 기독교와 공산주의 충돌이 표면화되기 시작했다. 충돌이라 해도 오직 교회의 일방적 피해가 있을 뿐이었다.

기록에 남아 있는 공산당에 의한 최초의 기독교 박해는 1925년 동아기독교회(침례교회)가 당한 것이다. 중국 길림성에 선교사로 파송한 이 교회의 윤학영, 김이주 등 네 사람이, 1925년 9월, 공산당에 의해 일본 밀정이란 터무니없는 죄목으로 이국땅에서 동족에 의해 죽임을 당했다. 공산당에 의해 순교 당한 최초 기록이다. 이것은 실로 무서운 비극의 서막이다. 이때로부터 1949년 여·순사건, 1950년 6·25 동란으로 이어지는 공산당에게 당한 교회 수난은 "만일 낱

---

341) D. S. Suh, *Documents of Korean Communism*, 1918~1948, p. 18.
342) Frank Y. Kim, "Glimpse of Korea after Ten Years' Absence", *The Korea Mission Field* (January 1932), pp. 3~4.

낱이 기록한다면 이 세상이라도 이 기록된 책을 두기에 부족할 줄 아노라"(요 21:25)란 성경 말씀이 적확하다 할 수 있다.

첫 번째 희생에 이은 두 번째 희생도 동아기독교회에서 일어난 것으로, 김영진 목사와 김영국 장로다.[343] 이들은 함경북도 종성 사람들로 간도 연길현에 있는 종성동에서 목회하고 있었다. 이곳은 함북 종성에 살던 사람들이 이주하여 이룬 동리여서 종성동이란 이름으로 불렀다. 1932년 10월 약 30여 명의 공산도당이 밤에 이 동리를 습격했다. 이들은 동민과 교인을 예배당에 몰아넣고 공산주의를 따르면 살려 주고, 예수를 따르면 죽이겠다고 협박했다. 아무도 대답하지 않자, 공산당은 김 목사 형제에게 왜 대답하지 않느냐며 다그쳤다. 그때 김 목사 형제가 "나는 예수 믿습니다"라고 대답하자, '잔인하고 무도한 악형으로 이들을 탈피(脫皮:가죽을 벗김)하여 죽이는 참혹'[344]한 일을 자행했다.

그곳에서 목회하던 장로교회 서창의 목사의 편지에 따르면, 연길현 와룡동 예배당이 공산당 방화로 소실되어 교인들이 뿔뿔이 흩어졌으며, 적암동교회 영수 노진성은 공비들에 의해 피살되고, 교인들은 모두 피난을 갔다. 그리고 로터거우교회는 두 번씩이나 공비의 습격을 받아 재정적 피해가 수천 원에 이르렀다며 "이 동만 노회를 위하여 기도해 주소서"라 그의 편지를 맺었다.

감리교회 목사 김영학은 1922년 목사 안수 받던 9월, 연회에서 러시아 시베리아 블라디보스토크 선교사로 임명되었다. 그는 시베리아 신한촌에서 선교하던 중 그 지방 공산당에게 여러 모로 시달림을 당했는데, 결국 1930년 2월 소련 경찰에 체포되었다. 그들은

---

343) 金春培, 『韓國基督敎受難史話』(聖文學舍, 1979), 86쪽.
344) 『大韓基督敎浸禮敎會史』, 43~44쪽.

반동분자란 죄를 씌워 10년 중노동형을 선고했다. 신한촌에서 천리나 되는, 영하 50도가 넘는 시베리아 오지로 끌려가 중노동을 하던 중 얼음이 깨져 10명이 빠져 죽었는데, 김 목사도 그들과 함께 익사해 순교자 명부에 이름을 올렸다.[345] 감리교회는 사태가 위태해지자 그에게 귀국하라 권했으나 "한 사람의 기독자가 남아 있는 한 남겠다"라고 하더니 결국 순교자의 반열에 선 것이다. 선한 목자의 모습을 여기서 볼 수 있다.

장로교 목사로 공산당에게 학살당한 이는 한경희 목사다. 그는 목사 안수 후, 남만주에서 전도하여 여러 교회를 세우고 활동하다 한때 평북 창성에서 목회를 했다. 총회 파송으로 다시 북만주로 갔다. 친구들이 그곳은 공비들이 많아 위험하므로 가지 말라 권했으나 "만주 선교는 나의 소원이다"라고 하며 권유를 뿌리치고 1933년 북만주 오소리 강변으로 떠났다. 1935년 정월 한 목사는 북만 호림현 지방으로 교회 순방과 전도 여행을 떠났다. 영수 김창근 등 교인 네 사람과 함께 썰매를 타고 오소리 강변을 지나다 공비를 만났다. 이들은 돈을 빼앗으려 위협하다 한 목사 일행이 기독교인임을 간파하고 한 목사를 그 자리에서 총살하고, 나머지는 도망쳤는데 한 사람이 구사일생으로 살아남아 이 비보를 전했다.[346]

살아갈 길이 막연해 정든 조국과 고향을 등지고 북풍한설 몰아치는 이국땅에서 유리하던 동족들 가운데 사상과 이데올로기가 다르다는 이유 하나만으로 그토록 잔인무도한 만행을 저지른 야수 악마들이 존재했다는 사실에 할 말을 잃는다. 이런 역사적 사실을 직시하고도 기독교가 공산주의와 손잡고 민족과 국가를 위해 일할

---

345) 金春培, 『韓國基督敎受難史話』, 76~79쪽.
346) "北滿老會狀況報告", 『大韓예수敎長老會 總會 第24回(1935년) 會錄』, 104쪽 이하.

수 있다고 말하는 자들은 어떤 인간들인가?

3. 교회의 농촌 문제 대처

　공산주의와 사회주의가 사회에 이데올로기적 갈등을 야기시키고 기독교의 영향력을 극소화시키기 위한 준동이 고개를 들기 시작했다. 교회는 흔들리는 빈민, 노동자, 농민을 위한 대책에 나서게 됐다. 1920년대 농민은 전체 인구의 80%를 차지했고, 그중 75%가 농촌 교회였다. 따라서 농촌 문제는 곧 교회 문제였고, 교회 문제는 바로 농촌 문제와 직결돼 있었다. 그러므로 당시 교회가 당면한 가장 큰 문제 중 하나가 농민을 위한 시책이었다.

　일제 강점 초부터 가장 심각한 피해를 본 계층은 농민이다. 일제는 가난한 농민을 상대로 농지를 담보로 영농자금을 대출해 주고는 기일을 어기면 가차 없이 농지를 빼앗았다. 또한 일본 재벌은 의도적으로 농지를 헐값에 사들였다. 철도 부설 명목으로 농지를 빼앗고, 미등기 농지나 삼림을 국유화해 일본 이주민에게 헐값에 넘겨주거나 불하해 줬다. 따라서 곡창 호남 지방의 경우, 농지 75%가 일제의 손에 넘어가고 말았다. 농지를 빼앗긴 농민들은 소작농으로 전락해 고율의 소작료를 지불하지 않으면 안 되는 절대빈곤층으로 전락했다. 이에 농민은 농토가 많고 비옥하다는 만주와 북간도로 줄을 이어 이민을 떠났다.

　선교사들도 절대 다수 인구가 농민인 점을 감안해 농촌 문제에 많은 관심을 가졌다. 예를 들어 언더우드는 그가 발행한 「그리스도신문」에 농민을 위해 '농리편설'란을 만들어 농민을 위한 농사 개량법

과 농민 수익을 위한 여러 가지 방법을 꾸준히 소개하고 계몽했다.[347]

농촌 문제가 심각한 지경에 이른 때, 농촌 문제 전문가인 선교사 러츠가 1920년에 내한했다. 그는 재래 농사법에 의존하고 있던 농민에게 농작물 개량법, 토지 개량, 윤작제 등을 가르쳤다. 또한 단기 지도자 훈련을 위한 농민학교 프로그램을 시작해 농민 지도자 훈련에 심혈을 기울였다. 그는 이 지도자 훈련을 장기화, 체계화하기 위해 숭실전문학교에 농과를 신설했으며, 농민잡지인 「농민생활」 출판에 앞장섰다.

농촌 문제를 위해 특히 많은 노력을 기울인 기관은 YMCA다. 총무 신흥우는 1924년 미국에서 국제 YMCA 총무 모트 박사를 만나 한국 농촌을 위해 다음과 같은 합의를 보았다.

1. 한국 전역에 10개 지역을 선정하여 미국에서 전문 간사를 파송한다.
2. 이 전문 간사는 1925년부터 1년에 2명씩 5년간 10명을 파송한다.
3. 이들은 모두 농촌 문제 전문가이며, YMCA 정신과 목적에 합한 자격자여야 한다.
4. 조선 YMCA는 이들과 같이 일할 조선인 간사 10명을 선발한다.
5. 각 지역에서는 회의, 교육을 할 수 있는 시설과 농사 개량과 증산을 시범할 수 있는 최소한의 농토를 마련해야 한다.[348]

---

347) '논리편설'에 밭을 가는 론, 생재론, 가금 만드는 법, 외양간 짓는 법, 파 심는 법, 아라사 해바라기 씨 개광하는 론, 각색 짚이 농가에서 유익한 론, 닭이 알을 잘 낳게 하는 론, 농부가 급히 들을 말, 과목에 병 없게 하는 법, 농가에 제일 유익되는 짐승론 등의 기사를 연속 게재했다.

348) "The Rural Program of the YMCA's in Korea", *The National Council of the Korean YMCA's*, (1932), p. 9. 全澤鳧, 『韓國基督敎靑年運動史』(正音社, 1978), 334~337쪽.

이 협의에 따라 미국에서 전문가가 내한했다. 1925년 에비슨이 쉽과 함께 내한해 농촌 교육과 쌀 문제를, 1928년 번즈가 축산 과목을, 1929년에는 클라크가 농촌경제를, 반하르트는 농촌사업을 담당했다. 그들은 한국인 간사 홍병선, 계병호, 최영균, 이순기 등과 각 지역에서 농촌문제를 위해 헌신했다.

한편 모트는 한국 농촌을 위해 국제선교협의회와 협력해, 1927년 미국 미시간대학 사회학 교수 브룬너를 한국에 파송해 약 두 달간 머물며 농촌을 둘러보고, 하경덕에게 '한국 농촌'이란 보고서를 작성케 했다. 즉 문맹 퇴치, 농사 개량, 협동정신 이 세 가지를 목표로 삼았다.

농촌사업에 보다 적극적으로 나선 교단은 장로교회였다. 감리교회가 YMCA 같은 기구를 통해 농촌 문제에 접근하고 있을 때 장로교회는 이런 기구 참여에는 다소 소극적이었으나, 총회 차원에서 이 문제에 적극성을 보였다. 1928년 총회에 농촌부를 설치하고 본격적으로 농촌 문제를 다루기 시작했다. 농촌부 총무에 1928년 예루살렘 국제선교사대회에 유일한 장로교 대표로 참석했던 정인과 목사를 선출됐다.

총무 정 목사가 가장 먼저 시작한 일은 농민잡지 「농민생활」 발간인데, 이 책은 1929년 6월 창간돼 매월 5천 부가 팔리는 큰 호응을 얻었다. 따라서 책자를 통해 농민은 여러 가지 정보를 얻을 뿐 아니라, 농촌 계몽운동에 괄목할 만한 업적을 남겼다. 뿐만 아니라 1930년 총회는 전국 교회가 농촌선교에 협력하기 위해 농촌주일을 지키기로 결의했다.[349] 총회는 농촌 지도자 훈련에도 눈을 돌려, 1931년 숭실전문학교에 설치된 농과에 '고등농사학원'을 설치해 2개월 과정의 농촌 지도자 훈련 프로그램을 실시했다.

---

349) 「大韓예수敎長老會總會 第17回(1928년) 會錄」, 41쪽 참조.

1935년 정인과 목사가 소위 '정찬송가 사건'으로 총무 직에서 물러나자, 새 총무에 배민수 목사가 선출됐다. 배 목사는 특히 농민협동조합 설립을 추진했다. 하지만 이 일에 적극 동조했던 유재기, 박학전 등이 1938년에 일어났던 '농우회사건'[350]으로 체포되자 활동은 움츠러들었다. 일제는 농민 대상으로 계몽운동과 농사개량운동, 그리고 농민 지도자 양성 프로그램을 추진하는 교회가 이런 일을 통해 농민들에게 항일의식을 불어 넣는다고 판단하고, 이 운동을 음양으로 방해했다. 따라서 이런 일제의 정치적 억압은 교회가 농촌운동을 활발하게 전개할 수 없게 만들었고, 결국에는 더 이상 진전될 수 없는 상황까지 초래하였다.

4. 사회계몽운동-절제운동

기독교가 처음 한국에 들어왔을 때는 선교사들이 한국의 뒤처진 문명을 고양시키기 위해 교육, 의료, 사회계몽운동을 전개해, 의식개혁과 생활 근대화를 위해 노력했다. 그러나 1920~1930년대에 들어와서는 선교사 주도가 아니고 한국교회 지도자 중심으로 사회계몽운동이 전개됐다. 이는 기독교 교리에 입각해 이루어진 면도 있지만, 그보다는 애국·애족 충정에서 이루어진 면이 더 강했다.

3·1 운동 이후 일제는 소위 문화정치를 표방하며 어느 정도 자유를 허락했다. 하지만 이는 어디까지나 기만 정책에 불과했고, 내

---

350) 農友會는 경북 의성 지방에서 농촌운동을 위해 형성된 협동 조합체였다. 일경은 이를 불순 단체라고 단정하고 핵심 인물 劉載奇 목사를 체포함으로 비롯된 사건이다. 이 사건은 일제가 1930년대 민족운동 그룹들을 말살하기 위해 벌였던 修養同友會 사건, 興業구락부 사건 등과 더불어 허위로 조작한 사건 가운데 하나였다.

막적으로는 민족말살 정책을 꾸준히 수행해 나갔다. 그중 일부는 강압적 방법이 아닌 민족 내부로부터 썩게 하는 방법이었다. 젊은 이들을 퇴폐문화에 젖게 하려고 술, 담배, 아편, 공창 등을 공급하는 방법을 강화해 나갔다. 이것은 일제가 정치적·경제적으로 한국을 침탈하는 방법과 축을 같이해 정신적·문화적으로 황폐화시키려는 고도의 파괴 작전이었다.

이에 대해 가장 민감하게 반응한 집단은 역시 교회였다. 정치적·경제적 황폐는 때가 되면 다시 회복시킬 수 있지만 정신적 황폐는 일단 병 들면 치유가 거의 불가능한, '민족정신과 민족의 얼'을 잃게 만드는 무서운 수작임을 자각한 것이다. 다음에서 교회가 행한 사회 계몽 활동의 몇 가지 사례를 살펴보기로 한다.

1) 절제회

교회는 1923년 5월 세계기독교여자절제회에서 파송한 틴링의 내한을 계기로 절제운동을 전개했다. 틴링은 한국에 6개월간 머물며 전국 각지를 순회하면서 절제운동 강연회를 가졌다.[351] 이와 아울러 한국에서 사역하던 여자 선교사들 중심으로 여자절제회가 창설됐다.[352] 1922년부터 전국적으로 교회를 중심으로 금주·단연운동, 물산장려운동을 전개했다. 그해에 '여자절제회'가 조직돼 임원들이 전국을 다니며 300회 이상 금주대회를 개최했다. 1923년 9월 감리교 여자절제회가 조직돼 역시 같은 사역을 감당했다.[353]

---

351) "Miss Tinling's Work in Korea", *The Korea Mission Field* (January 1924), pp. 12~13.
352) 절제운동에 대해서는 김정주 편, 『한국절제운동 70년사』 1923~1993 (한국기독교여자절제회, 1993) 참조.
353) 위의 책, 135쪽.

1924년 8월 이화학당에서 '조선여자기독교절제회연합회'가 창립됐다. 총무 손정규는 이 일을 위해 헌신적으로 노력하며 지방 지회 조직에 온 정성을 다해, 1928년에 52개 지회와 3천 명이 넘는 회원을 확보했다. 1930년에 잡지 「절제」를 발행해 금주, 단연운동 등을 선도해 나갔다.

2) 금주운동

절제회가 가장 역점을 둔 사업은 금주운동이다. 장로회 총회는 교인 중 누룩 장사를 하는 자가 있으면 해당 당회가 권면하고 그 형편에 따라 치리하도록 권고했다.[354] 이렇게 초기 교회는 교인들에게 금주를 강력히 권고했고, 이것은 오늘까지 우리 교회의 좋은 전통으로 남아 있다. 금주운동은 단순히 교회 내적 운동의 차원을 넘어 국가를 살리는 운동이란 애국적 차원으로 연결됐다. 여전도회 사경회 때 금주 강연을 하고 전도할 때에 금주 전단지를 나누어 주면서 이 운동에 심혈을 기울였다. 1927년 11월 황주에서 열렸던 주일학교 연합대회 기간 중에 '주마정벌'(酒魔征伐) 행군식을 갖고 금주 운동에 동참했다.

금주운동에 특히 적극성을 보인 교회는 구세군이다. 구세군은 창설 때부터 사회악의 척결을 목표로 설정한 데 발맞춰 적극적으로 이 운동에 협력했다. 그들의 기관지 「구세공보」에 금주 호를 특별히 제작해 살포하고 악대를 동원해 가두에서 계몽운동을 전개했다. 교회가 금주운동을 전개하는 중 가장 괄목할 만한 일은, 미성년자들에게 술과 담배를 금하는 법령을 만드는 일을 성사시킨 일

---

354) 「大韓예수敎長老會 總會 第13會(1924년) 會錄」, 26쪽.

이다. 1932년 12월 범교단적으로 그리고 사회 지도자들까지 망라해, 총독부 상대로 미성년자 음주·끽연 금지법 제정을 요구했다. 결국 1938년 4월, '청소년 보호법'을 만들 때 미성년자 음주·흡연 금지 조항이 포함됐다. 교회가 벌인 금주운동은 큰 반향을 불러일으켜, 1931년 「신정찬송가」가 출판될 때에 임배세[355]가 지은 '금주가'가 정식 찬송가로 채택됐다.

금주운동은 널리 확산됐고, 「기독신보」는 구세군의 지원으로 1년에 1회씩 금주호 특집을 발간하여 계몽 활동에 적극 협력했다. 그러나 일제는 교회가 중심이 돼 활발하게 전개하던 금주운동을 방해하기 위해 1935년 금주 강연 금지령을 내리고 더 이상 금주운동을 하지 못하도록 악랄한 와해 공작을 자행했다.

3) 금연운동, 금아편운동

교회는 음주뿐 아니라 금연운동도 지속적으로 펴 나갔다. 이 운동은 이미 초창기 선교사로부터 비롯됐다. 주한 미국 공사를 지냈고 후에 페테르부르크 주재 대사를 지낸 록웰이, 한국의 내륙 지방을 여행하고 나서 "이 세상에서 가장 담배를 많이 피우는 사람들은 한국인들이다"[356]라고 술회한 바 있다. 선교사들은 가난하여 굶어 죽는 사람이 많은 때 어디서 돈이 생겨 담배를 그렇게 많이 피우는지 이해할 수 없다고 개탄하며 금연의 당위성을 강조했다. 「조선그리스도인회보」 기사에 "담배를 과히 먹는 사람은 여러 가지 병이 있나니 힘줄이 약하고 가슴이 답답하고 염통이 더 벌떡벌떡하고

---

355) 임배세는 1919년 이화학당 대학부를 마친 성악가로, 이 찬송은 1918년에 지은 것이다. 李成森, 『韓國監理敎會史』, 275쪽.
356) J. S. Gale, *Korea in Transition* (New York: Laymen's Missionary Movement, 1909).

수전증이 나고 안력에 대단히 해롭고 여러 가지 병이 많으니라"[357]
고 기술하여 흡연이 건강에 얼마나 해로운가를 일깨우고 있다.

　일제가 한국 청년을 피폐화하기 위해 아편을 대량 재배하고 피우게 하는 악랄한 정책을 편 것에 대해 교회는 단호한 태도로 이를 견제했다. 1909년 선교부는 샤룩스, 휏팅에 이 일을 전담시켰다. 총회 결의로 교인은 의사 처방 외의 아편 복용, 재배, 매매를 금하고, 이를 행하는 자는 당회에서 치리케 했다.[358] 당시 유일한 기독교 신문 「기독신보」에 '절제'란을 고정적으로 두고 금주, 금연, 폐창(廢娼)에 관한 글을 계속 게재하여 절제운동을 적극 지원했다.

4) 공창폐지운동

　일제는 한국 젊은이의 정기를 흐려 놓고 독립운동에 대한 관심을 약화시키기 위해 공창(公娼) 제도를 강화했다. 교회는 이 공창 제도 척결을 위한 폐창운동에도 온 힘을 다 쏟았다. 1923년 11월 미 감리회 연회의 위촉을 받아 '공창폐지위원회'가 구성된 것을 계기로 공창폐지운동이 본 괘도에 올랐고, 장로회 총회도 후원을 가결했다. 공창폐지운동과 더불어 축첩과 잡기(雜技·투전) 폐습 철폐에도 노력을 기울였다.

5) 물산장려운동(物産獎勵運動)

　국산품을 애용하고 일제 상품을 배격하자는 운동이 물산장려운

---

357) 「그리스도신문」, 1897. 5. 7.
358) 『長老敎會史典彙集』, 87쪽. 「大韓예수敎長老會總會 第8回 (1919년)會錄」, 52항.

동이다. 1923년 1월 1일 함흥 YMCA 회원 1천 여 명이 무명 두루마기를 입고 시위를 하며 구체화된 이 운동은, 오산학교 교장이며 평양 산정현교회 장로 조만식이 선도했다.[359] 그의 말총모자와 짧은 두루마기, 그리고 편리화(便利靴)는 물산장려운동의 상징으로 널리 알려졌다. 이 운동은 직업의 귀천을 따지는 사농공상 사상에서, 공업을 천시하는 한국 재래의 잘못된 사고에 도전하는 뜻도 포함돼 있었다. 국산품을 애용해 민족 산업을 일으키자는 원대한 계획을 실천하기 시작한 교회의 애국운동의 작은 몸짓이었다.

5. 신학적 갈등-교회 분열의 조짐들

1) 보수와 진보의 대립-박형룡 대 김재준

선교사들이 내한해 기독교 진리를 가르쳐 주었기에 한국교회는 선교사들이 가르쳐 준 것이 기독교의 모든 것인 줄 알고 따랐다. 그러나 한두 사람씩 해외 유학을 다녀온 후 기독교 신학은 지금까지 알던 것 외에 다른 것이 있다는 것을 알게 됐다.[360] 따라서 이런 새로운 신학의 도입으로 인해, 과거의 것을 그대로 유지하려는 보수 세력과 서서히 새로운 신학을 소개하고 다양한 신학적 견해와 입장을 가지려는 세력 간 갈등이 표면화되기 시작했다.

또 이 신학적 갈등은 한국교회뿐 아니라 사회에서도 지울 수 없

---

359) 『韓國 YMCA 運動史 1895~1985』(대한 YMCA연맹, 1986), 139쪽.
360) 해외 유학을 한 이는 장로교회 남궁혁, 백락준, 박형룡, 이성희, 송창근, 채필근, 김재준, 윤인구, 박윤선 등이고, 감리교회는 변홍규, 한아진, 정경옥, 유형기, 김인영, 김창여, 김영의, 이환신, 정일형, 갈홍기 등이다.

는 앙금처럼 남아 있는 지방색이라는 요소와 뒤엉켰다. 이는 순수한 신학 문제로 끝나지 않고 정치적 요인까지 겹쳐, 문제 해결을 더 어렵게 만들었다.

이런 상이한 신학적 입장과 지방색이란 요인은 장로교회가 여러 번 나뉘는 비극을 연출하고 만다. 신학적 입장과 지방색 갈림의 배경은 이렇다. 즉 교세가 전국에서 가장 강했던 서북지방, 특히 평안도는 신앙적으로 극히 보수적인 입장을 견지했고, 교세가 약한 남부는 개방적 입장을 취했다. 따라서 신학과 정치에 보수적이며 강세인 북이 개방적이고 자유스런 남을 지탄하는 것으로 가닥이 잡혀 갔다. 그런데 이런 갈등은 1930년대 초, 그러니까 선교를 받은 지 50년, 즉 희년(禧年)이 되는 때로 거슬러 올라간다. 기쁨을 함께 나누며 유대를 더욱 공고히 해 곧 일제가 강요하기 시작할 신사참배라는 무서운 십자가를 지고 가야 하는 시점에, 분열 비극의 전조가 모습을 드러냈다.

장로교회의 타 신학에 대한 경계는 일찍 시작됐다. 타 신학교에서 수학하고 장로교단에서 목회하고자 하는 이들에게 총회는 분명한 자격기준을 설정해 두었다. 1917년 총회는 '타 신학을 졸업한 이로 본 장로회에서 사역하려는 자는 먼저 장로회의 인도와 관리를 받고, 본교(평양 장로회신학교) 별 신학에 출석하여 신경, 정치, 규칙을 강습한 후, 취직케 하기로'[361] 결정했다. 타 신학 유입을 막겠다는 의지 표명이다. 특히 일본에서 신학을 한 사람에 대한 경계가 심했는데, 그것은 일본 신학이 독일 근대주의 신학에 강하게 영향을 받고 있었기 때문이다. 신학의 다양성은 곧 교회의 분열로 이어질 것으로 보았으나, 신학의 폐쇄성 역시 교회에 대한 족쇄로 작용

---

361) 『朝鮮예수敎長老會史記』 下, 23쪽.

한다는 사실을 간과하고 있었다.

신학적 갈등이 처음으로 표면화된 것은 평양 산정현교회 담임 송창근 목사의 사임이다. 강규찬 목사 은퇴 후 그 후임으로 온 송창근 박사는 그의 신학이 진취적이라는 이유로, 조만식 장로 등 보수 교우에 밀려 결국 부산으로 떠날 수밖에 없었다. 그는 이 고통을 "조선교회에 누구의 당이 있다, 누구의 파가 있다 하야 서로 노려보고 못 믿어 하는 터이요, 게다가 같은 조선 사람으로서 남놈, 북놈하야 스스로 갈등을 일삼으니 이 어찌 함인가……50년 희년(禧年)인가, 50년 희년(噫年)인가!"[362]라고 한탄했다. 이때 이미 보수·진보 간 간격이 벌어졌음을 예시했다.

보수·진보간 논란은 한국 보수신학의 종교재판관 역을 맡은 평양 장로회신학교 박형룡과 한국교회 자유주의 신학의 기수라 할 수 있는 숭인상업학교 김재준의 갈등이 대표적 경우다. 결국 이 두 사람의 갈등은 장로교회를 신학 문제로 갈라놓은 무서운 결과를 가져오고 말았다.

박형룡은 1928년 미국 유학에서 돌아와 산정현교회를 거쳐 1930년부터 평양 장로회신학교 교수로 있었고, 김재준도 미국 유학에서 돌아와 교회가 경영하는 숭인상업학교 성경 선생으로 있었다. 김재준은 평양 장로회신학교 교수인 남궁혁을 통해 신학교에 접근을 시도했으나, 그가 보수주의 신학을 공공연히 비난함으로 이 일은 뜻을 이루지 못했다. 그러던 중 김재준이 「신학지남」에 '이사야의 임마누엘 예언 연구'란 논문에서, 한국교회가 전통적으로 믿어왔던 성경의 축자영감설(逐字靈感說)을 거부하고, 선교사들이 고루한 정통신학을 한국교회에 주입시켰다고 공격함으로 두 사람 사이

---

362) 宋昌根, "새 생활의 전제",「神學指南」(1935. 1.), 12쪽.

의 논쟁이 시작됐다.

박형룡은 미국 프린스턴신학교 유학 때, 신약학 교수였으며 후에 프린스턴이 자유주의 신학에 물들었다 통박하며 보수신학을 표방하고 웨스트민스터신학교를 설립해 나간 메이첸에게서 강한 영향을 받아, 그 신학의 굴레에 매여 있었다. 그는 신학은 시대에 따라 변화·변천하는 것이 아니고, 사도 시대부터 전승해 온 '사도적 정통의 정신학'을 그대로 보수하는 것이라고 굳게 믿었다. 따라서 성서는 절대 오류가 있을 수 없다는 성서무오설(聖書無誤說)을 확신했으며, 성경은 성령의 감동을 받아 쓴 책으로 일점일획도 틀림이 없다는 축자영감설을 굳게 믿는 근본주의 신학 입장에 서 있었다. 그는 한국교회가 자유주의 신학으로 흐르는 것을 막는 첨병의 사명에 충실했다.

이런 신학상의 차이는 박형룡과 김재준이란 개인 문제로 끝나지 않고, 두 사람을 지지하는 사람들에게로 연결돼 마침내 교회 분열을 초래했다. 박형룡은 김재준의 신학사상을 위험한 자유주의라 판단하고 더 이상 그의 글을 신학교 기관지「신학지남」에 싣지 못하게 하면서 김재준에 대한 경계에 나섰다. 이 두 사람 사이에서 화해를 시도한 사람은, 한국 사람으로 최초로 장로회신학교 교수가 된 남궁혁 목사였다. 남궁혁이「신학지남」의 편집인일 때 김재준의 글을 실어 남궁혁은 박형룡의 눈밖에 났다. 따라서 그의 중재 노력은 무위로 끝났다.

2) 창세기 저자 문제

1934년 23회 총회 때 구약 창세기의 모세 저작을 부인한 문제에 대한 논란이 일어났다. 서울 남대문교회 목사 김영주가 1934년

경에 창세기의 모세 저작을 부인한 일에 대해 총회에서 문제가 제기됐다. 이에 총회는 5인 연구위원회를 구성해 이를 연구한 후 이듬 해 총회에 보고하게 했다. 위원회는 모세의 창세기 저작을 부인하는 것은 '성경의 파괴적 비평, 시대사조에 맞도록 자유롭게 해석하는 것'으로써 '성경을 경멸히 여기는 것'이란 결론을 내렸다. 이런 이론을 주장하는 목사는 '신조 제1조에 위반하는 자이므로 우리 교회의 교역자 됨을 거절함이 가하다'고 결론 내렸다. 한국 장로교회가 아직 성경의 고등비평을 수용할 수 없는 때였음을 보여 준다. 이 문제는 김영주 목사가 총회의 뜻을 받아들여 자기의 주장을 철회함으로 일단락됐다.

3) 교회 안의 여권(女權) 문제

함경북도 성진중앙교회 김춘배 목사는 「기독신보」에 '장로교 총회에 올리는 말씀'이란 제목의 공개서한을 발표한 일이 있었다.[363] 그는 이 글에서 지난해 총회에서 함남노회에서 여자에게도 장로 자격을 주자고 헌의한 건을 부결한 데 대해 유감을 표시하고, 남녀 차별적 헌법에 근거해 여자에게 치리권을 부여하지 않은 것은 성경 정신에 위배되는 것이라 지적했다. 그가 "여자는 조용하라, 여자는 가르치지 말라고 바울이 기록한 것은 2천 년 전의 한 지방 교회의 교훈과 풍습을 말함이요, 만고불변의 진리는 아니다"라고 선언한 것이 총회에서 문제됐다.[364]

위 연구위원회는 이 문제에 대해서도 역시 "성경에 여자 교권이

---

363) 「基督申報」, 1934. 8. 15.
364) 「朝鮮예수敎長老會總會 第24回 (1935년)會錄」, 附錄, 89쪽.

전연 용허되어 있지 않음에도 불구하고 여권운동이 대두하는 현 시대사조에 영합하기 위하여 성경을 시대사조에 맞도록 자유롭게 해석하는 교역자들은 권징조례 제6장 제42조, 제43조에 의하여 처리함이 가하다"[365]라는 원안을 통과시켰다. 김 목사는 총회 명에 따르겠다는 성명서를 냈지만, 내용이 자신의 주장이 잘못되었다는 것을 시인하는 것이 아니고 이런 논의가 교회에 폐해가 된다면 취소한다는 것이었으므로, 이 문제는 언젠가 다시 고개를 들게 될 것이라는 여운을 남겨 두었다. 결국 여성 안수 문제는 그로부터 두 세대(60년)가 지난 1990년대에 와서야 비로소 장로교회(통합측)에서 빛을 보게 됐다. 이는 성경의 문자주의에 매달리는 견해와 그 정신을 찾는 쪽 중 어느 것이 옳은가를 볼 수 있는 좋은 선례다.

4) 아빙돈 단권주석 사건

신생사에서 출판한 『아빙돈(Avingdon) 단권주석』(單倦註釋)의 정통성에 관한 문제가 대두됐다. 이 책은 감리교회가 선교 50주년을 기념해 유형기 목사 책임 하에 번역, 출판한 것인데, 번역자 중 장로교 목사 송창근, 채필근, 한경직 목사 등이 포함돼 문제가 됐다.

당시 평양 장로회신학교 교수 박형룡은 책 내용이 장로교의 전통 신앙에 위배됨을 지적하고 교계 원로 길선주 목사와 함께 이 문제를 총회에 제기했다.[366] 그들은 집필자의 대부분이 자유주의 신학자들임을 지적하며 장로교회 내 침입을 용인할 수 없다 주장했다. 번역진에 "장로교의 목사가 있는 것은 크게 유감된 일로서 엄

---

365) 위의 책.
366) 『姜信明信仰著作集』(기독교문사, 1987), 590쪽.

중한 책임 규명을 함으로 후일에 경계를 삼아야 할 것을 역설했다."[367] 이에 따라 1935년 24회 총회는 길선주 목사의 견해에 따라, "신생사 발행 성경주석에 대하여는 그것이 우리 장로교회의 교리에 위배되는 점이 많으므로 장로교회로서는 구독치 않을 것이며, 동 주석을 번역한 본 장로교 교역자에게는 소관 교회로 하여금 사실을 심사케 한 후, 그들로 하여금 번역의 시말을 기관지를 통하여 표명케 할 것"[368]을 결정, 선포했다.

이에 따라 채필근 목사는 총회의 권고에 순응해 즉석에서 번역의 과오를 사과했으나, 송창근 목사와 기타 몇몇 목사들은 교리 위배를 이유로 사과하는 것은 전혀 있을 수 없으며, 신학의 자유를 억제하려는 총회의 독단에 응할 수 없음을 표명했다. 이것은 "실로 한국교회에 있어 자유주의 신학사상이 보수주의 신학사상에 도전한 효시였다"[369]고 김양선 목사는 기록했다.

한국교회는 시대가 바뀌면서 서서히 밀려오는 자유주의 신학 즉 성경의 권위에 도전하는 신학에 지혜롭게 대처하지 못했다. 무조건 '절대 불가'라 고집하며, 신학의 다양성을 인정하지 않고 오직 보수 정통에 매달림으로 세월이 지난 후 교파 분열이란 비극을 초래하는 씨를 뿌렸다. 다양한 신학을 소개하면서도 장로교회의 정통교리를 지켜 나가는 융통성을 보이지 못했던 보수주의자들이나, 상황을 고려하지 않고 당시 소화해 낼 수 없는 자유주의 신학을 마구 외쳐댔던 사람들 모두 역사 앞에 책임져야 마땅하다.

---

367) 金良善, 『韓國基督敎解放十年史』(大韓예수敎長老會總會 宗敎敎育部, 1956), 177쪽.
368) 위의 책.
369) 위의 책.

일본 군국주의 통치하의 교회의 시련

    1910년 통한의 한일 강제합방이 이루어진 후부터, 일제는 한국교회를 조선 통치에 가장 거침돌이 되는 단체로 생각하고 온갖 위협과 파괴공작을 다했다. 저들은 1930년대에 들어와서 소위 '신사참배'로 한국교회를 시험대에 올려놓았다. 소위 대동아전쟁을 획책하면서 아시아와 세계 제패의 망상을 꿈꾸는 일제는 조선교회를 정신적으로 완전히 일본화시키기 위한 방편으로 신사참배라는 올무를 교회 앞에 놓았다. 한국교회는 서글프게도 이 올무에 걸려 넘어졌다. 이는 국가의식이므로 국민으로서 참배해야 한다는 미명하에 우상 앞에 절하고, 신앙의 정조를 버리는 무서운 죄악을 범했다. 그러나 그중에서도 끝까지 신앙의 절개를 꺾지 아니한 주기철을 위시해 50여 명이 감옥에서 순교함으로 우상 앞에 무릎 꿇은 동료 동역자, 교회, 그리고 민족의 죄악을 고귀한 피로 씻어 내렸다.

1. 황국신민화 정책

아시아 제패의 꿈을 이루기 위해 한국을 전초기지로 삼을 수밖에 없다고 판단한 일제는, 한국민을 철저하게 황국신민화해야 할 필요를 절감했다. 초대 조선 총독 사내정의(데라우치)는「조선 지배 1910~11년의 연감보고서」에서 한국과 일본의 지리적·문화적 유사점을 강조하면서 "두 백성들은 그 관심사도 동일하고 형제애로 서로 결합되어 있으므로 한 몸으로 융화하고 형성하려는 것은 자연적이고 필연적인 일의 과정이다"[370]라고 선언했다. 따라서 목적을 달성하기 위해 착안한 것이 신사참배다.

신사란 일본 국조신(國祖神) 천조대신(天照大神:아마테라스 오미카미, 태양의 여신)과 옛날 일본 왕, 무사의 영을 둔 사당이다.[371] 따라서 신사참배는 신사에 절하고 섬기는 것을 의미한다. 일제는 이것을 전 국민에게 강압해 일치성을 강조하고, 국가와 일왕에 충성을 바치는 표로 삼으려 했다. 또한 우리 민족을 정신적으로 완전히 일본화하려는 정책이기도 했다. 이 신사참배는 동방요배, 황국신민서사의 제창, 창씨개명, 일본어 상용으로 이어지는 일련의 한민족 말살 정책 중 하나다. 따라서 이 정책은 딱히 교회를 겨냥한 것은 아니지만 가장 무섭게 피해를 본 집단은 교회일 수밖에 없었다. 왜냐하면 신사참배나 동방요배는 바로 "우상을 섬기지 말라"는 기독교 신앙의 핵심 교리에 반하는 일이기 때문이다.

---

370) K. M. Wells, *New God, New Nation, Protestants and Self-Reconstruction Nationalism in Korea*, 1896~1937 (Honolulu: University of Hawaii, 1990), 제3장 각주 4 참조.
371) 이 신사에는 1592년 임진왜란을 일으킨 豊臣秀吉(토요토미 히데요시)의 위패도 있다.

일제가 신사를 들여온 것은 1918년부터다. 1925년 서울 남산에 신궁을 세우고, 그 후 각처에 신궁을 세우기 시작했다. 그러나 이 때만 해도 우리 국민에게 참배를 강요하지 않았고, 주로 일본인들만 참배했을 뿐이다. 그러나 1930년대에 들어오면서 만주를 삼키고 중국을 넘보기 시작하면서, 일제는 내선일체(內鮮一體)를 강조하며 우리에게도 참배를 강요하기 시작했다. 내선일체란 '한국 민족은 일본 민족과 운명을 같이하는 일본 민족의 일부이며, 소위 흥아(興亞)적 민족 해방의 대상이 아니라, 일본 민족과 함께 아시아 여러 민족을 서구 제국주의 압제로부터 해방시켜야 할 주체'[372)]라는 주장이다. 한 걸음 더 나아가 저들은 일본 민족과 한국 민족은 동조동근(同祖同根), 즉 조상과 뿌리가 같다는 터무니없는 논리를 내세우며 우리 민족을 일본화하려는 이론적 근거를 삼았다. 일제는 먼저 통제가 손쉬운 학교로부터 신사참배의 공략을 시작했고, 이어 종교계에도 압박을 가해 오기 시작했다. 처음에는 상대적으로 힘이 약한 군소교단부터 시작해 마지막에 가장 크고 강한 교단인 장로교회를 쓰러뜨리는 작전을 세웠다.

2. 기독교 학교에 대한 억압

일제는 교회가 교리를 내세워 신사참배를 반대할 것이란 예견을 했다. 따라서 이 문제로 기독교와 정면충돌하는 것이 바람직하지 않다고 판단하고, 이것은 종교적인 문제가 아니고 국가의식이라는 논리를 내세웠다. 다시 말해, 신사참배는 종교의식이 아니고 국가

---

372) 姜晋哲, 姜萬吉, 金貞培, 『世界史에 비춘 韓國의 歷史』, 218쪽.

에 대한 국민의 의무로 종교성 없는 행위라고 역설했다. 일제가 각급 학교에 신사참배를 강요하게 된 배경은 두말할 필요도 없이 기독교 학교를 굴복시키기 위한 음모다. 여기 교회 지도자들과 선교사들 사이를 이간시키고, 이들 학교를 자기들의 손아귀에 넣어 식민지 교육의 도구로 삼으려는 의도가 분명히 나타나 있다.

1932년 일제는 평양 서기산에서 열린 춘계황령제(春季皇靈祭)를 계기로 기독교 학교 공략에 나섰다. 평양에 있는 기독교계 학교에 참배를 강요했을 때, 선교사나 교사는 우상숭배 행사에 참석할 수 없다는 입장을 분명히 전했다. 이에 대해 일제는 간교한 수단으로, 그렇다면 제사 행위에는 참석하지 말고 제사 후 국민의례에만 참석하라는 타협안을 냈다. 이에 따라 숭실전문, 숭실중학, 숭의여중 학교가 이 예식에 참석했다. 이를 기해 전국 학교에 신사참배를 강요하게 됐다.

자연히 이 문제는 교회 문제로 떠올랐고, 1933년 장로회 총회는 전국 여러 노회로부터 신사참배 문제에 대한 문의가 있었다.[373] 총회는 이 문제 해결을 위해 교섭위원을 보내 당국과 협의를 원했으나 일제는 핑계를 대며 교회와 정면 대결을 회피했다. 각급 학교 신사참배 문제는 신사참배에 반대하는 학생이 있다면 당사자가 직접 청원하라고 했다. 이에 따라 일단 학교 신사참배 문제는 총회 차원이 아닌 학교 당국과 일제와의 문제로 좁혀지게 됐다. 그러나 이것은 어디까지나 일제가 아직 교회와 정면 대결을 피하고 학교를 굴복시킨 후 교회에 손을 대려는 작전에 불과했다.

일제는 마침내 이 문제를 정면 돌파하기로 작정했다. 평남 지사

---

373) 1933년 전북노회장, 1934년 황해노회장이 신사참배 문제에 대한 질의, 평남 順川 滋山교회 목사의 신사건축비 징수에 대한 문의 등이 있었다.「朝鮮예수교長老會總會 第22回 (1934년) 會錄」, 11, 65쪽.

는 1935년 11월 도내 공·사립학교 교장회의를 소집하고, 회의 전에 모든 교장은 평양신사에 참배하라고 명령했다. 그러나 숭실중학교 교장 맥큔과 숭의여중 교장 스눅, 그리고 안식교 계통인 순안 의명학교장 리는 신앙 양심상 참배할 수 없다고 거절했다. 이에 당국은 세 사람에게 두 달의 여유를 주며 그때까지 응하지 않으면 파면시키겠다고 위협했다. 그 후 리는 신사참배를 받아들였으나, 맥큔과 스눅은 선교회에 보고했다. 선교회는 평양 시내 목사들과 함께 회의를 거쳐 신사참배를 단호히 거절하기로 결의했다. 이에 따라 두 교장은 결국 파면되고 다른 교장이 선출됐지만, 그들 역시 신사참배를 거절하기는 마찬가지여서 1937년 이들 학교는 마침내 폐교 신청을 하고 말았다.[374] 숭실전문은 이종만에게 넘어가 대동공업전문학교가 됐고, 중학교는 당국이 접수하여 제3공립 중학교가 되는 비운을 겪어야만 했다. 장로교계 학교의 폐교는 전국으로 확대돼 서울의 세브란스의전, 정신, 대구 계성, 신명, 선천 신성, 보성, 재령 명신, 강계 영실학교 등이 폐교됐고, 서울 연희전문도 1941년에 이르러 총독부로 넘어가는 비운을 맞았다.[375]

남장로교회는 북장로교회보다 이 문제에 대해 더욱 강경했다. 1937년 9월 새 학기가 시작되자, 당국은 모든 학교에게 중국에 출정한 일본군의 승리를 천조대신에게 기원하라는 명령을 내렸다. 남장로교 선교부는 본국 교회의 훈령과 또 주한 선교사 결의에 따라, 학생들을 집으로 돌려보내고 각급 학교를 폐쇄하고 말았다. 광주 숭일중학, 수피아여중, 목포 영흥, 정명여중, 순천 매산, 전주 신흥, 기전여중 등은 스스로 문을 닫았고, 군산 영명 등 10여 개 학교

---

374) A. D. Clark, *A History of the Church in Korea*, pp. 222~224.
375) 李永獻,『韓國基督敎史』(1971), 413쪽 이하 참조.

는 당국에 의해 폐쇄됐다.[376] 호주 선교부도 1936년 2월 "신사참배를 하거나 신사참배를 하도록 가르칠 수 없다"는 방침을 세우고, 그들이 운영하던 모든 학교를 스스로 폐쇄했다. 그러나 감리교회계 학교와 캐나다 선교회 계열 학교는 신사참배를 받아들여 별 어려움이 없었다.

선교사들이 우리 민족의 개화와 발전을 위해 고난 속에서 세우고 가꾸어 온 이 모든 학교가 일제의 민족 말살 정책의 희생물로 폐교당하는 현실 앞에 선교사도, 교사도, 학생도 서러운 눈물을 흘리지 않을 수 없었다. 그러나 역사를 섭리하시고 우리 민족을 사랑하시는 하나님의 은총으로 고난의 세월이 가고 해방이 됐을 때 모든 장로교 계열 학교들은 다시 문을 열고 본래의 사명을 수행하고 있으니, 역사는 신사에 참배하면서 학교를 계속했던 친일 학교와 끝까지 우상 앞에 절하기를 거절하고 폐교했던 학교 중 어느 쪽이 옳았는가를 증언하고 있다.

3. 교회 지도자들의 굴복

일제는 1937년 7월 소위 노구교(마르코폴로橋) 사건을 일으켜 중·일 전쟁을 시작하면서, 기왕에 시작된 신사참배를 교회에까지 확장할 계획을 착착 진행했다. 각지에 신사를 건립하고, 모든 사람으로 신사에 참배하도록 하기 위해 이를 법제화해, 각 부, 읍, 면에 신사를 세우는 1면 1신사 정책을 세웠다. 동시에 각급 관공서, 학교, 파출소, 주재소 등지에 신궁대마를 넣어 두는 간이 신사인 신책을

---

376) 위의 책.

설치하게 했다. 한 걸음 더 나아가 관청을 통해 신궁(神宮大麻)을 민가에까지 강매해, 각 가정에 신책을 설치하고 매일 아침 여기에 참배하도록 했다. 매달 6일을 애국일로 정하고 국기 게양, 국가 봉창, 조서(詔書) 봉독, 동방요배, 신사참배를 강요했다. 1938년 10월 황국신민서사를 제정, 제창하게 했고, 12월에는 일왕 사진을 전 학교에 배포하여 예배를 강요했다. 1938년 2월에 육군특별지원병 제도를 만들었고, 3월에는 조선 교육령을 제정하여 학교의 명칭, 교육의 내용을 일본학교와 같이해 조선어의 상용(常用)을 금지했다. 5월에는 국가 총동원법이 조선에 적용됐고, 7월에는 국민정신 총동원 조선연맹이 조직됐다. 1939년에는 창씨개명을 강제했고, 또한 국민징용령에 의해 강제 연행이 시작됐다.[377]

이런 사회 형편에 따라 일제는 마지막 남은 보루인 교회를 공략하기 시작했다. '전 조선에 50만에 달하는 예수교 신자들은 시국에 대하여 대단히 냉담한 태도를 가졌고, 신사에 있어서도 이와 같은 국가적 행사에 참가하는 일은 기독교의 계명에 위반되는 일로 이를 긍정하지 않았고, 혹은 예수를 가리켜 만왕의 왕이라는 설명을 하고 있으므로 불경죄로 잘 살펴 처단되어야 할 것'[378]이라며 교회를 옥죄기 시작했다.

교회는 이제 마지막 벽에 부딪치게 됐다. 그동안 갖가지 박해를 견디어 왔는데 마지막 억압을 어떻게 견디느냐가 관건이었다. 신사참배, 그것은 기독교인이라면 누구도 부인할 수 없는 우상숭배다. 따라서 교회의 신사참배는 우상 앞에 무릎 꿇는 행위다. 그러

---

377) 飯沼二郎, 韓晳曦, 『일제 통치와 일본 기독교』, 254~255쪽. 姜渭祚, 『日本統治下의 韓國의 宗教와 政治』, 63쪽.
378) 警務局保安科, 森浩一, "事變下에서 基督教," 『朝鮮』 (1938, 11) 65쪽. 飯沼二郎, 韓晳曦, 『일제 통치와 일본 기독교』, 255쪽.

므로 모든 교회는 이에 대해 생명을 걸고 투쟁해야만 했다. 그러나 교회는 그렇게 하지 못했다. 역사는 언제나 고난의 세월에 타협하고 순복하는 자들이 나오게 되어 있다는 사실을 보여 준다.

먼저 신사참배를 수용한 교회는 로마 가톨릭이다. 저들은 초기에는 신사참배를 이단으로 규정하고 결코 용납할 수 없는 일이라 하며 개신교와 연대해 이에 항거했다. 그 장정에도 여러 차례 신사참배를 단죄했음에도 불구하고, 독일, 이탈이아, 일본이 3국 동맹을 맺은 후에는 갑자기 태도를 바꾸었다. 1936년 비오(Pius) 12세는 포교성을 통하여 "신사참배는 종교적 행사가 아니고 애국적 행사이므로 이를 용허한다"[379]고 천명했다. 이어 안식교가 같은 해에 신사참배를 가결했고, 이에 따라 성결교회, 구세군, 성공회가 그 뒤를 따랐다. 심지어 감리교회도 1936년 6월 당시 총리사 양주삼 목사가 총독부 초청 좌담회에 다녀온 후 신사참배를 하기로 결정했다.

참으로 안타까운 노릇이었다. 마지막 투쟁에 동지가 있었어야 하는데, 한국에 함께 들어와 선교하며 동고동락했던 감리교회마저 허무하게 일제에 무릎을 꿇고 난 후 이제 장로교회만 외롭게 남았다. 일제가 장로교회를 쓰러뜨리기 위해 회유와 폭압의 정책을 쓸 것은 당연한 귀결이다.

이에 앞서 1938년 4월 일제는 한국 기독교의 각파 지도자를 서대문 경찰서에 모았다. 일제는 교회가 신사참배를 수행할 것과 일본적 기독교에 입각하여 황도정신을 발양(發揚)한다는 결의 및 선언문을 채택케 했다.[380] 같은 해 5월에 부민관 대강당에서 일본적

---

379) 「大阪毎日新聞」 朝鮮판, 1936. 8. 2일자. 盧基南 주교는 "민족 감정으로는 신사참배를 하고 싶지 않으나 신앙 상으로는 가책 없이 참가한다"라고 술회했다. 「노기남 회고록」, 1972. 11, 133쪽.
380) 林鍾國, 『親日文學論』 (서울: 平和出版社, 1986), 351쪽.

기독교 창립을 목적으로 하는 '조선기독교연합회'가 발족됐다. 6월에는 조선 YMCA가 세계 Y연맹에서 탈퇴하고 일본 Y에 예속됐고, YWCA 역시 같은 길은 걸었다.

1938년 5월 일제는 내선(內鮮)이 기독교로 융합해야 한다는 명목으로 친일파인 오문환으로 하여금 신사참배를 적극 반대하던 이승길을 포섭하게 하여 김응순, 장운경 등 3인을 일본에 보냈다. 이들은 "신사참배 문제에 관한 여러 가지 귀중하다고 생각되는 자료를 수집하고 일본 관민의 열성 어린 환대에 감격하여 돌아왔다."[381] 다음 달 6월에는 일본 기독교회 대회장 부전만 목사를 평양에 초청해, 평안도 내 교계 유력한 지도자들을 모아 놓고 신사참배에 관한 강연과 좌담회를 개최했다. 신사참배는 종교 행사가 아니라 국민의례임을 강조하다 주기철 목사, 손양원 전도사로부터 거센 반박을 받기도 했다.

4. 굴절된 교회의 모습-장로교회의 굴복

일제는 1938년 9월 장로교 총회 때는 어떤 수단과 방법을 동원해서라도 신사참배 결의를 실현한다는 계획을 세웠다. 우선 각지에서 모이는 노회에서 먼저 신사참배를 결의하는 공작을 했다. 노회가 모일 때 총대에게 먼저 신사에 참배하도록 온갖 압력을 가했다. 이 같은 강압으로 1938년 2월 전국에서 가장 교세가 강한 평북노회가 첫 무릎을 꿇은 이래[382] 9월 총회까지 23개 노회 중 17노회

---

381) 飯沼二郎, 韓晳曦, 『일제 통치와 일본 기독교』, 257쪽.
382) 朝鮮總督府警務局, 『最近에 있어서 朝鮮의 治安狀況』, 昭和 13年, 392쪽.

가 굴복하고 말았다. 각 노회 총대는 그 지역 경찰서로부터 총회에서 신사참배 안에 동의하든지 아니면 침묵하든지, 둘 다 못하겠으면 총대를 사퇴하라는 강압을 받았다. 뿐만 아니라 총대들이 총회에 갈 때 사복형사 2인이 총대들과 함께 동행했다.

1938년 9월 9일 오후 8시, 조선예수교장로회 제27차 총회가 평양 서문밖예배당에서 회집됐다. 첫날 임원 선거가 있었는데, 이때도 서로 총회장이 되려고 운동을 하고 다녔다고 하니 이 얼마나 어처구니없는 일인가?[383] 이 총회에서 신사참배 안이 가결될 것이고, 그렇게 되면 교회사에 그 이름이 길이 치욕으로 남는다는 사실을 미처 깨닫지 못했을까?

임원을 선거하니, 회장 홍택기, 부회장 김길창 등이 선출됐다. 이튿날 신사참배 안이 상정되던 날 평양경찰서 순사들이 예배당을 삼엄하게 에워싸고 일체의 방청객 출입을 막았다. 예배당 안 강대상 전면에는 평안남도 경찰부장 등 간부들 수십 명이 긴 칼을 차고 자리를 잡고 있었다. 또한 총대 사이사이에는 사복 경찰들이 끼어 앉아 있었고, 양편 좌우에도 무장경관이 완전히 둘러쌌다.[384] 총회가 개회되기 전에 신사참배를 반대하던 주기철, 채정민, 이기선, 김선두 목사 등은 미리 투옥됐고, 선교사와 총대에게는 신사참배 안이 상정되면 침묵할 것을 강압했다. 그러나 선교사들은 이를 거절했다. 반면 친일파 목사 이승길과 평북노회장 김일선[385] 등이 주동

---

383) 金麟瑞, 『金麟瑞著作全集』 第5卷, 149쪽.
384) 金良善, 『韓國基督敎史硏究』, 188쪽. 이때 총대는 목사 86인, 장로 85인, 선교사 22인, 합 193명이었다. 「朝鮮예수敎長老會總會 第27回(1938년) 會錄」, 1쪽.
385) 김일선은 본래 일제 헌병보조원 출신으로 평양 장로회신학교 29회 졸업생이며, 동양성서신학원 출신으로 목사가 된 후 부흥사로 전국을 누비기도 했다. 그러나 그는 후에 친일파로 변절하여 행세하다, 해방 후 교인들이 배척하자 밤중에 자기가 목회하던 예배당(平北 鐵山郡 西林面)에 불을 지르고, 평안북도 인민위

이 되어 신사참배 결의의 분위기를 조성했다.

아침 경건회가 끝나고 속회하자 각본대로 평양, 평서, 안주 3노회 공동 발의로 개회 벽두에 평남경찰국에서 지명 받은 평양노회장 중화읍교회 박응률 목사가 신사참배 안을 제출했다. 그가 "당국에서 신사참배는 종교가 아니고 국가의식이라 선언하니 우리 총회도 신사참배 하기를 결정함이 가합니다" 하고 제의하자 평서노회장 박임현의 동의, 안주노회 길인섭의 재청으로 안건이 상정됐다. 총회장 홍택기가 수백 경찰들의 위압에 떨리는 목소리로 동의에 찬성을 물으니 두어 사람이[385] '예'라 대답하니 마귀의 '예'였다.[387] 이에 총회장은 부는 묻지도 않고 만장일치로 가결되었다고 선포했다. 이는 불법 결의 선포였다. 이때 봉천노회 소속 헌트 선교사가 "의장, 불법이오"라고 소리치며 일어나자, 일경들이 떼로 몰려들어 그를 밖으로 끌어내 버렸다. 이로써 한국 장로교회는 우상 앞에 절하는 천추에 오점으로 남을 기록을 남겼다. 이어 총회 서기가 성명서를 낭독했다.

> 아등(我等)은 신사는 종교가 아니요, 기독교의 교리에 위반하지 않는 본의(本義)를 이해하고 신사참배가 애국적 국가의식임을 자각하며, 또 이에 신사참배를 솔선 이행하고 추(追)히 국민정신 총동원에 참가하여 비상시국 하에서 총후(銃後:후방) 황국신민으로서 적성(積誠)을 다하기로 기(期)함.

원회의 도청 직원이 된 자다. 金麟瑞, 『金麟瑞著作全集』第5卷, 146쪽. 『平北老會史』(敎文社, 1979), 219쪽 이하 참조.
386) 金良善 목사는 『韓國基督敎解放十年史』, 188쪽에 10명 미만이라고 기록했다. W. N. Blair, *Gold in Korea*, p. 105, A. D. Clark, *A History of the Korean Church*, p. 193, G. T. Brown, *Mission to Korea*, p. 159 등에는 '몇 명'(a few members)이라 기록했다.
387) 金麟瑞, 『金麟瑞著作全集』第5卷, 149쪽.

우성명 함.
소화(昭和) 13년 9월 10일
조선예수교장로회 총회장 홍택기[388]

이 와중에 평양기독교친목회 심익현은 총회원 신사참배 즉시 실행을 특청하여 결의했다. 이에 따라 당일 정오에 총회는 부회장 김길창을 임원 대표로, 각 노회장은 노회 대표로 평양 신사에 절했으니, 장로교회가 우상 앞에 공식적으로 무릎을 꿇은 비극적 순간이었다. 감옥에 가기 두려워 신앙의 절개를 꺾고 우상 앞에 엎드려 있는 개탄스런 모습 속에 장로교회의 변절이 서글프게 시작됐다. 총회는 또한 '신사참배 결의안을 총독, 총감, 정무국장, 학무국장, 조선군 사령관, 총리대신, 척무대신 제 각하에게 전보를 발송하기로 가결'[389] 했으니, 무력한 교회의 단면을 여실히 보여 주었다.

선교사들은 오후 1시에 따로 모임을 갖고 총회에 항의서를 제출할 것을 결의했다. 같은 달 12일에는 권찬영 외 25명 연서로 "총회의 결의는 하나님의 계율과 조선예수교장로회 헌법에 위반될 뿐 아니라, 우리들에게 발언을 허하지 않고 강제로 회의를 진행한 것은 일본 헌법이 부여한 신교 자유의 정신에도 어긋난다"는 요지의 항의서를 총회에 제출했다. 그러나 이 항의서는 경찰의 강요로 각하되고 말았다. 그래도 적은 수의 양심은 남아 있어 항의서를 제출이라도 할 수 있었던 것은, 어두운 시대에도 양심의 불씨는 완전히 꺼지지 않고 재 속에 약간은 남아 있음을 보여 준다.

그해 10월 장로교회는 시국 대응 기독교장로회대회를 개최했는

---

388) 「朝鮮예수敎長老會總會 第27回(1938년) 會錄」, 9쪽.
389) 위의 책, 10쪽.

데, 여기 총독이 참석했다. 그는 지난달 감리교 연회에서 한 내용과 같은 훈시를 하며 황국신민의 근본정신에 반대하는 종교는 절대로 존립을 허락하지 않을 것임을 경고했다. 참가자 약 3천 명은 황국신민의 서사를 제창하고 일본 국기를 앞세우고 시가를 행진했다. 조선신궁에 참배한 뒤 남대문 소학교에서 신도대회를 개최하고, 황거요배 국가합창, 무운장구를 기도하고, 강본(岡本) 소장의 사국 강연이 있은 후 산회했다.[390]

한국교회는 신사참배를 더욱 철저히 하기 위해 그해 12월 장로교회 홍태기, 김길창, 감리교회 양주삼, 김종우, 성결교회 이명직 목사가 일본에 건너가 이세신궁에 참배하도록 했다. 홍병선 목사는 "황국신민으로 국가의 원조를 숭배하고 신사참배 곧 예배하는 것은 당연한 일이라"[391]고 망언했다. 어떤 자는 "신사참배 하는 일을 우상숭배라 한다면 이는 불경죄에 가깝다고 말해 둡니다"[392]라 했으니, 기가 찰 노릇이다. 여기에 한국교회가 신사에 참배하고 우상 앞에 절해 신앙의 절개를 꺾은 무서운 죄를 범한 모습을 여실히 보여 주었다.

5. 신사참배 거부운동

일제의 간악한 회유와 협박에도 끝까지 신앙의 절개를 지키며 우상 앞에 머리를 꼿꼿이 들고 나선 민족교회의 사표(師表)들이 있었다. 남은 그루터기 같은 순교자와 저항자들이 있어 우리 교회는

---

390) "最近의 朝鮮 治安 狀況," 『韓國獨立運動史』 5卷, 408~409쪽.
391) "基督敎徒와 時局," 『靑年』 (1938. 7), 7쪽.
392) 위의 책, (1939. 3), 8쪽.

그래도 한 줄기 생명의 샘을 갖게 됐다.

  1940년대 초에는, 처음부터 여러 가지로 도움을 주고 같이 나라를 걱정하며 기도하고 후원해 주던 외국 선교사들이 일제에 의해 단 한 사람도 남지 않고 모두 추방됐다. 대부분의 목사는 일제에 부역했으나 이에 저항한 신앙의 지사가 2천여 명에 이르렀고, 감옥에서 순교한 분들이 50여 명이나 됐으며, 폐쇄된 교회도 200여 곳이 넘었다.

1) 평양 장로회신학교의 반대 시위

  신사참배 반대운동은 개인 또는 집단으로 시행됐다. 본격적으로 반대운동이 시작된 것은 1938년 초 일제가 전국 노회에 참배를 강요한 때부터다. 당시 전국에서도 가장 교세가 강하고 굳은 신앙을 지닌 지도자들이 모여 있는 평북노회가 노회장 김일선 목사 주도로 2월에 전국에서도 가장 먼저 신사참배를 결의하였다는 소식이 전해졌다. 평양 장로회신학교 학생들과 교수들은 울분을 참지 못하고 이를 성토했다. 이때 평북노회 소속 학생 장홍련이 격분해 노회장 김일선이 신학교 입학 기념으로 교정에 심은 나무를 도끼로 찍어 버렸다. 각 노회 소속 학생들은 노회 단위로 신사불참배운동을 전개할 계획을 세웠다. 평양경찰서는 이런 기미를 눈치채고 학생 다수를 체포하고, 교수 박형룡과 김인준은 불구속 입건했다.[393]

  신학교 이사장 블레어, 교장 로버츠(나부열) 등 선교사 교수들은 신사참배에 강경한 입장을 견지해 신학교가 무기 휴교하는 운명에 봉착했다. 1901년 시작된 교단 총회신학교가 40여 년의 역사를 이

---

393) 『장로회신학대학교 100년사』, 234쪽. 이 사건은 「東亞日報」도 보도했다. 「東亞日報」, 1938. 2. 15.

어오며 교역자 양성을 위해 최선을 다했으나, 신사참배 불참결의로 1938년 9월 무기 휴교를 선언함으로 문을 닫을 수밖에 없는 비운을 맞았다. 이후 재학생들은 통신으로 계속 공부하며 학점을 이수해 졸업했다.

2) 선교사들의 신사참배 거부

한국에 주재하던 선교사는 교파에 따라, 그 신학적 성향에 따라 신사참배 문제에 대한 견해를 달리했다. 감리교 선교사들은 대체로 묵인하는 태도를 보였고, 장로교 선교사들은 대체로 반대 입장에 있었으나, 개인에 따라 적극 지지하는 사람도 있었다.

예를 들면 연희전문 교장 원한경(H. H. Underwood)은 신사참배가 가결되자, 평남 경찰부장에게 악수를 청하며 동 결의안에 축의를 표했고, 연전(延專) 사업 보고 석상에서 "종내 신사 불참배를 고집하여 역사 있는 제 학교를 폐쇄한 것은 크게 유감된 일입니다. 신사참배는 종교 신조상 별로 문제될 것이 없습니다. 오늘 총회가 신사참배를 결의한 것은 정당한 일입니다"[394]라는 망언을 서슴지 않았다. 그러나 대다수 선교사는 강력한 반대를 견지했다.

한편 남장로교회 선교사들은 장로회 총회가 신사참배를 결의한 후, 더욱 강경한 태도를 보이며 광주에 모여 차후 행동을 결의했다. 모든 선교부는 각 소속 노회로부터 탈퇴하고 불신자들을 상대로 전도운동을 계속할 것을 통보했다. 그러나 선교부는 개교회가 전도사업을 의뢰할 때는 이에 응하기로 해, 노회는 탈퇴하되 신사

---

394) 朝鮮總督府 警務局, 『最近의 治安狀況』, 昭和 13년, 334~35쪽. 金良善, 『韓國基督教解放十年史』, 190~191쪽 脚註 34 參照.

참배에 반대하는 목회자와 교회와의 관계는 계속 유지한다는 의지를 천명했다. 이들은 참배를 거부하는 교회들과 목사들을 규합해 신사 불참배 노회 내지 총회를 구성해, 장로교회 역사와 전통을 지켜 나갈 구상을 했다.

그러나 동년 10월 캐나다 선교부 대표 맥길이 함남경찰서 고등과장을 방문하고, 신사참배를 국가의식으로 인정하는 것과 그들이 경영하던 교육기관을 계속 운영할 것을 통보함으로, 역시 장로교회 선교부 간에도 균열이 생기고 말았다. 그럼에도 불구하고 반대파 선교사들은 초지를 굽히지 않고 노회를 탈퇴하고 신사참배를 거절한 적지 않은 목사들을 물심양면으로 지원했다.

3) 주기철(朱基澈) 목사

주기철 목사는 신사참배 반대투쟁의 대표적 인물이며, 한국 개신교 역사에 가장 빛나는 순교자다. 그는 1897년 11월 경남 창원군 웅천에서 주현성 장로의 7남매 중 넷째 아들로 태어났다. 집안이 대체로 부유한 편이어서, 그는 웅천읍 개통소학교를 마치고 정주 오산학교에 진학해 20세에 우수한 성적으로 졸업했다. 오산학교는 이승훈 장로가 세운 학교로 당시 민족의식을 고취시키고 항일 기상이 강했던 학교다. 주 목사는 오산에서 훌륭한 교사들로부터 배웠기에 민족정신과 항일사상에 깊이 물들었다. 이것이 후에 신사참배 반대의 서릿발 같은 절개를 이끌어 준 정신적 지주가 됐다.

오산학교를 마치고 연희전문 상과에 진학했으나 평소에 앓던 안질이 악화돼 학업을 중단하고, 고향 웅천에 내려와 고향 교회 집사로 봉사했다. 이 무렵 그는 김해교회에서 있었던 김익두 목사 사경회에 참석해 성령을 받으라는 말씀에 감동돼, 회개하고 중생 체험을 한다. 따라서 주 목사는 평생 김익두 목사를 은사로 모셨고, 성경을 열심히 읽고 기도하는 중 소명을 받아 신학교에 입학했다.

1921년 평양의 장로회신학교에 입학하여 수업하던 중, 그는 신학교 기숙사가 네 파 장로교회에 의해 세워져 지방별로 지내는 것을 보았다. 각 지방으로 나누어 거주하는 것은 앞으로 교회 화합에 좋지 않은 영향을 미친다고 여겨 학생들과 의논한 후, 교장에게 진언해 지방별 기숙 제도를 철폐하게 만들었다. "주 목사는 (경상도 사람으로) 평안도 여자와 혼인하고 평양에서 목회하다가 평양에 묻히었으니, 남북 화합의 화신"[395]이었다고 김린서 목사는 정의했다.

1926년 30세에 신학교를 졸업하고 부산 초량교회에 청빙 받아 처녀 목회를 시작했다. 주 목사가 부임 후, 초량교회는 교인 수백 명이 모이는 교회로 크게 성장했다. 주 목사는 그곳에서 목회하면서 경남성경학원에서 가르쳤다. 제자 중 신사참배를 반대하여 옥고를 치르고, 해방 후 출옥했으나, 6·25 사변 중 순교한 손양원이 있었던 것은 우연이 아니다.

초량교회에서 6년간 목회한 후 주 목사는 문제 많던 마산 문창교회로 옮겼다. 이곳도 주 목사가 온 후 교회가 크게 성장했고, 주 목사의 이름은 전국에 널려 알려졌다. 그는 일본에서도 사경회를 인도했고, 평양 장로회신학교 사경회는 오랫동안 전해 오는 귀감이 된 집회였다. 그러나 주 목사는 이곳에서 두 자녀를 잃고 또한 부인을 잃은 고통을 겪었다. 얼마 후 마산 의신여학교 교사 오정모 양과 재혼했다. 오정모 사모야말로 주기철 목사가 순교자의 영예를 얻도록 만든 장본인이요, 목사 사모의 사표로 우리 교회사에 길이 남을 귀한 인물이다.

---

395) 金麟瑞, 『金麟瑞著作全集』 第5卷, 135쪽.

마산에서 5년 목회 생활이 끝날 무렵, 평양 산정현교회에서 목회하던 송창근 목사가 신학사상 문제로 교회를 떠났다. 전에 오산학교 교장이며 은사였던 이 교회 조만식 장로가 주기철 목사를 청빙하러 마산까지 내려왔다. 주 목사는 하나님의 부르심인 줄 믿고 평양으로 떠났는데 이때가 1936년, 그러니까 일제가 서서히 한국 교회를 신사참배의 올무로 옥죄기 시작한 때였다.

주 목사 환영회 석상에서 평양 장로회신학교 이성휘 박사는 "우리는 산정현교회 주 목사를 환영하는 것이 아니라 평양교회 주인 목사를 환영하는 것이요, 조선의 주인 목사를 환영하는 것입니다"라 했는데 '당시에는 과장이요, 지금에는 이루어진 예언'[396]이라고 김린서 목사는 기록했다. 한국 장로교회의 거목 길선주 목사가 1935년 세상을 떠나고 주기철 목사가 이듬해 평양에 왔으니 이 또한 우연은 아니다.

산정현교회에 부임하고 나서 그는 곧 예배당을 신축했는데, 예배당이 완공되어 헌당하기 직전인 1938년 2월 일제는 주 목사를 검거했다. 교인들은 목사도 없이 눈물로 헌당식을 거행했다. 1938년 27회 총회가 신사참배를 결의하자, 일제는 주 목사를 일시 석방했다. 다시 강단에 서서 그는 최후의 유언과 같은 '5종목의 나의 기원'이란 설교를 했다.[397] 이 설교 후, 일제는 주 목사에게 3개월 내에 목사직을 사면하라고 협박했다. 주 목사는 목사직을 사면하고 평안히 사느냐 아니면 끝까지 싸우다 죽느냐의 갈림길에 놓였다. 왜

---

396) 위의 책, 143쪽.
397) 5種目의 祈願은, 1) 죽음의 권세를 이기게 하여 주옵소서, 2) 장기(長期)의 고난을 이기게 하여 주시옵소서, 3) 노모와 처자와 교우를 주님께 부탁합니다, 4) 義에 살고 義에 죽게 하여 주시옵소서, 5) 내 영혼을 주께 부탁합니다. 위의 다섯 대지의 설교 내용이 金麟瑞, 『金麟瑞著作全集』 5卷, 154~162쪽에 요약되어 있음.

냐하면 일제는 주 목사가 목사직만 사임하면 신사참배를 강요하지 않겠다는 타협안을 내놓았기 때문이다. 그러나 주 목사는 신앙의 절개를 꺾고 평안히 사는 길보다 끝까지 싸우다 죽는 길을 택했다. 이 결단이야말로 그의 일생뿐 아니라 우리 교회사에서 중대한 고비가 되는 순간이었다.

1940년 일제는 주 목사에게 더 이상 설교하지 말라고 강압했다. 그러나 주 목사는 "나는 설교권을 하나님께 받은 것이니 하나님이 하지 말라 하면 그만둘 것이요, 내 설교권을 경찰에서 받은 것이 아닌즉 경찰서에서 하지 말라 한다고 안 할 수는 없소"[398]라고 말했다. 이에 경찰이 "금지함에도 불구하고 설교하면 체포하겠소"라고 하자, 주 목사는 대답하기를 "설교하는 것은 내 할 일이요, 체포하는 것은 경찰이 할 일이니 나는 내 할 일을 하겠소"라고 했다.

며칠 후 일경은 주 목사를 체포했다. 주 목사는 경찰에게 80 노모가 계시니 고별하도록 해달라고 부탁하고, 어머니께 나가 하나님께 기도하기를 "하나님! 불효한 이 자식이 어머님을 봉양치 못하옵니다. 내 어머님을 주님께 부탁하나이다. 불효한 자식의 봉양보다 자비하신 주님의 보호하심이 나을 줄 믿고 내 어머님을 주님께 부탁하옵고, 이 몸은 주님의 자취를 따라 가겠나이다"라고 했다. 기도를 마치고 어머님을 하직하니, 이것이 어머니를 보는 마지막 순간이고, 순교의 영광을 안고 천국에서 다시 만날 날을 기약하고 떠난 때였다.

주 목사를 투옥한 후 일제는 목사직을 사면하라고 고문을 가했으나 별 효과가 없자, 이제 평양노회로 하여금 주 목사 사표를 받으라고 강요했다. 평양노회장 최지화 목사는 평양 감옥으로 수차례 찾

---

398) 위의 책, 163쪽

아가 주 목사에게 사표를 내라고 강요했다. 그러나 주 목사는 "내 목사의 성직은 하나님께 받은 것이니, 하나님이 그만두라고 하시기 전에는 사면 못 합니다"라고 완강히 거절했다. 평양노회는 할 수 없이 주 목사 제적 결정을 내렸다. 이에 따라 평양경찰서는 산정현예배당 출입구를 횡십자로 나무를 대고 못 박아 폐쇄해 버렸다.

다음 평양 정기노회가 창동교회에서 모였을 때에 평양신학교[399]에서 산정현교회 사택을 신학교 교수 사택으로 쓰게 해달라는 청원이 들어오자 노회는 이를 결정했다. 평양노회장 등 목사 3인은 산정현교회 유계준 장로를 찾아가 사택을 비워 달라 했으나 응하지 않았다. 결국 평양경찰서에서 노회의 결의에 따라 주 목사 가족들과 세간을 끌어내고 사택을 폐쇄해 버렸다.

주 목사는 옥중에서 온갖 고문을 받으며 6년여 세월을 보내며 안질과 폐와 심장이 허약해질 대로 허약해져서 1944년 4월 병감으로 옮겨졌는데, 순교의 날이 가까이 오고 있었다. 어느 날 오정모 사모가 면회 갔을 때 면회를 허락하지 않자 간청해 간신히 면회를 했는데, 주 목사는 간수에게 부축을 받아 나와 부인과 최후의 면회를 했다. 면회 중에 힘이 없어 쓰러졌는데 그때 남긴 마지막 유언은, 1) 내 대신 어머님을 잘 모셔 주오, 2) 따스한 숭늉이 먹고 싶소, 3) 나는 하나님 앞에 가서 주님의 조선교회를 위하여 기도하겠소. 교회에 이 말을 전해 주시오, 4) 나를 웅천에 데려가지 말고 평양 돌박산에 묻어 주오[400]였다.

이 말씀을 마치고 쓰러져 감방으로 돌아가 그날 저녁, 1944년 4월

---

399) '평양신학교'는 평양 '장로회신학교'와 혼돈되는 경우가 많으나, 엄연히 이름이 다르다. 평양신학교는 신사참배를 결정한 총회가, 평양 장로회신학교가 폐쇄된 후 세운 신학교로 蔡弼近 목사가 교장이었다.
400) 金麟瑞, 『金麟瑞著作全集』 第5卷, 169쪽.

21일 밤 9시에 하나님의 부르심을 받을 때 "내 영혼의 하나님이여, 나를 붙드시옵소서"라고 외치는 소리에 방 안이 진동해 곁에 있던 사람들이 모두 놀라서 깼다. 47세 한창 일할 나이에 그는 신사참배 강요도 없고 친일하는 배도의 무리도 없는 하나님의 품으로 그렇게 갔다. '고생과 수고 다 지나간 후 광명한 천국에 편히 쉬게' 된 것이다.

한국이 낳은 위대한 순교자 주기철 목사는 우상 앞에 고개 숙인 한국교회를 짓누르고 우상 앞에 머리를 곧게 쳐들고 우뚝 선 우리 교회의 사드락, 메삭, 아벳느고이며, 신앙의 사표요, 영원히 꺼지지 않을 횃불로 타오르고 있다. 해방을 불과 1년 서너 달 남겨 놓고 떠나간 순교자 주기철 목사는 오고 오는 모든 세대에 신앙의 본이 되는 우리의 귀한 선배이시다.

주기철 목사를 비롯해 감옥에서 50여 명 신앙의 지사들이 순교의 관을 썼다. 그중 감리교회 이영한 목사가 해주 감옥에서, 성결교회의 박봉진 목사가 철원 감옥에서 온갖 고문을 받고 석방됐으나 곧 순교했으며, 최권능 목사로 더 알려진 최봉석 목사 역시 옥고를 겪다 그 힘이 다 쇠진된 채 석방됐으나 평양 기홀병원에서 곧 순교했다. 전택규 목사가 함흥 감옥에서, 안식교회 최태현 목사도 역시 순교의 관을 썼다. 이리하여 한국교회가 우상 앞에 머리 숙여 하나님 앞에 지은 죄악을 순교의 피로 씻어냈다. 이 위대한 신앙의 지사들은 우상숭배하던 이세벨의 무리들 틈에서 한 줄기 소망의 빛으로서 오늘까지 생생하게 살아남아 있다.

4) 박관준(朴寬俊) 장로

박관준 장로는 평북 영변 사람으로, 기독교인에게 신사참배를 강요하는 것은 부당하다며 총독, 문부대신 등에게 진정서를 제출하고, 전후 13차에 걸쳐 총독을 면회하려 했으나 실패했다. 그는 이 일을 직접 일본에 가서 시행하기로 하고, 당시 보성여학교 교사 안이숙을 대동하고 동경으로 건너갔다.[401] 당시 일본에서 신학을 수업하던 박 장로 아들 영창 군과 함께 정부 주요 인사들을 만나 설득했다. 마침 일본 제국의회에서 종교법안을 심의하고 있을 때 박 장로가 방청석에 앉아 있다가 "여호와는 유일한 진신이시다"[402]라는 요지의 유인물을 살포했다. 의회는 아수라장이 되고, 이들은 현장에서 체포되어 갖은 고초를 겪었다. 박 장로는 6년여의 옥고 끝에 순교의 관을 썼고, 안이숙 선생은 해방 후 출옥 성도로 출감해, 옥중 수기 『죽으면 죽으리라』를 써서 옥중 고난을 생생하게 증언해 주었다.

5) 김용기(金容基) 장로

신사참배에 반대해 곤욕을 치른 평신도 중 가나안농군학교를 세우고 평생을 농촌 계몽사업에 힘쓴 일가(一家) 김용기 장로도 있다. 그는 1912년 9월 경기도 양주군 와부면에서 태어났다. "농사꾼이 되어라"는 부친의 유언에 따라 농사에 전념하기로 결심하고, 고향 능내리 봉안마을에 '봉안이상촌'을 세우고 계획 영농을 시작했다. 봉안이상촌은 농촌의 이상과 더불어 신앙의 이상촌이었다. 그의 온 가족은 물론 동네 사람들, 어른 아이 할 것 없이 모두 기독교 정신에 입각한 신앙생활을 하며 교회를 이루었다.

---

401) 박관준 장로의 투쟁은 아들 박영창, 『정의가 나를 부를 때』 (서울: 신망애 출판사, 1970)와 안이숙, 『죽으면 죽으리라』 (신망애출판사, 1969)를 참조할 것.
402) 안이숙, 『죽으면 죽으리라』, 94쪽.

김용기는 일제에 대항하는 봉안이상촌의 목표를 정했는데, 1) 신사참배 거부, 2) 창씨개명 거부, 3) 공출 거부였다. 국가적 시책으로 시행되던 신사참배 거부는 경찰 당국에 당장 문제가 돼 소환됐고, 갖은 고문과 고통을 당했다. 봉안이상촌 교회는 신사참배 거부를 분명히 했으므로 목회하러 오는 목사가 없어, 어쩔 수 없이 집사였던 김용기가 예배를 인도했다. 목회할 목사가 없어 집사가 예배를 인도한다는 소식이 전해지자, 경성(서울)노회, 경기노회, 경동노회 등 세 노회가 김용기를 장로로 안수하기로 결의했다. 당시 김용기는 27세의 약관으로, 장로회 헌법에 "장로는 30세가 넘어야 한다"는 규정이 있었으나 특별 예외로 그를 장로 장립하기로 합의했다.

장립식을 하기로 한 날 시골 교회에 3개 노회에서 목사 40명, 장로 80명, 교인 300명이 모이는 대성황을 이루었다. 예정된 시간에 예배가 시작됐는데, 예배를 인도하는 목사가 당시 일제의 명에 따라 예배 전에 동방요배와 황군장병무운을 비는 1분간의 묵도를 드리자고 하자, 김용기가 나서서 "못 합니다"라고 소리쳤다. 그가 끝내 못하겠다고 고집하자 주최자 측에서 '그럼 다음에 일어나는 문제에 대해서는 누가 책임지겠냐'고 묻자, 김용기는 '내가 책임진다'고 언명했다. 주최 측은 숙의 끝에 국가 의례를 생략하고 장로 장립식을 거행해, 그는 장로 임직을 받았다.

예상했던 대로 다음날 김 장로는 양주경찰서에 끌려가 1주간 온갖 고문을 받는 고통을 감내해야만 했다. 고문을 해도 소용이 없다고 판단한 경찰은 김 장로를 회유하기 시작했다. 그러나 김 장로가 듣지 않자 다시 온갖 고문을 가했다. 경찰이 "당신, 이러다 죽으면 어떻게 하려느냐"라고 묻자 김 장로는 그 말이 떨어지기가 무섭게 "난 이렇게 죽기를 원하고 있소. 순교자 되기를 열망한단 말이오. 항일운동 하다가 죽는 것만도 영광인데, 순교자까지 될 수 있다니

자손만대에 영광이오! 그것이 참 사는 길이오. 그러니 어서 죽여 주시오"[403] 라고 소리쳤다.

여기서 우리는 진정한 신앙인의 모습을 본다. 무수한 목사, 장로들이 우상 앞에 머리를 조아려 절하고 있을 때, 죽음을 각오하고 신앙을 고수한 김 장로야말로 우리의 표상이며 한국교회의 신앙의 맥을 이어간 위대한 선배다. 그는 해방 후 가나안농군학교를 통해 한국인들의 정신 교육에 지울 수 없는 업적을 남겼고, 신앙인의 삶을 몸으로 실천한 살아 있는 증인이다. 우리는 이런 신앙의 선배를 둔 것을 자랑스럽게 여긴다.

6) 기타 신사참배를 거부한 사람들

신사참배를 총회가 결정하고 나자, 대부분 교직자는 아마 마음으로는 원하지 않았는지 모르지만 현실을 수용하고 신사에 참배했다. 그러나 이 일에 대한 부당성을 외치며, 조직적으로 반대운동에 나선 이들도 적지 않았다. 그중 몇몇 주요 인사의 면모를 보면, 평북 이기선 목사, 평양 채정민 목사, 이주원 전도사, 경남 한상동 목사 등 교역자들이 중심이 돼 투쟁했다. 이기선 목사는 신사참배 안이 가결되자, 9년 동안 시무하던 의주 북하동교회를 사임하고, 평양 채정민 목사와 함께 동지 규합을 위해 전국을 순회하여, 김형락, 박의흠, 계성수, 김성심, 오영은 등의 동지를 얻어 신사참배 반대투쟁을 위한 2개 방안을 결의했다. 그 내용은 첫째, 신사불참배운동을 벌여 현실 교회를 약화 내지 해체시킬 것, 둘째, 신사불참배 신도를 규합해 가정예배를 드리며, 그것을 육성해 새 교회를 세울 것

---

403) 김용기,『나의 한 길 60년』(규장문화사, 1987), 45쪽 이하.

등이었다.[404]

이에 발맞추어 경남 한상동 목사는 그 지방 투쟁 방안으로 1) 현 노회 해체운동, 2) 신사참배 목사의 세례, 수찬(受餐) 불응, 3) 신사 불참배주의자들로 새 노회 조직, 4) 신사불참배자들의 상호 원조, 5) 그룹예배 시행과 적극적 동지 규합 등[405]을 계획했다. 한상동 목사는 주남선 목사, 최상림 목사, 최덕지 전도사, 주수옥 전도사 등과 더불어 산사불참배운동을 전국적으로 확대하는 계획을 수립했다. 다행히 이 운동에 평양 해밀턴과 메스베리 선교사가 재정 지원을 해주어 큰 도움이 되었다. 이 운동에 직접 가담하지 않은 목사들 중 음성적으로 이들을 돕는 이들도 없지 않았다.[406]

1940년 4월 주기철 목사가 일시 석방된 때를 기해 한상동 목사는 평양에 가서 만주에서 온 동지들과 만났다. 채정민 목사 집에서 신사불참배 동지 단합대회를 열고, 전국 불참배 노회를 조직하기로 결의했다. 그러나 일제가 이런 운동을 그대로 방치할 리 없었으니, 그해 7월 주기철 목사를 위시하여 전국 신사불참배 동지 전원을 검속해 투옥했다. 일제는 5년이 지난 1945년 5월 18일에 그들을 치안 유지법, 보안법 위반, 불경죄 등을 적용해 판결을 내렸다. 그러나 주기철 목사를 비롯 50여 명이 감옥에서 순교했는데, 아직도 대부분의 순교자 명단과 투쟁 과정이 명확히 밝혀지지 못한 점은 참으로 안타까운 일이 아닐 수 없다.

---

404) 金成俊, 『韓國基督敎史』(韓國敎會敎育硏究院, 1980), 159쪽.
405) 위의 책, 160쪽.
406) 위의 책.

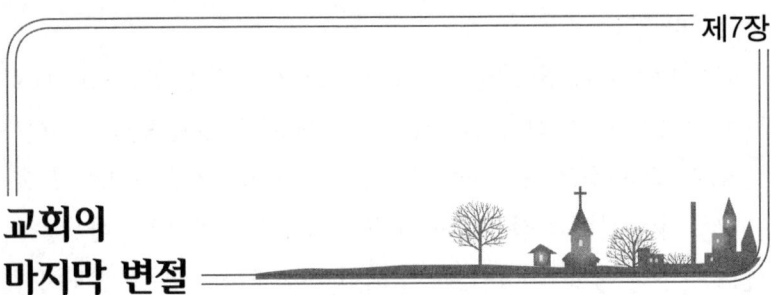

제7장

교회의 마지막 변절

1. 교회의 친일 행각

교회로 하여금 신사참배를 결정하도록 한 일제는 1939년에 종교단체법[407]을 공포해 교회 압박에 박차를 가했다. 각 지역에 한 개 교회만 허가하고 나머지는 모두 폐쇄해 신책(神柵) 설치, 국민의례, 궁성요배, 신사참배, 국방헌금, 애국헌금, 항공기헌금, 교회 종·철제 문짝 공출, 위문대 강요, 근로봉사 등 끝없는 수탈과 부역을 집요하게 강요했다.

1941년 일제가 미국을 향해 소위 대동아전쟁을 일으켜 제2차 세

---

[407] 이 법안은 명치 시대부터 의회에 제출돼 있었으나 지나치게 종교 자유를 제한한다는 이유로 부결됐다. 그러나 군국주의자들이 집권하면서 전쟁 준비를 위한 총동원체제로 전환하여 치안유지법으로는 사상을 통제하고, 종교단체법으로는 종교를 통제했다. 沈谷善三朗, 『宗教團體法解說』(東京: 中央社, 1939), 11쪽 참조.

계대전에 본격적으로 참여했을 때, 교회는 이에 발맞추어 친일 색채를 뚜렷이 표출하기 시작했다. 이때부터 '일본적'이란 말이 유행어처럼 떠돌았는데, 이 말은 교회에도 어김없이 적용됐다. '일본적 기독교' 수립이란 명제가 교회 앞에 부각됐다.

신사참배를 결의한 장로교회는 1939년 4월 총회에서 '국민정신총동원 조선예수교장로회연맹'을 조직해 국가 시책에 적극 협력할 것을 결의했다. 그리고 연맹은 일을 더욱 효율적으로 수행하기 위해 '중앙상치위원회'를 설립해 총 간사에 정인과 목사가 취임했다. 위원회는 교회가 실시할 방안으로 신사참배, 궁성요배, 황국신민서사 제창을 결정했다. 또한 교회헌법, 교리, 의식 등에서 민족주의 요소를 제거하고 순 일본적 교회로 전환할 것과, 찬송가와 기타 기독교 서적을 재검토해 국가 시책에 어긋나는 것은 그 자구까지 수정하는 등 일제에 충성하기 위해 진력했다.

감리교회도 1940년 10월 총리원 이사회에서 민족주의·자유주의 배격, 일본 정신의 함양, 일본 감리교회와의 합동, 일본적 복음 천명 등을 결의했다. 심지어 개교회의 애국반 활동을 강화하고, '교도로 하여금 지원병에 다수 참가케 할 것'[408]이란 사항까지 규정했다.

이런 상황에서 장로교회는 한껏 움츠러들어 1942년 교회 수가 전년도에 비해 750개 감소했고 교인수도 76,747명이 줄었는데, 이는 자연스러운 현상이었다. 그리스도를 저버린 교회가 성장한다면 그것이 비정상이지 않겠는가.

총회가 모이기 한 달 전 9월 전국 교회가 국방헌금을 해 모은 돈으로 비행기 1대와 병기 2정을 구입하고 헌납식을 남산에서 거행했다. 이때 상황을 당시 유일한 친일 교계 신문「기독교신문」은 다

---

408)「每日申報」, 1940. 10. 4.

음과 같이 보도했다.

> 남으로 북으로 종횡무진의 활약을 하고 있는 우리 육·해·공군의 분투와 노고에 보답하여, 총후 37만 장로교도 일동이 우리 무적 해군에 해군기 1대와 병기 2정을 헌납한 사실은……이 적성 어린 보국호의 명명식은……해군 대신 대리 판원(板垣) 해군 소장을 맞이하여, 멀리 삭주 금곡일청(金谷一淸) 목사, 해주 신삼일웅(新森一雄) 목사, 재령 김낙영(金洛泳) 장로, 원산 안동의봉(安東義奉) 목사, 군산 이창규(李昌珪) 목사, 남원 김종대(金種大) 목사, 경성 함태영(咸台永) 목사, 전필순(全弼淳) 목사, 차광석(車光錫) 목사, 백락준(白樂濬) 목사……외 80여 명 장로회 대표들이……보국호의 명명(命名)을 '조선 장로호(朝鮮長老號)'라 한다……[409]

이 신문은 기사 말미에 감사장, 수납서, 헌납 비행기 및 병기 사진은 총회 사무국에 보관돼 있다고 보도했다.

이 신문은 또한 다음해인 1943년 9월 25일자 사설에 '금속회수(金屬回收)에 힘을 다하자'란 제목으로 다음 같은 말들을 늘어놓았다.

> 집요한 적의 반공(反攻)은 간단없이 사투를 계속하고 있다……미·영(米英)숭배와 의존 관념을 불식함을 전제로 반도 전선의 기독교회가 종교와 유서 깊은 예배당의 종을 미·영 격멸의 탄환으로 헌납하고 일본적 성격으로 전환한 기독교로서 재발족한 기억이 눈앞에 떠오른다……금속류의 특별 회수는 9월중 전선적(全鮮的)으로 시행한다……금속 회수에 힘을 다하자. 전선에서는 병기를 많

---

409) 「基督敎新聞」, 1942. 9. 23.

이 보내라고 부르짖고 있다.[410]

하나님께 예배드리는 시간을 알리는 귀중한 예배당의 종을 미·영 박멸의 탄환으로 헌납해야 한다는 망언을 서슴지 않는 당시 기독교 인사들의 모습을 볼 때 교회의 훼절이 서글플 뿐이다.

감리교회도 1941년 3월 국민총력조선기독교감리회 연맹 주최로 시국 대응 신도대회를 열고, 혁신 요강 실천과 고도 국방 국가 완성을 위해 최선을 다할 것을 다짐했다. 그해 10월, 3부 연회를 해산하고 일본 감리교회 교단 규칙에 따른 새로운 교단 규칙을 만들어 '조선기독교감리교단'을 조직했다. 감리교회는 1944년 9월 상동예배당에 '황도문화관' 간판을 걸고 갈홍기 목사를 관장으로 임명한 후, 교단 내 목사들을 강제 소집해 일본정신과 문화를 강의했다. 이들 목사들은 신관의 인솔로 한강으로 끌려가 신도의 재계의식인 청정(淸淨)[411]을 행하고 머리에 일장기가 그려진 두건을 쓰고 남산까지 뛰어가 신궁에 참배했다.

일제는 찬송가에도 제재를 가해 어떤 찬송가는 못 부르게 했고, 어떤 찬송가는 어느 절을 먹으로 지우도록 강압했다.[412] 사도신경 중 '전능하사 천지를 만드신 하나님을 내가 믿사오며'라는 부분은 신도 창조설화와 위배되고, '저리로서 산 자와 죽은 자를 심판하러 오시리라'는 일왕의 영원한 계속 사상을 파괴한다며 금지시켰다.[413] 예배 5분 전에 일왕의 사진에나 동방(일왕이 있는)으로 절하게

---

410) 위의 신문, 1943. 9. 25.
411) 신도의 의식에서 제사에 참여할 사람들이 식에 참석하기 전에 먼저 목욕 또는 물을 몸에 끼얹어 부정을 청결케 하는 의식.
412) 예를 들면, '내 주는 강한 성이요', '믿는 사람들은 군병 같으니', '일하러 가세', '십자가 군병들아', '만왕의 왕' 등이다. 李成森, 『韓國監理教會史』, 277쪽.
413) 일왕의 영원성을 유보하기 위해 구약성경에서 창조주, 심판주, 만왕의 왕 등의

했고, 전몰용사들을 위로하는 묵념, 출정 장병의 무운장구를 위한 기원, 황국신민서사를 제창한 후 예배를 시작하게 했다. 1943년부터는 주일 오전예배 이외 모든 집회는 금지됐다. 예배당 안에서 일어 강습, 근로 작업을 강제했으며, 징발한 예배당은 군수품 공장으로 전용됐다. 또한 예배당 안에 황국신민서사, 황도실천 등을 게시하게 했다.

1943년 5월 성결교회는 재림사상을 강조한다는 이유로 200여 명의 남·녀 교직자와 장로, 100여 명의 남·녀 제직이 검거됐다. 이 교회는 재림사상에 걸려 일제 앞에 힘없이 무너졌다. 그해 말 안식교회도 일제에 의해 강제 해산되는 운명에 처했다. 성공회도 대동아공영권이란 미명하에 탄압을 받아 1940년 평양교회의 챗웰 신부가 투옥됐고, 1941년 초 주교를 포함한 모든 선교사들이 추방됐다. 드레이크 신부는 70이 넘은 고령으로 끝까지 교회를 지키려 애썼으나 결국 1942년 7월 정든 선교지를 떠나는 마지막 신부가 됐다. 성공회는 교리적으로 신부 없이 교회가 유지될 수 없어 교회가 해산되고 말았다.[414]

2. 교회의 병합 및 통합

일본교회는 1941년에 30여 개에 이르는 교파를 하나의 교회로 통합했다. 이 통합이 교회의 자의적인 뜻에 의해 이루어졌느냐, 아니면 국가 권력의 힘에 밀려 타의적으로 이루어졌느냐 하는 것은

표현을 삭제하여 사용하라고 강압했다.
414) 李贊榮, 『韓國基督敎會史總覽』, 512쪽.

일본교회 안에서도 아직 정리되지 않은 명제인 것 같다. 그러나 한국은 일본과 달리 일제가 자기들의 목적 달성을 위해 한 지역에 여럿 있는 교회를 하나로 통합하는 일을 추진한 것이 분명하다. 이 일에 일제는 작은 동네에 교인도 많지 않은데 여러 교파 교회가 난립하는 것은 좋지 않을 뿐 아니라 교회 간 갈등 소지도 있어 하나로 통합한다는 그럴듯한 명분을 내세웠다. 그러나 내심으로는 없어지는 예배당 재산을 갈취하려는 추악한 속셈이 있었다.

병합된 교회 수를 지역별로 살펴보면 경성이 13개, 평양이 6개, 원산, 해주, 개성, 인천이 각 3개, 진남포 2개, 강릉, 강경이 1개로 총 7개 도시, 2개 읍에서 모두 34개 교회, 30여 채의 사택, 20여 채 부속 건물이 병합됐다. 교회 병합에 의해 없어진 예배당과 기타 건물로 생긴 돈은 모두 국방헌금으로 전환됐다.[415]

3. 기독교 지도자들의 친일 행각

일제의 억압이 심해지면서 교회, 노회, 총회가 조직을 통해 친일한 일들은 헤아리기 어렵다. 그중에서도 기독교 지도자들이 자원해, 혹은 원하지 않았지만 강제에 못 이겨 친일행각을 벌인 일이 비일비재했다. 대부분 일제의 협박, 회유 등으로 어쩔 수 없이 그렇게 했으리라 믿지만, 후세의 역사에서 동정만으로 그들의 행각이 정당화될 수 없다는 것을 입증해야 한다. 그들의 그런 행동은 개인의 문제로 끝나지 않고 교회 전체와 일반 사회에까지 파급되는 결

---

415) 교회 병합에 대한 자세한 내용은 김인수, 『일제의 한국교회 박해사』(서울: 대한기독교서회, 2006), 164~169쪽 참조.

과를 초래했다. 교회에 환멸을 느끼고 떠나는 사람도 많았고, 비기독교인 민족주의자들도 그들의 친일 행각을 역겨워했다.

1937년 9월 총독부는 각 도에서 시국강연회를 개최하면서 저명한 기독교계 인사들을 동원했다. 1937년 중·일전쟁부터 시작해 징용제도, 징병제도, 근로보국대, 근로동원제, 여자정신대 등 명목으로 1945년 해방 때까지 무려 146만 명의 청장년이 징용됐다. 그들은 광산, 토목공사, 군수공장에 투입됐으며, 무보수로 노예와 같이 강제 노동에 동원됐다.[416]

여성 지도자들도 동원됐는데, YWCA의 유각경은 '어머니 자신부터 가질 대화혼'(大和魂: 일본정신)이란 글에서 "내지의 어머니들을 근본적으로 본받을 때가 이때라 생각합니다……이 얼마나 기쁜 일입니까……어머니 자신들이 우리나라의 대화혼을 몸소 인식하지 않으면 안 될 줄 압니다"라고 썼다.[417] 박마리아는 "자식 둔 보람, 어미 된 면목," 김활란은 "징병제와 반도 여성의 각오" 등의 논설로 청년들에게 용병이 돼 전쟁터로 나가라고 격려했다. 비록 이들이 자원해서 한 일은 아니라 해도, 저들의 친일 부역 행각은 결코 용납될 수 없는 부끄러운 작태며, 역사 앞에 용서받기 어려운 어용, 변절이다.

그 외에도 교파를 초월해 기독교계 인사들이 전쟁을 위해 부역했으니, 참으로 통탄스럽고 가슴 아픈 일이 아닐 수 없다. 감옥에서 죽음 같은 세월을 보내고 있는 목사와 교우들을 생각할 때, 감옥에 가기 싫어 원치 않은 일을 해야 했고, 하기 싫은 말을 하거나 글을 써야 했던 이들 행각에 서글픈 심정을 금할 수 없다. 그러나 그들의 행

---

416) 손인수, 『원한경의 삶과 교육사상』, 238쪽.
417) 金仁洙, 「日帝 末期의 基督敎 彈壓과 敎會의 御用에 대한 小考」, 『敎會와 神學』, 제19집 (1987), 243쪽 脚註 59 참조.

위는 확실히 정죄돼야 하고 역사의 준엄한 심판을 받아 마땅하다.

4. 평양신학교와 조선신학교의 설립

1938년 장로회 제27차 총회에서 신사참배 안을 불법 통과시키기 몇 달 전인 5월 평양 장로회신학교는 신사참배 문제로 무기 휴교에 들어갔다. 교단의 유일한 교역자 양성기관인 신학교가 문을 닫자, 교역자 양성의 길이 막혀 버렸다. 총회는 어쨌든 교역자 양성을 포기할 수는 없다며 다시 신학교를 시작할 방안을 모색했다. 신사참배를 반대하던 보수 선교사가 모두 신학교에서 물러가고, 정통 보수의 보루라 자처하던 박형룡도 신사참배를 피해 국외로 도피해 버렸다. 또한 보수 목사 대부분이 투옥된 상태에서의 신학교 재건은 당연히 자유주의 신학 배경과 친일 인사가 주축이 돼 발기했다. 이 일을 처음 제안한 사람은 채필근 목사다. 이에 서울의 김영주, 차재명 목사가 동조했고, 김대현 장로가 30만 원 재정을 부담하겠다고 나서 '조선신학교 설립을 위한 기성회'가 1939년 3월 발족됐다.[418]

신학교 재건 안은 그해 28회 총회 인준을 받아 설립이 눈앞에 왔으나, 같은 해 평양에서 평양 장로회신학교 재건운동이 일어났다. 이 일은 빠르게 추진돼 1940년 2월 총독부로부터 인가를 받아 신학교가 개교됐다. 일이 이렇게 되자 조선신학교 설립에 앞장섰던 채필근 목사가 평양신학교 교장으로 옮겨 갔다.

한편 조선신학교 설립을 추진하던 이들은 신학교 인가를 총독부

---

418) 설립실행위원은 蔡弼近, 金禹鉉, 車載明, 咸台永, 金吉昌, 尹仁駒, 趙喜炎, 韓景職, 白永燁, 李仁植, 金觀植, 金應珣 등이었다. 「東亞日報」, 1939. 5. 9일자에 상세히 보도됨.

로부터 받지 못하자 어쩔 수 없이 1940년 3월 경기도 지사의 강습소 인가를 받아 그해 4월 서울 승동교회에서 개원했다. 김대현 장로가 학원장이 됐고, 김재준 목사가 교수로 취임했다. 그러나 이 학교는 한국 신학은 선교사들이 전수해 준 신학으로 한국인의 신학이 전무(全無)하다는 자유주의 경향을 가진 신학교로 출발했다. 앞으로 교회가 이 신학교와 더불어 보수 경향 지도자들과 길을 달리할 조짐을 출발 때부터 내비쳤다. 이 신학교 출발 시점이 암울했던 시기였고, 일제의 강제가 어거할 수 없을 정도로 거센 때였다 해도, 신학교 설립 목적을 보면 지나치게 친일적이다. "복음적 신앙에 기해서 기독교 신학을 연구하고, 충량유위(忠良有爲)한 황국의 기독교 교역자를 양성한다"[419] 했을 때, 이미 이 신학교의 성격이 규명됐다. 또한 1941년 "선교사들을 매도하여 한국교회 주체성 무시를 그들의 책임으로 돌리면서 개교한 조선신학원이 일본 사람 송본탁부를 이사장으로 앉혔을 때"[420] 이미 친일적 현실에 타협하고 있는 한계를 드러냈다.

평양신학교 교장 채필근 목사가 "아등(我等) 부지불식간에 미·영인의 사상 관념 내지 예의 습관에 감염되어서 차등(此等) 아직 잔존해 있는 바……우리들은 깊이 반성하여 국가에 대해서 범한 죄악을 철저히 회개하고 싶다"[421]고 말한 것은 그의 본심으로 한 말이라고 믿고 싶지 않다.

신사참배를 처음부터 저항 없이 수행했던 감리교신학교도 그렇게 평탄하게 학교가 유지되지 못했다. 1940년 6월 교내에서 불온 격문이 발각된 것을 빌미로 무기 휴교를 당했다. 이듬해 일제는 다

---

419) 「朝鮮예수敎長老會總會 第29回(1940년) 會錄」, 43쪽.
420) 閔庚培, 『大韓예수敎長老會百年史』, 530쪽.
421) 위의 책, 518쪽에서 재인용.

시 개교는 허락했으나 교문에 '결전태세'(決戰態勢), '종교보국'(宗敎報國)이란 글을 써 붙이라 명했다. 1944년 교명이 '황도정신교사연성소'로 바뀌었을 때는, 이곳이 하나님의 일꾼을 양성하는 신학교인지 일제에 충성을 바치는 역군을 양성하는 기관인지 분간하기 어려운 지경이 됐다. 좌표를 잃고 헤매던 비운의 세월이었다.

한편 일제는 교회 박멸을 위한 계획을 세웠다. 자신들에게 협력하지 아니하고 저항하는 기독교 내 모든 지도자를 1945년 8월 17일에 한꺼번에 참살해 버릴 계획을 수립했다. 후에 밝혀진 바에 의하면, 경찰의 목록에 기재돼 있던 약 1만 명 교회 지도자들을 체포하기로 예정돼 있었다.[422] 이는 전세가 불리해 연합군이 일본을 점령하게 되면 한국 기독교 지도자들이 모두 일어나 반일 항쟁을 주도할까 두려워했기 때문이었다. 또한 패전 후 이들이 지도자들이 되어 일인들에 대한 보복을 주도할까 두려워해서였다. 그러나 공의의 하나님께서 죽음을 두려워하지 않고 감옥에서 우상 앞에 절하지 않고 투쟁하고 있는 성도들의 기도를 들으시고, 이 야만적 계획이 실현되기 불과 이틀 전에 해방의 종소리가 울려 퍼지게 하셨다. 한국교회를 위한 하나님의 사랑이 여기 있었다.

세월이 지난 후 일제 말엽에 부역한 민족과 교회 지도자들에 대한 평가가 나온다. 일제에 끝까지 저항하면서 신앙의 절개를 지키다가 감옥에서 순교하거나, 살아 출옥한 성도들에 대한 평가는 더 이상 할 것이 없다. 그들은 진리 편에 섰고 그리고 승리했다. 그들은 민족과 교회의 꺼지지 않는 등불로 어두운 시절을 비춘 산 위에 세운 등대와 같은 존재들이다.

---

422) 姜渭祚, 『日本統治下의 韓國의 宗敎와 政治』, 67쪽. S. H. Moffett, *The Christians of Korea* (New York: Friendship, 1962), p. 36.

그러나 친일, 부역한 인사들에 대한 평가에서, 시대가 그래서 그럴 수밖에 없었다느니, 원해서 그런 것이 아니고 강제했기 때문에 그럴 수밖에 없었다느니, 그래도 교회를 지키고 목회를 하지 않았느냐는 등의 변명 같지도 않은 넋두리는 걷어 치워야 한다. 분명한 것은 그들의 행위는 완전히 잘못이고 또 철저히 참회해야 마땅한 죄악이라는 것이다. 주님과 교회는 참회하는 자를 용서해 주는 것이지, 변명하는 자의 소리에 귀 기울이지 않는다. 잘못된 것은 잘못되었다고 겸손히 말할 수 있는 역사가 올바른 역사다. 교회는 새로 태어나고 새로 출발할 수 있는 기구이므로 그 생명이 영원하다. 신사참배 반대는 옳았고, 신사 앞에 머리 숙인 일은 분명한 우상숭배다. 예수보다 일본 왕이 더 높다고 말한 사람들은, 그 죄악을 참회하기 전에는 그리스도인이 아니다.

태평양 전쟁이 말기에 들어서자 일제는 모든 면에서 몰리기 시작했다. 각지에서 일본군이 패전을 거듭하고 있었을 때 광도(히로시마)와 장기(나가사키)에 원자폭탄이 투하돼 전의를 완전히 상실했다. 8월 8일 소련이 일본에 선전포고를 하고 만주를 폭격하자 일본은 더 이상 지탱할 능력을 완전히 상실했다. 8월 14일 자정부터 동경의 황실 지하실에서 열린 비밀회의에서 군부의 미국 본토 작전론을 물리치고 포츠담 회담의 무조건 항복을 수락하기로 결정했다. 이튿날 15일 정오 일본 왕은 떨리는 음성으로 연합국 앞에 무조건 항복을 선언함으로 피비린내 나던 제2차 세계대전이 일제의 패망으로 끝났다. 따라서 35년간 지옥 같은 세월을 보내던 우리 민족과 교회는 해방을 맞이하게 됐다. 이는 전적으로 하나님의 은혜요 순교자들의 고귀한 핏값이며, 항일투사들의 피 흘린 업적의 소산이며, 교회가 하나님께 피맺힌 간구를 계속한 데 대한 자애로운 응답이었으며, 또한 하나님의 거룩한 섭리다.

제4편

해방 후의 한국교회

제1장

해방 후의 북한 교회

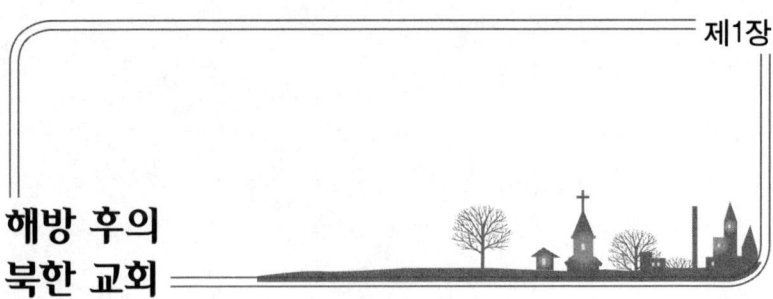

1. 교회의 재건운동

『한국 전쟁의 기원』에서 시카코대학교 커밍스 교수는 "일제의 멸망은 한국인들의 유산-역사, 문화, 언어, 인간으로서의 권리-을 재발견할 수 있게 해주었다"[423]고 썼다. '인간으로서의 권리'라는 말에 신앙의 자유가 포함되어 있는데, '신앙의 자유'는 우리 교회에 생명처럼 귀한 것이다. 따라서 해방은 우리 민족 모두에게 더할 수 없는 기쁨이지만, 그중 기독교인에게는 이 신앙의 자유를 찾은 기쁨으로 더더욱 기쁘고 감격스러운 일이었다. 신사참배를 우상숭배로 규정하고 끝까지 감옥에서 투쟁하던 신앙의 선배들 중 주기철

---

423) Bruce Cumings, *The Origins of the Korean War*, vol. I, Liberation and the Emergence of Separate Regimes 1945~1947 (Princeton University Press, 1990), p. 69.

목사를 위시해 최봉석 목사, 박관준 장로, 최상림 전도사, 박의흠 전도사 등 50여 명이 순교의 반열에 서서 그 빛나는 이름을 역사에 남겼다.

한편 목숨을 내어놓고 끝까지 신앙의 절개를 지키며 투쟁에 승리한 신앙의 투사들인 채정민·이기선 목사, 김인희·최덕지 전도사, 오윤선 장로, 안이숙 선생 등 20여 명이 평양 감옥에서 출옥했다. 또한 전국적으로 대구, 광주, 부산형무소에 수감되어 있던 투사들이 출감했으며, 청주 감옥에서 옥고를 치르던 손양원 전도사도 출옥하는 감격을 맛보았다.

신사참배를 반대해 지하에 은신하던 교계지도자들도 해방과 더불어 일시에 햇빛을 보며 바깥세상으로 나왔다. 교회가 당면한 문제는 그동안 일제의 강압에 못 이겨 고유의 명칭마저 뺏기고 일본 교회 부속으로 있던 교회가 본래 모습으로 돌아가는 것이었다. 일제에 의해 강제 해산됐던 군소 교단들도 복구 작업에 박차를 가한 것은 자연스러운 일이었다.

1945년 9월 4일 평양노회가 산정현교회에서 회집됐다. 이 노회에서는 일제의 강압에 못 이겨 신사참배, 동방요배, 황국신민서사의 제창 등 하나님과 민족교회 앞에 씻기 어려운 죄과를 통회 자복하고 3일간 금식하면서 부흥사경회를 가졌다.

출옥 성도들은 감옥에서 나와 자기 집으로 돌아가지 않고 주기철 목사가 목회하던 평양 산정현교회에 모여 약 2개월 동안 머물며, 교회 재건을 위해 기도하며 여러 가지 문제들을 심도 있게 논의했다. 그들은 숙의를 거듭한 끝에 9월 20일 교회 재건 기본 원칙을 다음과 같이 발표했다.

1. 교회의 지도자(목사 및 장로)들은 모두 신사에 참배하였으니

권징의 길을 취하여 통회 정화한 후 교역에 나아갈 것.
2. 권징은 자책 혹은 자숙의 방법으로 하되 목사는 최소한 2개월 간 휴직하고 통회 자복할 것.
3. 목사와 장로 휴직 중에는 집사 혹은 평신도가 예배를 인도할 것.
4. 교회 재건 기본원칙을 전한(全韓) 각 노회 또는 지 교회에 전달하여 일제히 이것을 실행하게 할 것.
5. 교역자 양성을 위한 신학교를 복구 재건할 것.[424]

이 재건 원칙이 발표되자 자기들의 신사참배 죄악을 시인하고 적지 않은 교회와 노회들이 이를 실시했다.

일제가 조선의 각 교단을 일본의 교단에 예속시켰을 때, 평북노회는 비록 신사참배 결정에 가장 발 빠르게 움직였지만, 교단 통합은 끝까지 거부하며 고난 속에서 그 절개를 지켰다. 해방이 되고 교회에 자유가 찾아오자 평북 6노회(평북, 평동, 용천, 의산, 산서, 삼산)는 그해 11월 14일부터 평북노회 주최로 일주일간 선천군 심천면 월곡동교회(홍택기 목사 시무)에서 해방 축하 및 심령부흥회를 겸하여 교역자 퇴수회를 가졌다. 이때 강사는 출옥 성도 이기선 목사와 신사참배를 피해 만주로 가 봉천신학교 교수로 있던 박형룡 박사가 맡았다. 평북 6노회 수련회는 자연히 많은 교역자의 관심을 끌었고 함경도에서 온 몇 명 목사를 포함해 모두 200여 명 교역자가 참석하는 성황을 이루었다. 출옥 성도 이기선 목사의 신앙 간증은 참석한 사람의 마음을 흔들어 놓기에 충분했고 많은 은혜를 주었다.

그러나 박형룡 박사가 교회의 재건 원칙을 발표하자 분위기가 급속히 냉각됐다. 제27차 총회에서 신사참배를 불법으로 선포했던

---

[424] 金良善, 『韓國基督敎解放十年史』, 45쪽.

홍택기[425] 등 친일파 목사들은 목소리를 높이며 공박을 서슴지 않았다. "옥중에서 고생한 사람이나 교회를 지키기 위해 고생한 사람이나 그 고생은 마찬가지였고, 교회를 버리고 해외로 도피 생활을 했거나 혹은 은퇴 생활을 한 사람의 수고보다는 교회를 등에 지고 일제의 강제에 할 수 없이 굴한 사람의 수고가 더 높이 평가되어야 된다"[426]고 공박하고 나섰다. 뿐만 아니라 신사참배에 대한 회개와 책벌은 하나님과의 직접 관계에서 해결될 성질의 것이라고 외치는 적반하장의 역설에, 그 목사의 화인(火印) 맞은 양심을 보는 것 같아 분노보다는 차라리 애처로움을 느낀다.

평북 6노회 수련회는 출옥 성도들과 친일파 목사들 간에 감정 대립까지 갔으나 교회 재건이란 명분 때문에 이 일을 위해 협의를 하지 않을 수 없었다. 우선 평양노회와 연락을 취하여 이북의 5도 16노회가 연합해 구체적 문제를 논의하기로 하고, 그해 12월 초 평양 장대현교회에서 이북 5도 연합회가 소집됐다. 북한에 진주해 온 소련의 태도가 점점 교회에 대해 강경해지고 38선의 경계가 강화돼 남북 왕래가 금지됐으며, 교회 지도자들에 대한 감시와 사찰의 강도가 심해짐으로 교회의 결속은 그 어느 때보다도 시급한 실정이었다.

5도 연합회는 회장에 김진수 목사를, 연합회의 일을 맡아 수행할 간부에 김철훈 목사, 이유택, 한의원 목사를 각각 선출했다. 연합회가 일제에 의해 강제로 제정한 헌법을 폐기하고 이전 총회 헌법을 사용하도록 한 것은 당연한 일이고, 신사참배 죄악 참회에 대한 조항에서 신사참배를 한 목사, 장로, 지도자들이 2개월간 휴직

---

425) 홍택기 목사는 친일하다 해방 후 강양욱의 조선기독교도연맹 찬성자로 활동했으나, 6·25 때 공산당에게 연행돼 살해된 것으로 전해진다.
426) 金良善, 『韓國基督敎解放 十年史』, 46쪽.

하기로 정했는데 교직자들에게만 2개월간 근신하도록 한 것은 현실을 인정한 처사라 평가된다. 친일 신학교 대신 신사참배 문제로 문을 닫았던 장로회신학교를 복구하기로 한 것 또한 마땅히 서둘러야 할 일이었다. 남한교회와의 연락을 위해 대표단을 파송하기로 하고, 소련 군정과의 마찰을 피하기 위해 연합군 사령관에게 감사의 뜻을 표하기 위한 사절단이라고 했다. 이들은 남한 교회 지도자들을 만나 교회의 앞날을 의논하고 또한 미국에서 귀국한 이승만 박사와 상해에서 귀국한 임시정부 김구 선생을 만나 그들의 노고를 치하하기로 내정했다. 이들은 남하한 후 38선이 가로막혀 다시 북으로 돌아가지 못하고 남한에 계속 남아 있게 됐다.

2. 조선기독교도연맹(朝鮮基督教徒聯盟)의 출현

해방의 기쁨을 만끽하기도 전에 북한에는 연합국 협정에 따라 소련군이 진주해 사실상 군정에 들어갔다. 이들은 해방군으로 왔다고 자처했지만 시간이 지나면서 그 악랄한 본성을 드러내기 시작했다. 그들은 살인, 강간, 약탈, 파괴, 시설 반출 등 온갖 행패를 부리며 가장 난폭한 무법 점령군으로 변해 버렸다.[427] 평양에 입성하고 이틀 후에 정치 사령부 로마넨코 소장 지시로 민족 진영과 공산진영을 같은 비율로 하여 평남인민위원회를 조직하도록 했다. 이어 5도 인민정치위원회를 조직한 후, 이를 장악하고 군정을 실시했다. 소련은 앞으로 북한을 공산당이 지배하는 지역으로 만들 계획을 갖고, 젊은 소련군 장교 김일성을 내세워 그 계획을 진행해 나

---

427) 朴春福, 『韓國近代史 속의 基督教』, 193쪽.

갔다. 저들은 우익 세력을 한 사람씩 제거하는 공작을 통해, 공산당이 인민위원회를 완전히 장악하게 만들었다.

공산당은 북한의 기독교 세력을 완전히 와해시킬 계책을 세웠는데, 이것은 공산당 정권을 세우기 위한 전초 작업이었다. 1946년 9월 5일 입법부를 만들기 위한 도·시·군 인민위원회 선거를 1946년 11월 3일 주일에 실시한다는 법령을 포고했다. 이것은 교회에 대한 선전포고였다. 교회가 모두 하나님께 예배드려야 하는 시간에 투표를 계획한 것은 일제 시대 신사참배 강요와 같이 교회를 또다시 시험대에 올려놓은 것이다.

또한 교회를 박멸하기 위해 이에 대응하는 단체를 만드는 것이 가장 빠른 길이라 판단한 저들은 1946년 11월에 공산당 어용 기독교 단체를 구성했다. 이것이 소위 '조선기독교도연맹'이란 친 공산당 조직 기독교 단체였다. 이 단체를 만든 장본인은 평양 장로회신학교 출신이며 김일성의 외조부[428]의 육촌 동생인 강양욱 목사로,[429] 공산당으로 전향한 자였다. 1946년 10월경 강양욱은 평양에서 곽희정, 이웅, 신영철 목사 등을 포섭해 기독교도연맹을 발기했다. 이들은 전 총회장이며 왕년의 부흥사 김익두 목사, 전 산동성 선교사 박상순 목사, 그리고 황해도 인민위원회 요직에 있던 전 총회장 김응순 목사를 회유하고 협박해 이 연맹에 가입시켰으며, 박상순 목사

---

428) 강양욱을 김일성의 외삼촌으로 알고 있는 이들이 많으나 사실은 그의 외할아버지 康敦煜 장로의 육촌동생이다. 한재덕, 『김일성을 고발한다』 (서울, 1965), 92~93쪽. 홍만춘, "북한 정권 초기의 기독교와 강양욱", 『해방 후 북한교회사』, 김흥수 엮음 (서울: 다산글방, 1992) 참조.
429) 그는 (후) 평양신학교 38회(1943) 졸업생 48명 중 하나다. 신학교 시절에는 사회주의운동에 앞장섰으며, 신앙은 없었고 학생운동에 열중했다. 1944년 평양노회에서 목사 안수를 받았으나 해방이 되면서 공산당으로 전향해 후에 부주석까지 올랐다. 『평양노회사』(평양노회사 편찬위원회, 1990), 321쪽.

를 위원장으로 세웠다. 김일성은 북한 괴뢰 정부를 수립하기 위한 인민위원회 선거를 1946년 11월 3일 주일에 실시한다고 선언하면서, 기독교도연맹 이름으로 다음과 같은 결의문을 발표했다.

1. 우리는 김일성 정부를 절대 지지한다.
2. 우리는 남한 정권을 인정치 않는다.
3. 교회는 민중의 지도자가 될 것을 공약한다.
4. 교회는 선거에 솔선하여 참가키로 한다.[430]

주일 선거 공고는 5도 연합회 소속 목사들을 회유, 협박하여 자파에 끌어넣는 공작의 일환으로 시행했으며, 선거에 불참하거나 반대하는 자를 제거할 저의를 갖고 있었다.

선거 일자가 발표되자 교회 안에서는 다시 양론이 제기됐다. 당시 평양에는 약 30여 개의 교회가 있었는데, 그 목회자들 중 대부분은 신사참배를 한 인사들이었다. 그러나 그중에는 출옥 성도도 있었고 지하에 은거했던 목사들도 포함되어 있었다. 교회가 제출한 주일 선거를 평일로 바꾸어 달라는 청원을 저들은 한마디로 거절해 버렸다. 하지만 이들은 생명을 걸고 다음과 같은 결의를 했다. "우리는 목숨이 다할 때까지 평양을 사수한다. 우리는 신앙을 위해 한국의 예루살렘 평양성을 위해 이 작은 몸을 주님의 제단에 바치기로 한다." 그리고 교인들에게 투표에 임하지 않도록 통보하고, 주일 새벽기도 시간부터 밤 12시까지 강단을 떠나지 말고, 선거에 참여하지 말도록 종용했다. 많은 교회와 교우들이 이 지침에 따라

---

430) 張喜根, 『韓國長老敎會史』(부산: 亞成出版社, 1970), 315쪽. 金光洙, 『北韓基督敎探究史』(基督敎文社, 1994), 199~200쪽.

교회에서 하루를 보내고 선거에 참여하지 않았다. 그러나 이때부터 공산당들은 투표에 참여하지 않은 교역자와 교인들을 정치보위부로 끌고 가 무자비한 고문을 가하기 시작했다.

강양욱은 조선기독교도연맹 조직을 더욱 활성화시켜 민족 진영 목사들과 5도 연합회 소속 목사들에게 5월까지 가입하도록 강압했다. 미가입자는 강단에 설 수 없다며 하나씩 잡아다 고문과 악형을 계속했다. 이런 상황에서 목사들은 이제 '어용파, 거부파, 현실 불가피파'[431]로 나뉘었다. 저들은 각 교회에 공문을 보내 예배당 정면에 김일성 초상화를 걸도록 해 사상적 흑백을 가리려 했다. 1948년부터는 일반 평신도들에게도 연맹 가입을 강요해 연맹을 북한의 실제적인 기독교 총회로 만들려는 저의를 드러냈다. 1949년에 5도 교회 대표자를 평양 서문밖교회에 모아 놓고 기독교연맹 총회를 구성해, 총회장에 김익두, 부총회장에 김응순, 서기에 조택수 목사를 각각 선출하고 조직을 완료해 공산당 어용기구의 면모를 갖추었다.

3. 신학교 문제

평양에 있던 장로회신학교는 5도 연합회에서 연합노회 직영으로 한다는 결의에 따라 해방되던 해 12월에 김인준 목사를 교장에 임명했다. 김 목사는 숭실전문학교를 거쳐 평양 장로회신학교를 졸업하고 미국 버지니아 주 리치몬드에 있는 유니온신학교에서 수학하고 귀국해 평양 여자신학교에서 교수했다. 그러나 그는 기독

---

431) 澤正彦, "해방 이후 북한 지역의 기독교", 『韓國基督敎史硏究』(1987. 12), 11쪽.

교도연맹 가입을 거부했기 때문에 1947년 1월 소련군 사령부에 연행되어 온갖 고문을 당하다 결국 시베리아에 유배돼 그곳에서 순교했다.[432] 김인준 목사가 순교한 후 이성휘 목사가 뒤를 이어 교장에 취임했다.

그러나 기독교도연맹이 신학교를 그대로 방치할리 만무했다. 당시 평양에는 장로회신학교와 감리교 성화신학교가 있었는데, 연맹 관계자들은 두 신학교를 하나로 통합하는 작업을 서둘러 '기독신학교'로 재편했다. 당시 장로회신학교에는 약 600여 명의 학생이 있었고 성화신학교에는 200여 명의 학생이 수업하고 있었다. 연맹 서기 조택수 목사는 강양욱의 신복으로 장로회신학교 현관에 스탈린과 김일성 사진을 걸어 놓고 신학생을 한명씩 불러 사상 검증을 한 후 두 신학교에서 각각 60여 명만을 선택, 120명 정도의 학생만 공부하도록 하고 나머지는 모두 축출해 버렸다.[433]

저들은 1950년 3월 두 신학교를 완전히 하나로 통합했다. 장로회신학교 교장 이성휘 목사는 정치보위부에 끌려갔고, 연맹 부총회장 김응순이 교장으로 들어와 공산당 시책에 따른 세뇌 교육을 실시했다. 이성휘 목사는 한국 전쟁이 발발한 후 평양이 탈환될 때 우익 인사들과 함께 총살당해 순교의 길에 들어섰다. 그러나 이 공산당 어용 기독신학교도 6·25와 더불어 완전히 와해돼 소멸됐다.

---

432) H. A. Rhodes and A. Campbell, eds., *History of the Korea Mission Presbyterian Church in the U.S.A.* vol. II 1935~1959 (The Presbyterian Church of Korea Department of Education, Seoul Korea, 1965), p. 264.

433) 기독신학교에 관해서는 金光洙, 『北韓基督敎探究史』(基督敎文社, 1994) 제3장 참조.

4. 교회의 와해(瓦解)

　1948년 북한 공산당은 교회의 모든 재산을 국유화해 강탈했다. 이에 따라 어떤 교회는 지금까지 자기들이 썼던 예배당을 임대료를 내고 사용하기도 했다. 6·25가 우리 민족과 국토에 남긴 상처는 필설로 다 표현하기 어렵지만, 그중 교회가 받은 피해는 가공할 만하며, 특히 북한 교회의 피해는 말로 형용할 수 없다. 휴전 후 북한 교회는 공산당에 의해 완전히 와해돼 버렸다.

　뿐만 아니라 인민재판을 통해 불과 30분 만에 기독교도들을 총살하는 만행을 자행했다. 많은 목사들과 교인들이 저들의 박해를 피해 월남했고, 남아 있던 목사와 교인은 끈질긴 공산당의 색출로 모두 참살되거나 추방됐다. 이로써 교회나 목사, 교인들은 공식적으로 하나도 없는 교회 공백 상태가 되고 말았다.

　1972년 남북 적십자회담이 열리고 남측 대표들이 북에 갔을 때 당시 남측 기자들이 조국통일 민주주의 조선 중앙위원장으로 있던 강양욱을 만나 몇 가지 질문한 내용 속에서 당시 북한 교회의 형편을 엿볼 수 있다.

　문: 북한의 기독교계 형편은?
　답: 내가 말하기 전에 당신들이 더 잘 알 것이다. 미 제국주의가 도발한 침략전(戰) 3년 동안에 미제의 폭격으로 교회가 다 파괴되었으니까. 미군을 따라온 종군 목사들이 선전하기를 미국을 반대하는 것은 하나님을 반대하는 것이라고 미국에 복종시키기 위한 술책을 썼다. 미국 선교사들이 종교를 선전했는데 교회를 파괴한 것도 미국 선교사(종군 목사)였다. 하나님이 있다고 하면 그렇게 할 수 있겠는가. 그래서 교회는 없어졌고 신도

둘 중에서도 신앙을 포기하는 사람들이 많아졌다. 북반부에서 미국 선교사들이 선교지만 말아먹기도 했다.

문: 북한의 기독교인 수와 예배 양식은?

답: 교회당도 파괴됐고 신앙을 포기하는 사람도 많아져 누가 신도인지 알기가 곤란하다. 개인적으로는 혹시 있는지 모르겠다. 지방에 있는지 모르겠다.

문: 강 목사께서는 하나님의 존재를 믿고 있는가?

답: 내가 목사인데 안 믿을 수 있나?

문: 거리를 다녀 봐도 교회[당]를 볼 수 없는데?

답: 당연하다. 전쟁 때 다 파괴되었으니까.

문: 새로 하나 지을 생각은 없으신지?

답: 그건 모르겠다. 교인들이 앞으로 짓자 하면 지을 수는 있다. 공화국 헌법 14조에 신앙의 자유가 보장되어 있다.

문: 기독교인들 간에 모이는 일은 없는가?

답: 그런 것은 없지 않다고 생각한다. 지방에서 혹시 있는지 모르겠다.

문: 성경책 보급은 어떠한가?

답: 교인들이 그렇게 다 없어졌기 때문에 받을 사람도 없고 하나님이라는 것이 신도들이 예배를 보는데 폭격을 했으니……[434]

이상의 강양욱 회견에서 보는 바와 같이 북한의 교회는 단 하나도 없고, 교인도 공식적으로 한 명도 없다는 결론을 내릴 수밖에 없다. 그렇게 선교가 잘됐고, 많은 신자가 있었고 "해방 전후에 평양성에만 100여 개의 장로교회가 설립돼 아시아의 예루살렘이란 이

---

[434] "강양욱 회견", 「基督公報」, 1972. 9. 9.

름을 들었던"[435] 지역이 이제는 기독교 전무(全無) 지대가 된 사실 앞에 민족의 비애가 서린다.

남북적십자회담 기자단의 일원으로 평양을 다녀 온 한국일보 사회부장 김창열은 북한의 실정을 보도하면서, 북한 교회 실정에 대해 다음과 같은 결론을 내렸다. "북한에 종교는 있을 수 없다. 있다면 그것은 유일한 종교 유일사상이 있을 뿐이다."[436] 한국인뿐만 아니라 외국인들조차 북한의 전통 종교들은 모두 '김일성 사교'(邪敎: cult of Kim Il Sung)로 대치됐다고 비평했다.[437] 북한 교회의 형편이 어떤지를 단적으로 표현한 말이다.

---

435) 김태규, "사라진 북의 교회", 「基督公報」, 1972. 9. 9.
436) 「基督公報」, 1972. 9. 16.
437) F. M. Bunge, ed., *North Korea, a Country Study Foreign Area Studies* (Washington D.C.: American University, 1981), p. 99.

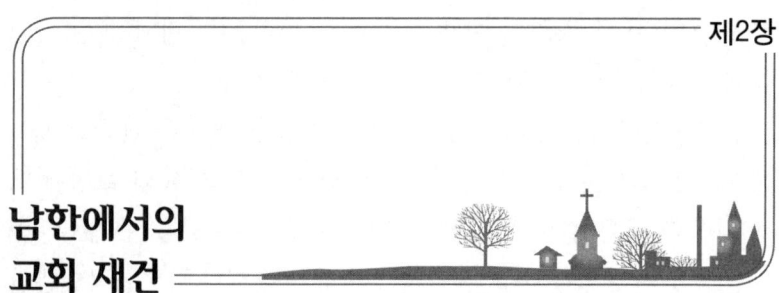

제2장 남한에서의 교회 재건

1. 남부대회의 와해

해방이 된 후의 남한 교회는 북한과는 사정이 달랐다. 우선 남한은 북한과 달리 손양원 목사 외에는 이렇다 할 출옥 성도가 없었다. 따라서 남한에서는 출옥 성도들과 신사참배를 한 교회 지도자들 간에 갈등이 별로 없었다. 그러므로 해방 직전 일본기독교 조선교단 통리였던 김관식 목사를 비롯 송창근, 김영주 목사 등 장로교 계통 인사와 김인영, 박연서, 심명섭 등 감리교 계 지도자들은 모든 교직에서 물러나 참회와 반성의 시간을 가져야 마땅했다. 그러나 그들에게 그렇게 하라고 요청하는 사람도 없었고, 또 그들의 자리를 메울 만한 인사도 마땅치 않았다. 자연히 그들이 교권을 그대로

쥐고 남한 교회 재건에 나서게 됐다.[438]

　일제 말엽 일제 강압에 의해 한국 내 제 교파가 하나 된 것은 사실이지만, 기왕에 하나 된 교회 조직을 그대로 존속시켜 나가는 것이 좋겠다고 그들은 생각했다. 그렇게 생각한 데는 교회의 일치가 하나님의 뜻이라는 근본적 이유도 있지만, 새 정부가 들어서면 이승만, 김구, 김규식 등 건국의 주요인사들이 기독교인이라 그들에게 건국의 이념을 제공해야 된다는 정치적 의도도 있었다.

　해방이 되고 3주가 지난 9월 8일, 새문안교회에서 교단 지도자들이 모여 '남부대회'란 이름으로 교단 총회를 소집했다. 여기서 교단의 존속 문제를 논의했으나 감리교회 측 대표들이 옛날 교회의 환원을 주장하며 퇴장하고 말았다. 선교 초기 장·감 선교사가 하나의 개신교회 형성을 시도했으나 여러 사정으로 인해 뜻을 이루지 못했다. 비록 일제 강요에 의한 것이라 해도 기왕 하나 된 교회를 그대로 존속시켰다면, 교회가 하나 될 수 있었을 절호의 기회를 애석하게 또 놓치고 말았다. 남부대회 붕괴 책임을 전적으로 감리교회에 돌릴 수만은 없다. 왜냐하면 장로교회 안에서도 장로교회로의 환원을 원하는 목소리가 작지 않았기 때문이다. 어쨌든 해방 후 교회는 남부대회 와해와 교파 난립이란 혼란의 늪으로 서서히 빨려 들어갔다.

2. 장로교회의 재건

　장로교회 재건운동은 경남노회에서 가장 먼저 진행됐다. 그 이

---

438) 金良善, 『韓國基督敎解放十年史』, 50쪽.

유는 두말할 것 없이 경남노회에 많은 신사참배 반대자가 있었기 때문이다. 순교자 주기철 목사와 최상림 목사가 이 노회 출신이고, 출옥 성도 손양원, 주남선, 한상동 목사도 역시 모두 경남 사람으로 이 지역과 깊은 연관이 있기 때문이다.

1945년 9월 2일, 부산 교회들이 연합해 예배를 드릴 때 신앙부흥운동준비위원회를 조직하고 과거의 모든 죄악을 통회, 자복했다. 또한 정통신학에 의한 교회 재건을 결의하고 이 사실을 선포했다. 이에 따라 같은 달 18일, 부산진교회에서 경남재건노회가 조직됐고, 같은 해 11월 3일 경남노회 제17회 노회가 모여 출옥 성도 주남선 목사를 노회장에 추대했다. 경남노회 재건에 발맞추어 기타 노회도 모두 재건에 박차를 가해 1946년 초까지 남한 전역의 모든 노회가 재건을 완료했다.

전국 노회 재건이 완료됨에 따라, 1946년 6월 12일부터 서울 승동교회에서 남부대회가 소집됐다. 남한 교회들만의 모임이라 총회라 하지 못하고 대회라 칭했다. 대회는 재야 목사 배은희를 대회장에, 부대회장에는 함태영 목사를 추대했다. 이 두 사람 모두 해방 전에 교단에 직접 참여하지 않은 사람들이라 교회 주도권이 전 교단 지도자들로부터 떠난 것같이 보였다. 그러나 배은희, 함태영 목사는 목회자가 아니어서 내막은 여전히 교권이 전(前) 교단 인사들 손에 있었다. 이에 대해 자연히 경남노회 측에서 불만의 소리가 들려오기 시작했다. 남부대회는 다음과 같은 중요사항을 의결했다.

1. 헌법은 남북이 통일될 때까지 개정하지 않고 그대로 사용한다.
2. 제27회 총회가 범과한 신사참배 결의는 이를 취소한다.
3. 조선신학교를 남부 총회 직영 신학으로 한다.

4. 여자 장로직의 설정 문제는 남북통일 총회 시까지 보류한다.[439]

여기서 주의해 볼 점은, 남부대회가 신사참배 결의를 불법으로 규정하고 이를 취소했으나, 진실한 참회의 모습이 보이지 않는다는 것이다. 이를 입증하는 것으로 제34회 총회에서 다시 신사참배 결의를 취소하고, 신사참배를 결의한 날에 해당하는 주일을 통회, 자복일로 정해 실시한 일이다. 또한 1954년 제39회 총회는 출옥 성자 이원영 목사가 총회장에 선임된 것을 기해 신사참배 결의를 재삼 취소했다.[440] 이렇게 몇 차례 취소를 거듭한 것은 역설적으로 "도리어 총회가 신사참배의 범과를 통절히 뉘우치지 못했다는 증거 외에는 아무것도 아니었고, 일부의 교권주의자의 자기 명예를 위한 제스처에 불과한 것이었다"[441]고 김양선 목사는 일갈했다.

1947년 4월, 대구 제일교회에서 제2회 남부대회가 열렸는데, 이때 1942년 일제의 강압으로 해산됐던 대한예수교장로회 제31회 총회를 계승해 제33회 총회로 개회할 것을 결의했다.[442] 이렇게 결정한 것은, 세월이 갈수록 38선은 더욱 강화됐고, 북한은 김일성 공산당 정권이 확고하게 자리 잡아 남북통일 전망이 흐려졌기 때문이다. 또한 이북 교회 목사들이 대거 남하하고, 이남은 이승만 정권의 독립국가 체제가 완료돼 남한 교회가 막연히 남북통일 때까지 총회 결성을 미룰 수 없었기 때문이었다.

총회는 북에서 남하한 목사를 해당 노회 목사 3인 추천으로 남한 각 노회에 가입케 해 목회의 길을 열어 주었다. 이들 대부분은

---

439) 위의 책, 52쪽.
440) 「大韓예수敎長老會 第39回(1954) 會議錄」, 263쪽.
441) 金良善, 『韓國基督敎解放十年史』, 53쪽.
442) 1946년에 모였던 제1회 남부대회를 제32회 총회로 인정하였음.

개척 교회를 시작해 남한 교회 부흥에 크게 공헌했다.

3. 감리교회의 재건

해방 후, 새문안교회에서 모였던 교단대회에서 감리교회의 재건을 외치며 퇴장했던 변홍규, 이규갑, 김광우 목사 등은 당일 동대문교회에 모여 감리교재건중앙위원회를 조직했다. 이규갑을 위원장으로 선출하고 감리교 재건을 내외에 선포했다.[443] 그들은 3연회를 조직하고 동부 변홍규, 서부 이윤영, 중부 이규갑이 회장이 돼 연회를 조직했다. 1946년 1월 동대문교회에 다시 모여 연합연회를 형성해 감리교회 재건을 결의했다. 신학교도 같은 해 2월 개교해 교장에 변홍규가 취임했다.[444] 신학교가 개교되고 학생들이 공부를 시작해 재건파는 힘을 얻었다. 그러나 이에 가입한 교회는 70여 개에 불과했고, 서울의 큰 교회들이 거의 가담하지 않았다. 재건파가 일제 말기에 형성된 교단 횡포에 밀려났던 인물들을 중심으로 구성돼 있어서 교단 측 교회나 인사들이 거의 가담하지 않았기 때문이다.

재건파는 '감리교회의 완전 재건을 목표로 일제 시대 교권을 남용하고 교회를 팔아먹은 교직자에 의해 지도되고 있는 교회들의 각성을 촉구(促求)하기 위해'[445] 전국 각 교회에 감리교 완전 재건과 순결의 보수를 강조하는 내용의 성명서를 발표했다. 따라서 감리교회 앞날은 재건파와 교단파 중 어느 쪽이 교권을 잡느냐 하는 문제로 귀결됐다. 장로교회에 비해 감리교회는 감독에게 많은 권리

---

443) 유동식, 『정동제일교회의 역사』(정동제일교회 역사편찬위원회, 1992), 380쪽.
444) 위의 책.
445) 金良善, 『韓國基督敎解放十年史』, 55쪽.

가 주어지는 감독제 정치여서 교권의 향배란 당사자들에게는 무척 중요한 사안일 수밖에 없었다.

교역자들을 중심으로 교권 쟁탈을 위한 암투가 계속되고 있을 때, 이를 중재하기 위해 평신도들이 전면에 나섰다. 평신도 중재는 성공적이어서 양 파의 지도자들은 서로 화해하고 1949년 연합연회를 개최해, 단일 감독으로 김유순 목사를 호선함으로 수년간 갈등을 겪던 감리교회는 일단 하나의 교회로 새출발했다.[446]

4. 성결교회의 재건

성결교회는 재림사상이 일제의 국체에 어긋난다 해서 일본 내에 있는 안식교, 동아기독교(침례교)가 해산되면서 같은 운명에 처했다. 1943년 5월 경무국에 의해 전국 모든 교역자가 검거됐고, 9월에는 모든 예배가 금지됐으며, 12월에 강제 해산령이 내렸다. 예배당은 군수품 공장 등으로 전용됐고, 당시 약 5만에 이르던 성결교인들은 해방 후 교회가 재건될 때까지 장로교회나 감리교회에서 신앙생활을 할 수밖에 없었다.

해방이 되자 흩어졌던 교역자와 교인이 다시 모여 교회 재건에 박차를 가했다. 해방되던 해 11월, 서울에서 총회로 모여 박현명 목사를 총회장에 선임하고, 교단 신학교인 경성신학교를 서울신학교로 개명했다. 이건 목사가 교장에, 이명직 목사가 명예교장에 추대됐다. 교수는 박현명, 김유연, 김응조, 최석모 목사가 임명돼 70여 명 학생으로 개교했다. 또한 교단지 「활천」이 복간됐고, 과거 이

---

446) 유동식, 『정동제일교회의 역사』(정동제일교회 역사편찬위원회, 1992), 386쪽.

사회와 총회 제도로 이원화되어 있던 교회 행정제도를 의회제도로 일원화하기로 결정했다. 교회 재건은 급속히 진행됐고, 해산된 교회는 거의 제 모습을 찾았다. 그러나 6·25 때 교단 내 유력 지도자들이 납치되거나 순교하여 타격이 적지 않았다. 그러나 이 교회의 불붙는 전도열은 교회를 크게 성장시켜 장로교, 감리교 다음가는 교회의 위치를 확보했다.

5. 침례교회(동아기독교회)의 재건

동아기독교회 즉 침례교회 역시 일제 말엽 강제 해산되는 비운을 겪었다. 1940년 목사 34명이 투옥됐고, 1944년 5월 흥남재판소에서 교단 해체령이 내려 완전히 해산됐다. 해방이 되자 동아기독교회도 김용해, 백남조, 노재천 등 목사 주도로 재건 작업에 착수했다. 1946년 9월 노재천 대리 감목(監牧)의 소집으로 충남 강경에서 열린 대화회(총회)에서 교회 체제를 총회제로, 감목 정치를 회중 정치로 바꾸기로 결의했다. 교회 내 직분 명칭도 안사는 목사, 감노는 장로, 통장은 권사, 총장과 반장은 집사로 바꿨으며, 파송제 교역자 제도도 청빙제로 변경하기로 결정했다.

1947년 9월 경북 예천에서 모인 대화회에서는 미국 남침례교회와의 유대관계를 갖자는 제의를 승인했다. 도미하는 우태호 목사를 통해 교섭한 결과 미국 남침례교회는 그동안 해오던 중국 선교 대신 한국 선교를 시작하기로 하고 정식 관계를 체결했다. 1949년 9월 강경에서 모인 제39회 총회는 교단 이름을 '동아기독교'에서 '침례교회'로 바꾸기로 의결했는데, 교단 공식 명칭은 '대한기독교침례회'다. 이때부터 침례교회라는 공식 명칭을 갖게 됐다.[447] 교회는 또 강경에 성경학원을 개원하고 수강생들을 받아 후진 양성에 박차를 가했다. 1950년 2월에는 미국 남침례교회에서 애버내시 선교사 부부가 내한해 활동을 시작하면서 미국 남침례교회와 공식 관계가 시작돼 교회 발전에 큰 도움이 됐다.

6. 구세군의 재건

일제에 의해 명칭이 '구세단'으로 바뀌었다가 급기야 교단 해산을 강제 당했던 구세군도 해방과 더불어 교회 재건에 나섰다. 해방이 되던 해 10월 전국에 흩어졌던 사관과 지방관들이 회집했다. 명칭을 '구세교회'로 할 것인지, 아니면 본래대로 '구세군'으로 할 것이지 심도 있게 의논을 한 후, 원래대로 구세군으로 할 것을 결정했다. 황종율 정령을 서기관장으로 임명했고, 이듬해 로드가 내한해 사령관에 취임하면서 구세군은 재조직을 완료하고 지방령(地方營)을 일제히 열었다.

사관학교(신학교)도 1947년 개교하고, 후보생 교육을 실시했다. 그러나 6·25 때 로드 사령관이 공산당에게 납치되는 불행을 겪었다. 구세군의 사회사업은 항상 활발해, 고아원, 후생학원, 모자원, 구세병원 등 전국 각지에 많은 기관이 창설자 부스(William Booth)의 정신으로 활기차게 사역을 계속하고 있다. 특히 성탄절 때 거리에서 악기를 연주하고 북을 치면서 자선냄비를 운영해 극빈자들에게 자선을 베푸는 교회로 일반인들에게도 친숙하게 됐다.

---

447) 李正洙, 『韓國浸禮敎會史』(침례회 출판사, 1994), 158쪽.

7. 고려신학교의 설립

한국 장로교회 분열의 비극은 항상 신학교와 연관돼 있다. 해방이 됐을 때, 이북에는 평양신학교가 있었고 서울에는 김재준 목사 주도의 조선신학교가 있었다. 북한의 평양신학교는 전술한 바와 같이 공산당에 의해 와해됐고, 서울 조선신학교는 친일 인사들이 주도했다. 한걸음 더 나아가 자유주의 신학을 고수하는 인사들이 운영권을 쥐고 있었다. 출옥 성도들이 볼 때 이 신학교에서 목사 후보생을 양성하는 것은 어불성설이었다. 따라서 그들은 보수, 정통 즉 옛날 신사참배를 반대했던 평양 장로회신학교와 같은 신학교를 설립하는 것이 급선무라 판단했다.

산정현교회를 목회하던 한상동 목사는 모친 부고를 받고 부산에 내려왔다가 다시 평양으로 돌아가려 했으나, 38선 감시가 심해 돌아가지 못하고 부산에 주저앉았다. 그는 자유주의 신학에 물든 한국 장로교회를 건지는 길은 새 신학교를 세우는 길밖에 없다고 판단했다. 그는 만주에서 귀국한 박윤선 목사를 서울에서 만나 신학교 설립에 동의를 얻었다. 그는 거창에서 목회하던, 같은 출옥 성도며 경남노회장인 주남선 목사 동의를 얻어 신학교 교사 마련에 심혈을 기울였다. 마침 진해에서 적산가옥 하나를 얻어 개척 교회를 하던 강주선의 양해하에 그곳을 신학교 임시 교사로 쓰기로 합의했다.

1946년 5월 20일 한상동, 박윤선, 주남선, 손양원 목사 등이 진해에 모여 신학교 설립 기성회를 조직했다. 6월 박윤선 박사 인도로 제1회 하기 신학 강좌를 개설했는데 60여 명 학생들이 등록했다.[448]

---

448) 출옥 성도들만 모여 만든 고려신학교의 장이 된 박윤선 씨는 신사에 참배한 인사였다. 『長老會神學大學 70年史』(長老會神學大學, 1971), 124쪽.

7월 말에는 경남노회 임시회가 모여 신학교 문제를 다루고 '고려신학교 설립 건은 한상동 목사의 취지와 경과 보고를 듣고, 본 노회에서 인정하고 원조하는 의미로 노회에서 관리하는 진해교회 부속건물 2동을 교사와 기숙사로 사용하기'로 가결했다.[449]

　같은 해 9월 '고려신학교'란 이름으로 부산진 좌천동 일신여학교에서 신학교가 정식으로 개교했다. 교장에 박윤선, 이사장에 한상동, 교수에 박윤선, 한상동, 한동명 목사 등이 취임했고, 그해 말 만주에서 옥고를 치른 한부선 선교사가 교수진에 합류했다. 이렇게 순조롭게 나가는 것 같던 신학교 문제는 그해 12월에 모인 경남노회 제48회 정기노회에서 지난 노회 때 결의를 뒤엎으면서 꼬이기 시작했다. 신학교 인준은 총회가 하는 것이므로 노회가 할 수 없다 선언하고, 신학교 학생 추천은 모두 취소한다고 선언했다. 이때 한상동 목사는 노회의 결의에 항의, 노회를 탈퇴한다고 선언하고 퇴장했다.

　한상동 목사는 고려신학교를 더욱 튼튼히 하는 길은 신학교 교장으로 만주 봉천신학교에 있던 박형룡 박사를 초치하는 것이라 판단하고, 1947년 5월 송상석 목사를 현지로 파송했다. 봉천에 도착한 송 목사는 박형룡을 설득해 그와 더불어 그해 9월 배편으로 인천을 통해 입경했다. 박형룡이 귀국하자, 많은 보수계 인사들이 조선신학교는 자유주의 신학교이므로 보수주의 신학교를 세워야 한다며 한결같이 주장했다. 그러나 박형룡은 자기를 초치한 고려신학교에 내려가지 않을 수 없어 조건을 제시하고 가기로 결심했다. 조건은 고려신학교는 전국 교회 지지를 얻을 것과 메이첸파 선교회뿐만 아니라 남·북 장로회, 캐나다, 호주 장로회 선교부와도 합동해야 한다

---

449) 김요나, 『총신 90년사』 (서울: 양문, 1991), 314쪽.

는 것이다. 이 조건에 한상동이 동의하자, 그는 일단 부산으로 내려가 1947년 10월 부산 중앙교회당에서 고려신학교장에 취임했다.

이즈음 서울 조선신학교에 다니던 학생 51명이 김재준 목사가 자유주의 신학을 가르치므로 더 이상 수업할 수 없다며 총회에 진정서를 제출하고 자퇴하는 사건이 터졌다. 이들은 두 가지 이유를 내세웠다. 첫째, 신학은 보수주의, 정통주의가 중심이 돼야 한다. 둘째, 교권을 강화해 평양 장로회신학교 전통을 회복해야 한다.[450] 이 학생들 다수가 박형룡 박사가 교장으로 취임하고 보수신학을 교수한다는 고려신학교로 몰려갔다. 따라서 고려신학교는 갑자기 학생들이 많아지면서 자리를 잡아갔다. 아울러 그해 12월에 모인 경남노회에서는 47회 노회 때 결의한 신사참배자 자숙안에 불복한 목사들로부터 사과문을 받기로 결의하고, 고려신학교를 노회가 다시 인정하기로 결의했다. 일이 이렇게 되자, 한상동 목사도 노회 탈퇴를 번의하고 다시 노회에 복귀했다.

그러나 1948년 서울 새문안교회에서 모인 제34회 총회는 고려신학교 입학 지원자에게는 추천서를 주지 않기로 결의함으로 새로운 국면을 맞았다.[451] 이는 그 신학교가 지나치게 출옥 성도들 중심 신학교로 배타적이며, 총회의 동의도 없이 일방적으로 신학교를 개교한 것에 대한 부정적 반응이었다. 이에 따라 1948년 9월 부산 항서교회에서 모인 49회 경남노회는 고려신학교 인준을 취소했고, 같은 해 12월에 모인 노회에서 이 결의를 재차 확인했다. 1949년 4월 대구에서 모인 제35회 총회는 여러 노회가 고려신학교에 대한 질의한 건에 대해 다음과 같이 대답했다.

---

450) 위의 책, 317쪽. 조선신학교 학생 51명이 총회에 제출한 진정서 내용 전문은 張喜根, 『韓國長老教會史』(부산: 亞成出版社, 1970), 372~373쪽에 있음.
451) 『大韓예수教長老會 第34回(1948년) 會議錄』, 23쪽.

거년(去年) 총회가 발표한 대로 고려신학교는 총회와 하등 관계가 없다. 노회가 그 신학교와 관계를 가지는 일은 총회 결의를 위반하는 일이니 삼가는 것이 좋을 것이며, 경남노회 분규에 대한 기타 제 문제는 전권위원 5인을 다음과 같이 선정하여 심사 처리케 한다.[452]

따라서 고려신학교는 총회와는 무관한 신학교가 돼 버리고 말았다.

8. 장로회 경남노회와 고려파의 분립

남부대회 소속 노회들은 대체로 평온하게 재건됐는데, 그 이유는 각 노회에 출옥 성도가 거의 없었고, 목사, 장로들 대부분이 신사참배를 한 사람들이라 두 그룹 간에 갈등이 없었기 때문이다. 그러나 경남노회만은 사정이 달랐다. 경남노회에는 출옥 성도 한상동 목사, 주남선 목사, 최덕지(崔德智)[453] 전도사 등이 있었다. 그들은 출옥 후, 평북노회가 주도한 교역자 수련회에서 출옥 성도가 제출한 교회 재건 5원칙을 발표했으나 신사참배한 목사들로부터 면박만 받았다. 그들은 친일한 목사들이 반성의 빛이 없는 것을 목도하고 실망해 부산과 진주에 내려와 교회 재건을 숙의했다.

출옥 성도들 간에도 두 부류가 있었다. 한상동 목사와 같은 이는 교회 재건을 기성 교회 안에 들어가서 하자는 주장인데 반해, 최덕

---

452) 金良善, 『韓國基督敎解放十年史』, 152쪽.
453) 崔德智 전도사는 경남노회 부인전도회연합회 회장으로 신사참배 반대운동을 하다가 투옥되었다. 최훈, 『한국재건교회사』 (서울: 성광문화사, 1989), 120~121쪽.

지 전도사는 밖에서 교인들을 불러내어 재건하자는 주장을 굽히지 않았다. 그녀는 기성 교회당은 '마귀당'이라며 '불을 지르거나 집을 헐어 버리고' 그 옆에 예배당을 다시 건축해 새로운 예배당을 지어 시작해야 한다고 주장했다.

처음에 경남노회는 교회를 재건하면서 출옥 성도 주남선 목사를 노회장으로 선출해 출옥 성도에 대한 예우를 했다. 그러나 다음 노회가 모였을 때는 일제 때 친일했던 김길창 목사를 노회장으로 선출했다. 이렇게 신사참배 한 이들이 노회의 주도권을 잡는 상황에서, 더 이상 노회에 남는 것은 무의미하다 판단한 한상동 목사는 노회 탈퇴를 선언하고 퇴장했다. 이에 경남노회 산하 각 교회는 한상동 목사를 지지하는 교인들이 적지 않게 따라 나왔다. 한 목사는 교회 재건운동을 활발하게 전개해 노회를 조직하고 총회에 총대를 파송하기에 이르렀으니 이것이 이른바 '고려파'의 시작이다.

일이 이렇게 되자 경남노회가 둘이 되는 결과가 됐고, 총회에는 경남노회 총대가 역시 둘이 되는 현상이 나타났다. 1950년 4월 대구제일교회에서 모인 36회 총회는 두 개 경남노회 총대 문제와 고려신학교 문제로 싸움판이 벌어졌다. 사회석에 있던 총회장을 끌어내리려는 측과 옹호하는 양측이 싸워 '회의장은 일대 격전장으로 변하고 말았다. 결국 경찰이 동원되어 싸움을 중지시키지 않으면 안 되는 지경까지 이르렀다. 목사, 장로들이 경찰로부터 훈계를 받고, 총회는 비상 정회를 선포하고 산회했다.'[454] 이는 '실로 한국교회 70년 사상 처음 보는 대수치적 사건'[455]이다. 총회는 같은 해 9월 청주에서 속회를 결의하고 해산했으나 이 일 후 불과 두 달 만에

---

454) 심군식, 『한국교회 인물 25人 약사』(양문, 1993), 154쪽.
455) 金良善, 『韓國基督敎解放十年史』, 152쪽.

6·25가 터졌으니, 이는 교회가 싸우고 난장판을 만든 죄악으로 인한 하나님의 심판이라고 볼 수밖에 없다. 6·25 사변 중 많은 목사, 장로들이 공산당에 처형되고 핍박을 받았으니 이는 우연이 아닐 것이다.

1950년 가을에 모이기로 한 총회는 전쟁으로 인해 회집을 못했다. 이듬해 5월 부산에서 속개된 총회는 경남노회 총대를 기성 교회 측인 김길창 측의 총대로 받기로 가결함으로 고려신학교 측은 총회에서 몰려나는 형국이 됐다. 총회의 상황을 직시한 한상동은 이대로 저들과는 도저히 교회를 같이 할 수 없겠다고 판단했다. 그는 새로운 교회를 만들 결심을 하고, 자기가 처음 목회하던 초량교회를 분립해 삼일교회를 창립했다. 교회마다 싸움판이 벌어져 계속 쪼개져 나갔다. 한상동 측은 경남법통노회를 조직하고 기성 교회와의 결별을 선언했다. 이것이 소위 '고려파 장로교회'다. 고려신학교를 중심으로 갈려 나갔으므로 고려파, 혹은 고신 측이라고 불린다.

9. 장로회신학교와 총회신학교의 설립

총회 안에 신학교 문제는 복잡하게 얽혀가고 있었다. 고려파 장로교회가 분열해 나가기 직전 서울에서는 조선신학교를 대치할 보수 신학교를 세워야 한다는 소리가 높아갔다. 박형룡에게 부산에 갇혀 있지 말고 빨리 서울로 올라오라는 소리가 그치지 않고 들려왔다. 일이 이렇게 되자 서울에서 내려온 학생들도 박형룡에게 서울로 올라가기를 간청했다. 박형룡도 고려신학교는 신사참배를 하지 않은 이들이 주축이 돼 있는데 자기는 신사참배 하던 만주 봉천신학교에서 가르친 사람이었다. 또한 신학교는 총회 인준을 얻지 못한데다, 고려신학교 측이 마침내 박형룡에게 기존교회와의 결별을 권고하자[456] 그는 결국 고려신학교를 떠나 서울로 올라오고 말았다. 이에 서울에서 내려 온 학생들도 같이 상경했다.

상경한 박형룡은 1948년 5월 임시 교사로 남산공원에 있던 기독교 박물관을 쓰기로 하고 신학교 문을 열었다. 보수주의를 표방하는 신학교가 문을 열자, 조선신학교에서 자유주의가 싫어 떨어져 나온 학생들, 그리고 옛날 평양 장로회신학교에 재학했던 학생들이 몰려왔다. 신학교는 1948년 6월 개교하고 한 달 만인 7월에 첫 졸업생을 냈는데, 졸업생들은 이미 조선신학교나 고려신학교에서 3년 과정을 거의 마쳤기 때문이었다.

신학교가 본궤도에 오르고 졸업생까지 내자, 조선신학교에서 자유주의 신학을 공부한 학생들이 계속 배출되는 것을 우려한 전국 여러 노회가 장로회신학교 총회 직영을 헌의했다. 이에 따라 조선신학교 측의 방해에도 불구하고, 1949년 4월, 서울 새문안교회에서 모인 총회에서 장로회신학교의 총회 직영이 결의됐다.[457] 이렇게 되자 총회 안에 두 개 직영신학교가 존재하는 결과가 됐다. 장로회신학교 측은 이 기회에 조선신학교의 총회 직영을 취소하려 했으나 일은 그렇게 쉽지 않았다. 총회는 조선신학교파와 장로회신학교파가 갈려 갈등이 노정되기 시작했다. 이때 영락교회 한경직 목사가 나서 서로 싸우지 말고 두 신학교를 합동하는 방향으로 일을 추진하자며 합동위원을 내자고 제안했다. 총회는 이를 좋게 여겨 차제에 신학교를 하나로 만들 신학교 합동을 위한 합동위원회를 조직했다. 이들에 의해 제출된 합동안은 1) 양 교는 무조건 합동하

---

456) 李永獻,「韓國基督敎史」, 240쪽.
457)「大韓예수敎長老會 總會 第35回(1949년) 會錄」, 58쪽.

고 중요 과목은 선교사가 맡고 나머지는 한인 교수가 맡는다. 2) 양 신학교의 직원, 교수진은 백지로 돌리고, 합동된 신학교의 교장과 교수는 합동이사회에서 선택한다는 내용이다.

6·25 사변으로 1950년 9월에 속회하기로 한 총회는 열리지 못했고, 이듬해 5월, 부산 중앙교회에서 열렸다. 전쟁이 계속되는 동안 모인 이 총회 초점은 신학교 문제였다. 신학교합동위원회 이창규 목사는 두 신학교 합동 노력은 무위로 끝났다고 보고한 후, 신학적으로 전혀 어울리지 않은 두 신학교의 총회 직영을 취소하고 총회가 직영하는 새 신학교를 세울 것을 제안했다. 이에 따라 총회는 두 신학교의 직영을 취소하고 총회가 직영하는 총회신학교를 세울 것을 결의했다.[458]

총회 결의와 남·북장로회 선교부의 적극적 지원에 힘입어 '총회신학교'가 1951년 9월 대구에서 출발했다. 이때 교장에 감부열, 교수는 박형룡, 한경직, 권세열, 명신홍, 김치선, 계일승 등이었다. 얼마 후 감부열 선교사가 안식년으로 귀국하자, 교장 직은 1953년 8월 박형룡이 승계했다.

10. 조선신학교와 기독교장로회의 분립

총회가 장로회신학교와 조선신학교의 총회 직영을 취소하고 두 신학교가 합동한다는 결의를 했을 때, 장로회신학교는 결의대로 신학교를 폐쇄하고 총회신학교에 합류했으나, 조선신학교는 이에 응하지 않고 계속 신학교를 고수했다. 그들은 양 신학교의 합동 결

---

458)「大韓예수敎長老會 總會 第36回(1951년) 會錄」, 124쪽.

의를 각 노회에 묻지 않고 총회가 직결(直決)한 것은 헌법을 위반하는 것이요 비법이며 비신앙이라는 이유를 들어, 총회의 결의에 순응할 뜻이 없음을 분명히 했다. 그러나 그 이유는 명목이고 사실 조선신학교는 정통 보수를 내세우는 평양 장로회신학교계와 교회를 같이 할 수 없다는 신학 사상을 뒤에 깔고 있었다. 이는 조선신학교 측이 분열해 나가 세운 한국기독교장로회 역사에 잘 나타나 있다.

> 1940년 4월 승동교회에서 조선신학원이 개교되었다. 조선신학교는 그 교육이념에 있어 개혁교회 신학의 주류에 입각하고, 세계 교회의 각양 신학사상을 공정하게 강의 토론했다. 또한 자율적으로 결론에 이르는 학문의 자유를 확보하고, 성경 해석에 있어 역사학적, 문서학적 비판 방법을 도입하였으며, 에큐메니컬 정신에 동조했다. 이와 같은 것은 한국예수교장로교회에서 시련을 겪어 왔으며 선교사들에 의해 허용되지도 않았던 영역이었다.[459]

여기서 조선신학교 신학 성격은 결코 평양 장로회신학교의 그것과 합치할 수 없다는 점을 확연히 볼 수 있다.

조선신학교 측은 더 이상 총회를 함께 할 수 없다고 판단하고 1953년 6월 10일, 서울 동자동 한국신학대학[460] 강당에서 그동안 분립됐던 전북, 군산, 김제, 충남, 경서, 경북, 목포, 충북, 제주 등 9개 노회 대표 47명이 모여 법통 제38회 총회를 열고, 제36, 37회 총회에서 결정된 모든 불법 결의를 취소하라며 새 총회를 발진했다. 총

---

[459] 『한국 기독교100년사』 (한국기독교장로회 역사편찬위원회, 1992), 356쪽.
[460] 1951년 3월 문교부로부터 교명이 조선신학교에서 한국신학대학으로 변경됨.

회는 복음의 자유, 양심의 자유, 노예적 의존 사상의 배격, 에큐메니컬 세계교회 갱신의 철저한 목표로, 형태만 남은 총회를 반정(反正)하기 위해 '분열'이 아닌 '갱신'을 한다고 선언했다. 결국 두 총회는 타협점을 찾지 못하고 1954년 6월 한국신학대학 강당에서 총회가 다시 열려, 교단 이름을 '대한기독교장로회'(Christ Presbyterian Church in Korea)라 변경했다.

그러나 기장의 앞날은 그렇게 밝지만은 않았다. 본래 보수적 신앙에 길들여진 장로교회 평신도 정서는 기독교장로회 총회를 이끌고 가는 인사들의 그것을 따라가기에는 아직 거리가 있었다. 신학 문제는 기장 총회 안에서도 쉽게 가라앉지 않았고, 지도자들 간에도 앞으로 해결을 위해 계속 고심해야 할 어려운 문제로 남아 있어 그 교회를 괴롭게 하는 요인으로 작용할 것을 예시했다.

기장 총회가 분리해 나가자, 초기부터 한국 장로교회 선교에 손잡고 하나로 일해 오던 네 장로회(미 남·북, 호주, 캐나다 장로회) 중 본래 자유주의 신학의 기치를 가끔 내비치던 캐나다 선교부가 기장에 합류함으로 자기들의 취할 태도를 분명히 했다. 총회가 분립될 당시 교세는 교회 568개, 목사 291인, 교인이 21,917명이었다.[461]

---

461) 金良善, 『韓國基督教解放十年史』, 288쪽.

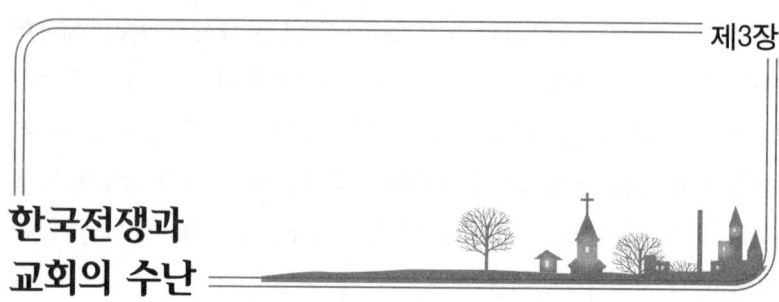

제3장 한국전쟁과 교회의 수난

1. 전쟁 발발의 배경

35년간의 피맺힌 한을 단번에 풀어 버린 해방의 감격을 맞이한 후, 우리 민족은 국제정치의 냉혹한 현실 앞에 아연할 수밖에 없었다. 우리 힘으로 독립을 쟁취하지 못한 채 연합국 승전의 전리품처럼 얻은 해방은, 나라의 독립이 그렇게 쉽고 또 값싸게 오는 것이 아니라는 사실을 원산항에 소련군이 들이닥치는 모습을 보면서 뼈아프게 체득했다. 진주한 소련군은 젊은 장교 김일성을 내세워 공산정권을 세울 계획을 착착 진행했다. 30년대부터 교회는 공산주의자들에게 박해를 받으며 피 흘리는 순교의 행렬이 시작됐는데, 이제 본격적으로 교회가 수난의 길을 가야 하는 막다른 골목으로 접어들었다.

공산주의자들은 6·25를 일으켜 남한을 공산화할 계획을 치밀하게 진행했다. 1945년에 진주한 소련군은 김일성 일당이 공산당 정권을 세우는 데 성공한 후 1948년 12월 철수를 완료했다. 전략적으로 철수를 마친 그들은 남한의 미군 철수를 거듭 요구했다. 남한의 미군 역시 유엔 감시 하에 1948년 대한민국 정부를 수립하고 나서 동년 12월부터 철수를 시작해 이듬해 6월까지 완료했다.[462] 이는 북한 공산당이 남한을 공략하기 위한 첫 번째 단추를 끼운 것이다. 반공주의자 이승만 박사는 남북통일을 그의 생의 목표로 북진통일론을 줄곧 주장했다. 미국은 한국이 중무장하면 북으로 쳐들어 올라갈 것이고 이는 국제전으로 이어질 공산이 크다고 판단했다. 이에 따라 한국군의 무장을 경계하여 겨우 소총 정도 무기만 공급하고 대포나 탱크 같은 중무기는 전혀 제공하지 않았다.[463] 이런 때 1950년 1월, 그러니까 6·25가 터지기 불과 반년도 안 된 때, 미국 국무장관 애티슨이 전국 기자 클럽에서 한국과 대만은 미국의 방위선 밖에 있다는 발언을 했다. 이는 미국이 한국 방위를 책임지지 않겠다는 의미로 우리 운명과 직결되는 내용이었다.

 1950년 6월 25일 주일 새벽, 탱크로 중무장한 인민군들이 38선을 넘어 밀물처럼 남한으로 진격해 왔으나 쓸 만한 무기도, 군인도 태부족인 상태에서 남한이 입은 피해는 필설로 다 형용하기 어렵다. 공산군들이 파죽지세로 남한을 거의 다 점령하고 대구, 부산만 겨우 남아 있을 때, 하나님께서는 우리 민족을 살리시기 위해 미국이

---

[462] 미국은 미군 철수 대신 연간 1천만 달러의 군사 원조를 제공할 계획을 세우는 한편 한미상호방위원조협정을 체결하였다(1950년 1월 26일). 姜萬吉, 『韓國現代史』(創作과 批評社, 1985), 176쪽.

[463] 당시 북한은 보병 10개 사단, 전차 242대, 항공기 211대의 전력을 갖고 있던 데 반해 남한은 보병 8개 사단에 전차는 단 한 대도 없었고, 항공기는 연습기 10대에 불과하였다. 邊太燮, 『韓國史通論』(三英社, 1986), 505쪽.

유엔을 움직이게 하셨다. 유엔 안전보장이사회 결의로 16개국[464] 군인으로 구성된 유엔군이 한국전에 참전해, 남한이 겨우 살아남을 수 있었다.[465] 1953년, 3년간 다른 이데올로기로 인해 동족 간에 죽고 죽이는 서글픈 역사를 남기고, 휴전선이라는 국경 아닌 국경을 경계로 휴전이 성립되어 종전이 아닌 휴전으로 포성은 일단 멎었다.

2. 교회의 피해와 순교자들

우리 민족 역사가 시작된 이래 다시없는 대 참살극은 어이없는 결과를 모든 분야에 남겨놓았다. 그러나 그 어느 집단보다도 교회는 더 큰 피해를 입었다. 이미 북한에서 조선기독교도연맹을 만들어 공산주의를 지지하지 않은 기독교인들과 교역자들을 무참하게

---

464) UN의 결의에 따라 우리나라에 와서 싸운 16개국은 미국, 영국, 프랑스, 터키, 캐나다, 필리핀, 타일랜드, 뉴질랜드, 오스트레일리아, 벨기에, 콜롬비아, 에티오피아, 그리스, 네덜란드, 룩셈부르크, 남아프리카공화국 등이다. *Encyclopedia Britanica*, vol. 13 (1970), s.v. "Korean War", 1951년 봄까지 영국 12,000명, 캐나다 8,500명, 터기 5,000명, 필리핀 5,000명 군인이 내한했고, 나머지 국가들은 1,000명 미만의 병력을 파견했다. 이들에 대한 모든 비용은 미국이 담당했다. Bruce Cumings, *The Origins of the Korean War*, vol. II. *The Roaring of the Cataract 1947~1950*, pp. 636ff., 16개국이라고 하지만 실제로는 지상군 88%, 공군의 98%, 해군의 84%가 미군이었다. 박명림, "한국 전쟁", 『한국사』 17 (한길사, 1994), 345쪽.
465) 유엔 안전보장이사회에서 한국에 유엔군을 파송하기로 결정할 수 있었던 것은 소련이 이 회의에 참석하지 않아 거부권을 행사하지 않았기 때문이었다. 소련은 1949년 모택동이 중국 대륙을 공산화하고 통일하자, 중국 대표는 대만이 아니고 중공이어야 하므로 대만 대표가 참석하는 안보리에 참석할 수 없다고 하면서 1950년 1월부터 안보리 출석을 거부하고 있었다.

학살했던 저들의 만행을 익히 알고 있던 월남한 교회 지도자들은 전쟁이 나자 민감한 반응을 보였다. 인민군이 서울에 입성하자 지하에 숨었던 공산주의자들은 제때를 만났다. 불행하게도 기독교인을 색출하고 검거하는 데 기독교도가 앞장섰다는 사실은 우리 가슴을 더욱 아프게 하는 대목이다. 서울이 함락됐을 때, 경동교회 교인이란 김욱이 나타나 종로 YMCA 건물에 '기독교민주동맹'이란 간판을 내걸고, 김일성 환영식을 준비한다고 떠들고 다니며 교인 동원을 외치며 다녔다.

미처 피난 가지 못하고 서울에 잔류해 있던 목사, 장로들은 최문식이 나타났을 때 간담이 서늘해짐을 느꼈다. 최문식은 1933년 평양 장로회신학교를 졸업하고 목사 안수를 받았으나 공산당으로 전향한 자로 1946년 대구 철도 파업 주모자 중 하나였다.[466] 그는 그동안 감옥에 갇혀 있다가 인민군이 남하하자 출옥해 종로 기독교서회에 자리를 잡았다. 은신하던 목사들을 찾아내 8월 21일 김일성 정부를 지지하는 궐기대회를 열고 목사들을 강제로 동원했다. 뿐만 아니라 전 세계에 보낼 남북통일 호소문을 작성한다며 목사들에게 서명을 강제했다. 끌려 나온 목사들이 적극성을 보이지 않자, 이에 격분한 최문식은 목사 색출 작업에 전력 투구하는 악행을 자행했다.

유엔군 인천상륙작전이 성공리에 이루어져 서울 수복이 눈앞에 오자 북괴는 지하에 숨었던 목사들 검거에 혈안이 됐다. 김인선, 김윤실 목사는 유치장에서 순교했고, 나머지 목사들은 대부분 납북되는 비운을 겪었다. 장로교회 송창근, 남궁혁, 김영주, 유재헌 목사 등과 감리교회 김유순 감독을 비롯하여 양주삼, 방훈, 김희운, 조상문 목사, 성결교회 박현명, 이건 목사, 구세군의 김삼석, 김진하 사

---

466) 金成俊, 『韓國基督敎會史』(기독교문화사, 1993), 191쪽.

관 등 60여 명이 납북돼 현재까지 생사 여부도 알 수 없으니, 이것은 본인과 가족, 그리고 우리 온 교회의 참담한 고통이 아닐 수 없다.[467]

이름이 남아 있는 분들은 그나마 다행이고, 이름 없이 학살당하거나 행방불명된 이들도 그 수를 헤아릴 수 없다. 사변 중 순교를 당한 이들도 적지 않았는데, 북한에서 조선기독교도연맹의 총회장까지 지낸 왕년의 부흥사 김익두 목사도 그들에게 총살 당했다. 황해도 신천 서부예배당에서 새벽기도회 중 공산당이 들이닥쳐 김익두 목사 외 여섯 명의 교인을 총살했다. 기독교도연맹에 가담했던 많은 목사들도 결국 살해되는 운명을 맞았다.

이북의 순교자 중 꼭 기억해야 하는 이들 가운데 주기철 목사가 섬기던 산정현교회의 유계준 장로와 백인숙 전도사를 빼놓을 수 없다. 유 장로는 주기철 목사가 감옥에 있을 때 가족에게 계속 생활비를 지급했고, 백 전도사는 목사 없는 교회를 안정모 사모와 함께 심방하며 돌 본 믿음의 역군이었다. 그러나 공산당에 의해 정일선 목사와 함께 순교의 길에 들어섰다.[468] 서울에서는 신당동 중앙교회 안길선 목사, 김예진 목사가 순교했고, 서대문 감옥에서 주채원 목사 등 여럿이 살해당했으며, 김응락 장로는 영락교회 앞에서 순교했다. 전북 옥구군 미면 원당교회 교인 75명 중 73명이 처참히 살해됐다. 전주 근처 삼례교회 김주현 목사는 그의 가족 7인과 함께 순교했고, 광주 양림교회 박석현 목사는 그의 장모와 부인과 외

---

467) 납북된 교계 인사 명단과 당시 직책에 대한 더 자세한 내용은 金良善의 『韓國基督敎解放十年史』, 88~89쪽 참조. 장로교회의 순교, 납북된 교역자는 177명으로 집계됐다. 『基督敎年監』 1957년, 38~40쪽에 명단이 있다.

468) 유 장로의 자녀들은 6남 2녀인데, 아들 여섯 중 4남 기천은 서울대학교 총장을 지낸 법학박사이고, 나머지 다섯은 국립의료원장을 지낸 기원을 비롯하여 모두 의학박사들이다. 장녀 기옥은 용산 누가병원장이며, 차녀 기숙은 뉴욕 생화학연구소 연구원으로 있다. 金麟瑞, 『金麟瑞著作全集』 第5卷, 508쪽.

아들까지 함께 순교했다. 황해도 봉산 계동교회 180여 명의 교인 중 175명이 목조 예배당 안에 갇힌 채 모두 불태워 죽임을 당함으로 순교의 길에 들었다.

3. 손양원 목사의 순교

손양원 목사의 순교는 우리 마음을 너무 아프게 한다. 그는 신사참배에 반대해 일제의 혹독한 고문을 견인하며 감옥 생활을 6년이나 견뎠다. 출옥해 출옥 성도의 명예를 얻었으나, 고신파에 합류하지 않고 끝까지 교회 분열의 대열에 서지 않은, 진실로 교회를 사랑한 분이다. 그는 본래 경상도 함안군 칠원면 태생으로 경상도 사람이었지만, 전라도에 가서 그것도 성한 사람들이 아닌 여수의 애양원 나병 환자 병원 목사로 성자와 같은 생활을 했다. 1948년 여수·순천 사건이 났을 때, 그의 두 아들 동인과 동신이 공산당 급우들에게 죽임을 당하는 고통을 겪었다. 그러나 손 목사는 두 아들을 죽이는데 앞장선 살인마 강재선을 양아들로 삼은 성자였다.

6·25가 난 후, 파죽지세로 밀려 내려온 인민군이 순천을 점령하고 이어 여수까지 밀고 내려왔다. 이들이 애양원 근처까지 왔을 때, 나병 환자들이 손 목사에게 인민군들이 물러갈 때까지 잠시 피신해 있으라 권면했다. 그러나 그는 "내가 주님 맡겨 주신 이 양떼와 목장을 남겨두고 어디로 간단 말인가? 나는 내 양과 목장을 지켜야 한다" 하며 거절했다. 이곳까지 밀고 내려온 인민군은 손 목사를 체포해 심문하고 난 후 2주 후 총살하여, 손 목사는 그렇게 순교했다.

1950년 9월 28일 밤 11시 위대한 사랑의 성자 손양원 목사는 천국으로 갔다. 그는 살아생전에 "재지일일장(在地一日長)이면 재천일

일단(在天一日短)이요, 재지일일단(在地一日短)이면, 재천일일장(在天一日長)이라"는 말을 했다. "땅 위에서 하루가 길면 하늘에서 하루가 짧고, 땅 위에서 하루가 짧으면 하늘에서 하루가 길다"는 뜻이다. 이 말은 그의 생이 지상 생활과 천국 생활이 단절되지 않고 서로 연결되어 일직선상에 있었다는 것을 의미한다.

1950년 9월 28일 밤 11시, 위대한 사랑의 성자 손양원 목사가 천국으로 갔을 때 그의 나이 48세였다. 우리 교회 역사에 이런 신앙의 선배가 있다는 것은 후세의 귀감이 될 뿐만 아니라 목회자의 길이 얼마나 험난한가를 보여 주는 시금석이기도 하다.

6·25는 인적 피해뿐 아니라 예배당도 심각하게 파괴되고 피해를 입었다. 장로교회 소속 예배당 소실이 152동, 파손 467동, 감리교 소실 84동, 파괴 155동, 성결교 소실 27동, 파괴 79동, 구세군 소실 4동, 파괴 4동 등이었는데, 이것은 통계에 나온 것의 일부일 뿐 실제로는 이보다 훨씬 더 많은 피해가 있었을 것이다.

4. 교회의 대처

1) 교회의 지원

미증유의 대참변을 겪은 교회는 전쟁이 지속되는 동안 꾸준히 교회가 해야 할 임무들을 부분적으로나마 성실히 수행했다. 6·25가 발발하자, 서울을 탈출한 교역자와 미점령 지역 교역자가 모여 그해 7월 대전제일교회에서 '대한기독교구국회'를 구성했다. 구국회는 대구, 부산 등 전국에 30여 지회를 설치하고 국방부, 사회부와 긴밀한 연락을 취하면서, 선무(宣撫)구호, 방송 사업에 참여했고, 의

용군 모집에도 협력했다.[469] 국군과 유엔군이 9월 28일 서울을 수복하고 북으로 진격해 들어갈 때도 천여 명의 선무대원을 점령지에 보내 적극적인 활동을 했다.

연합군이 압록강까지 진격하면서 한반도 통일이 눈앞에 온 것 같았으나, 중공군 개입으로 1.4 후퇴라는 또 다른 시련에 부딪쳤다. 부산까지 밀려간 교회 지도자들은 그곳에서 하나님의 교회와 민족 앞에 내린 심판에 참회의 기도회를 열었다. 또한 '기독교연합전시비상대책위원회'를 조직하고 우선 미국의 투르만 대통령과 유엔 사무총장, 그리고 유엔군 사령관에게 호소문을 보냈다. 한국교회 대표로 장로교회의 한경직, 감리교회의 유형기 목사를 미국에 파송해, 미국 교계에 지원을 호소함으로 미국 내의 여론을 환기시키기에 노력했다.[470]

1952년 1월, 한국기독교연합회 주관 하에 여러 교파가 연합으로 교회 재건운동을 결의했다. 주일학교 교육, 문화, 사회 후생, 농촌, 경제, 산업 등 6개 분야의 교회 재건 사업을 주한 각파 선교부와 제휴해 추진했다. 각파 선교부 노력으로 기독교세계봉사회, 국제선교협의회, 기독교국제연합위원회 등 세계교회협의회 대표가 한국을 방문했고, 이들의 주선과 호소로 세계 교회가 한국교회 및 한민족 구호에 나섰다.

2) 새로운 선교회와 구호단체들의 시작

전쟁 후, 한국에 나와 활동한 선교 내지는 구호단체도 여럿 생겨

---

469) 張喜根, 『韓國長老教會史』(부산: 亞成出版社, 1970), 324쪽. 金成俊, 『韓國基督敎會史』, 199쪽.
470) 李永獻, 『韓國基督敎史』, 275쪽.

났다. 그중 팀미션(Team Mission: 복음주의 연합선교회)은 1953년부터 활동을 시작했다. 이 선교회는 방송 선교와 문서 선교 목적으로 교파 구별 없이 교회를 세우지 않고 기성 교회를 돕는 일로 선교 활동을 했다. 그들은 고아원과 성경학교 등도 경영했으며, 특히 역점을 둔 것은 방송 사업으로 1956년 인천에 극동방송국(HLKX)을 세웠다. 국어, 영어, 중국어, 러시아어, 몽골어, 우크라이나어 등으로 방송을 내보내 공산권 선교에 주력했다.

선명회(World Vision)도 6·25 후에 생긴 선교 단체 중 하나로 복음 선교와 말씀 실천을 목적으로 세워졌다. 한국 전란으로 많은 이재민이 생기자, 이들을 돕기 위해 1953년 한국에 진출해 대구에 본부를 두고 교파 구별 없이 기존 교회나 선교부 사업에 협력했다. 선명회어린이합창단은 전쟁고아로 구성해, 구미 여러 나라를 순방하며 전쟁 중 한국 고아를 도와 준 은덕에 감사하면서 뛰어난 음악 재질을 과시했다.[471]

컴패션(Compassion Inc.)은 미국 부흥사 스완슨 목사가 세운 단체다. 그는 전쟁이 한창이던 1952년 내한해 전투에 참가 중인 미군들을 위해 부흥 집회를 하고 돌아갔다. 한국 군종감실에서 그에게 다시 한국에 나와 한국군을 위해 집회를 해 달라고 요청하자, 이듬해 다시 한국에 나왔다. 그는 많은 전쟁고아들을 보고 고아원 사업을 결심했다. 그는 컴패션을 만들어 전국에 190여 개의 고아원을 설립, 2만여 명 고아들을 수용, 교육시켰다. 또한 컴패션은 농촌 교회 교역자 진료 사업도 펼쳤다.

홀트양자회(Holt Adoption Program)는 미국인 홀트 씨가 시작한 입양기관이다. 목재상 홀트가 전쟁고아들 중 혼혈아의 비참한 모습

---

471) 위의 책, 359.

을 보고, 1955년 이 기관을 발족했다. 수천 명 전쟁고아 및 일반아가 이 기관을 통해 미국 가정과 기타 여러 나라에 입양됐고, 오늘까지 이 방면에서 크게 공헌하고 있다.

3) 군목 제도의 시작

6·25 전란을 경과하면서 우리 교회사상 중요한 전도사업의 일환으로 정착된 제도가 군목 제도다. 죽음이 그림자처럼 따르는 전쟁터에서 불신 장병에게 복음을 전하고, 기존 신자에게 신앙을 지도하며, 예배를 인도할 목사를 군대에 파송하는 문제가 제기됐다. 이 문제는 교회와 국방부 사이에 긴밀한 협조로 군목 제도가 실현됐다. 군목 제도의 효시는 대한민국 정부가 출범한 1948년 당시, 해군참모 총장 손원일 제독이 정훈장교 형식으로 해군 내에 목사들이 일하게 한 것이다. 그 후 장로교회 권연호, 유호준 목사와 성결교회의 최정원 목사 등이 이승만 박사에게 진언해 1952년부터 계급 없는 문관으로 군목 활동을 시작했는데, 1954년에 이르러 군목을 정식 장교로 임관했다.[472] 군목 제도가 법적으로 확립된 것은 1961년 4월 군목 신분령에 관한 국무원령 제234호에 의해서다.[473] 군목 제도가 시작된 이래 각 군에서 군목들이 활발히 활동해 군 선교를 통해 헤아릴 수 없이 많은 전도 성과를 거두고 있다.

---

472) 『基督敎年鑑』, (1957), 59쪽. 金麟瑞, "軍牧制度와 韓國敎會," 「信仰生活」(1953), 聖誕號.
473) 「大韓예수敎長老會總會 第46回(1961) 會議錄」, 291쪽.

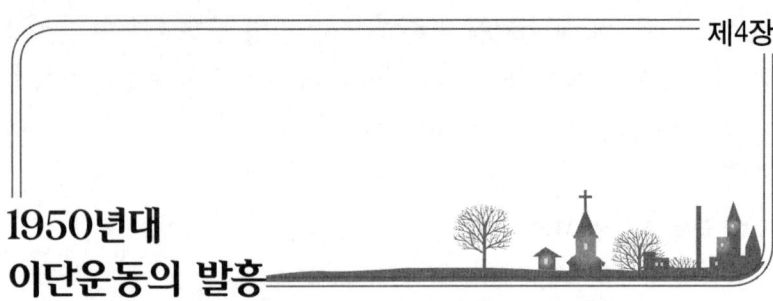

제4장
1950년대 이단운동의 발흥

　6·25라는 미증유의 대전란이 일단 그치고 평화가 돌아왔지만, 전쟁의 피해는 극심했다. 기아와 질병, 산업시설과 교육기관의 파괴, 도로, 교통, 통신의 두절, 실업과 빈곤 등의 문제는 어느 한 집단의 문제가 아니고 국가적 문제였다. 사회적 혼란과 기댈 곳 없는 불안은 기독교인들이라고 예외일 수 없었다.
　따라서 항상 그랬듯이, 이 세상에 희망이 없어 보이고 현실에 좌절할 때 어려움을 하나님께 호소함으로 해결할 수밖에 없는 교인들의 신앙은 열광적인 경향을 띠게 된다. 사회적 혼란 속에서는 기성 교회의 전통적 종교 행위로 만족하지 못하고 신비한 초자연적 역사(役事)를 추구하게 된다. 다시 말해 직접적이고 피부에 와 닿는 구체적이며 현실적인 종교 현상을 통해 불안한 마음을 해소시키려는 것이 일반적 경향이다. 이에 발맞추어 교회 안에 여러 사이비, 이단운동들이 나타났는데 그중 몇 가지만 살펴보기로 한다.

1. 나운몽(羅雲夢)의 용문산 기도원

용문산 기도원은 나운몽이 설립했다. 그는 1914년 평북 박천에서 태어나 오산중학에서 수학하다 2년 만에 중퇴했다. 일본으로 건너가 학업을 계속하려 했으나 뜻대로 되지 않자 귀국해 만주, 시베리아로 유랑하다 1940년에 귀국했다. 그는 그해 6월 용문산 일부를 매수해 애향숙이란 사설학원을 세우고 계몽운동을 전개했으나 일제 간섭이 심해지자 폐쇄하고 서울에 올라왔다. 그는 서울 수표교회에 출석하면서 그곳에서 장로로 장립됐다.

해방 후 그는 다시 애향숙을 개원할 목적으로 1947년 4월 용문산에 들어가 그곳을 기도처로 바꾸고 기도원을 세웠다. 그는 기도에 전력하다 성령 체험을 하고 입신, 방언 등 신비 체험을 했다. 그는 곧 전도운동에 박차를 가해 전도서 4장 12절에 나오는 '삼겹줄'을 토대로 1) 기도 전도 2) 부흥 전도 3) 문서 전도를 전개했다. 그러나 기성 교회는 나운몽의 기도원을 이단시했다. 그 이유는 애향숙의 수련 방법이 비성서적이고, 기드온성경학교, 기드온신학교의 성경 해석이 "동양적 특수 신령철학을 제창하여 주역(周易)으로 성경을 해석하기 때문"[474]이었다. 예를 들면 『구국 설교집』 제5집에서 다음 같이 주장했다.

1) 공자, 석가도 신이 보낸 동방의 선지자요 신의 뜻을 따라 내렸다.
2) 복음이 전파되기 전 세대는 유·불교를 통해서 구원받은 사람들이 있다.
3) 유·불교가 기독교 안에서 조화된 것이 천국이다.

---

474) 金成俊, 『韓國基督敎史』, 268쪽.

    4) 진리는 형에 있지 않고 질에 있으니 진리라면 유교, 불교, 기독
       교가 하나다.[475]

  이런 주장을 하는 집단을 기성 교회가 용납할 수 없음은 자명한 일이다. 나운몽은 삼각산기도단이란 조직을 만들어 철저한 독재 체제로 구축하고 한 사람이 두 사람을 위해 기도하고 이 두 사람은 각각 또 다른 두 사람을 위해서 기도함으로 기하급수적 피라미드 형식의 조직으로 확대해 나갔다.

  장로회 총회는 군산노회가 "근래 한국 교계를 풍미하는 나운몽 씨에 관하여 각 지방에서 그로 인한 손해를 많이 입고 있는 바 그 정체를 밝혀 주기를 청원한 것은 그 신분과 거취가 분명하지 않고 신앙의 기초를 정신수련 위에 두며 우리 장로교 신경에 맞지 않는 점이 많으므로 막는 것이 가하다"[476]라 헌의한 안건을 결의했다. 1956년 9월 새문안교회에서 모인 장로교 총회는 장로교회 공식 입장으로 나운몽 집단에 대해 "거년 총회 시에 결정한 바 있거니와 본 장로교회 강단에 세우는 것은 물론 엄금할 것이요 기타 장소에서 개최하는 집회에도 교인들의 참석함을 금지할 일이오며"[477]라 선언하고, 이들을 비성서적 교훈을 가르치고 교회 질서를 문란케 하는 집단으로 규정했다. 기타 다른 교단들도 비슷한 결정을 해 나운몽 집단은 이단 집단으로 낙인찍었다.

---

475) 위의 책.
476) 「대한예수교장로회 총회 제40회(1955년) 회의록」, 366쪽.
477) 「대한예수교장로회 총회 제41회(1956년) 회의록」, 48쪽.

2. 박태선(朴泰善)의 전도관

처음에는 전도관이라 부르다 후에 천부교(天父敎)가 된 이단 집단은 박태선에 의해 시작됐다. 그는 1915년 평북 영변 빈농의 가정에서 태어났다. 그는 어려서 부모를 잃고 고아가 돼 친척집에서 자라며 초등학교를 마치고, 일본으로 건너가 고학으로 공업고등학교를 마쳤다. 어느 공업사에서 일하면서 그는 기독교 신앙에 접하게 되고 성경을 애독하는 청년이 됐다. 해방이 되자 귀국해 서울 서대문 근처에서 정밀기계공장을 경영하면서 남대문교회에 출석했다. 그 후 남대문교회 김치선 목사가 창동교회(현 한양교회)로 목회지를 옮기자 박태선도 창동교회로 옮겼다. 그는 자기 공장에서 직공들을 모아 예배를 드리면서 설교 훈련을 쌓기 시작했다. 그러는 중에 창동교회에서 장로로 안수 받았다.

1955년 1월, 그는 우연한 기회에 서울 무학교회에서 부흥집회를 인도한 것이 계기가 돼 서울, 대구, 부산 등 전국 각지로 다니면서, 전후(戰後) 정신적 방황을 하던 교인들에게 호소력 있는 말씀을 외쳤다. 특히 남산에서의 집회는 그를 전후 최대의 부흥사로 만드는 계기가 됐다. 이 집회는 1955년 3월 남산에서 열렸으며, 기독교부흥협회가 미국인 부흥사 스완슨 박사를 주 강사로, 박태선을 보조 강사로 세웠다. 이때 전국에서 사람들이 몰려왔고 각색 병자들이 병을 고치기 위해 모여들었다. 오전과 저녁에는 스완슨 박사의 성경해설 집회가 있었고, 새벽과 오후 집회는 박태선이 손뼉치고 찬송하면서 병 고치는 은사 집회를 이어갔다.

이때 박태선은 찬송을 계속 부르게 하면서 사람들을 흥분시켜 놓고 하늘에서 불이 내려와 모든 죄인들의 죄를 태우는 "썩은 뼈 타는 냄새가 나더니 그 악취가 어느 사이엔가 사라지고 백합화 향기가 나기 시작하고 이슬이 내리고"[478] 하늘의 광채가 나타났다고 주장했다. 그는 모든 사람들이 지금 죄를 회개하지 않으면 지옥에 떨어질 것이라면서 강대상을 내리치며 공갈, 협박을 하면서 회개를 촉구했다. 그러자 많은 사람들이 흥분해 박수를 치고 발장단을 치면서, 고성방가와 통곡기도를 드리며 죄를 회개하는 현상이 나타났다.

이어 더욱 한심한 사건이 터졌는데, 사흘째 되던 저녁에 박태선은 주최자 측 목사님들이 은혜를 막고 있으니, 목사님들이 안찰기도를 받아 죄를 소멸해야 은혜의 집회가 될 것이라며 안찰기도 받기를 권했다. 이때 장로회 전 총회장 권연호 목사 등 100여 명 목사가 장로에게 안찰기도를 받는 기현상이 일어났다. 계속된 집회에서 박태선은 구국기도관을 짓는다며 교인들의 금반지, 시계, 현금 등을 거둬 갔다. 이때 모은 돈은 모두 박태선이 착복했다고 당시 남산 부흥회를 주최했던 부흥협회 간사 김선환 목사가 증언했다.[479] 박태선이 이렇게 된 연유는, 당시 교계의 원로였던 권연호, 김치선 목사 같은 이들과 윤치영 씨 등 정계요인의 후원이 컸기 때문이다.

그러나 이런 비정상적인 신앙 형태는 오래 갈 수 없는 게 역사의 교훈이다. 1955년 11월 신당동중앙교회에서 모인 제65회 장로회 경기노회와 이듬해 3월 승동교회당에서 모인 임시노회에서 박태선 소속의 창동교회로 하여금 그를 장로직에서 제명처리하도록 명했다. 그가 가르친 가장 결정적 비기독교적 교리는 소위 '피가름' 교리였다. 이는 자기가 "주의 보혈을 받아 남에게 분배해 준다"며

---

478) 崔德臣, 『新興宗敎集團에 관한 比較硏究』 (서울: 참빛사, 1965), 19~20쪽.
479) 김선환, "나는 그를 따라 다녔다", 金景來 편, 『社會惡과 邪敎運動』, 163쪽.

"뱀으로 타락한 천사장 미가엘과 하와가 간음죄를 지었기 때문에 뱀의 피가 가인을 위시한 인류의 원죄가 됐다. 그러므로 은혜 받고 성화된 자기와 성교를 하면 그 피가 성화되고, 피가름 받은 자가 또 다른 이와 성교하면 그가 성화된다는 등의 혼음(混淫)교리로 신도들의 정신적 단결을 도모"[480]했다. 또한 그는 자기를 이사야 41장에 나오는 '동방의 의인 곧 동방의 감람나무'요, 하나님이 한국을 구원하시기 위해 북방(자기의 고향 평북 영변)에서 보내신 자라 칭했다.

1956년 장로회 총회에서 "그 가르치는 바가 비성서적이요 본 장로교 교리와 신조에 위반됨이 많을 뿐 아니라, 교회를 크게 소란케 하므로, 차를 이단으로 규정함이 가한 일이다"[481]라 선언해 이단으로 정리했다. 그리고 1957년 7월 한국기독교연합회 역시 이 전도관을 사이비 단체로 규정했다.

그 후 박태선은 소위 천년성(千年城)을 이룬다며 경기도 소사, 덕소 등지에 신앙촌을 형성해 계시록에 나오는 14만 4천의 선민이 돼야 천국에 간다며 순진한 교인들을 감언이설로 유혹했다. 교인들은 모든 재산과 가정을 정리하고 그곳으로 들어가 공장에서 혹사 당하면서 신앙촌 제품을 만들었다. 그리고 전도관은 이를 강매해 상업·기업 집단을 이루는 데 이용했다. 저들은 여러 번 자체 내분과 격랑을 겪다 결국 박태선이 스스로 하나님이 되어 '천부교'(天父敎)를 만들었다. 그러나 그가 죽자 그 집단은 와해되는, 사이비 이단이 가는 정로의 과정을 밟았다.

박태선의 전도관 운동은 전후 혼란한 사회 속에서 흔히 일어날 수 있는 사이비 이단 집단의 한 전형이다. 이것이 그렇게 삽시간에

---

480) 金成俊, 『韓國基督教會史』, 274쪽.
481) 「大韓예수敎長老會總會 第41回(1956년) 會議錄」, 46쪽.

확산될 수 있었던 것은 분별력 없는 일부 교회 지도자들이 그를 후원하며 부화뇌동한 결과며, 기성 교회가 영적으로 굶주린 성도들의 영적 갈망을 채워 주지 못한 결과라 평가해야 한다.

3. 문선명(文鮮明)의 세계기독교통일신령협회(통일교회)

'세계기독교통일신령협회'(統一敎會, The Unification Church)를 창설한 문선명은 1920년 평북 정주군 덕언면에서 태어났다. 그가 15세 되었을 때 그의 형님과 누님의 중병 치료가 동기가 돼 전 가족이 장로교 신자가 됐다. 서울에 와서 경성상공실무학교에서 수학하던 중 교회 출석을 시작한 것으로 추측된다. 통일교회가 발간한 『통일교회사』를 보면 문선명이 16세 되던 때 부활절에 기도 중 홀연히 예수께서 나타나시어 엄중한 당부로 인류 구원사업에 대한 소명을 공식 하명했다고 기록되어 있다.[482]

1946년 8월 문선명은 '유부녀 김종화'와 강제 결혼식을 올리다 그 남편의 고발로 1947년 5월 북한 법정에서 사회 문란죄로 5년 형을, 여자는 10월 형을 선고받고 흥남노무자 특별수용소(속칭 흥남감옥)로 갔다.[483] 6·25가 일어난 후 유엔군이 북진하자 1950년 10월 함흥교도소에서 출감해 1·4 후퇴 때 월남했다. 그는 부산에서 작은 공장을 경영했으나 실패하자 교회운동을 시작했다. 1953년 12월

---

482) 『통일교회사』 上卷 (世界基督敎統一神靈協會, 1978), 13쪽.
483) 金成俊, 『韓國基督敎史』, 275~276쪽. 『統一敎會史』에는 Bruce Cumings, *The Origins of the Korean War*, vol. II. *The Roaring of the Cataract 1947~1950* (Princeton University Press, 1990), 319쪽에 사통(fornication)과 간통(adultery)으로 투옥됐다고 기록했다.

동향 출신 유효원을 자기 교회에 출석하도록 권유했다. 유효원은 오산중학을 마치고 경성제대 의학부를 다니다 병으로 중퇴한 사람이다. 통일교의 『원리강론』은 그가 문선명 가르침의 원리를 정리한 것이다. 그 내용은 문선명이 16세부터 행했다는 기이한 행적 이야기를 모은 것이다.

> 수십 성상을 성서의 문자 뒤에 감추인 숨은 진리를 찾으려고 예수님을 비롯한 낙원의 뭇 영인들과 또는 역사 이래에 지상에 왔다 간 모든 성령들과 자유로 접촉하였고, 때로는 하나님과 친히 교통하시어 하나님의 품속에 감추인 천륜의 비밀 찾아 내기에 온갖 심혈을 경주하였으며, 때로는 수억의 사탄들과 혈투전을 겨뤄 나왔다.[484]

1954년 5월 문선명은 유효원 등과 함께 서울 성동구 북학동 소재 교회에서 통일교회를 정식 발족시켰다.[485] 문선명이 교주가 되고, 유효원이 협회장이 됐다. 1955년 7월 문선명은 혼음사건으로 4명의 간부와 함께 3개월간 구속됐다. 이 사건으로 연세대, 이화여대 교수 몇 명이 면직되고 이화여대생 10여 명이 퇴학당했다. 1960년 3월 문선명이 41세 되던 해에 18세의 여고생과 네 번째 결혼을 감행했다.

통일교의 주요 교리는 그들의 『원리강론』에 있는 창조론, 타락론, 복귀섭리론 등이다. 그중 가장 문제가 된 부분은 타락론이다. 타락한 천사장 루시퍼가 뱀으로 나타나 하와를 감언이설로 속여 성관계를 가졌다. 그 후 하와는 아담과 성관계를 가졌는데, 하나님

---

484) 『原理解說』 제4판 (서울: 世界基督敎統一神靈協會, 1962), 19쪽.
485) 박정화 외 2인, 『野錄 統一敎會史』 (큰샘출판사, 1996), 89쪽.

이 나타나셨을 때 부끄러워 허리 아래, 즉 하체를 가렸다. 따라서 인류가 이 사탄의 사악한 피를 갖게 되었다는 내용이다.[486]

교리의 원리는 주로 성경의 내용을 중심으로 동양의 주역과 음양오행설, 그리고 현대 과학의 제 이론을 결합해 만든 일종의 혼합주의다. 교리의 중심은 반(反)기독교적 내용으로 가득 차 있고 기독교의 근본 교리를 처음부터 거부하고 있다. 그것은 특히 예수 그리스도의 십자가 구속이 미완으로 끝났다며, 이 미완의 구원을 완수하기 위해 말세에 재림주가 오는데 이 재림주가 바로 문선명이라는 것이다. 따라서 문선명을 통해 인류 구원이 가능하다는 논리를 전개한다. 통일교는 국내에서 무수한 문제를 일으켰고, 많은 가정을 파괴했으며, 신자뿐 아니라 불신자들까지 포섭해 교리를 선전하게 했다. 또한 꽃을 팔거나 여러 물건을 강매하는 등 조직 유지를 위한 자금원 확보를 위해 여러 사업도 벌여 거대 기업군으로 성장했다.

기독교의 근본 교리를 거부한 이 문선명 집단이 기성 교회로부터 철저하게 비판되고 거부된 것은 자명한 일이다. 1971년 장로회 총회는 통일교에 대한 기본 태도를 천명했고, 1979년 4월 한국기독교교회협의회 이름으로 7가지 이유를 들어 통일교는 기독교가 아니라고 선언했다. 그리고 같은 해 5월 '문선명 집단에 대한 한국교회 대책위원회'가 16개 항을 들어 통일교가 하나의 한국적 사이비 집단에 지나지 않음을 확신하고 이를 만천하에 알렸다.[487]

박태선의 전도관운동과 문선명의 통일교운동은 교회와 사회에 심대한 악영향을 끼쳤다. 많은 교회가 이들 때문에 상처를 입었고,

---

486) 박정화 외 2인, 『野錄 統一敎會史』(큰샘출판사, 1996), 26쪽, "하와는 왜 하반신을 감추었나" 이하 참조.
487) 卓明煥, 『統一敎의 實相과 虛像』上卷 (國際宗敎問題硏究所, 1979), 292~293쪽.

수많은 가정이 파괴됐으며, 개인 영혼이 파멸되는 비극을 초래했다. 박태선 집단은 거의 소진되어 몇 개 남은 천부교가 그 명맥을 이어가고 있을 뿐이지만, 통일교는 그 세력을 국내에서뿐만 아니라 전 세계로 확산시키면서 정치, 경제, 문화, 교육에까지 그 힘을 과시하고 있다. 문선명 사후에도 그 세력은 국내외에서 여전히 유지되고 있다. 특히 경제면에서 막대한 부를 축척하여 수많은 기업군을 거느리며 존속되고 있다. 그러나 최근에는 내부 분열로 지리멸렬하는 사이비 이단이 가는 정로로 들어섰다. 우리는 이런 현상을 보면서 기성 교회가 한 이단자로부터 받는 피해가 얼마나 지대한가를 겸손히 그리고 통절히 반성해야 한다.

제5장

장로교회의 계속된 분열
−통합(統合), 합동(合同)측의 분열

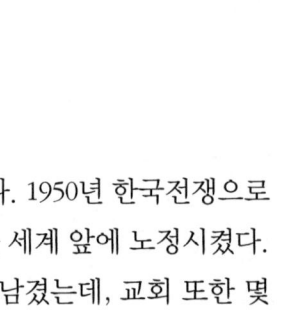

　1950년대는 분열의 비극이 연속된 시기다. 1950년 한국전쟁으로 남북이 나뉘어 동족 간에 피 흘리는 비극을 세계 앞에 노정시켰다. 전쟁은 민족과 강토의 나눔이라는 유산을 남겼는데, 교회 또한 몇 차례 갈리는 비극을 연출했다. 특히 장로교회가 1950년대에 세 번씩 나뉜 것은 실로 가슴 아픈 일이 아닐 수 없다. 1951년에 고려파가, 1953년에는 기독교장로회가 갈라져 나가더니 1959년에는 소위 통합, 합동이란 두 교단으로 나뉘었다. 불과 10년도 안 되는 기간 동안 반세기 이상을 하나로 내려오던 교회가 세 번씩 분열을 했으니, 이것은 분명히 교회를 분열시키는 사탄의 역사임에 틀림없다.

1. 분열의 도화선-3천만 환 사기사건

전술한 바와 같이 대구에서 개교한 장로회신학교의 교장 감부열 선교사가 교장직을 사직하자 이사회는 1953년 8월 박형룡 박사를 후임 교장으로 결정했다. 휴전이 되어 서울로 모두 상경하자, 신학교도 일부는 대구에서 수업을 하고 일부는 서울로 올라와 남산(지금의 어린이회관 자리)에서 수업을 시작했다. 이곳은 일제 강점기 조선 신궁 터로 우상을 숭배하던 곳이므로, 이곳에 신학교를 세워 민족 복음화에 앞장서자는 생각을 한 사람들이 많았다. 그러나 학생 수에 비해 장소는 비좁았다.

신학교 부지를 물색하기 위해 여러 곳을 다녔으나 마땅한 곳이 없어, 신학교는 현재 사용하고 있는 남산에 학교를 세우기로 했다. 그러나 그 터가 국가 소유였으므로 정부에 교섭해 불하를 받아야 했다. 정부와의 교섭 문제를 강구하고 있을 때, 박호근이란 자가 나타났다. 그는 자기가 이재학 국회부의장과 인태식 재무장관을 잘 알고 있다고 허풍을 떨면서 신학교 부지를 불하받도록 주선하겠노라고 호언했다. 일을 맡은 박호근은 처음부터 교통비, 통신비, 접대비, 교섭비 등 명목으로 돈을 조금씩 받아 가더니, 불과 두 달도 안 되는 기간에 무려 3,000만 환이 넘는 거금을 받아 모두 착복했다.[488] 이 돈은 교장 박형룡의 결재를 받고 지불한 것인데, 3,000만 환이나 지출됐으나 그가 장담한 대지 불하도, 건축 허가도, 대학인가도 얻어내지 못했다.

---

488) 박호근이 쓴 정확한 돈의 액수는 30,162,172환이었는데, 자금 출처 내역은 미국 교회가 보낸 $10,000(880만 환), 북장로교회가 보낸 $3,000(약 250만 환), 1957년 경상비 예산 중 13,807,042환, 58년 경상비 예산 중 4,816,700환, 도합 30,162,172환이었다.

이런 사실이 밖으로 새어나가 문제가 비화되기 시작했다. 신학교 부지를 불하받지도 못하고 경비로 그 많은 돈을 탕진해 버렸으니, 문제가 안 될 수 없었다. 교장 박형룡은 궁지에 몰리기 시작했다. 우선 도의적 책임을 지고 교장직에서 물러나고, 자신의 집을 팔아 얼마라도 변제하는 것이 좋겠다고 제언하는 이들이 있어 그대로 하려 했다. 그러나 정규오, 박찬목 같은 소장파가 일어나 교장이 돈을 쓴 것도 아니요 아랫사람들이 잘못해서 그렇게 된 것이니 교장은 책임 없다며, 교장직 사임이나 사택 매각은 할 필요가 없다고 부추겼다. 이즈음 박호근은 자기가 이 일로 제소당할까봐 박 교장이 미국에서 온 돈 1만 달러를 암시장에서 교환한 것을 꼬투리 잡아 먼저 박 교장을 걸어 제소하였고, 이 문제는 새로운 국면으로 접어들었다.[489] 결국 박 교장은 자기가 법정에 불려 나가 심문당하고 망신당할 것이 두려워 박호근에 대한 문제는 소를 취하하는 조건으로 적당히 얼버무리려 했다. 신학교 이사회는 1958년 3월 대전에서 회의를 열어 박형룡의 사표를 수리하고 명예교수로 있게 하면서, 43회 총회는 교장 서리에 노진현 목사를 임명하고 학교 실무는 계일승 목사가 맡게 했다. 이렇게 돼 3,000만 환 사건은 수습된 것같이 보였다.

여기서 짚고 넘어가야 하는 문제는, 박호근에게 3천만 환 이상 되는 돈을 사기당하고도 그를 고발할 수 없었던 이유다. 박형룡이 신학교 기금 1만 달러를 암시장에서 교환하는 불법한 일을 자행함으로 결국 그에게 1원 한 푼 변제시키지도 못했다는 사실이다. 그리스도인이나 교회 기관은 어떤 경우에도 불법한 일을 행해서는 안 되며 진리대로 모든 일을 처리해야 된다는 교훈을 남겨 준 사건이다.

---

489) 김광현, 『이 풍랑 인연하여서』 (성서교재사, 1993), 255쪽 이하 참조.

2. 경기노회 총대 사건

3,000만 환 사건이 어느 정도 가닥이 잡혀가던 때, 이 문제를 더욱 어렵게 하는 사건이 발생했다. 소위 경기노회 총대 부정 문제다. 사건의 대강은 이렇다. 1959년 대전 중앙교회에서 모일 장로회 제44차 총회는 선교 75주년이 되는 해여서 국내외에서 많은 손님이 참여하는 뜻깊은 총회다. 총회가 모일 때마다 경기노회 총대 선출 문제는 중요한 사안 중 하나였다. 그 이유는 경기노회가 전국에서 가장 많은 총대 수를 가지고 있었기 때문이다. 그해 총회에서는 박 교장 문제가 중심 문제로 떠올랐기 때문에 경기노회 총대 선출은 더욱 중요성을 띠었다. 따라서 박 교장의 책임을 물어야 한다는(에큐메니컬 운동 지지) 측과 박 교장을 비호하는(복음주의협회: NAE, National Association of Evangelicals 소속) 측은 각각 자파 총대 확보에 열을 올리고 있었다.

5월에 모인 경기노회에서 총대 투표를 한 결과 NAE 측 승리로 끝났다. 즉 총대 28명 중 NAE 측 18명, 에큐메니컬 측 10명이었다. 노회가 끝난 후, 자기가 당연히 총대로 선출돼야 한다고 생각한 황금천 목사가 총대가 되지 못한 점을 이상히 여겨 여론을 환기하자 임원회의 결의로 투표지를 다시 검표했다. 이때 황금천 목사가 80표를 얻어 당선이 확실했는데 이름이 누락됐고, 당선자 득표 수와 순위에 다소 차이가 있는 것이 발견됐다.[490] 그러자 이 일에 대해 도의적 책임을 지고 당시 노회장 이환수 목사와 서기 서재신 목사가 사표를 내고, 부노회장 강신명 목사 소집으로 다음 달 임시노회가 모였다. 임시회에서 지난 번 정기노회 시 총대 명부를 무효화하고,

---

490) 「基督公報」, 1959. 6. 29. 김광현, 「이 풍랑 인연하여서」, 258쪽 이하 참조.

다시 총대를 선거했다.

그런데 이 임시노회에서 선출된 총대는 공교롭게도 NAE 측에서는 목사 1인, 장로 1인밖에 선출이 안 되고 나머지는 모두 에큐메니컬 측이 선출됐다. 그러나 모든 일이 합법적으로 이루어졌으므로 당연히 임시노회 선출 총대가 합법성을 가졌다. 하지만 전 노회장 이환수 목사는 정기노회에서 선출된 총대 명단을 총회 서기부에 먼저 제출했다. 임시노회에서 선출된 강신명 목사 측 명단도 당연히 총회 서기부에 접수되므로, 경기노회 총대 명부가 둘이 되는 결과가 됐다. 이는 NAE 측에서 두 명부를 놓고 총회에서 결의하면 자기들이 승산이 있다고 판단하고 총회에서 결의하려는 불순한 작전을 구사한 것이다.

1959년 9월 제44회 총회가 대전 중앙교회에서 개회됐으나, 처음부터 경기노회 총대 문제로 파행이 시작됐다. 즉 경기노회 총대 명부 두 개가 접수되었으므로 어느 한 쪽을 결정을 하지 않으면 총회가 개회될 수 없었다. 첫날 저녁은 개회도 하지 못하고 혼란 속에 해산됐고 이튿날 다시 모였다. 결국 총회는 두 총대 명부를 놓고 투표하니, 결과는 정기노회 측 지지 119표, 임시노회 측 124표, 기권 5표로 임시노회 측 총대로 결의됐다. 의장은 임시노회 측 총대가 결정되었음을 선포하고 총대 명부에 기재하도록 했다.[491]

다음 날 속개를 하니 전 경기노회장 이환수 목사가 나와 어제 일단락된 경기노회 총대 문제를 다시 제기했다. 이때 NAE 측 인사들이 나와 총대들을 향하여 '독사의 자식들'이라고 저주하면서 에큐메니컬은 용공, 신신학, 단일교회 운동이라고 고함을 치며 회의를 방해하고 나섰다. 총회장 노진현 목사는 그들이 자파 사람들이기

---

491) 위의 신문, 1959. 10. 5.

때문에 아무런 제재도 하지 않고 그대로 방치했다. 의장은 장내를 정리하고 회무를 진행해야 함에도 불구하고, 자파 총대가 많은 정기노회 측 총대를 다시 살려 볼 양으로 이 일을 해결하기 위해, 정치부와 전 총회장 연석회의를 열어 해결하도록 하자고 제안했다. 그러자 전 총회장들은 11월까지 정회하고 경기노회 총대를 다시 선임하라는 의견을 제시했다. 결국 총회는 전 총회장들의 동의로 총회를 11월까지 연기하고 경기노회 총대를 다시 조종하자는 동의와 쌍방의 대표를 각 5인, 각 선교부 대표 1인씩이 총회장과 합하여 타협안을 찾자는 개의가 성립됐다.[492] 사실상 이때 교회는 두 쪽으로 갈라진 셈이다. 에큐메니컬 측 총대들은 그 밤으로 상경해 서울 연동교회에서 속개, 총회장에 이창규 목사, 부총회장에 김석진 목사, 서기에 김광현 목사 등 임원을 선출했다. 이들이 총회를 연동교회에서 열었기 때문에 한때 이들을 가리켜 '연동 측'이라 불렀다.

한편 NAE 측은 자기들 결의대로 11월에 승동교회에서 총회를 속개했다. 따라서 한때는 이들을 '승동 측'이라 불렀다. 280명 총대 중 193명이 모였다고 했으나 대전 총회 총대로 참석한 사람은 95명뿐이었다. 뿐만 아니라 한남, 충북, 군산, 마산, 경남, 경동노회는 노회장 추천서도 없는 총대로 보충했고 선교사는 단 한 사람도 없었다.[493] 이런 총회에서 임원을 선거하니, 회장에 양화석, 부회장에 나덕환, 서기 박찬목 등이 선출됐다. 총회는 그동안 문제되었던 WCC를 영구 탈퇴하기로 가결했다. 또한 NAE도 개인적으로 가입된 회원은 직접적 관계가 없어도 총회를 어지럽게 하는 요인이 된다는 평이 있어 교직자(목사, 전도사)는 탈퇴하기로 가결했다.[494]

---

492) 李永獻, 『韓國基督敎史』, 332쪽.
493) 위의 책, 337쪽.
494) 김요나, 『총신 90년사』, 382쪽.

3. 에큐메니컬 운동에 대한 신학적 대립

신학교 부지 불하 사건은 엉뚱한 데로 비화됐다. 박형룡 교장의 인책론은 그 정도(正道)를 벗어나 다른 골로 물줄기가 흐르기 시작했다. 박형룡 교장의 신학교 부지 사건은 누가 보아도 그의 책임이 명백하기 때문에 그를 지지하는 사람들도 이를 부정할 방도가 없었다. 따라서 그가 신학교의 행정직에서 후퇴할 수밖에 없는 것은 자명한 일이다. 그러나 그를 지지하고 그의 후광을 받고 있던 인사들에게 박 교장의 일선 후퇴는 단순히 박형룡 개인의 후퇴가 아니라 장로교회의 보수, 정통의 후퇴를 의미하는 것이었다. 또한 자유, 진보의 등장을 가져올 것이라는 논리를 펴면서, 박 교장을 배척하려는 세력은 결국 보수, 정통을 밀어내려는 것이라고 했다. 이는 장로교의 자유, 진보 세력 득세라는 설득전을 펴면서, 소위 에큐메니컬, 용공 문제를 들고 나왔다. 박형룡 교장을 지지하는 사람들은 대체로 에큐메니컬 운동을 반대하는 사람들이고, 박 교장의 인책을 주장하는 사람들은 에큐메니컬 운동을 지지하는 사람들인 점을 악용한 것이다. 박 교장 측 사람들은 에큐메니컬 운동을 지지하는 사람들을 자유주의자들 내지는 용공주의자로 몰아가는 작전을 구사하기 시작했다.[495]

한국교회가 에큐메니컬 운동의 구심체인 세계교회협의회, 즉 WCC(The World Council of Churches)와 관계를 맺기 시작한 것은 1948년 암스테르담에서 모인 창립 총회에 김관식 목사를 대표로 파송한 때부터였다.[496] 제2차 총회가 미국 시카고 북쪽 에반스턴에서

---

495) 김광현, 『이 풍랑 인연하여서』, 268쪽.
496) 「大韓예수教長老會總會 第33回(1946년) 會議錄」, 9쪽.

모였을 때는 김현정, 명신홍, 유호준 목사를 대표로 보냈다. 이렇게 장로교회와 WCC의 관계가 진척되고 있었으나 WCC는 용공, 신신학 그리고 교파통합운동이라며 이 기구의 성격 문제에 이의를 달고 나오는 사람들이 있었다. 그러나 당시 총회 정치부 서기 김현정 목사는 WCC는 결코 "각 교파의 신조 통일을 의미함이 아니요, 각자의 신조를 존중하면서 연합사업을 함으로 각 교파와의 친선과 상호 협조를 도모함"이라 정리했다. 이는 "단일교회 형성과 무관하고, 용공이 아니며, 자유주의라 하나 칼 바르트(Karl Barth) 정도"[497]라 증언했다.

장로교회는 일부의 이의 제기에도 불구하고 WCC가 단일교회를 추구하는 기구가 아니라 교회 연합기관으로, 회원 교회 간에 친선과 협조를 통해 이 땅 위에 그리스도의 복음을 증거하고, 세상을 위해 봉사한다는 전제를 받아들임으로 이 운동에 동참했다. 물론, 만일 이 단체가 교회를 통합해 단일교회를 만들려 한다든지 우리 교회의 신조나 교리에 어긋나는 일을 할 때는 지체 없이 탈퇴한다는 전제도 붙여 놓았다.

그러나 장로회 총회는 이 문제를 좀 더 심도 있게 다루기 위해 1956년 제41회 총회 시 에큐메니컬 운동에 대해 연구·보고하게 하고, 연구위원에 한경직, 박형룡, 박병훈, 정규오 등 8인을 선출했다. 위원회는 이듬해 총회에 보고하기를 "에큐메니컬 운동을 하는 지도자 중에는, 단일교회를 목표로 하는 사람과 친선과 협조를 위하여 일하는 사람이 있다. 그런데 한국 장로교회는 과거에나 현재에도 친선과 협조를 위한 에큐메니컬 운동에 참가하고 있으므로, 계속해서 참가하기로 한다"는 보고를 했다. 이때 보고자는 서기 정

---

497) 「基督公報」, 1954. 9. 13.

규오 목사였고, 박형룡 박사가 보충 설명을 했다. 이에 따라 1957년 제42회 총회는 에큐메니컬 연구위원회 보고에 따라 우리 교회는 이 운동의 교회 친선과 복음사업에만 참여하고 교파 합동에는 반대한다는 결의를 했다.[498] 그러므로 우리 교회가 WCC에 가입한 것은 이런 전제하에서 이루어진 것으로 이것이 비난 받을 일은 아니다.

그러나 장로교회 안에 소위 NAE, 즉 '복음주의협회'라는 보수적인 그룹에 가입한 인사들이 보수주의의 기치를 내걸고 WCC가 진보, 자유주의라면서 공격하고 나왔다. NAE는 1942년 미국 세인트루이스에서 처음 조직됐다. 1951년 세계복음주의친교회로 발전되면서 네덜란드에서 24개국 대표들이 모여 국제기구로 자리 잡았다. 1948년, 김재준의 자유주의 신학에 반기를 들고 일어선 조선신학교 학생 51명이 주축이 돼 복음동지회라는 단체를 구성했다. 이들은 1952년 7월 개최된 여름수양회에서 한국 NAE 조직을 협의했고, 같은 해 12월 WEF 총무 엘윈 라이트 박사를 통해 정식으로 가입 신청을 했다.

처음 이 운동에 참여한 사람들은 보수신앙 수호라는 순수한 생각에서 출발했으나, 차차 정치색을 띠면서 제43회 총회 임원들은 이들 일색으로 구성되기도 했다. 박형룡이 이 협회 고문 자격으로[499] 정신적 지도자가 돼 이 단체를 이끌고 있었으니, 여기에 교회 분열의 모습이 서서히 드러나고 있었다. 이는 결과적으로 박형룡을 지지하는 NAE 측과 그를 반대하는 에큐메니컬 측으로 양분되는 현상이 나타난 것이다.

---

498) 李永獻, 「韓國基督敎史」, 323쪽.
499) 강인구, "韓國 NAE에 대한 小考", 「基督公報」, 1959. 11. 23.

박형룡이 이끄는 NAE 측은 신학교 부지 매입 사건과는 아무 상관없는 신학 논쟁을 일으켜 에큐메니컬 측을 비방하고, 용공이니 신신학이니 하는 말로 사건을 호도했다. NAE 측은 1959년 제44차 총회가 열리기 전에 이미 ICCC(International Council of Christian Churches)[500] 지도자이며 미국 근본주의자인 매킨타이어와 접선했다. 동시에 그는 한국교회의 보수, 정통 유지는 박형룡이 신학교에서 위치를 확보하는 것 외 다른 길이 없다는 식으로 문제를 몰고 갔다. 박형룡 자신도 교회를 현상대로 방치하면, 교회가 에큐메니컬이 될 터이니 "짜개[쪼개]질 수밖에 없다"[501]고 말하여, 자기 실수를 자인하지는 않고 교회 분열을 방조하고 있었다. 오히려 자기 위치 확보를 위해 신신학과 교회를 같이할 수 없다는 식의 신학적인 문제로 끌고 갔다. 그가 교회를 나눌 생각을 갖고 있었으니 이는 장로교회를 위해 참으로 통탄스러운 일이 아닐 수 없다.

이 문제에 대한 한 NAE 측 인사는 다음과 같이 기술했다.

> 1959년 봄 (경북) 노회가 열려 44(회) 총회 고지 점령을 위해, 자파 총대를 더 많이 확보키 위해 치열한 선거운동이 전개되었는데…… 경북노회는 이때 NAE 파들을 중심으로 에큐메니컬 측 표를 잠식하기 위해 WCC의 용공 문제를 들고 일어나 이를 최대의 무기로 삼

---

500) ICCC는 1948년 암스테르담에서 창립됐다. 그 주동자는 Karl McIntyre로서 오랫동안 회장직을 독점했다. 따라서 이 단체는 국제란 말이 붙어 있지만 McIntyre 개인 소유라 볼 수 있다. 한국이 이 집단과 관계를 갖게 된 것은, 1950년 당시 고신 측 인사 한상동, 박윤선 등이 McIntyre의 초청을 받고 미국에 건너가 그가 만든 Faith 신학교에서 명예신학박사를 받고 돌아온 때부터다. 蔡基恩,『韓國敎會史』(기독교문서선교회, 1993), 243~244쪽.
501) 閔庚培,『大韓예수敎長老會百年史』, 558쪽.

았다. 그들은 아예 신신학이요, 용공주의자로 몰아붙였다.[502]

고려파 사람들이 갈라져 나갈 때 남아 있는 교회 지도자들을 용공주의자로 몰아세웠던 기억이 아직도 생생한데, 이와 꼭 같은 논리로 NAE 측 사람들이 에큐메니컬 측 사람들을 용공으로 몰고 있었으니 이 어찌 서글픈 일이 아니겠는가? 그렇다면 자기들은 지금까지 용공분자들과 함께 예배드리고 성찬의 떡과 잔을 나누었단 말인가?

4. 장로회신학교와 총회신학교의 분립

교회의 분열은 항상 신학교의 분열과 궤를 같이한다. 총회가 분열되자 신학교도 자연히 분리될 수밖에 없었다. 남산에 있던 신학교 부지는 국회의사당을 짓는 계획이 확정돼 더 이상 수업을 할 수 없게 됐다. 당시 교장 서리 계일승 목사가 1959년 10월 임시 교수회의를 열고 신설동에 있는 대광중고등학교 구 건물을 수리해 옮기기로 결의했다. 신학교 몇 교수가 신학교 비품을 옮기려 트럭 두 대를 갖고 남산 신학교에 갔으나 NAE 측 학생들 방해로 책상 하나, 책 한 권 가져오지 못했다. 그러나 학교에서 가장 중요한 학적부는 그 후 우여곡절 끝에 장로회신학교에서 소유하게 됐다.[503]

---

502) 김요나, 『총신 90년사』, 374쪽.
503) 에큐메니컬 측과 NAE 측이 한참 싸움을 하고 있던 와중에 당시 신학교 교무과 직원 한 사람이 학적부를 자기 집으로 가지고 갔다. 후에 그는 돈이 필요하자 장로회신학교 박창환 교수(후에 학장)에게 그것을 사라고 제안했다. 그러나 신학교는 그가 요구한 돈을 갑자기 마련할 수 없었고, 박 교수는 자기 집을 급매해 학적부를 매입했다. 1987년 서울에서, 박창환 박사가 필자에게 한 증언.

당시 태릉에 7만 여 평의 신학교 기지를 사 둔 것이 있었지만 만일 신학교를 지으면 NAE 측과 또 다른 분쟁이 있을지 몰라 모두 서울여자대학 측에 넘겨주고 현재 위치 광진구 광장동에 부지 1만 7천 평을 매입했다. 1960년 4월 교사 건축을 시작해 그해 12월 준공했다. 이때 교수로는 계일승, 김윤국, 박창환 목사와 권세열 선교사 등이고, 이듬해 2월 문교부로부터 장로회신학대학 인가를 받았다. 그해 9월 신학교를 신설동에서 광나루로 이전해 소위 광나루신학교 시대가 개막됐다.[504]

한편 NAE 측도 남산에서 더 이상 수업을 계속할 수 없게 되자 일단 남산동 한양교회 구내로 장소를 옮겼다. 그 후 이들은 ICCC의 매킨타이어로부터 10만 달러를 받아 한강로에 4층 빌딩을 구입해 수업하다 5년 후에 서울 사당동 현 총신대학으로 자리를 옮겼다.[505] 따라서 총회와 신학교가 양분됨으로 소위 통합 측과 합동 측 분열은 기정사실화됐다.

5. 통합을 위한 노력

결국 총회도, 신학교도 양분되고 말았다. 총회와 신학교가 양분되고 나서 각 노회, 각 교회도 양분돼, 전국 장로교회는 싸움판이 됐다. 같은 교회 안에서 목사, 장로가 갈리고, 장로끼리 갈리고, 교인끼리 갈리는 추태가 연출됐다. 세상 법정에 고소해, 불신자 법관 앞에 목사와 장로들이 서서 재판을 받는 어처구니없는 비극이 연

---

504) 김광현, 「이 풍랑 인연하여서」, 292쪽 이하.
505) 위의 책, 302쪽 이하.

출됐다. 대구 서문교회에서는 강단 빼앗기 싸움이 치열해 설교를 위해 등단한 목사 머리 위에 똥물을 덮어씌우는 등 최악의 상태까지 갔다.[506] 교회의 분열은 비극의 연속이었다.

그러나 연동 측은 NAE 측에 1960년 2월 17일 새문안교회에서 총회를 개최할 때 같이 하자고 제안했다. 이에 따라 이 총회에 에큐메니컬 측 총대 전원은 물론이고 승동 측에서 전해 11월 총회에서 부총회장으로 선출된 순천 제일교회 나덕환 목사를 비롯해 적지 않은 NAE 총대가 참가했고, 각 선교부가 모두 모여 '통합총회'를 개최했다. 이때부터 소위 '통합 측'이란 말이 쓰이기 시작했다. 1960년 9월에 모인 통합 측 총회는 회의 시작 시에 "회의를 진행해야 할 것이나 같은 시간에 승동 측에 따로 모이는 형제들과 다시 한 번 합할 수 있는 기회를 만들기 위하여 내일 아침 속회 시까지 개회를 연기하기로" 했다.

한편 승동 총회에서도 합동 안을 내놓았는데 그 내용은, 신학교 문제에 있어서 재단이사 불법 등록을 취소할 것, 교장 서리로 문교부에 불법 등록한 계일승 씨를 취소하고 이사장 안두화 씨를 해면하고 교수 계일승 씨와 조교수 김윤국, 박창환 씨를 파면할 것 등 통합총회에서 받아들이기 어려운 조건들을 제시했다.[507] 따라서 합동 안은 처음부터 실현이 어려워 보였다. 이에 한국교회 분열의 비극을 본 미국 남·북장로교회, 호주 장로교 선교부가 중재를 시도했다. 또한 미국 남장로교회 본부에서 두 사람이 그해 12월 내한해 조정을 시도했다.[508] 그러나 일단 갈라진 총회와 신학교가 다시 하

---

506) 김요나, 『총신 90년사』, 386쪽.
507) 「대한예수교장로회(합동 측) 총회 제45회(1960년) 회의록」, 76쪽. 『基督公報』, 1960. 1. 11.
508) 이들 세 선교부가 내놓은 '화해 제안서'(Proposed Plan for Reconciliation) 내용이

나 되는 것은 갈라지는 것보다 훨씬 더 어려웠다. 양 총회에서 위원들이 나와 여러 차례 통합을 시도해 보았고, 선교사들의 끈질긴 노력에도 불구하고 통합의 가능성은 점점 더 멀어졌다.

6. NAE 측과 고려파의 합동, 그리고 또 분열

1960년 통합 측과 결별한 승동 측은 10년 전에 갈라져 나간 고신파와 합동하자는 소리가 높아졌는데, 이는 교단에서 분리해 나온 명분을 찾기 위해서다. 또 다른 명분은 신학적으로 같은 노선이기에 같은 동지로 합할 수 있다는 논리였다. 합동추진위원회가 양쪽에서 발족돼 논의가 계속되다 두 총회는 서로 의기투합돼 1960년 12월 서울 승동교회에서 전격적으로 '합동총회'가 열렸다.[509] 이때부터 이 총회를 소위 '합동 측'이라고 부르게 됐다. 그러나 의기와 현실은 거리가 있었다. 특히 신학교의 합병은 쉬운 일이 아니었다.

총회가 합한다는 총론에는 합의했으나, 각론에 들어가자 일이 그렇게 쉽게 해결되지 않았다. 첫째, 경남노회 명칭 문제, 둘째, 고신 측 교역자들의 율법주의적 도덕성의 갈등, 셋째, 이근삼의 교수 채용을 원하는 한상동 목사의 의견이 제대로 수렴되지 않은 문제들이 얽혔다. 결국 1963년 고신 측이 부산으로 되돌아감으로, 2년 수개월 동안 합했던 두 총회는 다시 분열하는 비극이 연출됐다. 고신 측은 1963년 9월 17일 부산 남교회당에서 '환원총회'를 개최해 재출발했다.

「基督公報」, 1959. 11. 23일자에 게재돼 있다.
509) 「대한예수교장로회(합동 측) 총회 제45회(1960년) 회의록」, 29쪽.

고신 측은 다시 원점으로 돌아왔으나, 환원총회로 돌아오지 않고 그대로 합동 측에 남아 있는 목사와 교회도 적지 않게 있었다. 그 중 대표적 교회가 충현교회(김창인 목사), 동도교회(최훈 목사), 전농교회(김현중 목사), 서울남교회(박원섭 목사), 그리고 차영배 교수, 안용준 목사 등이다. 고신교단 600여 교회 중 200여 교회가 합동 측에 잔류했다.[510] 잔류파 건은 고신 측에서 다시 문제돼 잔류파들이 갖고 있는 재산을 법정에 고소해 빼앗자는 '고소 측'과 교회 일로 세상 법정에 고소할 수 없다는 '반(反)고소 측'으로 나뉘어 갈등을 겪은 끝에 결국 두 파(고소 측·반고소 측)로 갈라지는 비극을 다시 연출했다.

고신 측은 승동 측과 교단 합동을 했다가 철저하게 피해만 보았고 피차 깊은 상처만 안고 끝났다. 원래 고려 측에 속했다 잔류해 있던 최훈 목사가 "어느 시대든지 주관과 독선적인 사상이 강한 집단이나 신학적인 훈련과 성서의 바른 이해가 부족한 집단에는 외부와의 단절은 물론 자체 내에서도 분열, 분쟁이 쉽게 일어나게 마련이다"[511]라고 한 말은, 자신을 포함해 고신 측이나 합동 측 모두에게 음미해 볼 가치가 있는 말이다.

7. 합동 측 주류와 비주류의 분열, 성경장로교회

합동 측은 자체 내에서 또다시 분열의 조짐을 보이기 시작했다. 대전중앙교회 이영수 목사가 교단 안의 권력을 장악하면서 전횡을 부리기 시작하자 이에 대한 반대 세력이 대두된 것이다. 이영수 일

---

510) 김요나, 『총신 90년사』, 407쪽.
511) 최훈, 『한국 재건교회사』(성광문화사, 1989), 153쪽.

파는 주류, 반이영수파는 비주류로 나뉘어 세력 다툼을 벌였다. 결국 1970년대 후반에 이르러 주류파에 밀린 비주류파는 교단 분열의 명분을 찾다, 총신대 학장 김희보가 성서의 문서설을 주장하는 신신학자라 주장하며 박형룡 박사의 정통신학으로 되돌아가야 한다고 강조했다. 이들은 박형룡의 아들 박아론을 교장으로 서울 방배동에 총회신학교를 세움으로 교단은 둘로 분열되고 신학교도 둘이 되는 결과를 초래했다. 여기서 방배동 측 이란 말이 나왔다.

이렇게 갈라진 두 교단과 신학교는 그 세(勢)를 확장하는 수단으로 신학생을 많이 받아 목사를 대량 생산하는 길이 첩경이라 판단했다. 이에 따라 무자격자도 신학교 자체 검정시험이란 제도를 도입해, 응시하는 사람은 자격 여부에 상관없이 무조건 받는 원칙을 결정했다.[512] 이렇게 무원칙한 신학생 입학 허용은 자연히 이사회와 교수회의 갈등으로 비화돼 1980년대 총신대 갈등으로 이어졌다. 이런 갈등 중, 신학생들은 교권주의자 이영수 목사와 학장 김희보의 퇴진을 요구하고, 이사회는 주동 학생을 제적하라고 교수회에 압력을 가했다. 이에 반발한 교수들이 일괄 사퇴하자, 결국 박윤선 박사 중심의 합동신학원이 세워졌다. 합동 측은 1969년 59회 총회 시에 박정희 군사정권의 유신헌법을 지지한다는 결의를 하고 지지 성명을 내는 지경에까지 갔다. 광주의 정규오 목사는 "심지어 박[형룡] 박사까지 가세하여 신학교를 위해 불가피한 일이니 지지하는 게 좋겠다고 종용했다"[513]고 기록했다. 결국 이 문제로 합동 보수 분열이란 또 하나의 비극이 연출됐다.

이렇게 시작된 합동 측의 분열은 비주류 안에서 다시 세포분열

---

512) 위의 책, 270쪽.
513) 정규오, 『신학적 입장에서 본 한국 장로교회사』 하권 (한국복음문서협회, 1983), 14쪽.

을 계속하여 오늘에 200여개 이상의 비주류교단으로 분열했고, 총회마다 신학교를 세워, 300여 개 무인가 신학교 난립이라는 필연적 귀결이 뒤따랐다.

성경장로교회가 생겨난 것은 국제기독교협회(ICCC)가 한국에 그 지부를 설립하면서부터였다. ICCC의 총책 매킨타이어의 친구이며 전 북장로교회 선교사였던 홀드크로프트는 1960년 봄, 한국에 사무실을 냈다. 교회 분열의 명수인 매킨타이어는 한국 장로교회가 통합, 합동으로 갈라서자 이를 기정사실화하려, 미국에서 모금한 10만 달러를 그해 크리스마스 선물로 합동 측에 주었다. 돈이 궁해 쩔쩔매던 합동 측 지도자들은 이것을 받아 용산에 건물을 사고 신학교를 개교했다. 1960년 7월 매킨타이어는 내한해 합동 측 인사들을 만나 ICCC에 가입할 것을 권했다. 합동 측 인사들은 통합 측과 분열 시 문제되었던 WCC나 NAE에 가입을 하지 않기로 가결한 것이 있어, 당장 가입은 곤란하다는 말을 했다. 매킨타이어는 당장 가입하지 않으면 재정 원조를 끝내겠다고 위협했다. 이때 대구의 박병훈 목사가 매킨타이어와 단독 협상을 하고 한국에서 자기와 협동해 교회를 세우자고 제안했다. 그러나 결국 이런 매킨타이어의 분리주의 실체를 인식한 합동 총회는 1961년 9월 부산에서 모인 총회에서 ICCC와의 우호 단절을 결의하기에 이르렀다.[514]

홀드크로프트는 자기 관할 하에 있는 장로교회들을 모아 성경장로회 한국 총회와 KCCC를 조직하고 그 총책에 김치선(총신대 교수 겸 대한신학교 교장) 목사를 추대했다. 여기에서 '성경장로회'란 교단이 형성됐다. 매킨타이어의 한국교회 분열 공작은 장로교뿐만 아니라 감리교회도 '자유감리교회', '예수교감리교회'를 조직하게 했

---

514) 「대한예수교장로회총회(합동 측) 제46회(1961년) 회의록」, 23, 48쪽.

다. 성결교회도 분열된 틈을 타 '예수교성결교회'를 조직케 하는 등 계속 분열 책동을 감행했다. 매킨타이어의 세계교회와 한국교회 분열 책동은 악령의 역사였다.

6·25 사변으로 민족과 국토가 양분되는 아픈 민족 역사 앞에 위로와 치유, 그리고 회복의 기수가 돼야 할 교회가, 그것도 개신교 중 가장 교세가 큰 장로교회가 불과 10년도 안 되는 짧은 기간에 세 번, 아니 수백 번 분열했으니, 이것은 세계교회 역사에 길이 남을 수치스러운 치욕의 역사다. 한국교회, 특히 장로교회는 하나님과 민족 그리고 교회 앞에 통절한 참회를 해야 마땅하다.

제6장

1960년대 이후 교회와 신학의 변화

1. 토착화(土着化) 논쟁

기독교 선교가 진행되면서 줄곧 일어났던 문제 중 하나가 소위 토착화(土着化: indigenization)다. 토착화란 기독교 복음이 어떻게 비기독교권 문화 속에 뿌리내리고 그 문화 속에 정착·성장하느냐 하는 문제다. 선교 이론가들도 이 문제를 관심 있게 다루었는데, 시대에 따라 상이한 이론이 대두됐다.[515] 19세기 유명한 미국 선교 이론가 앤더슨은 선교사는 오직 복음만 전해야지 서구 문화를 전해서는 안 된다며, 처음으로 토착 교회의 중요성을 강조했다. 이런 경향은 선교지에서 토착 교회 설립, 토착인 교역자 양성, 토착 문

---

515) 宣敎理論에 관하여는 Charles W. Forman, "A History of Foreign Mission Theory in America", *American Missions in Bicentennial Perspective*, R. Pierce Beaver, ed. (Pasadena, Ca.: 1977), pp. 69~114 참조.

화에 대한 새로운 이해 등 문제와 어울려 새로운 선교의 지평을 열었다. 그러나 토착화 문제는 그렇게 간단한 문제가 아니다. 토착화 과정에서 복음의 변질에 대한 우려와 토착화를 어디까지, 그리고 어떻게 할 것이냐 하는 문제를 수반하기 때문이다.

한국에서 토착화 문제가 제기된 것은 1960년대 초다. 토착화 문제를 맨 제기한 이는 한국신학대 전경연 교수다. 그는 "그리스도교 문화는 토착화할 수 있는가?"란 글에서 그리스도의 신앙과 문화 양면을 거론하며, 그리스도 신앙은 토착화할 수 없으나 문화는 토착화할 수 있다고 말했다. 그는 복음과 문화는 동일한 것이 아니며 복음은 하나님의 말씀으로 불변의 진리로 남아 있기 때문에 어떤 문화 속에서도 토착화라는 것은 있을 수 없다고 잘라 말했다. 그러나 문화는 인간이 만드는 것이고, 시대와 지역에 따라 다른 것이기에 기독교적 문화의 토착은 가능하다고 보았다.[516]

그러나 그의 이런 이론에 반기를 들고 나온 이가 감리교신학교 유동식 교수다. 유 교수는, 복음은 변할 수 없는 진리라 할지라도 그 복음이 한 문화 속에 옮겨질 때 그 문화의 틀 속에 담겨져 새로운 모습으로 표현되고 이해돼야 한다는 점을 강조했다.

토착화 문제가 서서히 그 방면에 관심 있는 학자들 간에 거론되기 시작했을 때, 감리교신학교의 윤성범 교수가 이에 가담하면서 새로운 국면의 전환이 이뤄졌다. 그는 1963년 5월호 「사상계」에 "환인(桓因), 환웅(桓雄), 환검(桓儉)은 하나님이다"라 선언했다. 그는 단군신화를 기독교 삼위일체 신앙에 적용하려는 과감한 시도를 했다. 그는 단군신화에 나오는 3신, 곧 환인, 환웅, 환검을 삼위일체 하나님으로 대비해 환인은 성부 되시는 하나님, 환웅은 성령 되시

---

516) 全景淵, "韓國敎會와 宣敎", 『基督敎 思想講座』 제3권, 207~213쪽.

는 하나님, 그리고 환검(단군)은 성자 되시는 하나님으로 설정했다. 단군왕검 되는 환검이 환인의 허락을 받고 천부인(天符印) 세 개를 가지고 3천 명의 부하를 거느리고 태백산 신단수 아래 내려와 360여 정령을 거느리고 다스렸다는 단군신화를 예수 그리스도의 성육신 사건으로 대치했다. '환'은 '한'이며 곧 하나님이라는 설명이다.[517] 윤성범의 단군신화 토착화 이론은 교회에 충격을 주기에 충분했다. 윤 교수의 토착화론을 둘러싸고 한신대의 박봉랑, 전경연, 감신대의 홍현설 등 여러 학자 간의 설전이 계속됐고, 긍정적으로 보려는 견해와 부정적 견해가 만만치 않게 대두됐다.

한동안 한국교회 안에서 토의되던 토착화 논쟁도 시간이 지나면서 수그러들었고, 간헐적으로 신학자 간에 의견이 제시되지만 성숙한 단계에까지 이르지 못하고 시들어졌다. 토착화 문제는 앞으로도 많은 논쟁을 거쳐야 할 것이고, 그 논쟁은 어떤 면에서 필요한 것이긴 하다. 하지만, 다른 측면에서는 일부 비생산적 요인도 있을 수 있다는 점도 지적해 두어야 한다.

2. 민중신학(民衆神學) 논쟁[518]

민중신학은 1970년대 군사정권 하에서 이에 저항하다 투옥된 신학자들을 중심으로 일어난 한국적 신학의 하나다. 민중신학은 남미 해방신학의 아류로, 독일 튀빙겐대학 몰트만 교수의 정치신학에서 영향 받은 바가 크다. 몰트만은 "자신을 방어하지 못하고 폭력과 불

---

517) 尹聖範, "桓因, 桓雄, 桓儉은 곧 하나님이다", 「思想界」(1963. 5), 265쪽.
518) 김인수, "한국 신학사조의 역사적 배경," 「牧會와 神學」(1992. 8), 34~39쪽 참조.

의에서 고통당해야 하는 모든 사람은 가난한 자들이다. 생활 자원이 없고 생활에서 아무것도 얻지 못하여 물적으로나 영적으로 죽음 직전에 머물러 있을 수밖에 없는 사람들이 가난한 자들이다"[519]라고 말했다. 이 말이 민중을 위한 신학을 촉구한 것이 되었다.

박정희 군사정권은 경제 제일주의를 내세우며, 외국 자본과 기술이 필요하다 판단했다. 박 정권은 일본과 해묵은 적대감정을 척결하고 서둘러 국교 정상화를 한 후, 고도성장과 공업화에 박차를 가했다. 그러나 이런 근대화의 제한적 성공 뒤에 엄청난 부작용이 우후죽순처럼 나타났다. "농촌의 피폐와 이농인구의 증가, 도시빈민의 확대, 노동 조건의 열악에 따른 노동 문제의 대두, 부익부 빈익빈 심화에 따른 분배 문제의 노정, 엄청난 외채 누적과 이에 따른 해외 의존도 심화 등 사회, 경제적 문제들이 노골화되기 시작했다."[520]

민중신학 출현은 유신정권 하에서, 정권의 폭압적 처사에 항거했던 성직자, 교수, 대학생 그리고 신학자들의 감시, 연행, 해직, 재판, 투옥 등의 정치적 탄압으로 인한 결과라 보는 것이 타당하다. 특별히 이 과정에서 신학자들이 '억압받는 자들의 고통'을 직접 체험하면서 이에 성서적 근거를 찾아, 우리 역사 속에 억압받고, 억눌리고, 소외당하고, 수탈당해 온 소위 '민중'의 고난에 동참한다는 논리로 민중신학을 창출해 냈다.

그러나 이 민중신학은 민중신학자라고 자처하는 사람들조차도 민중 개념을 정확히 정의하지 못한 데 한계가 있다.[521] 민중신학에 대하여, 흑인신학을 백인이 하는 것이 걸맞지 않는 것처럼, 민중도

---

519) Jurgen Moltmann, "전도와 해방",「基督敎思想」(1975. 4.), 111쪽.
520) 徐光善, "韓國의 民衆神學",『1980년대 韓國 民衆神學의 展開』韓國神學研究所 편 (서울: 韓國神學研究所, 1990), 40쪽.
521) 民衆의 定義에 대해서는 玄永學, "民衆. 苦難의 從. 希望," 위의 책, 11~23쪽 참조.

아닌 사람들이 민중신학을 운위하는 것은 어울리지 않는다는 비판도 없지 않았다. 따라서 민중신학은 유신정권 하에서 인권 회복을 위해 노력했던 소수의 사람들에 의해 남미 해방신학의 영향을 받아 일시적으로 나타났던 소위 '한국적 신학'의 한 모습이었다. 그러므로 민중신학이 한국적 신학으로 항구적 위치를 점하기 위해서는 이 분야에 관심 있는 신학자들의 부단한 노력이 경주돼야 할 것이다.

3. 도시 산업선교

교회의 사명은 선교다. 따라서 선교 없는 교회는 이미 죽은 교회다. 한국교회는 초창기부터 여러 분야에 걸쳐 선교의 사명을 수행하는 일에 결코 게으르지 않았다. 국내 선교와 해외 선교를 비롯해 학원, 농촌, 군인 선교 등 다양한 현장에 선교사를 파송하고 선교의 사역을 감당했다. 산업화와 도시화가 가속되면서 공장에서 일하는 공원들을 중심으로 한 선교에 교회는 다시 눈 뜨기 시작했다. 일찍이 영국에서 산업혁명을 거치면서 공장 노동자 상대로 선교가 시작됐고, 미국의 '사회복음'(Social Gospel)운동도 본격화된 지 오래다. 이 운동은 산업사회 속의 노동자 권익, 열악한 작업 환경, 잔업수당 지급, 미성년자와 부녀자들의 노동 문제, 그리고 산업재해에 대한 보상 등의 문제를 통합적으로 다루어 많은 이들의 호응을 얻었다.

산업선교를 구체화한 것은 1957년 산업선교 실무자 어커트가 내한하여 시작하면서부터다. 이로써 한국에도 산업선교 시대가 도래했다. 그해 장로교회는 총회 안에 산업전도위원회를 두기로 결의했다. 감리교회도 1960년대 초반 오글 선교사가 인천 지방에서 장로교회와 발맞춰 이 분야 선교에 관심을 보이기 시작했다. 1960년대 후반에는 산업선교 지부를 영등포, 대전, 대구, 부산, 광주, 인천 등지에 두고, 이 지역 산업전도위원회를 결성하고 산업전도를 위한 각 지역 조사활동을 벌였다.[522]

산업선교는 한국 사회의 산업화 과정에서 그 필요성이 더욱 강조됐고, 공장 지대에 있는 교회들도 자연히 이 방면 선교에 관심을 갖게 됐다. 1969년 8월 미국 연합장로회 선교사 화이트가 내한해 연세대학교 내에 '도시문제연구소'를 만들었다. 이 대학 교수 노정현 교수가 소장이 돼 도시 문제에 대한 학문적 연구와 더불어 요원 양성에 주력했다.

그러나 산업선교는 노동자들 편에 서서 일함으로 자연히 공장주와 기업주에게는 거침돌이 되는 결과가 됐다. 경제 발전에 온갖 노력을 기울이던 당시 군사정권에는 자기들 계획에 차질을 빚게 하는 존재들로 인식됐다. 따라서 "도산(都産:都市産業宣敎會(도시산업선교회))이 들어가는 데는 도산(倒産)한다"란 말이 유행할 정도로 기업 측은 도시 산업선교에 대해 못마땅해 하며, 어떻게 해서든지 '도산'이 자기 공장에 들어오지 못하도록 갖은 방법을 다 동원했다.

박정희 군사 정부는 소위 '긴급조치'란 위헌적 법률을 공포해 국민의 기본권을 제약했다. 이 법은 도시 산업선교를 규제하는 데 악용돼 도산의 실무자와 관계자가 구속되는 불행한 사태를 가져왔다. 정부는 산업선교가 마치 근로자를 선동해 국가의 법을 어기고 계급의식과 계급투쟁을 조장하는 것처럼 매도했다.[523]

교회는 산업 선교가 기독교 선교의 일환이며, 노동자뿐 아니라 기업가도 선교의 대상이 됨을 천명함으로 교회 선교의 영역임을

---

522) 「大韓예수敎長老會總會 第52回(1967년) 會議錄」, 53~55쪽.
523) "産業宣敎에 대한 政府立場," 「福音新報」, 1979. 9. 9.

재확인했다. 산업선교는 현대사회의 산업화, 도시화와 더불어 불가분의 관계에 놓인, 현대 교회의 필수적 선교 영역임이 확실해졌다. 그러나 교회 안에서도 그 선교 방법론에 대해 일사분란한 의견 통일에 혼선이 있었던 것도 사실이다. 산업선교는 노동자들의 의식이 높아지고, 노동자들에 대한 정부의 태도가 달라지고, 노동자 권익에 대한 기업의 인식이 바뀌면서 서서히 제자리를 잡아갔다.

4. 1967년도 신앙 고백과 신학 논쟁

신앙 고백은 개인이나 교회가 처한 시대와 상황에 따라 표현된다. 따라서 교회의 전통이나 상황에 따라 신앙 고백은 다를 수 있다. 전통적으로 교회는 사도신조나 니케아 신조, 칼케돈 신조, 그리고 웨스트민스터 신조 등 다양한 신조를 고백하고 있다. 따라서 어떤 교회가 그 교회의 형편에 따라 신앙 고백을 했다면 그 교회의 신앙 고백으로 인정하면 된다. 그 신앙 고백이 우리 교회의 실정과 맞지 않을 경우 받지 않으면 그뿐이다. 그러나 신앙 고백을 한 교회가 우리와 끊을 수 없는 깊은 관계에 있는 교회라면 문제는 그렇게 간단치 않다.

1967년에 한국교회는 신앙 고백으로 한바탕 소용돌이 속에 휘말렸다. 이 신앙 고백은 미국연합장로교회(UPCUSA)가 1967년에 발표한 신앙 고백이라 '67년도 신앙 고백'이라 불렸다. 이 신앙 고백서가 발표되자, 우리와 선교 협력 관계에 있는 미국 연합장로교회가 자유주의 신학을 배경으로 한 신앙 고백을 발표한 일에, 한국교회는 민감한 반응을 보이기 시작했다. 가장 먼저 이 신앙 고백에 대해 비판하고 나온 곳은 장로교회 합동 측이다. 그들은 총회장 이름

으로 성명서를 발표하고, 이 신앙 고백은 절대 받아들일 수 없다고 못 박았다.[524]

이 신앙 고백서는 한국교회 안에 적지 않은 파문을 일으켰다. 논란의 초점은, 이 신조가 지나치게 그리스도의 인성 면을 강조하고, 교회의 세속화를 부추겨 교회로 하여금 초월적 하나님의 섭리를 약화시키면서 역사적 예수를 강조하고 있다는 것이었다. 따라서 이 신조는 이 시대에 대한 교회의 책임을 강조하는 것으로서는 타당하다 할 수 있으나, 기독교 신앙의 근본인 개인의 죄악에 대한 참회, 거듭남의 강조, 그리고 성육신하신 그리스도의 사역을 강조하는 면이 약화돼 있다는 점이 지적됐다. 이 신앙 고백은 어디까지나 미국 장로교회 신앙 고백이지만, 그 신앙 고백이 우리 교회에 영향을 미친다는 점에서 논쟁의 여지는 충분하다. 그러나 남의 신앙 고백을 우리의 그것같이 과민반응을 보이며 지나치게 신학 논쟁을 벌여 교회가 이 문제에 휩쓸려 낭비적 논쟁과 심지어 인격을 모독하는 글도 서슴지 않아 아직도 성숙하지 못한 모습을 보여 주고 말았다. 신앙 고백은 그 시대 그 교회가 그 상황에서 표현하는 것이라 해도 기독교의 근본을 그르칠 우려가 있을 때는 그 표현에 있어 극히 조심해야 한다는 점을 다시 한 번 일깨워 준 과정이었다.

5. 일본교회의 한국교회에 대한 사과

일제 35년 식민지 통치 기간 동안, 아니 1895년 명성왕후를 침전

---

524) '67년도 신앙 고백'에 대한 합동 측의 비판과 기타 통합 측의 입장, 그리고 이 문제에 대한 찬, 반 입장에 대한 여러 신학자들의 글의 요약은, 張喜根, 『韓國長老敎會史』(亞成出版社, 1970), 440~473쪽 참조.

에서 살해하고 시체를 끌어내 숲속에서 석유를 뿌려 태워 뼈 몇 개만 남기고 재로 만들었던 때로부터 우리 민족과 국가 그리고 교회에 대한 일제의 만행은 처절하게 계속됐다. 1945년 제2차 세계대전에서 패퇴할 때까지 저지른 죄과는 수만 년을 두고 사죄하고 보상해도 다 갚지 못한다. 그러나 해방된 지 20년이 지나도록 일본이나 일본교회가 한국 민족과 교회에 지은 죄악에 대해 사죄 한 번 한 일이 없었다. 그런데 1965년 9월 5일 일본 기독교 각 파 대표자 대회가 동경에서 열렸을 때, 과거 일본 통치 시대에 한국민과 교인에게 범한 과오를 사과하는 서한을 박정희 대통령과 이효상 국회의장 그리고 한국기독교연합회에 보냈다. 일본교회는 이런 사과의 일환으로 3·1 독립운동 당시 일제의 가장 처참한 만행 중의 하나로 지적되는 수원 제암리교회 예배당을 개건했다. 1969년 미산영인 목사를 중심으로 '한국 제암리교회 소타(燒打) 사건 사죄위원회'가 800만 엔을 모금해 제암리에 새 예배당을 건축했다.[525]

    일본교회가 일제 식민지 통치에 협력해 일본 왕을 현인신(現人神)으로 인정하고 우리 교회에 신사참배를 강요하면서 음양으로 교회에 가한 음해는 말로 다 표현할 길이 없다. 그런데 저들은 해방된 지 20년이 지나도록 공식적으로 우리 국민과 교회에 대해 저들 국가와 국민, 그리고 교회가 지은 죄과에 대해 단 한 차례도 사과한 일이 없었다. 오히려 일본이 한국을 통치해서 오늘 한국이 근대화됐고 발전할 수 있는 기틀을 마련했다는 망발을 서슴지 않는 사람들이 적지 않았다.

    20년이 지난 후에 일본교회가 과거를 회상하며 잘못을 시인하고 사과를 한 것은 때가 너무 늦었다. 그러나 그들이 뒤늦게나마 과거

---

525) 제암리교회, 『基督敎大百科事典』 13권 (1986).

를 반성하고 참회한다면, 우리는 그리스도 안에서 용서해야 하고, 또한 그리스도 안에서 형제의 사랑을 나누어야 한다. 그들의 과오를 그리스도 안에서 "용서는 하지만 결코 잊을 수는 없다."

6. 복음화운동-3천만을 그리스도에게로

한국을 복음화하려는 운동은 교회 역사 속에 늘 있어왔던 운동이다. 멀리는 1909년 '100만 명 구령운동'부터 교회와 민족이 어려움을 겪을 때마다 교회는 민족의 구원을 위해 힘써 왔다. 6·25 전쟁이 한참 진행될 때 "무너진 3천여 제단의 재건과 성령의 불이 내려 1천만 전도운동을 전개하자"는 메아리가 울려 펴진 일도 있었다.[526]

그로부터 10여 년이 지난 1966년은 개신교 첫 순교자 토머스 목사가 대동강변에서 순교의 피를 뿌린 지 100년 되는 해며, 선교 받은 지 80주년이 되는 뜻깊은 해였다. 이런 뜻깊은 해를 맞이해 전국 복음화운동을 전개하기로 의견을 모으고, 개신교 각 교단이 연합해 운동 본부 구성에 합의했다. 이 운동은 주로 이화여자대학교 총장 김활란 박사에 의해 추진됐다. 처음에는 개신교단만 참여했던 운동에 로마 가톨릭교회도 동참해 범교회적 운동으로 발전했다. 운동 본부는 해외의 저명 부흥사를 초청해 부흥집회를 갖기로 했다. 중국인 부흥사 조세광 목사를 초청해 서울을 비롯한 전국 각지에서 부흥집회를 개최해 좋은 성과를 거두었다. 국내 집회 인도자로는 한경직 목사를 위시해 김활란, 이기혁, 이상근, 김옥길, 조

---

526) 「基督公報」, 1952. 1. 28.

동진, 지원용, 강원용 등 인사가 전국을 다니며 부흥의 불길을 지펴 다대한 성과를 거두었다. 1년여 동안 진행된 복음화운동은 가시적 성과가 여러 분야에서 나타났다.

그동안 동원된 강사가 400명이 넘고 동원된 인원이 100만 명을 상회해, 과거 어떤 운동보다 큰 영향력을 행사했다.[527] 특히 이 운동을 통해 그동안 여러 요인으로 갈렸던 교회들이 하나로 결집했다. 이것은 앞으로 교회가 나아갈 방향을 제시해 주었다는 면에서 좋은 성과였다고 평가할 수 있다. 개신교가 주축이 돼 시작한 운동에 가톨릭교회까지 동조했고, NCC가 주동이 된 에큐메니컬 운동의 일환이 아닌가 하고 처음 의심의 눈초리를 보내던 보수 교회도 의심을 버리고 동참했다. 이는 신학 논쟁은 찬·반이 갈릴 수 있어도, 민족 복음화운동에 찬·반이 있을 수 없다는 좋은 교훈을 남겨, 이 운동의 긍정적 평가를 이끌어 냈다.

7. 일치를 찾아가는 교회들

1) 장로교 일치를 위한 노력

장로교회는 장자(長子) 교단이라 자처하지만 어느 교단보다 사분오열된 수치스런 역사를 지니고 있다. 그러나 분열된 교회들이 다시 하나 되고자 하는 노력이 조금씩 나타나기 시작했다. 1972년 9월 그동안 갈라졌던 4개 장로교회 즉, 대한예수교장로회 고신 측, 합동 측, 통합 측, 그리고 기독교장로회 총회장과 각 교단 총무가

---

527) 위의 신문, 1965. 11. 27.

성서공회 회의실에 모여 기도와 간담의 시간을 가졌다. 대표들은 이 모임에서 나라와 남북적십자회담을 위해, 북한 선교를 위해, 그리고 장로교회 일치를 위해 기도했다. 또한 대표들은 서로의 대화를 위해 우선 함께 기도할 것과 교회 공동 과제를 위한 상설기구 설치 등에 의견 일치를 보았다.

이로써 해방 전까지 하나로 내려오다 사분오열된 장로교회가 다시 하나의 장로교회로 통합하려는 의지를 표출했다. 그러나 갈라진 장로교회 숫자가 너무 많고 패인 골이 깊어 모든 장로교회가 다시 하나 되는 지난(至難)한 작업을 이루기까지는 아직도 넘어야 할 험산들이 수없이 가로 놓여 있는 것이 현실이다.

2) 감리교회의 통합

1974년부터 감독 선출 문제로 여러 갈래로 나뉘었던 대한기독교감리회 연합연회가 1978년 정동제일교회에서 열려 중부, 동부, 남부, 중앙, 4개 연회 감독 위임식을 거행했다. 감독회장에 김지길 목사를 선출하는 한편 상정된 헌법 및 규칙 제정안을 만장일치로 통과시켜, 명실공히 교회가 하나 돼 새로운 출발을 했다. 400여 총대와 많은 방청객이 지켜보는 가운데 김창희 감독의 사회로 진행된 총회의 최대 쟁점은 평신도 건의안이었다. 이 안건은 8인(목사 4, 장로 4) 위원회가 합의한 3개 조항, 즉 다음 원안을 통과시켜 이 문제를 일단락 지었다.

 1. 모든 위원회는 교역자와 평신도를 동수로 하는 것을 원칙으로
 2. 중직회는 기획위원회로 하고 상주 직원들의 인사 문제와 당회의 공천 사무를 공천

3. 구역회 안에 인사위원회를 두며 위원은 구역회에서 선출한 대표로서 구성한다.

이 원칙 통과로 장로가 교회 행정에 활발하게 참여할 근거가 마련됐다. 헌법 및 규칙 개정안이 만장일치로 통과돼 총리원이 감리회 본부로, 총회가 중앙연회로 존속하게 됐으며, 감독의 임기는 2년으로 재선할 수 없게 됐다. 또한 감독회장은 네 연회 감독이 6개월씩 순번제로 하며, 연회 총무는 감독이 선출, 임기는 2년으로 정했다. 이로써 장기간의 감리교회 분규는 일단락됐고 일치를 모색하기 위해 노력했던 평신도들의 수고와 기도가 결실을 맺었다.[528]

3) 미군 철수 반대운동을 위한 연합

인권을 주요 정책으로 삼은 카터가 미국 대통령으로 취임하면서 세계의 인권 유린 국가들에 대해 인권 존중 정책을 강력하게 요청했다. 박정희 군사 정부는 소위 긴급조치라는 초헌법적 악법을 발표하고 유신 정부나 국가 원수를 비방하는 사람을 무자비하게 다루고 있었기 때문에 카터 행정부의 표적이 될 수밖에 없었다. 따라서 카터 행정부는 한국에 대한 압력 수단으로 미 지상군 철수를 선언했다. 이 선언은 우리 민족의 운명에 직결되는 문제로, 한국교회는 좌시할 수 없었다. 왜냐하면 미군 철수는 우리의 방위를 취약하게 만들고, 이는 곧 북한이 남침할 계기를 줄 수도 있기 때문이다. 6·25의 악몽을 인지하고 있는 많은 교회 지도자들은 이 문제가 정치적 문제에 국한된 것이 아니라 민족과 교회 전체의 문제라 판단

---

528) 위의 신문, 1978. 12. 9.

하고 대처해 나갔다. 교회는 우선 미군 철수 반대운동을 벌이고, 미국으로 하여금 이의 시행을 중지해 줄 것을 호소하는 운동을 전개하기로 했다. 1977년 5월 22일 NCC 주최로 미군 철수 반대 기도회를 새문안교회에서 각 교파 연합으로 드렸다.[529]

예장 통합측 교회는 동년 5월 영락교회에서 약 2만 명 교인이 운집한 가운데 교회와 민족의 생존을 위해 기도했다. 이 예배에서 교회는 미국 대통령과 상·하원 의장에게 보내는 메시지를 채택했다. 이 성명서와 서한은 주한 미군 철수가 한국의 안보와 전 한국민의 생존권과 직결된다는 사실을 상기시키고, 한반도 및 아시아 평화를 위해 미 지상군이 계속 주둔해야 한다는 점을 강조했다. 또한 38선의 설정, 6·25 한국전쟁, 휴전 협정이 모두 미국 정부의 일방적 결정에 의한 것임을 상기시키며, "미국이 한국에 대하여 도덕적 책임이 있음을 분명히 기억해 주기 바란다"[530]고 천명했다. 장로교회는 미국에 미군 철수 반대 사절단을 보내기로 하고, 이상근, 이종성, 고황경, 박조준, 김형태, 조선출 등을 파송해 미국교회와 정계 요로에 미군 철수 반대 의사를 전달했다. 미국연합장로회 총회가 우리 교회의 요청을 받아들여 주한 미군 철수는 재고돼야 한다는 요지의 성명서를 채택하고 미국 정부에 강력하게 요청한 것은, 우리와 맺은 그리스도 안에서의 형제 우의의 강한 표현이다. 연합장로회뿐만 아니라 미국 남장로교회도 1977년 6월 테네시 주 내슈빌 총회에서 카터 대통령에게 주한 미군 철수 유보 건의문을 보내기로 결정해 자매 교회의 충정을 보여 주었다.

국가의 운명이 걸린 문제가 제기됐을 때 항상 앞장서서 민족의

---

529) 위의 신문, 1977. 5. 27.
530) "駐韓美軍撤收 反對決議文,"「大韓예수教長老會總會 第62回(1977년) 會議錄」, 119쪽.

고난을 걸머지고 갔던 교회는, 이때도 사회의 그 어느 단체보다 더 열정적으로 민족과 국가를 위해 활동했다. 하나님께서 우리 민족을 사랑하셔서 결국 미 지상군 철수는 유보됐다. 그러나 여기서 우리는 NCC 주최로 새문안교회에서 열린 미군 철수 반대 기도회에서 신종선 목사(기장 성남교회)가 기도 중에 "우리가 인권과 민주주의를 소홀히 여기지 않았는지 두렵다"고 한 말을 되짚어 봐야 한다. 미 지상군 철수가 급박한 일이고 생존에 관한 문제라면, 인권 유린과 민주주의에 역행하는 일에 대한 저항도 그에 못지않게 중요한 일임을 교회는 뼈아프게 명심해야 한다.

4) 구속자를 위한 신·구교 기도회

대체로 협력관계보다는 갈등관계에 놓였던 신·구교가 괄목할 만한 관계 정립을 이룬 것은 1962년부터 시작된 가톨릭교회 제2차 바티칸 공의회에서 개신교에 대해 새로운 규정을 한 때부터다. 가톨릭교회가 개신교에 대해 지금까지 열교(裂敎)라 하여 이단시하던 입장을 바꿔 '갈라져 나간 형제들'(Separated Brethren)[531]이라 선언하고 개신교를 형제 교회로 받아들이면서부터 급격히 가까워졌고, 협동의 전기가 마련됐다. 양 교회는 '일치 기도 주간'을 맞아 1968년 1월 한국교회 사상 처음으로 명동성당에서 두 교회가 공동 기도회를 가짐으로 관계의 새로운 장을 열었다.[532]

박정희 군사정권은 정권 연장과 영구 집권을 위해 1972년 비상사태를 선포하고 유신헌법을 제정, 공포했다. 긴급조치라는 초헌

---

531) *The Documents of Vatican II* (American Press Association Press, 1966), p. 346.
532) 최석우, "한국 신·구교의 만남", 「韓國基督敎史硏究」 제6호 (1986. 2), 6쪽.

법적 악법을 만들어 국민의 기본권을 짓밟는 일을 감행했다. 이에 뜻있는 목사, 신부, 교수, 대학생, 재야인사들이 항거하고 나서자, 정부는 이들에 대해 무자비한 탄압을 가했다. 신·구교 화합은 이와 같은 고난의 현장에서 이루어졌다. 긴급조치 위반 혐의로 구속된 사람들을 위한 신·구교 연합 기도회가 1974년 9월 명동성당 구내에 있는 가톨릭 문화관에서 있었다.[533] 신·구교 12개 단체가 주관한 기도회에 1,600명 교우와 시민이 참석한 가운데 구속자를 위한 기도를 드렸다. 신부들의 공동 집전으로 시작된 예배는, 강론에 이어 남녀 신도 대표들이 구속자와 사회정의를 기원하는 기도를 드렸다. 참석자들은 "하나님이 역사의 주인이심을 우리는 믿는다. 인류는 서로의 의사를 존중해야 하며 자신의 뜻을 다른 사람에게 강요해서는 안 된다"는 등의 내용을 포함한 '우리의 선언'과 주관 단체들의 행동 자세를 결의했다.

주관 단체들은 이 기도회를 계기로 범교회적으로 뜻을 같이하는 젊은이들과 함께 '한국교회 사회정의구현위원회'를 발족시킬 것을 선언했다. 신·구교가 고난 받는 이들과 사회정의 구현을 위해 힘을 모은 것은 같은 하나님을 믿고 같은 예수를 구주로 고백하는 신앙으로 가능했다. 따라서 신·구교는 교리의 차이를 극복하고 같이 손잡고 이 땅 위에 하나님의 정의가 실현되도록 노력할 수 있다는 실증을 보여 준 사례다.

5) 공동번역 성경 출판

신·구교 간의 화해 분위기가 익어 가면서 두 교회 간에 구체적

---

533) 「教會聯合新聞」, 1974. 9. 29. 「基督公報」, 1974. 9. 28.

협력의 산물 가운데 하나가 1977년 4월에 나왔다. 그것은 두 교회가 사용하고 있는 성경을 공동으로 번역, 출판한 일이다. 1968년 두 교회는 이 일의 착수를 합의하고 '성서공동번역위원회'를 발족시켜 작업을 개시했다. 이 일은 9년 만에 완료돼 신·구약 '공동번역' 성경전서가 외경을 포함해서 총 3,430면의 방대한 단행본으로 출간됐다. 이 일은 "세계에서 처음으로 신·구교가 공동으로 하나의 성서를 읽게 된 것"[534]일 뿐 아니라 우리 교회 역사에 처음으로 출간된 공동성경이다. 이 번역본은 원본에 대한 신·구교 학자 간의 견해를 여러 해 동안 조정하고, 쉬운 한국말로 번역해 중학생 정도 청소년과 젊은 세대가 부담 없이 읽게 한 것이 장점이다. 또한 주석을 달아 성경을 처음 읽은 사람도 쉽게 이해할 수 있도록 했다. 외경은 신·구약성경 중간에 삽입해 외경을 사용하는 가톨릭교회를 배려했다.

성경 공동 번역은 하나님의 말씀으로 두 교회가 함께 협동하고 이해를 증진시키며, 앞으로 에큐메니컬 정신으로 협조한다는 좋은 선례를 남긴 획기적 사건이다.

6) 통일 찬송가의 출간

그동안 각 교파는 서로 다른 찬송가를 사용했다. 모든 교파가 공히 사용 할 수 있는 통일된 찬송가를 만드는 것이 바람직하다는 견해에 따라 1976년 '찬송가통일위원회'가 발족돼 준비 작업에 들어갔다. 그 후 개편 찬송가와 새 찬송가의 판권을 갖고 있는 교계 대

---

[534] 「敎會聯合新報」, 1977. 4. 17.

표가 모여 1981년 4월에 '한국찬송가공회'를 정식 발족시켰다.[535] 공회는 가사위원회, 음악위원회, 교독문위원회 등 위원회를 두고 업무를 분담했다. 1982년 부활절까지 통일찬송가 출판을 목표로 작업을 서둘러, 음악분과위원회가 추천한 529곡을 선택해 545장으로 결정했다.

통일찬송가는 선교 100주년 기념사업 가운데 가장 중요한 연합사업의 일환으로 추진됐다. 드디어 8년의 각고 끝에 1983년 12월 첫선을 보였는데, 모두 558장 찬송가와 76개 교독문을 담았다. 이 찬송가 출간으로 "한 하나님, 한 주님, 한 성령을 믿는 개신교회 800만 성도는 한 찬송가를 같이 불러 하나님을 찬송할 수 있게 됐다."[536] 통일찬송가의 출간은 한국 개신교 사상 처음 있는 일이다. 이것은 교회 일치 추구에 좋은 본보기가 됐고, 앞으로 교회 연합사업의 성과를 기대할 수 있는 좋은 계기가 됐음에 틀림없다. 분열에만 익숙한 교회가 합심해 하나 되는 일도 감당해 나갈 수 있다는 실례가 되었다. 앞으로 모든 교파가 이와 유사한 연합 사업을 계속 추진할 수 있다는 희망을 주었다.

8. 교회의 급속한 성장

1) 전군신자화운동(全軍信者化運動)

대한민국 남자는 병역의 의무를 갖는다. 군대 생활은 누구에게

---

535) 위의 신문, 1983. 12. 18.
536) 「基督公報」, 1983. 12. 17.

나 힘들고 외로운 고난의 시기다. 그러므로 이 기간은 장병들에게 복음을 전하는 데 더 없이 좋은 기회이기도 하다. 한경직 목사는 "고기를 많이 잡기 위해서는 고기가 많은 곳에서 낚아야 한다"는 명언을 남겼다. 군대는 확실히 많은 사람을 낚을 수 있는 좋은 어장이다.

전군신자화운동은 1970년대 초부터 시작됐다. 이 운동은 당시 1군 사령관 한신 장군이, 이스라엘에서 그 나라 군대가 막강한 전투력을 갖게 된 직접 동기가 바로 그들 민족종교인 유대교 신앙에서 나온다는 사실을 간파한 데서 비롯된다. 그는 대한민국 군대를 신앙으로 무장하는 것이 전투력 향상에 도움이 된다고 판단해, 1군 산하 모든 장병이 신앙을 갖도록 지도하라고 명했다. 이에 발맞추어 군종감실은 장병에게 복음을 전할 수 있는 좋은 기회라 여기고 '전군신자화운동'을 전개했다.

전군신자화운동이 전개되는 과정에 소위 '합동 세례식'이란 새로운 형태의 세례식이 군부대에서 시행되기 시작했다. 심지어 군목도 없는 부대에서 군종 사병이 열심히 전도해 1972년 10월 28일, 장교 17명, 하사관 56명, 사병 449명 등 500여 명이 합동으로 세례를 받는 일이 있었다. 육군 제3사관학교에서는 사관후보생 1,132명, 기간 장·사병 473명, 도합 1,605명의 합동 세례식이 1972년 11월 10일에 동교 연병장에서 거행됐다. 합동 세례식 가운데 가장 눈길을 끈 것은 한꺼번에 3,400명이 세례를 받은 일이다. 육군 7528부대(군목 김태동 중령)에서는 1973년 10월 29일 동 부대 연병장에서 3,427명에 대한 야전 합동 세례식이 거행됐다.[537] 3천 명 이상이 한꺼번에 세례를 받는 일은 교회 사상 처음 있는 대사건이다. 전군신자화운동

---

537) 위의 신문, 1973. 11. 3.

이 전개되기 시작한 1970년에 군인들 중 기독교 신자가 8만 8천 명이었는데, 4년 후인 1974년에는 17만 8천명으로 두 배 이상 늘었다.

전군신자화운동의 일환으로 이루어진 집단 세례식으로 많은 불신 병사들이 기독교 신앙을 갖게 된 것이 사실이며, 교회 성장에 좋은 밑거름이 되었다는 점은 부인할 수 없다. 그러나 군 내에서 유행병처럼 번진 집단 세례식은 충분한 교리 교육이나 신앙의 정확한 점검 없이 행해진 일이 허다했다. 어떤 곳에서는 병사들을 강제 동원해 세례에 참석하게 함으로 여러 가지 부작용을 낳기도 했다. 세례 받은 병사들이 제대 후에 정작 바르게 예수를 믿고 다시 세례를 받고자 할 때, 군에서 이미 받은 세례로 인해 적지 않은 혼선을 가져온 것도 사실이다. 그러나 전군신자화운동은 교회 역사에 지울 수 없는 획기적 전도사업이었고, 다대한 성과를 올린 점 또한 부인할 수 없다.

2) 대형 전도집회

1970년대는 교회가 급속히 성장한 시기다. 이런 발전은 교파를 초월한 대형 집회들을 통해 이루어진 결과라고 보아도 좋다. 1970년대 첫 대형 집회는 1973년 5월 미국의 저명한 부흥사 그레이엄 목사 초청 부흥 성회다. 본 대회가 열리기 전, 각지에서 예비대회가 열렸는데, 지방대회에 연인원 120만 명이 동원됐고, 결신자도 16,703명이 나왔다. 본 대회는 5월 30일 저녁부터 12만 평 여의도광장에 51만 6천 여 명이 운집한 가운데 대회장 한경직 목사 인도로 시작됐다. 6,000여 명 성가대가 '오직 소망은 그리스도'를 합창하면서 시작된 대회에서 그레이엄 목사는 "50여 개국을 순방 집회했으나 한국 집회는 2천 년 기독교 역사상 가장 큰 역사적 전도의 첫날이며, 한국이야말로 어느 곳에서나 영적인 면에 감동을 일으키고 있다"[538]고 격찬했다. 설교를 마치고 결신자는 일어나라고 하자 2만여 명이 일어나 첫날부터 감동의 도가니가 됐다.

"5천만을 그리스도에게"라는 대회 표어 아래 모인 첫날 집회에서 한경직 목사는 개회사를 통해 "이 역사적인 한국대회를 계기로 5,000만 우리 겨레가 서로 사랑하고 깨끗하고 아름다운 통일된 나라를 건설하도록 성령의 새로운 역사가 일어나도록 하자"고 역설했다. 그레이엄 목사는 박정희 대통령을 방문하고 성경을 선물했으며, 정신적인 강대국을 영도하는 박 대통령을 위해 기도하자고 제의하여 약 3분간 한국민과 박 대통령을 위해 기도했다. 이 대회를 통해 얻어진 결신자는 통산 3만 7천 명으로 집계됐다.[539]

1974년 8월 엑스폴로대회(성령의 제3폭발)가 한국대학생선교회(CCC) 주최로 여의도 광장에서 열렸다. '예수 혁명-성령의 제3폭발'이란 표제로 세계대학생선교회 총재 브라이트 박사를 위시한 국내외 저명인사들이 강사로 나섰다. 이 대회는 세계 90여 개국에서 3,000여 명이 참가한 세계적 전도 집회였다. 다른 대회와는 달리 일과성 집회로 끝난 것이 아니고, 요원을 훈련시켜 계속 전도하게 하는 합숙 전도훈련 프로그램이 포함됐다.

1977년 8월에는 '77민족 복음화 성회'가 여의도 광장에서 열렸다. 주최 측은 대회를 위해 3년 동안 준비했고, 70여 회 지구대회를 개최했으며, 사상 처음 1만 명이 넘는 성가대가 동원됐다. 이 집회를 계획한 것은, 73년 그레이엄 대회, 74년 엑스폴로 대회를 거치면서 한국인에 의한 자주적 민족 부흥집회의 필요성을 느꼈기 때문

---

538) 「基督公報」, 1973. 6. 2.
539) 「敎會聯合新聞」, 1973. 6. 10.

이다. 이에 한국부흥사협의회(회장 신현균 목사)를 중심으로 1907년 대부흥운동 70주년이 되는 77년에 대회를 개최하기로 하고 준비했다. 첫날 80만 성도들이 모이는 열성을 보였고, 밤에는 30만 성도가 남아 철야하며 나라와 민족을 위해 기도했다.

3) 성장 뒤의 그림자

1970년대의 이 같은 대규모 전도집회 결과 교회는 양적으로 크게 성장을 보인 것이 사실이다. 한국종교연구소 집계에 의하면, 1970년대 말 한국 종교인 통계는 총인구 3,700만 중 80%인 2,918만 명인데, 개신교도가 701만 4천 명으로 전체 인구 28%, 그중 장로교인이 47%인 287만 명이란 통계가 나왔다.[540]

1970년대 이런 대형 전도운동을 통한 교회 성장은 누구도 부인할 수 없다. 그러나 이런 대형 운동에 대한 교회 안팎의 비판적 시각도 만만치 않았다. 수백만의 대중이 모인 것을 "오늘 한국의 기독교와 종교 및 한국을 움직이고 있는 모든 기성 제도와 질서에 대한 불평, 불만의 표시가 이러한 모임에서 나타났다는 사회학적인 문제"[541]로 분석하는 이들도 있었다. 특히 지적된 점은, 이 운동과 집회가 군사 정권의 비호 내지는 협력에 의해 치러져 교회가 마땅히 소리 내야 하는 현시대에 대한 비판적 기능을 상실했다는 점이다. 즉 현 정부가 저지르고 있는 문제점은 조금도 언급하지 않고 오로지 복음만을 외쳤다는 것이다. 정의를 부르짖다 투옥되고 정부나 정보부에 의해 온갖 고통을 받고 있는, 소외되고 외롭고 도움

---

540) 위의 신문, 1980. 6. 28.
541) 「教會聯合新報」, 1973. 6. 10.

을 필요로 하는 사람들을 도외시했다는 비판이다.

1970년대에 교회가 급속히 성장한 이유에 대한 분석이 있어야 한다. 연세대학교 민경배 교수는 이유를 두 가지 꼽는다. 첫째는 강력한 사회 참여였고, 둘째는 복음주의적 성령운동을 통한 보수계의 수적 증가다. 즉 군사 정권 하에서 대학과 언론이 그 사명을 다하지 못하고 있을 때 교회가 분연히 일어나 과감히 군사독재 정권의 불법성을 규탄했다는 것이다. 노동자, 농민 등 억압받는 계층의 대변자로 투옥을 불사하면서 투쟁한 지식층들의 "이 용기와 통찰과 예언에 도덕적 매력을 느끼지 않을 수 없었다. 따라서 교회는 지식사회에서 조수 같은 대세로 몰리는 신앙인들을 새 구조력으로 맞이할 수가 있었다"[542]고 분석했다.

다른 하나는 1970년대에 이루어진 경제 성장으로 인간의 물질생활이 윤택해진 것이다. 하지만 여기서 파생되는 필연적 부산물은 인간을 물질만능주의로 내몰았다는 점이다. 이에 따라 사람들은 물질에서 얻을 수 없는 인간 영혼의 고독과 갈증을 해소시킬 수 있는 방법을 찾게 됐다. 그레이엄 목사가 박정희 대통령을 만나 "아무리 경제적으로 풍부해져도 마음의 안식이 없으면 불행하다"고 말한 것같이, 물질의 풍요가 결코 영혼의 안식을 줄 수 없기 때문에 사람들은 종교로의 귀의라는 길을 찾게 됐다. 여기에 성령운동으로 복음화의 기치를 높게 든 교회 전도운동은 이들로 하여금 교회로 발길을 돌리게 하는 전기가 됐다.

그러나 교인들이 늘어나는 데 반해 그들을 양육시키고 질적 교육을 시킬 여건은 부족한 형편이었다. 일찍 이런 점에 대한 가톨릭쪽의 비판은 신랄했다. 가톨릭교회 교회사연구원장인 최석우 신부

---

542) 위의 신문.

는 "……양보다 질이 문제다. 곧 양은 많지만 실제로 세례 받은 (개신교) 신자 수는 총 수의 반에 불과하다"[543]고 지적하였다. 개신교의 양적 팽창에 대한 질적 보완 미비를 비평했다. 양적 성장에 따라가지 못하는 질적 성장이 오늘 교회가 안고 있는 심각한 문제점 가운데 하나다.

9. 유신정권에 대한 저항

1) 기독교 정의 구현 전국성직자단 구성

박정희 군사 정권이 들어선 이후 정부와 교회 간의 갈등은 날이 갈수록 심화돼 갔다. 특히 교회와 정부가 정면 대결하게 된 것은, 1965년 정부가 한·일 회담을 수행하려는 데 대해 전국 교회가 이를 반대하고 나선 때부터다. 그 후 박 정권이 3선 개헌 시도 때도 교회가 연대해 투쟁을 벌였다. 박정희 정권은 자신들의 영구 집권을 위해 유신헌법을 공포하고, 긴급조치란 초헌법적 악법을 만들어 이에 저항하는 시민, 대학생, 교수, 성직자 등 양심 세력을 무차별 구속, 투옥하기 시작했다. 보수교단인 장로교 합동측 교단은 1969년 59회 총회 시에 박정희 군사 정권의 유신헌법 지지 성명을 내는 추태를 부리기도 했지만[544] 대다수 교회와 교인은 분개했다. 이에 따라 교회는 이런 불법적 작태에 대해 침묵만 할 수 없어 힘을 모아 대처하지 않을 수 없었다.

---

543) 최석우, "한국 신·구교의 만남", 『韓國基督敎史硏究』(1986. 2), 5쪽.
544) 정규오, 『신학적 입장에서 본 한국 장로교회사』 하권 (한국복음문서협회, 1983), 14쪽.

개신교 8개 교단 321명으로 구성된 '기독교 정의 구현 전국성직자단'이 1975년 3월 20일 서울 장로회 연동교회에서 전국 성직자 120여 명이 모인 가운데 그 발단식을 가졌다.[545] 성직자단은 대표위원으로 연동교회 김형태 목사, 고문으로 강신명, 강원룡, 김관석 목사 등 5명을 추대하고 사무국장에 조승혁 목사를 선임했다. 이들은 성명을 통해 "오늘의 권력 집단은 그 막강한 물리적 힘과 현대적 대중 조작의 기술을 총동원하여 사회의 양심 세력을 탄압하고, 정권 유지 획책 및 소수 특권층과 특혜 자본가의 이익을 위해 악용하고 있다"고 지적했다. 성직자들은 불법, 불신, 포악으로 불의 심판을 받은 소돔과 고모라가 되는 것을 막기 위해 소리 높여 최대의 복음을 선포한다고 천명했다.[546]

또한 오늘의 불의하고 타락한 현실은 교회가 그 예언자적 사명을 다하지 못한 데 그 원인이 있다고 전제하고, 억압당하고 있는 서민 대중과 농민과 노동자의 친구로서 그들의 권익 옹호를 위해 함께 투쟁의 대열에 참여할 것임을 분명히 했다. 아울러 모든 악법의 근원인 유신헌법 철폐를 위해 모든 양심 세력과 힘을 합해 싸우겠다고 선언했다. 성직자는 결코 위정자의 적이 아니며 그들이 권력을 바로 사용하도록 권고하고 위하여 기도하는, 다윗 왕에 대한 선지자 나단의 입장이라고 천명했다. 또한 위정자가 충고를 무시하고 약자를 억압, 수탈하는 폭거를 뉘우치지 않을 때에는 재야의 모든 양심 세력과 함께 투쟁을 전개할 수밖에 없다고 주장했다.

이 성직자단에 속한 목회자들은 예장 통합 측 80여 명을 비롯하여 감리교, 기독교장로회, 성공회, 복음교회, 구세군, 성결교회, 루

---

545) 「교회연합신보」, 1975. 3. 30.
546) 「基督公報」, 1975. 3. 29.

터교회 목사 등 352명으로 구성됐다. 불의가 판을 칠 때 외로운 광야의 소리와 같이 이 사회에 정의 실현을 위해 일어선 성직자들이 그 시대의 어둠을 한쪽 구석에서 비추고 있었다.

10. 한국교회의 여성운동

1) 한국 여성운동의 태동

한국 여성은 전통적으로 유교의 가부장적 사회 문화 속에서 억압과 차별을 받으며 살아왔다. 그동안 교회를 통해 여성의 인권이 신장되고 사회적 지위가 두드러지게 향상된 것이 사실이다. 그러나 이론적으로는 그렇지만 실제로 그 차별은 아직도 도처에 산재해 있는 것 또한 사실이다.

한국에서 여성의 차별이 가장 심한 곳은 직장이다. 이러한 전통에 저항하는 운동이 처음으로 동일방직에서 터져 나왔다. 이 회사에 노동조합이 결성된 것은 1946년이었다. 그러나 1960년대에 이 회사 종업원 중 여성 근로자는 1,300명이고 남성 근로자는 불과 200명밖에 안 되었음에도 불구하고 노조 간부는 항상 남성이 독차지했다. 그런데 1972년 이 회사 노조 사상 처음으로 여성이 지부장이 되는 이변이 일어났다. 그렇게 된 직접적 동기는 조화순 목사가 1966년부터 이 회사에서 산업 선교 활동을 시작한 데 근거한다. 조 목사는 여자 직공을 데리고 소그룹 활동과 성경공부를 시키면서 근로자의 의식을 전환시켰다.[547]

---

547) 이우정, "한국 기독교 여성운동", 『基督敎大年鑑』, 1986, 76~80쪽 참조.

또한 박정희 군사 정권에 종지부를 찍게 한 시발도 역시 여성 근로자들이 주축이 된 'YH노동조합사건'이다. 이 사건은 1979년 8월 YH에 근무하던 여성 근로자들이 당시 야당인 신민당사에서 농성을 한 데서 비롯됐다. 이 사건은 한국 노동운동사에 기록될 만한 중대한 사건이다. 파업을 주도한 지부장 등이 모두 기독교인이고, 산업선교에서 훈련받은 사람들인 점은 여성 노동운동의 새로운 장이 시작된 것이라 여겨진다.

1970년대부터 불기 시작한 서구 여성신학의 발전은 교회와 사회에도 영향을 미쳐, 여성에게 역사의식과 사회 참여의식을 북돋아 주었다. 이에 대한 구체적 모습은 1976년 4월 '한국교회여성연합회' 발족이다. 예장 통합, 기독교 감리회, 기독교 장로회, 구세군, 성공회, 루터교회 등 6개 교파가 연대해 연합회가 형성됐다. 연합회는 남녀 차별 철폐, 미국과 일본에서의 민족 차별에 대한 항의, 핵무기, 환경문제까지 다양한 분야에서 목소리를 높이기 시작했다. YWCA도 가족법 개정, 소비자 보호, 근로여성 복지 문제, 주부클럽, 어머니 교실 등을 통해 여성 복지와 인권 향상에 괄목할 만한 사역을 지금까지 계속하고 있다. 이런 일련의 여성운동은 교회 여성운동을 가속화 하는 계기가 됐다.

2) 한국여신학자협의회

기독교가 처음부터 남성 위주의 종교로 그 역사를 이어오고 있는 현실을 직시한 여성들이 신학의 보조나 부속 정도로 인식되는 것을 불식시키려는 운동이 일어났다. 여성의 위치를 신학적으로 확립하고 앞장서서 계도해 나간다는 기치 아래 1979년 1월 한국교회여성연합회 주최로 한국 여신학자 모임을 가졌다. 여기서 한국

여신학자협의회를 창립하기로 하고, 1980년 4월 기독교회관 대강당에서 창립총회를 갖고 박순경 교수(이화여대)를 초대 회장으로 첫발을 내디뎠다.[548] 협의회는 한국의 "모든 여신학자가 하나 되어 자질을 향상시키고 여성신학을 수립함으로 교회 선교에 이바지함과 동시에 평화와 정의 사회를 이 땅 위에 건설함을 목적으로 한다"[549]고 선언했다. 회원은 신학 과정을 이수한 사람과 현역 여교역자를 원칙으로 했다. 조직은 회장단, 기획, 교육, 신학, 목회, 홍보출판, 섭외, 사회, 재정 등 8개 위원회로 구성하고 각 분야의 일을 다양하게 수행했다.

협의회는 교회 여성이 교회 문제, 사회 문제를 어떻게 직시하고 극복해 나갈 것인지, 새로운 미래를 어떻게 창출할 것인지를 연구했다. 교회 여성이 자유와 사랑과 평화가 지배하는 미래 새로운 인류 공동체를 형성하기 위해 정진한다고 했다. 이로써 남성 위주 교회 운영과 신학 독점을, 창조질서 회복 차원에서 남녀가 공유하고 동반자로서 힘을 모아 선교와 봉사에 임할 것을 촉구하는 전기를 마련했다.

3) 여성 안수의 실현

'성직은 남성들만의 전유물인가? 여성은 성직에 임명될 수 없는가? 여성은 장로 안수도 불가능한가?'라는 문제는 오랜 세월 동안 교회 안의 첨예한 논란거리 중 하나였다. 가톨릭교회는 2,000년 동안 여성 성직 임명을 엄격히 금하고 있다. 그러나 개신교회는 각 교파

---

548)「한국여신학자협의회보」, 1981. 4. 7.
549)「크리스챤신문」, 1987. 11. 28.

에 따라 다른 입장을 갖고 있다. 미국의 경우 컴벌랜드(Cumberland) 장로교회는 이미 1889년 우즐리를 장로교 역사상 처음으로 목사로 안수했고, 북장로교회는 1950년대, 남장로교회는 1960년대에 여성 안수를 허락하고 목사직을 주었다.[550]

그러나 한국은 미국과 그 문화적 상황이 달라 여성 차별 문화가 오래 지속돼 여성 안수 문제는 성서적·신학적 문제로만 볼 것이 아니다. 문화와 사회라는 또 다른 요인이 크게 작용해 왔다. 그러나 감리교회는 이미 1930년대에 여장로 제도를 두었고, 기독교 장로회, 순복음교회, 오순절 성결교회 등 교회가 이를 허용했다. 성공회는 1988년 세계성공회주교회의에서 여성 사제직 부여를 결의했다.[551]

한국 개신교 최대 교단인 장로회 총회에 여성 안수 문제가 처음 대두된 것은 평북 선천에서 열린 1933년 제22회 총회 때였다. 당시 함남노회 여전도회연합회가 함남노회를 통해 여장로 제도를 허락해 달라는 청원을 총회에 제기했으나 기각시켜 버렸다.[552] 당시 함북 성진교회 김춘배 목사의 여권 문제에 대해 쓴 「기독신보」 기사가 총회적 문제로 확대돼, 연구위원회가 연구한 결과 여성 안수를 인정하는 자는 장로회 목사가 될 자격이 없다고 결정했다는 사실은 전술했다. 따라서 1930년대에는 여성 안수 문제가 전혀 고려 대상이 될 수 있는 분위기가 아니었다.

그런데 이 문제는 1953년 총회에서 다시 거론됐다. 당시 여전도회전국연합회는 총회 헌법 개정 때에 맞추어 여장로 직제를 신설

---

550) 김인수, "여성과 여성 안수의 이해에 대한 교회사적 고찰", 『교역과 여성 안수』(장로회신학대학 출판부, 1992), 27~34쪽 참조.
551) 「基督敎新聞」, 1988. 9. 25.
552) 「大韓예수敎長老會 總會 第22回(1933년) 會議錄」, 65쪽.

해 달라는 청원을 했다. 그러나 총회는 이런 제안을 거절하고 대신 권사(勸事) 제도를 설치하기로 결의했다.[553]

장로회가 통합과 합동 총회로 분열된 후 여성 안수 문제는 보수적 합동 총회에서는 거론조차 될 수 없었지만, 대체로 온건한 통합 측에서는 계속 이 문제가 총회에 상정됐다. 총회는 연구위원을 선발 해 이를 연구하도록 했다. 한국여신학자협의회는 세미나를 개최하고 통합 측 총회에 여성 안수 허락을 요청하고, 교회 내에서 여성을 차별하는 법 조항을 개정해 줄 것을 촉구하는 성명서를 발표했다. 통합 측 전국여교역자회도 여성 안수 문제를 시급한 문제로 다루면서, 이의 실현을 위해 힘을 모으고 그들의 입장을 밝히는 성명서를 발표했다.

이런 일련의 여성 안수 실현을 위한 노력이 드디어 결실을 맺게 됐다. 1994년 장로회(통합 측) 총회에서 여성 안수 건이 압도적 다수로 통과되어 이 일을 위해 수고한 이들에게 승리를 안겨 주었다. 이 안건은 헌법 개정 문제여서 총회가 끝나고 각 노회에 회부됐다. 여기서도 역시 압도적으로 통과돼 장로교회 100년 역사에 획기적 전기가 마련됐다. 각 노회 결과는 장로회 헌법 25조 2항의 목사 자격 중 '남자'라는 말을 삭제하는 건은, 총 51개 노회 중 47개 노회가 찬성, 4개 노회가 반대했고, 헌법 40조(장로의 자격)는 46개 노회 찬성, 5개 노회 부결로 각각 압도적 다수로 통과됐다.[554] 따라서 1996년에 예장 통합 측에서도 여자 장로와 목사가 처음 탄생하는 역사가 시작됐다. 여러 교회에서 여자를 장로로 안수하는 일이 이어져 한국교회 여성운동의 새로운 장이 펼쳐졌다. 같은 해 총회가 실시한

---

553) 「大韓예수敎長老會 總會 第40回(1953년) 會議錄」, 366쪽.
554) 「基督公報」, 1995. 5. 20.

목사고시에 여성 후보자 175명이 응시, 77명이 합격했다. 1996년 10월 경안노회에서 여자가 처음으로 목사로 안수 받아, 통합 측 장로교회 안에 여성 목사 탄생이 실현됐다.[555] 길고 지루한 기다림의 응답이 이루어졌다.

11. 선교 제1세기의 결산

1) 한국교회 선교 100주년 기념

한국에 주재하는 선교사가 처음 들어온 것은 1884년 미국 북장로회 의료 선교사 알렌의 입국이다. 따라서 교회 선교 시점을 이 해로 잡으면 선교 100주년은 1984년이다. 물론 1884년을 선교 기점으로 잡는 데 이견이 없지 않다. 여러 교파가 이에 동조해 1984년을 선교 100주년으로 합의하고 교회 연합으로 행사를 성대하게 치르기로 결의했다.

1980년 12월 한국기독교교회협의회(NCC) 주선으로 한국 기독교 100주년 기념 사업협의회 발기위원회가 조직돼, 당시 장로교(통합) 측 총회장 박치순 목사가 위원장에 추대됐다. 이듬해인 1981년 9월 동 협의회가 창립되면서, 박치순 목사는 회장으로 취임했고, 영락교회 원로 한경직 목사가 총재로 추대됐다. 이 협의회에 국내 20개 개신교 교단과 25개 기독교 기관이 공식 참여했다.

개신교 선교 100주년 기념행사는 1884년 8월 15일 전야 집회를 시작으로 역사적 막을 올렸다. 첫째 날은 '화해와 일치의 밤', 둘째

---

555) 「목회자 신문」, 1996. 9. 21. 11쪽 참조.

날은 '교회 성장과 갱신의 밤', 셋째 날은 '민족 통일과 평화의 밤', 넷째 마지막 날은 연합예배로 빌리 그레이엄 목사가 특별 설교했다.[556] 연인원 350만이 동원됐고 기념사업 일환인 헌혈운동에 4천 명이 참여했다. 대회 후 여러 부정적 평가도 없지 않았으나, 처음으로 한국 개신교 전 교단이 합심해 이 뜻 깊은 행사를 치른 것만으로도 긍정적 평가를 받을 만하다.

2) 언더우드 내한 100주년 기념 연합예배

언더우드가 최초 개신교 목사 선교사로 이 땅을 밟은 것은 1885년 4월 5일 부활주일이다. 대한예수교장로회 통합, 합동, 고신, 대신 그리고 기독교 장로회 등 언더우드 선교를 뿌리로 하는 5개 장로교단은 장로교협의회를 구성했다. 그가 이 땅에 온 100주년을 기념하는 예배를 1985년 4월 5일 장로교회 모교회인 새문안교회에서 각 교단 총회장 등이 예배 순서를 맡아 진행했다.

이 예배에 언더우드의 손자 원일한과 기타 그의 가족 30여 명이 자리를 함께했다. 최훈 목사는 '선교 2세기를 향한 한국교회의 좌표'라는 설교에서 "장로교회는 자체 개혁 단행, 올바른 신앙관 형성, 화해와 연합 실현, 그리고 사회에 추락된 공신력을 회복하는 일이 좌표"라 역설했다. 박종열 목사는 기념사에서 언더우드 선교사 후손 3대가 한국교회와 한민족을 위해 계속 봉사해 준 데 대해 감사의 뜻을 표했다. 또한 지난 100년 동안 장로교회가 학교, 병원, 후생 사업, 농민 계몽, 민주의식 개혁, 민족 주체성을 자각시키는 등 민족과 고락을 같이해 왔다고 말했다. 그러나 장로교회는 그동

---

556) 「한국일보」, 1984. 8. 16.

안 신사참배 결의, 교단 분열 등 교회와 사회에 부끄러운 일을 행한 점도 있었음을 회고했다. 앞으로 장로교회는 화합과 일치로 정통 신앙 고수와 사이비 종교의 발호(跋扈)를 막고 민족 복음화에 진력하여 북한의 실지(失地)도 회복해야 할 것을 강조했다.[557] 이날 예배에 언더우드 5대 후손 59명 중 30명이 참석했고, 그들에게 한국 선교 헌신을 치하하는 감사패를 증정했다.

개신교 선교 100주년 기념사업은 1985년 10월 14, 15일에 순교자 기념예배와 기념대회 거행을 끝으로 마무리됐다. 4년간 100주년 기념사업과 행사가 줄을 이었다. 이 일을 추진하면서 교회들이 서로 협동하고 일치를 추구하며 노력을 경주한 것은 긍정적으로 평가받을 만하다. 그러나 행사들이 지나치게 평면적이고 외형적 사업 중심으로 이루어진 것이 사실이다. 행사가 끝나고 나서 과연 100주년을 지내면서 교회가 무엇을 남겼는가를 돌이켜 볼 때, 소리는 요란했지만 정작 알찬 수확은 별로 없지 않았느냐 하는 비판의 소리가 적지 않았다. 특히 선교 2세기에 교회가 나아갈 방향 설정이 미흡한 것은 교회가 시급히 해결해야 할 문제라 지적해야 한다.

3) 교황 요한 바오로 2세의 방한

개신교가 선교 100주년을 맞아 한창 그 기념사업에 분주할 때, 선교 200주년을 맞는 가톨릭교회도 가장 뜻 깊은 행사를 가졌다. 그것은 교황 요한 바오로 2세가 교황으로서는 가톨릭 역사상 처음 방문한 일이다. 그는 1984년 5월 3일, 5일 일정으로 한국 땅을 밟았

---

557) 대한예수교장로회 총회, 「한국교회 100주년 기념사업 종합보고서」 (대한예수교장로회 한국교회 100주년 준비위원회, 1985), 246~247쪽.

다. 그는 3일 오후 김포공항에 도착, 전두환 대통령과 천주교 주교단의 영접을 받으며 첫발을 내디뎠다. 그가 이 땅에 발을 디딘 것은 가톨릭교회가 과거 200년간 이 땅에 선교의 기틀을 만들기 위해 생명을 잃은 수많은 순교자들을 생각할 때 참으로 뜻 깊은 일이 아닐 수 없다. 그가 한국에 머무는 동안 들려 준 강론과 말씀은 한국민들에게 깊은 감동을 주었고, 103위 성인 시성식을 집전함으로 천주교 선교 200주년 기념을 더욱 뜻 깊게 했다.[558]

교황은 광주에 내려가 그곳의 아픈 상처를 달랬고, 소록도 나병환자촌을 방문했다. 또한 노동자, 농어민을 만났으며, 교황청 대사관에서 타종교 지도자들을 만났고, 개신교 지도자들과도 따로 만나 그리스도 안에서 형제 된 사실을 확인했다. 그러나 그의 방한은 가톨릭교회가 전통적으로 그랬던 것같이 정치적 냄새를 짙게 풍겼다. 교황 방한의 정치적 의미에 대해 「동아일보」는 다음과 같이 평했다.

> 이번 방한 중 또 하나 정치성이 두드러졌던 것은, 광주에서 화해와 용서의 강조였다. 누가 누구를 용서하고 누가 누구와 화해해야 하는지 구체적 언급은 없었으나 '용서'와 '화해'의 대상을 염두에 두었음은 분명하다. 방한 그 사실 하나만으로 정부 당국으로서는 모든 긍정적인 해석의 기준을 삼기에 충분하기 때문이다. 그런 가운데 3일 저녁 서울 혜화동 가톨릭대학 미사 때 부근 학생 데모를 저지하던 경찰 최루가스로 '교황의 재채기'는 또 하나의 정치적 현상이었다. 이것은 교황에게 한국의 정치적 현실의 일단을 실감할 수 있게 했을 것이다.[559]

---

558) 「크리스챤신문」, 1984. 5. 5.
559) 「東亞日報」, 1984. 5. 7.

그러나 일부 부정적인 면에도 불구하고, 그의 방한은 가톨릭교회 역사에 기록하고 길이 기억할 만한 거사 중 하나였음에 틀림없다.

12. 종교다원주의 논란

20세기가 저물어 가고, 새로운 세기를 앞두고 있는 교회에 소위 '종교재판'의 회오리가 휩쓸고 지나갔다. 이것은 종교다원주의(Religious Pluralism) 논란이다. 이 문제는 토착화 신학의 연장선상에서 제기된 문제 중 하나다. 이 문제는 좀 더 거슬러 올라가면 바티칸 제2차 공의회(1962~1965)에서 종교간 대화에 적극적 태도를 보인 것에 기인한다. "기독교 이외 제 종교에 대한 교회 관계 선언"에서는 이제부터 종교 간에 대결에서 대화로 나아가야 한다고 했다. 여기에 가톨릭 신학자 라너가 공헌했고, 개신교 연합체인 WCC의 마드라스 대회(1938), 네덜란드 신학자 크레머 등도 토대를 제공했다.

이런 여파는 국내에도 파급돼 이 사상을 따르는 학자들이 생겨났다. 그 첨병은 감리교신학대학 교수며 후에 학장까지 된 변선환 교수다. 크리스천 아카데미가 종교간 대화를 주도할 때, 자기 주장을 개진했다. 그는 불교에 대한 연구에 집중하면서, 기독교와 불교의 대화 내지는 공통선의 추구에 몰입했다. 그는 라너의 "익명의 크리스천" 개념으로, 비록 크리스천이 아니지만 하나님을 알 수 있다는 생각에 선다면 기독교인이 다른 종교에 대해서 보다 열린 태도를 취하는 것이 가능하게 된다"고 주장했다.

변선환은 종교다원주의 입장에서 불교에도 구원의 가능성을 인정하면서, 구원론에 있어 기독교 전횡을 의심했다. 그는 기독교가 유일 종교 내지는 유일 구원의 방책이란 주장은 예수님이 자기밖에 구원이 없다고 한 말에 기인한다고 보고, 기독교 신학에서 기독론을 배제하고 신론, 우주적 신(universal god)에 역점을 두어야 한다고 주장했다.

　이런 변 교수의 주장이 종교학자에 의한 학문의 한 분야에서 거론된 것이라면 별 문제가 없었을 것이다. 그러나 감리교단 목회자를 양성하는 신학대학에서 교수가, 그리고 감리교 목사가 이런 주장을 한 것에 대한 교회의 반발은 거셌다. 특히 부흥사를 중심으로 변 교수의 종교다원주의에 대한 거부감이 강하게 표출되면서 변 교수의 주장이 큰 논쟁거리로 변했다. 또한 동 감리교신학대학의 홍정수 교수는 예수님의 동정녀 탄생과 육체의 부활을 부인함으로 불에 기름을 끼얹는 결과가 됐다.

　1991년 10월 29일부터 서울 광림교회에서 감리교 19차 특별 연회가 박기창 송하지방 감리사 외 4인이 건의한 종교다원주의, 포스트모던 신학 등의 입장에 대한 총회의 결의를 청원했다. 연회는 이 안을 교리에 위배된다고 결의하고, 이를 주장한 변선환 감신대 학장과 홍정수 교수를 해당 연회 심사위원회와 해당 학교 이사회에 면직 권고하기로 전격 통과시켰다. 이 결의에 대해 일방적 종교재판이라는 비난과 함께 교계 안팎에 커다란 파문이 일어났다.[560]

　감리교 연회가 이들에 대해 사직을 결정하자 4명의 신학자들이 '신학의 자유를 구하는 신학자들의 성명'을 발표하고 공개적으로 비판하고 나섰다. 그들은 기독교가 중세에 범한 것 같은 실수를 반복해서는 안 된다며, 지금 모든 것이 공조해야만 하는 세계 속에서 종교도 그 예외는 아니고 시대정신에서 배워야만 하는 것은 당연하다며 신앙, 학문, 양심의 자유에 걸린 중대한 문제로 받아들인다

---

560)「새누리신문」, 1991. 11. 9.

고 천명했다. 소위 20세기 종교재판이라는 이름의 재판에서 변선환, 홍정수 두 교수에 대해 출교 처분을 내림으로 두 사람은 목사직과 교수 직을 동시에 잃었다.

오늘의 교회 재판은 중세 종교재판(Inquisition)과는 그 목적이 사뭇 다르다. 중세의 종교재판은 로마교회에 맹종을 강요하기 위한 목적이었다. 그러나 현대 교회 재판은 교회 내에 일어나는 이단 사설을 응징하기 위해 주님 재림하실 때까지 이행해야 할 교회의 주요 책무다. 이것은 혼탁한 세상에서 교회에 침투해 오는 사탄의 세력을 막아내는 여러 방법 중 하나로 그 순기능이 크다.

제7장

새로운 세기에 들어서서
-통일을 위한 전진

1. 남북 교류의 시작

해방 이후, 강대국들에 의해 일방적으로 설정된 38선, 6·25사변 이후에도 우리 뜻과 달리 그어진 휴전선으로 남북은 국토와 민족이 갈렸다. 이데올로기의 차이는 같은 핏줄기를 이어 온 민족을 갈라놓았다. 남북이 통일돼야 한다는 소리는 높아도 어떻게 하느냐는 방법론이 제기되면 백인백색의 이론이 나올 수밖에 없다. 그러나 남북 교회(만일 북에도 진정한 교회가 있다면)는 같은 하나님을 믿고 예수를 구주로 고백하는 것으로 공통분모를 찾을 수 있다. 따라서 사회 어느 집단보다 쉽게 남북이 접근할 수 있는 통로가 될 수 있다.

해방 직후 북한에 김일성 공산당 정부가 들어서면서, 소위 '조선기독교도연맹'이란 공산당 어용단체가 생겼다. 이 단체가 우리 교회의 합법 기구인 '5도 연합회'를 와해시키고 이에 속한 목사, 장로

및 교인을 탄압한 사실은 이미 살펴본 바다. 후에 김일성의 교회 박멸 정책에 따라 연맹에 가입한 목사도 모두 유배·처형시켜 이북에 교회가 없다는 사실은 여러 통로를 통해 확인됐다.

오랫동안 남북이 갈렸기에 서로 왕래는 물론 서신 왕래도 없었다. 그런데 1972년 갈라진 지 30여 년 만에 처음으로 평양과 서울에서 남북적십자 회담이 열린 역사적 사건이 있었다. 그러나 이 일은 일과성에 그쳤고 한동안 남북 교류는 중단된 상태에 놓였다. 그러던 중, 1985년에 이르러 남과 북의 대화창구가 다시 서서히 열리기 시작했다. 남북한 정부가 서로 대화를 나눌 것을 제의하고, 이의 실현을 위해 남북한 고위대표들이 서울과 평양을 상호 방문하기로 합의했다.

이에 따라 우리 교회도 남북 문제에 목소리를 같이하자는 견해에 따라 '한국교회 남북 문제 대책협의회'를 범교단적으로 발족시켰다. 1985년 1월, 예장 통합 측 등 12개 교단장과 주요인사 12명, 합 24명이 모였다. 여기서 남북 대화 과정에서 제기될 종교 문제에 한국교회의 의견과 행동을 통일하자는 데 뜻을 같이했다. 이에 따라 한경직 목사를 명예회장으로, 예장 통합 측 총회장 박종열 목사를 대표회장으로 임원회를 구성했다. 이 협의회에는 예장 통합, 합동, 기장, 침례, 루터교회, 복음교회, 예수교 감리회, 나사렛교회 등의 교단이 참가했다. 또한 기타 여러 교단 원로들이 참가해 '남북 평화통일을 지향하여 남북 간에 대화를 진행함에……기독교가 하나의 창구를 가지고 대처'[561] 한다는 목적을 결의했다. 한국교회가 앞으로 남북통일을 대비해 일치된 노력을 경주하자는 것은 긍정적 평가를 받을 만하다. 그러나 보다 폭넓은 기구가 되기 위해 보다

---

561) 「크리스챤신문」, 1985. 4. 6.

많은 교단들이 가입할 수 있도록 문호를 개방하고 의견 수렴에 중지를 모아야 한다는 소리도 들려왔다.

2. 평화통일 논의의 시작[562]

반세기 가량 남과 북으로 갈려 갈등을 겪고 있는 민족과 국가의 평화통일에 대한 논의가 1980년대에 들어와서 서서히 일기 시작했다. 이 일이 처음 시작된 것은 1981년 4월에 있었던 '한·독 교회협의회'에서 NCC 내에 '통일문제연구위원회'를 두기로 한 데서 비롯됐다. 이에 따라 그 이듬해 NCC 내에 '통일연구위원회'를 설치했고, 1983년에 모인 한·미 교회협의회는 미국도 한반도 분단의 책임이 있음을 확인했다. 이런 논의는 1984년 일본 동산장(東山莊: 도잔소)에서 열린 '동북아 평화에 관한 세계기독교협의회'에서 구체화됐다. 이 협의회에서 한국(남한)과 미국, 일본을 비롯한 여러 나라 기독교인이 모여 동북아시아의 평화, 특히 한반도 평화와 통일을 위해 교회가 기여할 수 있는 방안이 심도 있게 논의됐다. 이 회의에 북한 대표도 참가하려 했으나 실현되지 못하고 축전만 보내 왔다.

이런 노력은 구체적 결실을 가져 왔다. 1986년 9월 WCC국제위원회가 주관하는 '제1차 남북 기독자 회의'가 스위스 글리옹에서 개최됐다. 남북한 대표 11명이 참석한 이 회의는 남북이 갈라진 지 실로 반세기만에 양쪽 교회 대표가 상면한 역사적 모임이다. 여기서 구체적 합의가 이루어진 것은 없으나, 남북 교회 지도자가 같이 모여 예배드리고 성만찬을 했다는 것만으로도 충분한 의의가 있었다.

---

562) 김원식, "한국 교계의 통일논의", 『基督敎大年鑑』(1989), 48~51쪽 참조.

그 후 1988년 4월 인천에서 '한반도 평화통일을 위한 기독교 세계대회'('세계기독교한반도평화협의회'라고도 부름)가 세계 각국에서 온 남녀 성직자, 평신도 300여 명이 모여 개최됐다. 이 회의에서 NCC가 견지해 온 기존 입장을 재확인하고, 세계교회가 협력하여 한반도 평화 정착과 통일을 위해 노력하고 기도한다는 데 의견 일치를 보았다. 이에 대해 기독교 장로회나 기독교 대한복음교회는 적극 지지하고 나섰지만, 예장 통합측은 의견이 엇갈려 통일된 견해가 나오지 못하고 갈등만 노정시켰다. 이 인천 회의는 외부로부터의 협력보다는 남북이 직접 교류하는 방향으로 나가자는 쪽으로 방향이 설정되면서 남북 만남의 제의가 연이어졌다. 때맞춰 정부도 7.7 선언을 발표해 남북 당국자 모임을 제의함으로 분위기가 익어 갔다. 복음교회가 남북한 공동 성탄예배를 제안했고, 전국 목회자정의평화실천협의회도 남북한 공동 추석 예배를 제안했다. 심지어 보수 계열 한국교회청년협의회도 남북공동신앙대성회를 갖자고 제안했다. 그러나 이런 제의는 북쪽에서 구체적 대응을 하지 않아 실현되지 못했다. 따라서 이런 문제는 고도의 정치성이 수반되는 문제로, 교회의 의지나 제안으로 이뤄지는 것은 아니고 여러 요인이 성숙될 때만 가능하다는 사실을 다시 한 번 일깨워 주었다.

3. 평양에 첫 예배당 건립-봉수교회

1987년 6월 미국교회협의회(NCC-USA) 대표단 10명이 북한기독교연맹 평화통일위원회라는 단체 초청으로 평양, 개성 등지를 방문하고 한국에 와서 보고회를 가졌다. 이들은 북한 어느 곳에서도 예배당을 보지 못했고, 다만 가정교회(Home Church)를 방문했다고 보고했다.

그런데 한국 종교사회연구소(소장 윤이흠 서울대 교수)가 창립을 기념해 가진 '한국 종교 문제 대 토론회'에서, 외국어대학교 강사 고태우는 '북한 종교 상황 연구'에서 1980년대에 북한은 종교 정책에 변화를 가져오고 있는데, ① 북한을 방문하는 해외 기독교인들에게 자체 출판했다는 찬송가와 성경(1983년 출판)을 선물하거나 중국 가정교회를 모방한 북한판 가정교회를 공개하고 ② 방치해 두었던 불교 사찰 일부를 1970년대 말부터 복원하여 서방측 기자들이나 불교계 인사들에게 공개하면서 불교의 실재를 보이려고 노력하고 있으며 ③ 해외 종교계 인사들과 활발한 접촉 및 방북 초청 등의 변화를 보이고 있다고 말했다.[563]

그런데 WCC 직원 자격으로 북한을 방문하고 돌아온 박경서 목사가 평양 봉수동에 해방 이후 최초로 예배당이 건축 중이라는 놀라운 소식을 전했다. 뿐만 아니라 남한 교회가 WCC를 통해 교회 집기를 보내 주면 받을 용의가 있다는 소식도 알려 주었다. 이러한 사실은 1988년 북한을 방문하고 돌아온 재미 목사 홍동근에 의해 확인됐다. 그는 평양시 만경대 구역 봉수동에 300명 수용의 붉은 석조 건물 봉수교회가 신축 중에 있고 10월 말에 헌당예배를 드릴 예정이라는 보고했다.[564] 뿐만 아니라 동평양 선교리 구역 장춘동에 200명 수용의 성당이 지어졌다고도 했다. 그 후 봉수교회가 완공됐고, 북한을 방문한 재미 교포들 중에 이 교회에서 북한 교인들과 함께 예배를 드리고 오는 사람들이 늘어갔다.

이들 예배당과 성당이 어떤 성격의 것인지 미루어 짐작을 할 수

---

563) 「한국일보」, 1988. 6. 15. 더 자세한 것은 고태우, 『북한의 종교 정책』(민족문화사, 1989)을 참조할 것.
564) 홍동근, "북의 새 예배당, 새 성당을 보고", 『해방 후 북한 교회사』, 김흥수 편, 411쪽.

있으나, 어쨌든 북한에 예배당과 성당이 존재한다는 것은 반가운 일임에 틀림없다. 그 후 1991년 5월 김일성은 그의 모(母) 강반석을 기념하여 그녀의 출생지인 평양 칠골에 칠골교회를 신축했다고 한다.[565] 그러나 후에 그 교회들은 단순히 외부 선전용이라는 사실이 여러 통로를 통해 전해지고 있다.

4. 남북 교회 대표 회동-스위스 글리옹에서

세계교회협의회(WCC) 국제위원회가 주관하는 남북한 지도자 회의가 1986년 9월 스위스 글리옹에서 남북한 대표 11명이 참석한 가운데 역사적 막을 올렸다. 여기서 남과 북으로 갈렸던 두 교회 대표가 만나 상호 관심사를 토의했고 이해의 폭을 넓혔다. 그러나 이 첫 회담에서는 별다른 성과는 없었고, 다만 서로 만났다는 데 의의를 두고 헤어졌다. 그 후 2차 회의 역시 글리옹에서 WCC의 주선으로 1988년 11월 23일부터 25일까지 비공개로 진행됐다. 남한에서는 11명 참석했고, 북한에서는 7명 대표가 참석했다.

이날 고기준 목사는 "세계 인류사에서 한 문화, 한 말, 한 피를 가진 민족으로서 분단된 상태로서 서로 만나지 못하고 함께 예배드리지 못하는 민족은 우리뿐이다. 그러나 이역만리 남의 나라 땅에서나마 같이 하나님께 예배드리고 있다고 생각하니 마음속에 생

---

565) 「東亞日報」, 1995년 10월 3일자 15면 '이 생각 저 생각' 란에 실린 극작가 성동민의 '북한 종교의 실체'란 글에서, 북한을 여러 번 드나들면서 김일성을 만난 최덕신이 김일성과 함께 이곳을 지나다가 김일성이 14세에 집을 떠날 때 그의 어머니 강반석이 교회에서 기도를 드리고 떠나라고 하는 말을 듣고 이곳에서 기도를 하고 떠났다는 말을 들었다. 여기에 모친을 기념하여 예배당을 짓는 것이 어떠냐고 권하자 김일성이 이를 좋게 여겨 예배당을 짓게 되었다고 기록했다.

각나는 게 많다. 후손들한테는 조국의 분단된 상태를 넘겨줘서는 안 되며, 그리스도 안에서 우리가 화해와 사랑을 이루어 가는 평화의 군사로서 함께 기도하고 일해 나갈 수 있기를 바란다"566)라는 소감을 피력했다.

남북 교회는 '자주, 평화, 민족 대단결'을 통일의 3대 기본 원칙으로 하고, KNCC가 채택한 '민족 통일과 평화에 대한 한국기독교회 선언'을 수락하며, 1995년을 희년으로 선포하여 8·15 직전 주일을 '평화통일 기도주일'로 지키기로 합의했다. 또한 두 교회는 WCC를 통해 자료와 정보 교류를 활성화하기로 합의함으로 서로의 협력을 강화하기로 했다.

북한에 있는 교회가 어떤 교회인지 확인할 길은 없지만, 어떻든 남과 북이 그리스도의 이름으로 함께 예배드리고 함께 통일을 위해 기도할 수 있었던 것은, 다가올 통일을 대비하기 위한 하나의 예비단계로서 의의가 있다고 평가할 수 있다. 그러나 이 성명서가 발표되고 나서 한국교회는 NCC 가맹 교단에서뿐 아니라, 비가맹 교단을 중심으로 강력한 이의가 제기됐다. 특히 합의문 중에 미군 철수와 같은 민족의 생존권에 관한 민감한 문제에 대해 강력한 반대의사가 표출되면서, NCC가 결코 개신교 대표일 수 없으며 이는 일부 진보적 인사의 의견에 불과하다는 성명서를 보수 측 교단들이 주축이 되어 발표했다. 따라서 이 합의문에 대한 논란이 한동안 계속됐다.

제3차 회의는 1990년 12월 역시 글리옹에서 열렸으며, 1986년 7월 27일 WCC 제6차 총회가 폐막될 때 '한반도의 평화와 통일'이란 정책 성명을 채택했다. 1989년 8월 26일 모인 세계개혁교회연맹

---

566) 「福音新聞」, 1988. 11. 30.

(WARC) 제22차 총회도 '한반도의 통일과 화해'라는 성명서를 채택해, 한반도 통일 문제는 세계교회의 공통된 관심 대상이 됐다.

1991년 2월, 호주 캔버라에서 모인 WCC 제7차 총회에 조선기독교도연맹 대표 4인이 옵서버 자격으로 참석해 그들이 세계교회와 유대 관계를 맺기 원하는 모습을 보여 주었다.[567]

5. 통일을 위한 범종단협의체 구성

분단된 국토와 민족이 통일되어야 한다는 명제는 어느 특정 집단이나 종파의 문제가 아니라 온 민족의 공통 문제일 수밖에 없다. 이 문제를 위해 통일염원평화대행진이 개신교, 천주교, 불교 등 3개 종파와 50여 개 재야 단체가 연합한 가운데 1988년 7월 2일부터 4일까지 열려 통일을 위한 노력을 다짐한 바 있다.

이런 종단 간 움직임 속에 1993년 7월 개신교, 천주교, 불교, 원불교 등 4개 종단 통일운동 연대 기구인 '민족의 화해와 통일을 위한 종교인 협의회'가 출범했다 서울 연지동 기독교회관 2층 예배실에서 창립 총회를 갖고, 공동대표에 김상근 목사, 함세웅 신부, 지선 승려, 김현 교무 등 4명을 선출했다. 이날 총회에 참석한 인사들은 한국기독교사회연합, 전국목회자정의평화실천협의회, 한국교회여성연합회, 천주교정의구현전국사제단, 실천불교전국승가회, 원불교사회개벽교무단 등에서 주도적 역할을 하는 인사여서 사실상 이 단체 총합과 같은 성격을 띠었다.

이 협의회가 발족하게 된 동기에 대해, 정부 안에 반 통일 세력

---

[567] 강인철, "현대북한종교사의 재인식", 김흥수 편, 『해방 후 북한 교회사』, 211쪽.

이 인적·제도적 장벽을 확고히 구축하고 있으며, 통일 문제에 관해 이전보다 전향적으로 임하는 새 정부가 오히려 더 강경하게 창구 단일화 논리를 펴면서 민간 통일운동을 제어하려는 경향을 보이는 상황에 맞서 위축된 민간 통일운동을 활성화하려는 것이라고 설명했다. 협회는 이날 발표한 선언문을 통해 앞으로 "통일운동에 대한 다양한 접근법을 존중하고……이 바탕 위에서 민간의 자주적 통일운동 세력들이 작은 차이들을 극복하고 하나가 되는 데 기여하고자 한다"[568]고 밝혔다. 통일을 위해 많은 사람이 의견을 모으고 힘을 합하는 것은 바람직스러운 일이나, 이것이 일부 급진적 인사들의 일방적 주도에 이끌려가는 것은 바람직스럽지 못할 뿐 아니라, 모두가 참가해야 할 과제인 통일 문제를 편향적으로 몰고 갈 위험이 있다는 점 또한 경계해야 할 것임을 지적해 두어야 하겠다.

한국기독교교회연합회(NCC)는 글리옹에서 남북 대표들이 모여 합의한 대로 1995년을 희년(禧年)으로 삼고, 그때까지 남북통일을 이룬다는 목표 아래 남북이 합심하여 기도하면서 다양한 사업을 벌였다. 그러나 그 꿈은 이루어지지 않았고 아직도 통일의 날은 멀리 있는 것같이 보인다. 북한 동포가 수해와 기타 여러 재난으로 굶주려 죽고, 고통당한다는 슬픈 소식을 들을 때, 동족이 언제까지 이런 고난의 세월을 보내야 하는지 안타까운 마음을 금할 길 없다.

더욱이 북한은 김일성 사후 그 아들 김정일이 철권통치를 이어 가며, 핵을 개발해 실험하고 핵무장을 현실화했다. 그의 사후 그의 아들 김정은이 권력을 이어받고 여전히 철권통치를 철저히 이행하고 있다. 그는 더욱 강경한 자세로 UN과 대립하며, 재제에도 불구하고 중국을 업고, 핵실험과 미사일 발사를 계속해 세계 불량 국가

---

[568] 「한겨레신문」, 1993. 7. 3.

로 낙인찍힌 지 오래다.

경제 협력의 상징이던 개성공단을 통한 남북 간 소통이 이제는 폐쇄돼, 남북이 만날 수 있는 통로마저 막힌 현실에서 통일 논의는 부질없는 일이 된 지 오래다.

더욱이 우리 주변의 4대 강국인 미국, 일본, 중국, 러시아가 남북 통일을 음양으로 가로 막고 있는 것이 현실이다. 만일 남북이 통일되면 남한의 5천만, 북한 3천만 인구가 8천만이 되는 인구 강국이 된다. 뿐만 아니라 남한의 자본, 기술과 북한의 노동력, 자원이 결합하면 세계 굴지의 경제 대국으로 웅비할 수 있는 가능성을 이 나라들은 반길 리 없다. 언제나 기득권 세력은 '현상 유지'(status quo) 정책을 최우선으로 내세우는 것이 역사의 흐름이다. 이들 국가는 남북이 통일돼 동북아 권력 지형이 급변하는 것을 결코 바라지 않을 것이다. 따라서 4대 강국의 동의 없는 통일은 요원하다. 그러므로 통일 현실이란 거의 불가능하다는 결론에 이를 수밖에 없다.

그러나 통일은 언젠가는 이루어질 것이다. 그것이 언제냐는 오직 하나님만이 아실 뿐이다. 우리는 이 일이 속히 이루어지기 위해 기도하고 노력할 뿐이다.

결론

　우리 민족은 반만년의 역사를 이어왔다. 그러나 그 역사는 수난의 연속이었다. 강대국 사이에서 항상 전쟁에 시달렸으며 침략과 수탈의 연속으로 영일 없는 나날을 보내왔다. 그러나 그런 와중에서도 길가에 짓밟히는 잡초처럼 끈질긴 생명을 이어왔다. 때로는 투쟁으로 때로는 움츠러들면서도, 민족의 얼은 꿋꿋이 살아 있어 후대에 전수되어 오늘에 이르고 있다.

　우리 민족의 역사 속에 잡다한 종교들이 부침했지만, 그것들 중 어느 하나도 우리 민족 종교로 자리 잡지 못하고 명멸하고 말았다. 따라서 외국 사람들이 우리 민족을 종교가 없는 민족이라 했다. 그러나 이것은 곧 기독교가 이 땅에 들어오기에 적당한 토양을 제공했다는 의미에서 여간 다행한 일이 아니다.

　하나님의 섭리 중 우리 민족이 기독교 복음을 받은 것이 벌써 2세기가 지났다. 먼저 이 땅에 들어온 로마 가톨릭교회는 혹독한 고난과 박해 속에서 무수한 순교자의 피를 밑거름으로 하여 성장하면서 영욕의 역사를 이어왔다. 개신교회는 로마 가톨릭교회보다 한 세기 늦게 들어왔지만 어쩔 수 없이 개국을 한 나라 형편과 맞물려 서구제국들의 내한과 더불어 이 땅에 선교의 기틀을 마련했다. 개신교는 밀려오는 일본 제국주의에 저항하는 민족과 더불어 정치적 운동에 연대 투쟁은 하지 않았지만 항일하는 일에서 여러 모양으로 결속해 놀라운 선교의 성과를 거둘 수 있었다.

뒤떨어진 문화와 과학의 발전을 염원하면서 국가의 장래를 염려하던 민족 지도자들이 교회로 밀려들어 왔고, 도탄에 빠져 헤매던 백성은 새로운 신앙에 몰입함으로, 기적과 같은 교회 성장을 이루었다. 이는 하나님께서 수천 년 동안 참 하나님을 알지 못하고, 거짓 신을 섬기며, 자연물과 우상을 섬기고 어둠 속에 살던 우리 민족을 사랑하셔서 우리에게 복음을 허락하시고 살아 계신 참 하나님을 섬길 수 있도록 하신 은혜이다. 우리 민족이 예수 그리스도를 통해 영원한 생명을 소유할 수 있게 된 것은 하나님의 섭리임을 고백할 수밖에 없다.

일제 치하에서 나라를 빼앗긴 설움에 울던 백성에게 내일에 대한 소망과 고난 속에서 하늘을 향해 두 손 들고 애원할 수 있는 믿음과 비전을 제공해 준 교회는, 이 민족과 더불어 울고 웃던 가장 친근한 벗이었다. 일제 말엽 왜곡된 역사의 소용돌이 속에서 굴절된 모습을 보인 때도 있었지만, 그 마음속에 타고 있는 신앙의 불꽃은 꺼지지 않고 밝아오는 새벽을 기다리고 있었다. 6·25의 참화와 군사독재의 암울한 시대에도 교회는 늘 그 자리에 의연히 서 있어 민족 지표 확보를 위해 부단히 노력하는 모습을 보였다.

이제 우리 교회는 21세기 새 시대에 접어들었고, 선교 2세기에 접어든 지 이미 사반세기(25년)가 지나고 있다. 한국교회는 하나님께서 우리 민족을 향해 원하시는 뜻을 헤아려 이 시대에 짊어지고 갈 십자가를 직시하고 그 사명 감당을 위해 최선을 다해야 할 것이다. 특별히 한국교회는 이제 우리 민족 역사 속에 자행한 온갖 부끄러운 역사를 청산하기 위해 참회운동과 더불어 새로운 각오로 이 시대에 주어진 사명을 감당해 나가야 한다. 이 민족과 교회 속에 역사하신 하나님께서 불원한 장래에 통일을 허락하실 줄 믿으며, 통일된 조국의 하늘 아래서 남과 북이 하나 돼 민족과 세계를 위한 사명을 감당할 책임을 재확인해야 할 것이다.

교회의 사명은 복음을 통한 민족과 국가가 나아가야 할 길을 제시해 주는 것이며, 올바른 역사관과 가치관 그리고 시대적 사명을 자각하게 하는 일이다. 우리 교회는 민족의 혼과 문화 속에 깊이 뿌리박아 기독교가 참된 의미의 민족 종교가 되기 위해 부단한 노력을 경주해야 하며, 끊임없이 기도해야 할 것이다.

"오직 하나님께만 영광이 있을지어다" (Soli Deo Gloria).

참고 문헌

한국사 및 한국교회사 관계

『姜信明 信仰著作集』, 기독교문사, 1987.
姜晋哲, 姜萬吉, 金貞培, 『世界史에 비춘 韓國의 歷史』.
姜渭祚, 『日帝 統治下 韓國의 宗教와 政治』, 大韓 基督教 書會, 1977.
郭安連 譯編, 『朝鮮長老會史典彙集』, 서울: 朝鮮예수教書會, 昭和 十年.
구라타 마사히코, 『일제의 한국 기독교 탄압사』, 기독교문사, 1991.
國史編纂委員會, 『韓國獨立運動史』 1. 서울: 정음문화사, 1983.
_____. 『韓國史』, 1-16권, 1975.
『基督教年鑑』, 基督教文社.
『基督教大百科事典』, 基督教文社, 1986.
吉善宙, 『末世學』.
길진경, 『靈溪 吉善宙』, 종로서적, 1980.
吉鎭京 編, 『靈溪 吉善宙 牧師 遺稿選集』, 서울: 보진재, 1968.
金景來 編, 『社會惡과 異端運動』, 서울: 基文社, 1957.
金光洙, 『北韓基督教探索史』, 基督教文社, 1994.
_____. 『韓國基督教傳來史』, 서울: 韓國 基督教研究院, 1984.
김광현, 『이 풍랑 인연하여서』, 성서교재사, 1993.
『金教臣 信仰著作集』, 서울: 金教臣著作刊行會, 1965-66.
김구, 『백범일지』, 서울: 범우사, 1995.
金南植, 『韓國基督教勉勵 運動史』, 한국청장년면려회 전국연합회, 1979.
金成植, 『日帝下 韓國學生獨立運動史』, 正音社, 1981.
金成俊, 『韓國基督教史』, 韓國教會教育研究院, 1980.
金良善, 『韓國基督教解放十年史』, 大韓예수教長老會總會 宗教教育部, 1956.
_____. 『韓國基督教史研究』, 서울: 基督教文社, 1971.

김요나,『총신 90년사』, 서울: 양문, 1991.
金用淑,『韓國 女俗史』, 民音社, 1990.
金源模,『알렌의 日記』, 檀國大學校出版部, 1991.
『金麟瑞著作全集』, 第 1~5 卷, 서울: 信望愛社, 1976.
金隣瑞,『朱基徹牧師의 殉敎史와 說敎集』, 信仰生活社, 1959.
김인수 역,『언더우드 목사의 선교편지』, 장로회신학대학교 출판부, 2002.
＿＿＿.『한·중·일 선교사』, 서울: 쿰란출판사, 2003.
＿＿＿.『예수의 양 주기철』, 서울: 홍성사, 2007.
＿＿＿.『일제의 한국교회 박해사』, 서울: 대한기독교서회, 2006.
＿＿＿ 역,『헤론 의사의 선교편지』, 서울: 장로회신학대학교 부설 한국교회사연구원, 2007.
김정주 편,『한국 절제운동 70년사』(1923-1993), 한국기독교여자절제회, 193.
金春培,『韓國基督敎受難史話』聖文學舍, 1979.
김흥수 편,『해방 후 북한 교회사』, 다산글방, 1992.
『南傳道會七十年史 1924-1994』, 대한예수교장로회 남선교회전국연합회, 1996.
盧平久 편,『金敎臣 信仰著作集』, 金敎臣著作 刊行會, 1965.
『大韓基督敎長老會 總會錄』, 1962.
『大韓基督敎浸禮敎會史』.
『대한성서공회사』 1-3권, 대한성서공회사, 1994.
대한예수교장로회총회,『한국교회 100주년 기념사업 종합보고서』, 대한예수교장로회 한국교회 100주년 준비위원회, 1985.
『獨立運動史資料集』(I-V권), 서울: 獨立運動史編輯委員會, 1977.
로해리,『조선긔독교회략사』, 조선긔독교서회, 1933.
馬三樂,『亞細亞와 宣敎』, 長老會神學大學 宣敎問題研究院, 1976.
閔庚培,『敎會와 民族』, 大韓基督敎出版社, 1981.
＿＿＿.『大韓예수敎長老會百年史』, 大韓예수敎長老會 總會敎育部, 1984.
＿＿＿.『주기철』, 동아일보사, 1996.
＿＿＿.『韓國基督敎會史』, 新改訂版, 延世大學校 出版部, 1993.
『民族運動叢書』, 9卷.
朴慶植,『朝鮮三一獨立運動』, 1976.
朴永浩,『씨을』多夕 柳永模의 生涯와 思想. 弘益齊, 1994.

朴殷植,『韓國 獨立運動之血史』, 서울: 檀國大學校, 1920.
_____.『韓國痛史』, 하와이 권업동맹단, 1917.
박정화 외 2인,『野錄 統一敎會史』, 큰샘출판사, 1996.
飯沼二朗, 韓晳曦,『일제 통치와 일본 기독교』, 서울: 所望社, 1989.
白樂濬,『韓國改新敎史』, 延世大學校 出版部, 1973.
邊宗浩,『李龍道 牧師 書簡集』, 서울: 心友園, 1934.
_____.『李龍道 牧師 傳』, 서울: 心友園, 1958.
_____.『李龍道 日記』, 서울: 心友園, 1934.
邊太燮,『韓國史通論』, 三英社, 1986.
『3·1 運動 50周年 紀念論集』, 東亞日報社, 1969.
『새문안교회 70년사』, 서울: 새문안교회 70년사 출판위원회, 1958.
徐明源,『韓國敎會成長史』, 이승익 譯, 基督敎書會, 1966.
小川圭治, 池明觀 編,『韓日 그리스도교 關係史資料 1876-1922』, 金允玉, 孫奎泰 共譯, 韓國 神 學硏究所, 1990.
손인수,『원한경의 삶과 교육사상』- H. H. 언더우드의 선교 교육과 한국학 연구, 연세대학교출판사, 1992.
宋吉燮,『韓國神學思想史』, 서울: 大韓基督敎 出版社, 1987.
심군식,『한국교회 인물 25人 약사』, 양문, 1993.
愼鏞廈,『獨立協會硏究』, 一朝閣, 1976.
_____.『韓民族獨立運動史 硏究』, 乙酉文化社, 1985.
_____.『3·1독립운동』, 한국독립운동사 연구소, 1989.
안이숙,『죽으면 죽으리라』, 신망애출판사, 1969.
알렌, H. N.,『朝鮮見聞記』. 申福龍 역, 서울: 博英社, 1979.
梁柱三,『朝鮮南監理敎會 三十年記念報』, 서울: 朝鮮南監理敎會 傳道局, 1926.
『연세대학교사』, 연세대학교 출판부, 1969.
吳允台,『韓國基督敎史』, IV, 先驅者 李樹廷 편, 惠善出版社, 1983.
_____.『韓·日基督敎交流史』.
『原理解說』, 제4판, 서울: 世界基督敎統一神靈協會, 1962.
유동식,『정동제일교회의 역사』, 1885-1990, 기독교 대한감리회 정동제일교회, 1992.
柳東植,『韓國神學의 鑛脈』, 서울: 展望社, 1982.
柳洪烈,『韓國 天主敎會史』, 增補, 서울: 가톨릭 출판사, 1990.

尹慶老,『105人 事件과 新民會硏究』, 서울: 一志社, 1990.
尹聖範,『基督敎와 韓國思想』, 基督敎書會, 1964.
尹春炳,『韓國基督敎新聞, 雜誌 100年史』, 大韓基督敎出版社, 1984.
이관숙,『중국 기독교사』, 쿰란출판사, 1995.
이광린,『초대 언더우드 선교사의 생애』, 연세대학교 출판부, 1991.
李能和,『朝鮮基督敎及外交史』, 上編, 朝鮮基督敎昌文社, 1928.
이만열 편,『아펜젤러-한국에 온 첫 선교사』, 연세대학교 출판부, 1985.
李萬烈 외 7인,『한국 기독교와 민족운동』, 보성, 1986.
李晚采,『闢衛編』, 서울: 1931.
李炳憲 편,『三一運動秘史』, 時事時報社 出版局, 4292(檀記).
李成森,『韓國監理敎會史』, 1978.
李榮麟,『韓國再臨敎會史』, 時兆社, 1965.
李永獻,『韓國基督敎史』, 컨콜디아사, 1978.
李元淳, 許仁 編,『金大建의 書翰』, 正音社, 1975.
이장식,『아시아 고대 기독교사』1-16세기, 기독교문사, 1993.
李正植 編,『韓國獨立運動史』, I, 正音文化社, 1983.
李正洙 編,『韓國浸禮敎會史』, 침례회출판사, 1990.
李鉉淙 編,『韓國獨立運動史』I, III卷, 정음문화사, 1983.
李贊英,『韓國基督敎會史總攬』, 所望社, 1994.
李泉泳,『聖潔敎會史』, 大韓基督敎聖潔敎會 出版部, 1970.
『日本公使館 記錄』.
『日本外交文書』, 第28卷, 第1冊.
『日帝의 經濟侵奪史』, 民衆書館, 1971.
林鍾國,『親日文學論』, 서울: 平和出版社, 1986.
_____ 편,『親日論說選集』.
『長老會神學大學 七十年史』, 長老會神學大學, 1971.
『長老敎會史典彙集』, 朝鮮 耶蘇敎書會, 昭和 十年.
張亨一,『韓國 救世軍史』, 救世軍大韓本營, 1975.
張喜根,『韓國長老敎會史』, 부산: 亞成出版社, 1970.
全炳昊,『崔泰瑢의 生涯와 思想』, 서울: 聖書敎材刊行社, 1983.
田保橋潔,『朝鮮統治史論稿』, 서울: 성진문화사, 1972.
전택부,『韓國基督敎靑年運動史』, 正音社, 1978.

鄭喬, 『大韓季年史』, 國史編纂委員會, 1957.
정규오, 『신학적 입장에서 본 한국장로교회사』, 한국복음문서협회, 1983.
정재문, 정제선, 『한국 가톨릭-어제와 오늘』, 가톨릭출판사, 1963.
丁孝燮, 『韓國女性運動史』, 一潮閣, 1979.
帝國地方行政學會 編, 『朝鮮統治秘話』, 1937.
『朝鮮예수敎長老會史記』上, 朝鮮예수敎長老會總會, 1928.
『朝鮮예수敎長老會史記』下, 韓國敎會史學會 編, 1968.
주선애, 『장로교 여성사』, 예수교장로회 여전도회전국연합회, 1979.
『最近의 朝鮮 治安狀況』, 朝鮮總督府警務局, 昭和 13年.
『最近朝鮮事情要覽』, 朝鮮總督府, 1926.
崔德臣, 『新興宗敎集團에 관한 比較硏究』, 서울: 참빛사, 1965.
崔奭祐, 『韓國天主敎會의 歷史』, 韓國敎會史硏究所, 1982.
『최태용의 생애와 신학』, 기독교대한복음교회 총회 신학위원회 편, 한국 신학연구소, 1995.
崔薰, 『한국재건교회사』, 성광문화사, 1989.
卓明煥, 『統一敎의 實相과 虛像』, 上卷, 國際宗敎問題硏究所, 1979.
澤正彦, 『日本基督敎會』, 大韓基督敎書會, 1976.
『統一敎會史』, 上卷, 世界基督敎統一神靈協會, 1978.
『平北老會史』, 平北老會編輯委員會, 敎文社, 1979.
『平壤老會史』, 平壤老會史編輯委員會, 1990.
『한국교회 100주년 기념사업 종합보고서』, 대한예수교장로회 총회, 1985.
『한국기독교의 역사』, I, II, 한국기독교역사연구회(편), 서울: 기독교문사, 1989, 1991.
『韓國獨立運動史』, 國史編纂委員會, 1-5 卷.
『한국사』, 1-11권, 한길사, 1995.
『韓國聖潔敎會史』, 基督敎大韓聖潔敎會, 1992.
『한국 YMCA 운동사 1895-1985』, 대한YMCA연맹, 1986.
한석희, 『일제의 종교 침략사』, 김승태 옮김, 서울: 기독교문사, 1990.
한영제, 『한국성서찬송가 100년』, 기독교문사, 1987.
韓㳓劤, 『韓國通史』, 서울: 乙酉文化社, 1983.
咸錫憲, 『聖書的 立場에서 본 朝鮮歷史』, 서울: 新生館, 1961.
洪相杓, 『間島獨立運動小史』, 平澤: 韓光中高等學校, 1966.

홍연호, 『한말의 기독청년운동사 연구』, 대한예수교장로회총회교육부, 1976.
『1980년대의 韓國 民衆神學의 展開』, 韓國神學研究所 편, 서울: 韓國神學
研究所, 1990.

신문 및 잡지

「教會史研究」.
「教會聯合新報」.
「教會와 神學」.
「國史館論叢」.
「그리스도신문」.
「그리스도회보」.
「基督敎思想」.
「基督敎新聞」.
「基督申報」.
「대한그리스도인회보」.
「大韓每日申報」.
「東方學誌」.
「東亞日報」.
「每日申報」.
「白山學報」.
「福音新報」.
「史學研究」.
「聖書朝鮮」.
「信仰生活」.
「神學論壇」.
「神學指南」.
「歷史學報」.
「예수교신보」.
「예수교회보」.
「長老會報」.
「朝鮮監理會報」.

「朝鮮日報」.
「죠션그리스도인회보」.
「크리스챤신문」.
「平壤老會史」.
「韓國基督敎史硏究」.
「韓國史硏究」.
「한국일보」.
「韓國天主敎會史硏究」.

구미 서적

Allen, H. N. *Chronological Index of the Foreign Relations of Korea, From Beginning of Christian Era to 20th Century*. 金源模 編著.『近代韓國 外交史年表』. 檀國大學出版部, 1984.

_____. *Allen's Dairy*.『알렌의 일기』. 金源模 역. 檀國大學出版部, 1991.

Appenzeller's Diary.

Avison, O. R. *Memoirs of Life in Korea*.

The Bible in the World. The British and Foreign Bible Society.

Bishop, I. B. *Korea and her Neighbour, A Narrative of Travel with the Account of the Recent Vicissitude and the Present Position of the Country*. 2 Vols. London: John Murray, 1898.

Blair, William & Bruce Hunter. *Korean Pentecost and the Sufferings which Followed*. Carlisle, Penn.: The Banner of Truth Trust, 1977.

Brown, A. J. *One Hundred Years, A Story of the Foreign Missionary Work of the Presbyterian Church in the U.S.A*. New York: Fleming H. Revell, 1936.

Brown, G. T. *Missions to Korea*. The Presbyterian Church of Korea Department of Education. Seoul, Korea: 1962.

Clark, C. A. *Korean Church and the Nevius Methods*. New York: Flemning H. Revell, 1930.

_____. *The Nevius Plan for Mission Work in Korea*. Seoul: Christian Literature Society, 1937.

Cumings, Bruce. *The Origins of the Korean War*. Vol. I, Liberation and the Emergence of Separate Regimes 1945-1947. Princeton University Press, 1990.

_____. *The Origins of the Korean War*. Vol. II. The Roaring of the Cataract 1947-1950. Princeton University Press, 1990

Dallet, Charles. *The History of the Catholic Church in Korea*. Trans. Charles Messener. New Heaven: 1952. 『韓國天主敎會史』. 3권, 安應烈, 崔奭祐 譯注. 분도출판사, 1979-80.

Fisher, J. E. *Pioneer of Modern Korea*. Seoul: Christian Literature Society, 1977.

Gale, James. *Korea in Transition*. New York: Laymen's Missionary Movement, 1909.

Griffis, W. E. *Corea, the Hermit Nation*. New York: Charles Scribners, 1889.

Gutzlaff, K. F. A. *Journal of Three Voyages along the Coast of China, in 1831, 1832 & 1833 with the Notices of Siam, Corea and the Loo-Choo Island*. London: Fredrick Westley & A.H.Davis, 1834.

Harrington, F. H. *God, Mammon, and the Japanese*. 『開化期의 韓美關係』. 李光麟 역, 서울: 一潮閣, 1991.

Hall, R. S. *With Stethoscope in Asia*. 『닥터 홀의 조선 회상』. 金東悅 역. 동아일보사, 1984.

Heron, John W. 김인수 역. 『헤론 의사의 선교편지』. 장로회신학대학교 한국교회사연구원, 2007.

Hitch, J. W. *Minutes of the Korean Missions of the Methodist Episcopal Church, South*.

Hulbert, H. B. *The Passing of Korea*, 2 Vols. New York: Double Day Page, 1906.

Kerr, A. and George Anderson, eds. *The Australian Presbyterian Mission in Korea, 1889-1941*. Australian Presbyterian Board of Missions, 1970.

Latourette, Kenneth S. *A History of Christianity*. New York: Harper and Row, Publishers, 1953.

_____. *A History of the Expansion of Christianity*. Vol. II. New York: Harper and Brothers, 1978.

McCully, E. A. *A Corn of Wheat, The Life of Rev. W. J. McKenzie of Korea*, 2nd ed.

McKenzie, F. A. *Korea's Fight for Freedom*. New York: Fleming H. Revell, 1920.
_____. *The Tragedy of Korea*. London: Hodder and Stoughton, 1908.
Minutes of the Korea Mission, Methodist Episcopal Church, North.
Moffett, S. H. *The Christians in Korea*. New York: Friendship Press, 1962.
_____. *A History of Christianity in Asia*. Vol. I. II 『아시아 기독교회사』제1권. 김인수 역. 장로회신학대학교 출판부, 1996.
Neill, Stephen. *A History of Christian Missions*. 2nd ed. New York: Penguin Books, 1986.
Nisbet, Anabel M. *Day In and Day Out in Korea*. Richmond, VA. Presbyterian Committee of Publication, 1920.
Paik, L. G. *The History of Protestant Missions in Korea, 1882-1910*. Pyeng Yang: Union Christian College, 1929.
Quarto Centennial Papers, read before the Korea Mission of the Presbyterian Church in the U.S.A. at the Annual Meeting in Pyeng Yang: 1909.
Rhodes, H. A. ed., *Fiftieth Anniversary Celebration of the Korea Mission of the Presbyterian Church, U.S.A*. Seoul: YMCA Press, 1934.
_____. ed. *History of the Korea Mission Presbyterian Church U.S.A. 1884-1934*, Vol. I, Chosen Missions, Presbyterian Church, U.S.A., 1934.
Rhodes, H. A. and A.Campbell, eds. *History of the Korea Missin Presbyterian Church in the U.S.A*. Vol. II. 1935-1959 (The Presbyterian Church of Korea Department of Education, Seoul Korea, 1965.
Rubruck, W. *The Journey of Wm. Rubruc to the Eastern Parts of the World, 1253-1255*. Tr. by W.W.Rockhill. London: for the Haluyt Society, 1900.
Scalapino, R. A., Chong Sik Lee, *Communism in Korea*. Part I: The Movement. 한홍구 역.『한국 공산주의 운동사』. I. 식민지 시대 편. 돌베개, 1986.
Schaff, P. *History of Christian Church*, VIII vols. Grand Rapid: Wm. B. Eerdmans, 1953.
Shearer, R. E. *Wildfire: Church Growth in Korea*. 이승익 역.『韓國敎會成長史』. 大韓基督敎書會, 1972.
Suh, D. S. *Documents of Korean Communism*, 1918-1948.
Underwood, H. G. *The Call of Korea, Political-Social-Religious*. New York:

Fleming H. Revell, 1908.
Underwood, H. H. *Modern Education in Korea*. New York: International Press, 1926. Underwood, Lillias H. Fifteen Years Among the Top-knots or Life in Korea. New York: American Tract Society, 1904.
_____. *Underwood of Korea*. New York: Fleming H. Revell, 1918.
Wasson, A. W. *Church Growth in Korea*. New York: International Missionary Council, 1934.
Wells, K. M. *New God, New Nation, Protestants and Self-Reconstruction Nationalism in Korea, 1896-1937*. Honolulu: University of Hawaii, 1990.
The World Missionary Conference at Edinburgh, 1910, *The Report of Commission I*.

보고서 및 잡지

Annual Report of the London Missionary Society.
Annual Report of the Missionary Society of the Methodist Episcopal Church, North, South.
The Annual Report of the National Bible Society of Scotland, Glasgo: 1868-1920.
Assembly Herald.
The Foreign Missionary
The International Review of the Mission. Edinburgh.
The Korea Repository Magazine.
The Korea Mission Field.
The Korean Repository.
The Korea Review.
The Minutes of the Korea Mission Presbyterian Church in the U.S.A., 1910-1956.
The Minutes of the General Assembly of the United Presbyterian Church in the U.S.A.
The Minutes of the General Council of Protestant Evangelical Missions in Korea.
The Missionary Review of the World.
The United Presbyterian Missionary Record. Scotland Church.
Woman's Work for Woman.

찾아보기

ㄱ

감선회 … 200
갑신정변 … 80, 90, 91, 94, 99, 137, 143
강신극 … 250
강양욱 … 245, 325, 327, 328, 329, 330
게일 … 96, 144, 171, 176
경교 … 14, 15, 16, 17, 19
경기노회 총대 사건 … 373
경성신학교 … 337
경신학교 … 115, 231
계일승 … 347, 372, 380, 381, 382
고려문 … 74
고려신학교 … 340, 341, 342, 343, 344, 345, 346
고려파 … 343, 344, 345, 370, 380, 383
공동번역 … 403, 404
공서파 … 39
광혜원 … 91
구베아 … 33, 38, 40
구세군 … 104, 105, 123, 124, 210, 211, 273, 274, 290, 339, 353, 356, 412, 414
국민정신 총동원 조선연맹 … 289
국제기독교협회(ICCC) … 379, 381, 386
국제선교협의회 … 159, 270, 357
국채보상운동 … 197
군목 제도 … 359
권상연 … 37, 39
권일신 … 29, 33
귀츨라프 … 67, 68, 69, 70
그레이엄 … 407, 408, 410, 419
기독교서회 … 260, 353
기독교여자청년회(YWCA) … 76, 177, 178, 291, 293, 314, 316, 414, 416
기독교장로회 … 347, 349, 370, 398, 412
기독교청년회(YMCA) … 153, 154, 175, 176, 177, 197, 199, 216, 218, 228, 229, 230, 231, 259, 260, 261, 262, 263, 269, 270, 271, 272, 276, 278, 291, 293, 353, 355
기포드 … 107
기해교난 … 42, 43

길선주 … 125, 143, 154, 155, 156, 157, 158, 160, 162, 188, 190, 203, 205, 229, 240, 241, 242, 245, 249, 281, 282, 300
김관식 … 332, 376
김교신 … 253, 254, 256, 257
김구 … 191, 213, 324, 333
김규식 … 264, 333
김길창 … 292, 294, 295, 344, 345
김대건 … 44, 45
김대현 … 315, 316
김린서 … 241, 242, 243, 299, 300
김범우 … 33
김선두 … 231, 292
김양선 … 17, 282, 335
김영주 … 279, 280, 315, 332, 353
김영훈 … 206
김예진 … 354
김응순 … 291, 325, 327, 328
김응조 … 337
김익두 … 240, 242, 243, 245, 249, 298, 299, 325, 327, 354
김인준 … 296, 327, 328
김일선 … 292, 296
김일성 … 324, 325, 326, 327, 328, 331, 335, 350, 351, 353, 425, 426, 430, 433
김재준 … 276, 278, 279, 316, 340, 342, 378
김진기 … 75
김진수 … 323
김춘배 … 280, 416
김치선 … 347, 363, 364, 386
김현정 … 377
김활란 … 314, 397

ㄴ

나운몽 … 361, 362
날연보 … 166
남감리회 … 153, 207
남궁혁 … 203, 248, 278, 279, 353
남부대회 … 332, 333, 334, 335, 343
남연군 … 52, 55, 56
남장로교회 … 72, 98, 99, 109, 128, 129, 133, 169, 202, 287, 297, 382, 401, 416
내선일체 … 285
내촌감삼(우치무라) … 253, 257
네비어스 … 115, 126, 127, 128, 130, 132, 133, 135, 138, 179
노도사 … 117, 118
「농민생활」 … 269, 270
농우회사건 … 271

ㄷ

다블뤼 … 45, 60
다이 … 171
달레 … 33
대원군 … 46, 47, 48, 49, 55, 56, 171
대진경교중국유행비 … 17

찾아보기 … 449

대한부인회 … 198
대화회 … 211, 338
데라우치(사내정의) … 212, 213, 214, 215, 224, 284
데이비스 … 95, 96, 97, 99, 106, 128
도시 산업선교 … 392, 393
독노회 … 157, 165, 204, 205
독립협회 … 143, 144
동아기독교 … 337
동아기독교회 … 211, 265, 266, 338
동양선교회 복음전도관 … 208, 209
동학 … 149, 150

맥켄지 … 100, 101, 102, 107
맥코믹신학교 … 98, 109
맥큔 … 215, 287
메이첸 … 279, 341
명동성당 … 193, 402, 403
명성왕후 … 395
모방 … 43, 44
모트 … 269, 270
묄렌도르프 … 90
문선명 … 253, 366, 367, 368, 369
뮤텔 … 54
미군 철수 반대 … 400, 401, 402
민영익 … 80, 82, 84, 90, 91, 111, 137
민중신학 … 390, 391, 392

ㄹ

레이놀즈 … 72, 98, 99, 133, 134, 205
로스 … 73, 74, 75, 76, 77, 125, 196
로욜라 … 21
리델 … 49, 60
리드 … 165

ㅁ

마펫 … 120, 140, 146, 156, 202, 203, 231
매클레이 … 83, 84
매킨타이어 … 73, 74, 379, 381, 386, 387
맥윌리엄스 … 85, 86, 93

ㅂ

바티칸 공의회 … 402
박관준 … 303, 321
박윤선 … 340, 341, 385
박응률 … 293
박태로 … 206
박태선 … 253, 363, 364, 365, 368, 369
박형룡 … 203, 257, 276, 278, 279, 281, 296, 315, 322, 341, 342, 345, 346, 347, 371, 372, 376, 377, 378, 379, 385
방기창 … 202, 203
배민수 … 271
배은희 … 334

배재학당 … 108, 116, 117, 173, 176
백락준 … 77, 80, 138, 310
백만명구령운동 … 165, 212
백서 … 41, 52, 53, 54, 55, 56, 58
105인 사건 … 204, 213, 214, 215, 216백홍준 … 74, 75, 77
벨테브레 … 64, 65
벽파 … 41
변홍규 … 336
병오교난 … 44, 45
병인교난 … 46, 60
병인양요 … 49
보구여관 … 113
복음교회 … 257, 258, 412, 426, 428
복음주의선교공의회 … 123
봉수교회 … 428, 429
봉천신학교 … 322, 341, 345
부스 … 104, 105, 210, 339
브라운 … 167, 216, 217
블레어 … 155, 296
빅토리아장로교회 … 95
빌헬름 … 148

ㅅ

사경회 … 154, 155, 157, 158, 162, 165, 197, 226, 241, 243, 245, 246, 248, 249, 250, 253, 273, 298, 299
사병순 … 206
사비에르 … 21, 22

3천만 환 사기사건 … 371
상민회 … 196
상재상서 … 57, 58
새문안교회 … 77, 120, 264, 333, 336, 342, 346, 362, 382, 401, 402, 419
새벽기도회 … 155, 160, 161, 165, 245, 354
서경조 … 119, 203
서상륜 … 75, 77, 118
서재필 … 143
선교 100주년 기념 … 405, 418, 420
선명회 … 358
선우혁 … 215, 228, 229
성결교회 … 123, 208, 209, 253, 290, 295, 303, 312, 337, 353, 359, 387, 412, 416
성공회 … 95, 97, 113, 123, 125, 290, 312, 412, 414, 416
성서 번역 … 72, 78, 108, 121
「성서조선」 … 248, 254, 256
성화신학교 … 328
세계교회협의회(WCC) … 357, 375, 375, 376, 377, 378, 379, 386, 422, 429, 430, 431, 432
세브란스병원 … 77, 92, 229, 230
세스페데스 … 23, 24, 25
소래 … 77, 101, 102, 118
소현세자 … 27, 28
손병희 … 229
손양원 … 291, 299, 321, 332, 334, 340, 355, 356

찾아보기 … 451

송창근 … 278, 281, 282, 300, 332, 353
숭실전문 … 72, 157, 269, 270, 286, 287, 327
숭실중학교 … 287
스크랜턴 … 84, 95, 112, 115, 117, 121, 130
스티븐슨 … 192
스피어 … 189
승동 측 … 375, 382, 383, 384
시파 … 40, 41, 42
신비주의 … 240, 245, 246, 247, 249, 250
신사참배 강요 … 245, 303, 325
신유교난 … 35, 39, 41, 46, 53, 54
「신정찬송가」 … 274
「신학지남」 … 278, 279
신해교난 … 36
신현균 … 409
신흥우 … 144, 259, 260, 261, 269

ㅇ

아담 샬 … 27
『아빙돈(Avingdon) 단권주석』 … 281
아펜젤러 … 84, 93, 94, 95, 99, 108, 116, 121, 124, 125, 146, 175
안식교회 … 303, 312
안악 사건 … 214
안중근 … 192, 193, 212, 213
안창호 … 143, 194, 214, 215

알렌 … 32, 88, 89, 90, 91, 95, 106, 111, 112, 118, 119, 137, 146, 147, 418
알로펜 … 15
앙베르 … 43, 59
애향숙 … 361
양기탁 … 199, 216
양전백 … 203, 216, 229
양주삼 … 208, 290, 295, 353
어린이 소동 … 146
언더우드 … 77, 79, 90, 92, 93, 94, 95, 96, 98, 99, 101, 108, 112, 113, 114, 116, 118, 119, 120, 121, 122, 123, 124, 125, 126, 129, 141, 142, 144, 147, 159, 167, 171, 173, 175, 184, 204, 205, 268, 419, 420
언더우드 부인 릴리어스 … 77, 101, 172
에비슨 … 144, 147, 270
에큐메니컬 운동 … 373, 376, 377, 398
에큐메니컬 측 … 373, 374, 375, 378, 379, 380, 382
NAE 측 … 373, 374, 375, 378, 379, 380, 381, 382, 383
엘라 딩 기념선교단 … 102
엘라 딩 선교회 … 211
엘러즈 … 112, 113
엘린우드 … 85, 86
여운형 … 228, 264
「영과 진리」 … 258

『예수성교전서』 … 76
예수회 … 21, 22, 23, 27, 29, 38
예양협정 … 128, 130
5도 연합회 … 323, 326, 327, 425
오산학교 … 215, 220, 222, 276, 298, 300
오정모 … 299, 302
오페르트 … 55
요한 바오로 2세 … 45, 420
『원리강론』 … 367
윌리엄슨 … 73
유각경 … 314
유계준 … 302, 354
유동식 … 389
유명화 … 250, 251, 253
유재기 … 271
유형기 … 281, 357
유효원 … 367
육영공원 … 114, 142
윤성범 … 389, 390
윤지충 … 37, 39
윤치호 … 98, 99, 100, 123, 143, 148, 176, 216
을미사변 … 137, 170, 172, 174, 187
을사늑약 … 60, 151, 162, 186, 190, 191, 192, 212
이갑성 … 229, 230
이기선 … 292, 306, 321, 322
이기풍 … 203, 204, 205
이기혁 … 397
이동휘 … 194
이등박문 … 186, 192, 212

이만집 … 232
이명직 … 295, 337
이벽 … 29, 31, 33, 34, 35, 59
이상근 … 397, 401
이상재 … 143, 144, 228
이성하 … 75, 76
이성휘 … 300, 328
이수정 … 78, 79, 80, 85
이승만 … 144, 236, 324, 333, 335, 351, 359
이승훈(承薰) … 29, 31, 32, 33, 34, 35, 40, 41, 46, 88, 138, 215, 216, 220, 223, 228, 229, 298
이용도 … 240, 245, 246, 247, 248, 249, 251
이윤영 … 336
이응찬 … 74, 75
이이명 … 29
이재명 … 193, 194
이호빈 … 251
이화학당 … 115, 116, 178, 273
일본기독교 조선교단 … 332

ㅈ

장인환 … 192
적극신앙단 … 259, 260, 261
전경연 … 389, 390
전군신자화운동 … 405, 406, 407
전덕기 … 190, 191, 192
전킨 … 98, 99

전필순 … 310
접신극 … 250, 251
정미조약 … 142, 151, 190
정순만 … 190, 191
정순왕후 … 40, 41, 42
정약용 … 29, 31, 35, 37, 41, 52
정약전 … 29, 33, 41
정약종 … 41, 59
정인과 … 270, 271, 309
정하상 … 43, 57, 58
제너럴 셔먼호 … 71, 81
제암리교회(제암리 감리교회) … 234, 396
제중원 … 91, 92, 95, 106, 112, 113, 116
조만식 … 200, 201, 223, 276, 278, 300
조상 제사 … 37, 38, 139, 142, 182
조선기독교도연맹 … 327
「조선그리스도인회보」 … 274
조선신학교 … 315, 334, 340, 341, 342, 345, 346, 347, 348, 378
조세 저항 … 195, 196
주기철 … 24, 283, 291, 292, 298, 299, 300, 303, 307, 320, 321, 334, 354
주남선 … 307, 334, 340, 343, 344
주문모 … 35, 39, 40, 41, 42, 52, 53
주문모가 … 59
진전선 … 78
질레트 … 176, 217

ㅊ

차재명 … 315
채정민 … 292, 306, 307, 321
채필근 … 281, 282, 315, 316
척사윤음 … 44
1967년도 신앙 고백 … 394
「천래지성」 … 257
천부교 … 363, 365, 369
『천주실의』 … 37
총회신학교 … 296, 345, 347, 380, 385
최관흘 … 204
최남선 … 229
최덕지 … 307, 321, 343
최문식 … 353
최병헌 … 125
최봉석(최권능) … 304, 321
최지화 … 301
최태용 … 248, 257
축자영감설 … 278, 279

ㅋ

카르피니 … 18
카우만 … 208, 209
캐나다 장로교회 … 100, 101, 102, 129, 203
캔들러 … 99
컴패션 … 358
코르프 … 97

킬보른 … 208, 209

ㅌ

탈환회 … 198
테이트 … 98, 99
토머스 … 70, 71, 72, 73, 81, 106, 209, 397
토착화 … 259, 388, 389, 390, 422
통성기도 … 139, 161
통일교회 … 366, 367
통일찬송가 … 405
통합 측 … 381, 382, 383, 386, 398, 412, 417, 418, 426
팀미션 … 358

ㅍ

패물폐지회 … 198, 199
페레올 … 44, 45, 46
페롱 … 49, 55
펜윅 … 102, 211
평양신학교 … 302, 315, 316, 340
평양 장로회신학교 … 157, 162, 205, 231, 243, 251, 264, 277, 278, 281, 296, 299, 300, 315, 325, 327, 340, 342, 346, 348, 353
포교 규칙 … 226, 237
푸트 … 82, 84, 89, 90, 101

피가름 … 252, 364, 365

ㅎ

하디 … 153, 154, 158
하멜 … 65, 66, 67
한경직 … 281, 346, 347, 357, 377, 397, 406, 407, 408, 418, 426
한국기독교교회협의회 … 368, 418
한국여신학자협의회 … 414, 417
한글 전용 … 183, 184
한·미수호통상조약 … 82
한상동 … 306, 307, 334, 340, 341, 342, 343, 344, 345, 383
한석진 … 146, 203, 204
한준명 … 250, 251
함석헌 … 23, 254, 256
함태영 … 261, 310, 334
합동총회 … 383
해서교육총회 … 213, 214
헐버트 … 114, 119, 124, 227
헤론 … 86, 95, 106, 107, 112, 142
호가드 … 105, 210
홀 … 66, 146, 226, 239
홀트양자회 … 358
홍택기 … 292, 293, 294, 322, 323
화이트 … 393
「활천」 … 337
황국주 … 248, 251, 252, 253
황사영 … 41, 52, 53, 54, 55, 56, 58

한국교회의 역사

1판 1쇄 인쇄 _ 2017년 2월 20일
1판 1쇄 발행 _ 2017년 2월 25일

지은이 _ 김인수
펴낸이 _ 이형규
펴낸곳 _ 쿰란출판사

주소 _ 서울특별시 종로구 이화장길 6
편집부 _ 745-1007, 745-1301~2, 747-1212, 743-1300
영업부 _ 747-1004, FAX 745-8490
본사평생전화번호 _ 0502-756-1004
홈페이지 _ http://www.qumran.co.kr
E-mail _ qrbooks@gmail.com / qrbooks@daum.net
한글인터넷주소 _ 쿰란, 쿰란출판사
등록 _ 제1-670호(1988.2.27)
책임교열 _ 최진희·이화정

ⓒ 김인수 2017   ISBN 978-89-6562-664-0 93230

책값은 뒤표지에 있습니다.
이 출판물은 저작권법에 의해 보호를 받는 저작물이므로 무단 복제할 수 없습니다.
파본(破本)은 구입처에서 교환해 드립니다.